»Karl Marx ist tot – Jesus lebt!« Hinter dem durchgerosteten Eisernen Vorhang des ersten atheistischen Staatensystems der Weltgeschichte traten die christlichen Kirchen als einzig halbwegs stabile Institution vor die erstaunten Augen des westlichen Publikums.

»Die Mutter aller Schlachten!« Kaum hatte der freie Westen sich von seinem Sieg über den Kommunismus erholt, da bot ihm der Golfkonflikt Futter für alt-neue Feindbilder: Wird jetzt der islamische Fundamentalismus zum neuen »Reich des Bösen« für die Demokratien der ersten Welt?

»Der Staat führt den Krieg gegen das Leben!« Der Friedenskampf des Papstes ist ein Zweifrontenkrieg. Wider die liberale Moderne und die schrankenlose Freiheit des Individuums einerseits und wider den Fundamentalismus protestantischer Charismatiker und islamischer Mullahs andererseits.

»Wie viele Divisionen hat der Papst?« Heute trifft die katholische Internationale in ihrem Vormarsch allenthalben auf die aggressive Guerilla der protestantisch-fundamentalistischen Sekten. Da muß jetzt das Hauptquartier den Kampf zweier Linien selbst in die Hand nehmen.

Glaubensfragen handelt von weltlichen Religionen und geistlicher Politik. Otto Kallscheuer schildert Begegnungen mit Gläubigen und skizziert Umrisse einer aktuellen Religionspolitologie.

Das Ende des Jahrtausends erlebt eine vielfältige Rückkehr des Religiösen. Otto Kallscheuer führt uns eine Phänomenologie zeitgenössischer Glaubenslehren vor: vom marxistischen Katechismus bis zur grünen Muttergottheit Natur, vom Fortschrittsglauben bis zur Befreiungstheologie, vom Evangelisierungskreuzzug des polnischen Papstes in Europa zum Siegeszug protestantischer Freikirchen in Afrika und Lateinamerika. Dabei führen ihn viele Wege über Rom.

Kallscheuers Fazit: Der neue Fundamentalismus der Weltreligionen ist kein vormodernes Relikt, sondern geradezu ein Produkt der modernen Weltgesellschaft. Sein Plädoyer: Die religiöse Toleranz wird heute auch in Frankfurt und Berlin, in Paris oder Warschau zum Prüfstein auf die zivile Republik Europa.

Otto Kallscheuer

GLAUBENSFRAGEN

Über Karl Marx & Christus
& andere Tote

Frankfurter Verlagsanstalt

Für Maria-Theresia Kallscheuer,
die mehr vom Glauben versteht

Erste Auflage 1991

Satz: Photosatz Reinhard Amann, Aichstetten
Druck & Bindung: F. Pustet, Regensburg
Umschlagbild:
Max Ernst, *Die Jungfrau züchtigt das Jesuskind* (1926)

Quelle: Rheinisches Bildarchiv Köln (Museum Ludwig, Köln)
Printed in Germany
ISBN 3-627-10250-9

Inhalt

Einführung
Begegnungen mit Gläubigen

»Karl Marx ist tot – Jesus lebt«
Norbert Blüm

Dieser Spruch des weiland Herz-Jesu-Sozialisten und dann bundes- und am Ende sogar gesamtdeutschen Arbeitsministers war keine Tatsachenfeststellung, sondern eine Stellungnahme. Blüm bezog Position im höchst diesseitigen, mehr oder minder demokratischen Wahl- und Meinungskampf, aber er war dabei um den Nimbus von Transzendenz bemüht. Bonn und Altar.

Natürlich sind sowohl Karl Marx als auch Jesus von Nazareth seit über hundert bzw. knapp zweitausend Jahren tot – und zur Frage der Existenz eines höchsten Wesens oder Prinzips, eines *Deus sive natura* (Benedikt Spinoza) oder eines personalen Gottes, würden sich gläubige und aufgeklärte Bürger eine Richtlinie der Exekutive bei Verstand und Gewissen verbitten. »Das ewige Wesen ist immer, wenn es einmal ist« (Blaise Pascal), und die Meinung eines Herrn Blüm dürfte ihm oder ihr herzlich gleichgültig sein – »und also kann man daraus nichts anderes folgern, als daß es einen Gott gibt und daß die Menschen seiner unwürdig sind« (wie Pascal fortfährt: éd. Brunschvigc, Fr. 559). Aber darum war's dem Herrn Arbeitsminister wohl auch gar nicht gegangen – und auch im folgenden wird es weder um Gottesbeweise noch um ihre Unmöglichkeit gehen.

Ob eher Jesus Christus oder Karl Marx »lebt«, ist eine politische Glaubensfrage. Um solche Fragen geht es hier: Wenn Jesus lebt, dann in der Glaubensmacht seiner Botschaft. »Denn die Worte – sagte beim Abschied von seinen Jüngern der Menschensohn zum himmlischen Vater –, die du mir gegeben hast, habe ich ihnen gegeben, und sie haben sie angenommen und wahrhaftig erkannt, daß ich von dir ausgegangen bin, und sie glauben, daß du mich gesandt hast ... Ich bin nicht mehr in der Welt, sie aber sind in der Welt« (*Joh* 17, 8 u. 11).

Und die Lehre von Karl Marx mag zwar allmächtig sein, weil sie wahr ist – wissenschaftlich gesehen ist sie bis heute eine der immer noch fruchtbarsten Hypothesen zur Dynamik moderner Gesellschaften. Sie lebt aber als politische Macht nur, insofern sie die Massen ergreift, also plausibel und handlungsanleitend ist. Ist sie das nicht mehr, dann herrscht sie nur noch (wie die letzten Jahrzehnte im realen Sozialismus). *Le mort saisit le vif.*

Auch das Überleben des toten Marx ist also eine Glaubensfrage – nicht zuletzt eine Frage an die Glaubwürdigkeit der Propheten und Priester der marxistischen Variante der neuzeitlichen Fortschrittsreligion. Einige andere Varianten des nachchristlichen Glaubens in der Moderne – wie Wissenschaft, Fortschritt, Natur – kommen in diesem Buch ebenfalls zur Sprache.

* * *

In den ersten vier Kapiteln geht es um solche weltliche Religionen: Nach der fortschrittlichen Antireligion des toten Karl Marx (I.) kommen die wachstums- und fortschrittskritischen grünen Glaubenlehren an die Reihe (II.), um dann beim links-liberal-aufgeklärten Welt- und Menschenbild der Moderne mit seinen in der Regel impliziten Glaubenshaltungen (III.) und Feindbildern (IV.) anzulangen.

Wer will, kann diese erste Hälfte des Buches übrigens auch als Kommentar zu Theoriewellen und Glaubensmoden dreier westdeutscher intellektueller Generationen lesen: der zu starken Hintergrundsmetaphysiken bekehrten famosen »Achtundsechziger«, der »Betroffenheitler« und Brauchtümler der ökopazifistischen Welle ab Ende der Siebziger und dann der »neuen Abgeklärten« in den Achtzigern – aber es gibt natürlich auch Wortführer, die ihr Surfbrett mit Bravour auf jedem dieser Wellenkämme zu halten wußten...

In der zweiten Hälfte des Buches geht es dann um solche politische Glaubensfragen, die sich direkt aus dem Christentum als der älteren Tiefenströmung speisen; um die Wiederkehr des Religiösen oder um die »Revanche Gottes« (Gilles Kepel) gegenüber einer im Zeichen von Marx, Coca-Cola oder Mutter Natur gottesvergeßlichen weltlichen Moderne. Themen sind die Repolitisierung des Christentums (V.), seine jüngsten ost-westlichen Auf- und Umbrüche, *the day after* Jalta (VI.), und schließlich, aus aktuellem Anlaß, eine Fallstudie zum Verhältnis der katholischen Kirche zur sozialen und politischen Moderne (VII.).

Einige kleinere Wiederholungen und Überschneidungen wurden – auch in der offenen Schlußbilanz, dem Ausblick auf die Kehrseite der Moderne (VIII.) – bewußt nicht getilgt, damit jedes Kapitel auch für sich gelesen werden kann. So kann die Leserin je nach Lust, Konfession oder Neugier vorne oder hinten oder mittendrin anfangen. Der Anmerkungsapparat für die Neugierigen ist zum Verständnis des Textes selbst nicht notwendig (Sie können ihn ruhig beiseite lassen, wenn Sie keine Vorliebe für Details hegen) und soll auch trotz seiner gelegentlichen Ausführlichkeit keine Wissenschaftlichkeit vortäuschen. Das Buch ist keine religionswissenschaftliche oder gar theologische Untersuchung *ex professio*; der Autor ist Amateur (also Liebhaber; und daher interessieren ihn einige Details und Kontexte mehr als andere).

Soweit die Kapitel auf bereits veröffentlichte (und in den Anmerkungen nachgewiesene) Essays zurückgehen, wurden diese überarbeitet, erweitert und aktualisiert – mit einer Ausnahme: des ersten Kapitels (1977), einer Kritik der impliziten Metaphysik des Marxismus als (Glaubens-)System, aus dem Blickwinkel des Niedergangs der antiautoritären Neuen Linken betrachtet. Ich halte diese Kritik nämlich heute noch für lesenswert und ihre Argumente für triftig, auch wenn ich vielleicht jetzt manche Formulierungen anders wählen würde.

* * *

Welche Glaubenslehren werden nicht behandelt? Was ist z. B. mit dem Schreckgespenst des »islamischen Fundamentalismus«? Wer vor allem weltpolitisch, an den Religionskriegen der Zukunft, interessiert ist, der sollte eher mit dem Anhang beginnen. Denn: was die Lehre des Propheten angeht, so bin ich für ihre Aktualität einfach nicht kompetent – einmal abgesehen davon, ob man unseren, den christlichen Glaubensbegriff auf den Islam überhaupt anwenden kann. Und was die christlichen Konfessionen betrifft, so kommen zwar die neueren Entwicklungen der Ostkirchen und im Weltprotestantismus unter vergleichenden Gesichtspunkten zur

Sprache, aber der Bezugspunkt dieser Vergleiche ist doch in erster Linie die katholische Kirche.

Die beiden anderen »truly global movements of enormous vitality« im heutigen Panorama der Weltreligionen, wie Peter L. Berger sie genannt hat – »one is conservative Islam, the other conservative Protestantism« –, wird der Leser in diesem Buch also nur indirekt dargestellt finden, so daß er sich fast fragen könnte, woher wohl beim Autor diese Aufmerksamkeit für das Katholische kommt. Ob der etwa am Ende selbst...?

Nun, was immer ich glauben mag, in diesem Buch geht es um Religionspolitologie. Der Autor (Marcel Bénabou: »jedenfalls der, mit dem wir es künftig zu tun haben«) achtet bei den untersuchten Religionen nicht nur auf die Inhalte *des* Glaubens (seinen propositionalen Gehalt: ›*Was* glauben wir?‹), sondern mehr noch auf die Haltung *im* oder zum fraglichen Glauben (seine performative Einstellung: ›*Wie* stark / heftig / lau / verzweifelt / tolerant o. ä. glauben wir, was wir glauben?‹) und die daraus erwachsenden politischen Handlungsmuster.

Denken Sie (liebe Leserin) etwa an die weitsichtigen Analysen, die Alexis de Tocqueville, selbst übrigens Katholik, im vorigen Jahrhundert dem Verhältnis von demokratischem Geist und religiösem Geist im protestantischen Nordamerika gewidmet hat. Er war damals vorurteilsfrei genug, um die französische (und zwar: republikanische wie gegenrevolutionäre) These eines unvermeidlichen und unaufhebbaren Gegensatzes zwischen Religion und Demokratie in Frage zu stellen.

Heute, nach dem Ende des real existierenden Sozialismus, könnte es sich lohnen, in ähnlicher Weise auch auf das Verhältnis von Kirche und Kommunismus zurückzublicken. Der tote Karl Marx und der lebende Jesus Christus hatten vielleicht mit ihren Nachfolgern und Stellvertretern dieselben Probleme.

Sie glauben mir nicht? Oder protestieren empört: Der Vergleich von Kommunismus und Kirche sei ein Ladenhüter der liberalkapitalistischen Propaganda des Kalten Krieges ... Dann, glaube ich, ist es einfacher, wenn ich Ihnen von solchen Glaubenshaltungen erzähle; besser noch, wenn ich Ihnen von persönlichen Begegnungen mit Gläubigen berichte: von Büchern & Menschen.

1.
Der Geschäftsreisende

»i socialisti devono *sostituire* la religione
con la filosofia«
Antonio Gramsci

»Ja, es ist ärgerlich, daß es immer noch keine direkte *intercity*-Verbindung zwischen Rom und Rimini gibt« – meint der Herr mit dem dunkelgrauen Flanellhemd und schwarzen Anzug zu mir, als wir Ende Januar 1991 beide auf der Umsteigestation Falconara frierend auf den Anschlußzug warten. Als jemand, der wöchentlich mehrmals beruflich hin und her müsse, kenne er diesen Mißstand zur Genüge. Verdammt kalt und duster ist es im abendlichen Schnee-Matsch-Regen und zugigen Wind an der Küstenstation. Für morgen ist in Rimini wahrhaftig Schnee angesagt.

Was ich denn um diese Jahreszeit in Rimini wolle, fragt mich der dunkelgekleidete Reisende mitfühlend – und ein wenig rhetorisch, mit listigem Seitenblick auf meine Schreibmaschine. Ich führe doch wahrscheinlich zum ...

Genau: Der zwanzigste Parteitag der italienischen Kommunisten, ihr letzter, ist mein Ziel, in dem diese rote Volkskirche den Akt ihrer Säkularisierung selbst in die Hand nehmen will.

Den Bruch mit dem *realen* Sozialismus hatten die italienischen Kommunisten schon seit Jahren vollzogen – geblieben war nur noch das kommunistische *Ideal* der transparenten, herrschaftsfreien »Gesellschaft der Gleichen« (Gracchus Babeuf), eines ›Jenseits‹ der kapitalistischen Demokratie. Allerdings hatte dieses transzendente Ideal nur mehr liturgische Funktion: Eine solide reformistische Politik in den ›roten‹ Kommunen und Regionen hat es gottlob genausowenig behindert wie die schwarzen Zahlen in den Bilanzen der zahlreichen ›roten‹ Unternehmer der Kooperativen, der Klein- und Mittelindustrie im mittleren, ›dritten Italien‹ (Bagnasco), also den Wachstumsregionen gegenüber den beiden stagnierenden Giganten: nämlich einerseits den kriselnden privaten Großindustrien in Norditalien und den Staatsindustrien andererseits, den Pfründen der Regierungsparteien.

Jetzt aber soll auch die Liturgie modernisiert werden. »Rimini wird in die Geschichte eingehen« – sagt mein Begleiter, nicht ohne lokalpatriotischen Stolz: »*meine* Stadt wird das italienische Bad Godesberg!« Ein höllischer Wind zieht auf. »Heute nacht wird es frieren«, meint er. Der Badeort Rimini, nördlich der Alpen meist als ›Teutonengrill‹ bekannt, ist mit seinen 1500 außerhalb der Saison leerstehenden Hotels ein beliebter Veranstaltungsort für Kongresse aller Art. Wie überall in der Emilia-Romagna, verrät mir mein Mitreisender, haben hier die ›roten‹ Hotelkooperativen das Tourismusgeschäft fest in der Hand: »Andere haben's da schwer«, bedauert er mit wissendem, leicht maliziösem Lächeln. Endlich kommt unser Zug.

Das italienische Bad Godesberg? Eine neue, *nicht mehr ideologische*, demokratische Linkspartei sollten die italienischen Kommunisten jetzt werden: So hatte es Achille Occhetto im November 1989 verkündet – eine Woche nach dem Fall der Mauer in Berlin. Im jetzt vom Eise des Totalitarismus und vom Eisernen Vorhang befreiten Europa könne auch in Italien – ja, *gerade* bei den italienischen, schon seit Jahrzehnten leidlich demokratischen Kommunisten – »nichts mehr bleiben, wie es war«. Die KPI solle einen Schlußstrich unter ihre ruhmreiche Geschichte ziehen, die vor fast genau siebzig Jahren in einem anderen kleinen Küstenstädtchen auf der anderen Seite des Stiefels begonnen hatte, im Januar 1921 in Livorno.

Immerhin, diese Vergangenheit kann sich sehen lassen: Hat sie Italien doch nicht nur die *Resistenza* – zumindest das Gros der antifaschistischen Widerstandskämpfer der Jahre 1943/44 – beschert, sondern auch einen historischen Kompromiß zwischen Palmiro Togliattis Kommunisten und Alcide De Gasperis Christdemokraten über die Verfassung der nachfaschistischen Republik. Nicht nur den – neben dem Liberalen Benedetto Croce – bedeutendsten Nationalphilosophen und Reformator, den idealistischen Marxisten Antonio Gramsci, sondern auch die feinsinnigsten Literaten und Kunsthistoriker, die bedeutendsten Filmregisseure, die engagiertesten Intellektuellen und – nicht zuletzt – die besten Volksfeste.

Daneben – wie in einem katholischen Lande nicht weiter verwunderlich – auch manche Zweideutigkeiten: die *doppiezza* einer Respektierung der demokratischen Spielregeln im römischen Parlament bei gleichzeitiger, lange bedingungsloser Treue zum ›roten Rom‹ in Moskau. Das bedeutete Kulturkampf, aber als Kalten Krieg – der Vatikan drohte allen Wählern der Kommunisten mit der Exkommunikation, und diese hielten ihre Reihen um so fester geschlossen. In der Politik waren Togliatti, Longo, Berlinguer kompromißwillig – in der ideologischen *diversita* waren die kommunistischen ›organischen‹ Intellektuellen, trotz Gramsci, allzuoft auch zum *sacrificium intellectus* bereit. Und die Partei?

Für ihre Sünden hat sie jedenfalls schwer gebüßt: für allerlei Halbheiten im Umgang mit dem Stalinismus in den fünfziger Jahren (Ungarn); dann immerhin die Verurteilung des Einmarsches der sozialistischen Bruderarmeen in die Tschechoslowakei; dann Bruderzwist im eigenen Land, »Kontinuität und Bruch« (Rossana Rossanda) gegenüber der Studentenrevolte und den autonomen Arbeiterkämpfen in den Sechzigern. In den Siebzigern dann der gescheiterte zweite historische Kompromiß mit den Christdemokraten – und seitdem?

Seit über zehn Jahren ist die KPI nun schon auf der aufrechten, verzweifelten, scheinbar aussichtslosen Suche nach einer ›Alternative‹ – einer Ablösung der italienischen Christdemokraten aus der Regierung: also derjenigen Partei, die in ganz Europa am längsten ununterbrochen an der Macht ist. Die Kommunisten waren in den letzten zwanzig Jahren eine aufrechte Ordnungspartei, gewiß die einzige italienische Partei mit sauberen Händen – während die Sozialisten seit den sechziger Jahren als Trittbrettfahrer aller Regierungskoalitionen die Methode der Plünderung der Staatskassen, des Spiels mit Schmiergeldern, *tangenti* und Bauspekulation bald genausogut beherrschten wie die Häuptlinge der christdemokratischen Klientel ... Die Kommunisten sind die besseren Stadtverwalter, die staatstragendsten Juristen, sie scheuen auch vor Konflikten mit der Arbeitnehmerschaft im Interesse des Gemeinwohls nicht zurück, sie verkörpern immer noch den alten demokratischen Traum vom *buongoverno*, von der guten, unbestechlichen Regierung, den römisch-republikanischen Geist Ciceros und

Catos, den der italienischen Stadtrepubliken, des *Risorgimento*. Warum nur blieben sie immer draußen vor der Tür?

Verhindert hat der *fattore K*, der ›Kommunismusfaktor‹, bisher vornehmlich eines: daß diese größte Oppositionspartei jemals an die Regierung kam. Der militärische Unterbau des Kalten Krieges hat in Italien – wie jetzt ans Tageslicht kommt – noch bis weit in die sechziger Jahre hinein funktioniert: Die geheimen Eingreiftruppen und die Internierungslager für Oppositionspolitiker, die der illegale Nato-Plan *Gladio* im Falle eines Wahlsiegs der KPI schon vorbereitet hatte und die 1948 zwar ebenfalls kein legales Fundament, aber nach der kommunistischen Machtergreifung in der Tschechoslowakei zumindest eine gewisse Plausibilität gehabt haben mögen, waren bis vor wenigen Jahren – und zwar mit dem Wissen der regierenden christlichen Demokraten – weiter aufrechterhalten worden. Jetzt sind diese Nato-christlichen Bürgerkriegseinheiten zwar aufgeflogen – und die liberale Presse und das demokratische Gewissen Italiens, der achtzigjährige Turiner Rechtsphilosoph Norberto Bobbio, verurteilen einmütig die jede demokratische Legalität unterminierende »verborgene Macht«, von der Andreotti, Regierungschef und Intimus aller römischen Päpste, natürlich ebenso gewußt hat wie der gleichfalls christdemokratische Staatspräsident Cossiga (ein Vetter des verstorbenen Enrico Berlinguer, der im *Gladio*-Fall ebenfalls im Internierungslager gelandet wäre).

Aber den Kommunisten hat's *wieder nichts* genutzt: Diesmal hatte ihre – zugegebenermaßen recht fragwürdige – Haltung zum Golfkrieg sie von allen anderen italienischen politischen Kräften isoliert: Wie in Deutschland die Ökopazifisten und die SPD verweigerte auch die KPI, die jetzt also demokratische Linkspartei (PDS) heißen soll, dem Staate Israel und der UNO-Resolution gegen die irakische Aggression jene politische *und* militärische Unterstützung, die *auch* die Voraussetzung für eine glaubwürdige Verhandlungsposition des Westens in einer Nahost-Konferenz zur Wiederherstellung der völkerrechtlichen Legalität am Golf – und zur friedlichen Bewältigung des Palästina-Konflikts – war. Die interne, sozusagen ›Anti-Bad-Godesberg‹-Opposition um den historischen Führer der KPI-Linken Pietro Ingrao forderte sogar den bedingungslosen Rückzug der bescheidenen italienischen Flotten- und Luftwaffenverbände aus der Golfregion.

Ein gefundenes Fressen für die Sozialisten, die eine Konkurrenz zur Linken befürchten müssen: »Die Niederlage des Irak« – so tönte der venezianische Magnat und sozialistische Außenminister Gianni De Michelis – »wird die Niederlage des PCI-PDS sein. Die Vernichtung Saddams wird auch die Vernichtung des PCI-PDS.« Derart im innenpolitischen Kugelhagel stehend, will die KPI ihr sozialdemokratisches Bad Godesberg vollziehen – und muß sich gleichzeitig in die kommunistischen Schützengräben zurückziehen. Arme Kommunisten!

Mein Mitreisender in dieser Winternacht muß mir mein Mitleid regelrecht angesehen haben, wie ich in den großformatigen italienischen Zeitungen und den diversen Kongreßdokumenten blättere. Mitfühlend schenkt er mir ein Lächeln voller Nächstenliebe und zieht sich seinen schwarzen Mantelkragen hoch. Der Waggon ist zugig, draußen stürmt jetzt der Schneeregen. Goethe hatte schon recht: Im Winter ist Arkadien ein nasses Loch!

Wir nähern uns unserem Reiseziel: Cattolica – Riccione – Rimini. Ob er sich denn von Occhettos ›Wende‹ vom PCI zur demokratischen Linkspartei, die von den alten Genossen so verbittert angefeindet wird, viel verspreche, frage ich meinen offenbar bestens informierten freundlichen Reisepartner.

Ob nun Kommunisten oder Demokraten – das sei gar nicht mehr das Problem für Italien mit seiner verfilzten Herrschaft der Parteihauptquartiere, tut mir der Herr im dunklen Habit kund. Italien – ja eigentlich die gesamte westliche Welt – brauche keine neuen Parteien, sondern eine gesellschaftliche Erneuerung. Der kapitalistische Individualismus sei es, der auch für die italienische Parteienkrise verantwortlich sei: Jeder denke nur an sich – und alle plünderten den Staat. Was Italien brauche, sei keine neue Linkspartei, sondern eine intellektuelle und moralische Reform.

Täusche ich mich – oder zuckte da in den Augenwinkeln meines Zuggefährten ein listiges Lächeln auf, leicht diabolisch? Immerhin hat er gerade selbst eine kommunistische Formel benutzt: Antonio Gramscis Programm einer *riforma intellettuale e morale.*

Wenn er sich übrigens vorstellen dürfe: *Don* Giorgio (er gibt mir sein Kärtchen), vielleicht sehen wir uns ja bei Ihrer Rückreise. Als Kirchenrechtler müsse er schließlich häufig nach Rom: Nach der Bologneser Diözese ist die nächste Appellationsinstanz die *Sacra Rota.* Es geht da meist um Fragen der Annullierung des Ehesakraments. Außerdem sei in Rom auch die Zentrale der Bewegung.

Der Zug fährt in den Bahnhof Rimini ein. »Welcher Bewegung?« frage ich zum Abschied *Don* Giorgio. Das *Movimento Popolare,* erklärt er mir, gebe sich nicht mit der bloß liberalen, *formalen* Freiheit zufrieden – auch die Kommunisten seien ja für Religionsfreiheit und hätten nichts gegen Katholiken in ihren Reihen –, sondern kämpfe in der Gesellschaft für *substantielle* Freiheit: für die Arbeitsmöglichkeiten des Katholizismus als soziale Bewegung. In Rimini bauen wir eine eigene Hotelkette auf.

Jetzt weiß ich, woher der Wind weht: Die ›Bewegung‹ ist der ›weltliche Arm‹ der integristischen Katholiken von *Communione e Liberazione,* die sich des besonderen Wohlwollens des polnischen Papstes erfreut (und der grauen Eminenz Andreotti). In Rom hing alles voller blauer Plakate des *Movimento Popolare*: »Kein Blut für Öl!« – »Der Krieg ist ein Abenteuer ohne Ende!« Unterschrift: Papst Johannes Paul II.

Nach all den hohen Erwartungen war der Parteitag im kalten Rimini im Ergebnis recht enttäuschend: Die Änderung der ›corporate identity‹ der Kommunisten – also ab jetzt: demokratischen Linken – war nun beschlossene Sache; daß einige Orthodoxe um Armando Cossuta sich dann als Kommunistische Neugründung (*rifondazione comunista*) abspalteten und mit den Ex-Kommunisten einen peinlichen Gerichtsstreit über die Insignien Hammer und Sichel führten, schien ziemlich belanglos. Hat sich also der Einsatz gelohnt?

Die alte Garde der Partei – aber auch das neue, ungewohnte und aufreibende Verfahren einer streng nach Strömungen quotierten innerparteilichen Demokratie – haben das ›Bad Godesberg‹ der italienischen Kommunisten zu einer langwierigen Prozedur werden lassen – mit dem Ergebnis: Die Partei hat jetzt ein neues Firmenschild, aber das Spiel auf Zeit hat die KPI/PDS verloren.

Die Welt sieht, wie Occhetto in seinem dreistündigen Einleitungsreferat in der Kongreßhalle von Rimini lang und breit ausführte, heute völlig anders aus als damals, in den glücklichen Stunden der Freiheit, als die Mauer fiel und in Osteuropa der Totalitarismus beerdigt wurde.

Europa – und insbesondere die europäische Linke – hatte angesichts der Golfkrise versagt und sich auseinanderdividiert. Die Linke hat – mit tausend pazifistischen Ausflüchten – dem Staate Israel die praktische Unterstützung verweigert oder diese doch gebremst. Die ehemaligen Kommunisten Italiens machten da leider keine Ausnahme – und damit sind sie vielleicht sogar der SPD wieder ein Stück näher gerückt. Von der liberalen, intellektuellen Linken Italiens, jener sozialistischen Widerstandskämpfer wie Vittorio Foa, Norberto Bobbio oder dem selbst aus kommunistischen Reihen stammenden Unabhängigen Antonio Giolitti, die mit Recht den Widerstand gegen den Aggressor am Golf zur Voraussetzung des Eintretens für eine gerechte »Weltordnung« machten, hatte sich die PDS aber gleichzeitig entfernt – und damit die Chancen auf eine Zusammenarbeit mit Bettino Craxis Sozialistischer Partei, d. h. die Chancen zur Ablösung der seit vierzig Jahren ununterbrochen regierenden Christdemokraten wieder in unbestimmte Ferne gerückt. In ihrer bedingungslosen Opposition gegen westliche Truppen im Golfkrieg standen somit die italienischen Ex-Kommunisten erneut politisch isoliert da: Sie konnten sich nur mehr auf den Papst und dessen »Nein« zum Krieg als »Abenteuer ohne Ende« berufen und fanden in katholisch-fundamentalistischen Ultras der Christdemokratie eigenartige Bundesgenossen.

Antonio Gramsci, der vor hundert Jahren geborene Philosoph und Mitbegründer der Kommunisten in Livorno schrieb im faschistischen Gefängnis, die »Hegemonie« – auf deutsch: die geistig-moralische Führung – der Linken müsse im katholischen Italien eine Alternative darstellen zur geistigen Führung des Vatikan. Die größte italienische Linkspartei hatte sich zwar vom östlichen Rom des Moskauer Kommunismus seit langem befreit – im Golfkrieg aber schien sie sich der Hegemonie Papst Johannes Pauls II. untergeordnet zu haben.

Im Zug treffe ich meinen Bekannten, *Don* Giorgio, wieder. Er ist bestens gelaunt und erklärt mir sofort, weshalb Occhetto, der doch die Tür aufgestoßen hatte, bei seiner Wiederwahl zunächst eine peinliche Niederlage einstecken mußte: »Wissen Sie« – meint *Don* Giorgio – »die Kommunisten mögen Moskau noch so sehr kritisiert haben: Seit die Sowjetunion zerfällt, fehlt ihnen ein Zentrum; ein Schwerpunkt, der die innerparteiliche Rechte und Linke in Schach halten konnte. Togliatti war dazu in der Lage – warum? Weil er wußte, daß die sozialistische Welt bei all seiner Kritik doch Bestand hatte – und weil die Basis an den realen Kommunismus glaubte. Aber jetzt? – Es ist wie in der alleinseligmachenden *Una Sancta*. Auch ich und auch wir aus der ›Bewegung‹ üben manchmal Kritik am Papst: Obwohl Johannes Paul II. doch mit all den liberalistischen und protestantischen Modernismen des sogenannten konziliaren *Aggiornamento* endlich Schluß gemacht hat – Deo gratias –, so hat er doch häufig leider die falschen Berater. Kritik aus gehorsamem Geiste schadet auch gar nichts, im Gegenteil – aber stellen Sie sich bitte einmal Rom ohne Papst vor: eine Katastrophe! Zu beneiden sind die Ex-Kommunisten wahrlich nicht. Aber sie können ja immer noch zu uns kommen. Darf ich Ihnen eines verraten: Der Führer der italienischen Marxisten-Leninisten/*Servire il popolo*, Aldo Brandirali, ist heute bei uns und dient dem Gottesvolk. Er leitet bei Mailand ein Zentrum der Bewegung ...«

2.
Der Protestant

»das Mißbehagen, sich zwischen Gott
und dem Papst zu sehen«
Blaise Pascal

Wolfgang Ullmann war mir – wie vermutlich vielen anderen »Wessis«, die zwar im allgemeinen mit den edlen Zielen der DDR-Demokratiebewegung sympathisieren mochten, im Konkreten allerdings häufig von dem penetrant guten Gewissen ihrer Wortführer und ihrer hohlwangig-protestantischen Leidensmiene abgestoßen wurden – schon häufiger durch seine optimistische Zuversicht aufgefallen. Rein äußerlich paßt der quirlige Theologe oft gar nicht zum Geist der fundamental-(basis)demokratischen Predigten, die er auch heute noch von der Kanzel des Bundestags verkündet. Er schien jedenfalls seine gute Laune auch dann nicht verlieren zu wollen, als im Gefolge der politischen Abwicklung der deutsch-deutschen Wiedervereinigung nun tatsächlich all jene ursprünglichen Ziele dem »*Wir sind ein*«-*Volk*swillen zum Opfer fielen, die vor und während der DDR-Wende von »Demokratie jetzt« (zu deren Gründern Ullmann gehört), »Initiative Frieden und Menschenrechte«, »Neues Forum« usw. aufgestellt worden waren.

Woher hat er eigentlich seinen Humor? Jetzt konnte ich ihn ja selbst fragen: Es war (mal wieder) in Rom – anläßlich einer der damals in ganz Europa zahlreichen Diskussionsveranstaltungen zu den Perspektiven des geeinten Deutschland, ich glaube, zwischen der DDR-Wahl im März 1990 und der gesamtdeutschen Wahl im Dezember. Ullmann prangerte auf dem Podium mit reformatorischem Eifer den hastigen »Anschuß« der (gerade noch-) DDR an die Bundesrepublik ohne vorgängige Verfassungsdebatte als Verrat an den Idealen der ostdeutschen Demokratiebewegung an ... doch diese Melodie kannte ich ja nun schon aus heimischen Debatten zur Genüge.

Ich selbst hatte zuvor aus eher rheinisch-abendländischem Blickwinkel (Adenauer *statt* Heinemann) vor einer nationalstaatlichen Abkoppelung des deutsch-deutschen vom europäischen Einigungsprozeß gewarnt. Aber die anwesenden Italiener (zumeist übrigens Ex-Kommunisten) konnten weder mit gesamtdeutschem Protestantismus noch mit europäischem Katholizismus viel anfangen: Sie verstanden sowieso schon damals nicht, warum die deutschen Intellektuellen diesen ›natürlichen‹ Vorgang der Wiedervereinigung einer im Kalten Krieg gespaltenen Nation unnötigerweise beständig problematisieren wollten ...

Auch mich interessierte jetzt bei Ullmann etwas anderes: Der »Verrat« des zusammenwachsenden Deutschland an den Idealen der »Bürgerbewegungen« (und am Verfassungsentwurf des Runden Tisches) hatte nämlich dem Herrn Pastor und Dozenten am

»Sprachenkonvikt« der Berlin-Brandenburgischen Landeskirche sein heiteres Weltvertrauen keineswegs verdorben. Wieso eigentlich? Lutherischer Gleichmut? (Ich kann nicht anders, Gott helfe mir usw. ...) Doch die meisten (ex-)DDR-Oppositionellen – und oft gerade die aus den protestantischen Öko- und Friedenszirkeln – verlegten sich doch im rauhen Klima des neuen, größeren Deutschland schnell wieder auf die alte, vertraute Rolle des Leidens und (An)klagens.

Aber – so fiel mir ein – hatte der gelernte Gesamtdeutsche Ullmann nicht bereits in den fünfziger Jahren über den Heiligen Augustinus promoviert (damals übrigens im Westen)? Also über jenen Kirchenlehrer, dem die Christenheit schließlich nicht nur die Thematik des »innerlichen« Selbstbewußtseins und seines Zweifels im Glauben verdankt, sondern auch – und nicht zuletzt! – jene folgenschwere »Logik des Schreckens« (Kurt Flasch) seiner Gnadenlehre, die mit der radikalen Abwertung der Welt und aller weltlichen Beweggründe und menschlichen Handlungen, ihrer Belanglosigkeit für die souveräne Gnadenwahl des allmächtigen und unverstehbaren Gottes die Mehrheit der Menschheit ihrem durch die Erbsünde (d. h. ohne eigenes Zutun) verdienten Schicksal überläßt: als *massa peccati/peccatorum*, sprich Sünden- und Sünderhaufen, nur mehr zum »Gefäße der Schande« (Augustinus) zu taugen.

Vielleicht lag hier ja der Witz von Ullmanns innerweltlicher Zuversicht? Gewiß – dachte ich mir – wie soll es da einen »Bündnis '90«-Politiker in Gesamtbonn oder -berlin noch schauern können, der schon während des Kalten Krieges als Theologe solch göttlichem Terror geistlich ins Auge geschaut? Der Gnade eines Gottes, der die unerlöste Mehrheit der Menschen offen »als Instrument zur Demonstration göttlicher Oberherrschaft und zur Erbauung der Erwählten« (wörtlich: der *vasa quae fiunt in honorum*, der zur Ehre Gottes hergestellten Gefäße) instrumentalisiert, wie es heute Kurt Flasch in seinem Kommentar zur Augustinischen Gnaden- und Erbsündenlehre schreibt. – Aber das hieße vielleicht, die Sache allzu kompliziert anzugehen.

Nach der Veranstaltung ging's dann in eine römische Trattoria: Penne arrabiate, Frascati superiore. – Und woher kommt nun Ihre höhere Heiterkeit? – »Ach wissen Sie« – antwortete Ullmann, der sich in Rom offensichtlich pudelwohl fühlte –, »als Kirchenhistoriker ist man schließlich mit historischen Enttäuschungen wohlvertraut.« – Wer die kirchliche Dogmengeschichte und die Methoden der Inquisition studiert hat, könnte die Stasi nicht mehr ernst nehmen? Das kann doch einen Kirchenmann nicht erschüttern?

Ja – das könnte einleuchten. Der Stalinismus mag aufrechten deutschen Protestanten als Reprise eines weit älteren Musters erschienen sein: einer Kirche, dereinst aufgerufen, im Geiste der Gotteskindschaft Gleichheit und Brüderlichkeit aller Menschen in Christo zu predigen, die sich dann jedoch als zentralistische und ideologische Macht in der Welt etabliert hatte und so neue Ungleichheiten und Verfolgungen einführte und legitimierte. – Jetzt brachte der Kellner den Espresso, und die Mittagsrunde löste sich auf. Dabei hatte ich ganz vergessen, Ullmann nach Augustinus zu fragen: *De diversis questionibus ad Simplicianum I 2.*

3.
Der Stellvertreter

»Ihm allein steht es zu, neue Gesetze nach den jeweiligen Notwendigkeiten zu erlassen«
Mönch Hildebrand (alias Gregor VII.)

Der Papst als Stellvertreter Christi, der seine weltliche Macht mit Hilfe von Stasi und Inquisition so rücksichtslos ausbaut, daß er selbst zur Verkörperung des Antichrist wird – das ist in der Tat ein klassischer protestantischer oder calvinistischer Topos der Reformationszeit, später dann aufgenommen von Deisten und Aufklärern, Freimaurern und Antiklerikalen der demokratischen Revolutionen. Daß er jedoch auch noch in der stalinistischen Sowjetunion eine Rolle spielte, darauf hat jüngst Cesare G. De Michelis in seinem Buch ›I nomi dell'avversario‹ über die Figur des Antichrist in der russischen Tradition hingewiesen (Auszug in der römischen Tageszeitung *La Repubblica*, 21. August 1989), und zwar an einem paradoxen – um nicht zu sagen: dialektischen – Beispiel. Es handelt sich nämlich um einen am 7. März 1930 in der *Prawda* veröffentlichten Artikel Nikolai Bucharins. Titel: »Das Finanzkapital im päpstlichen Ornat«.

Der Kontext der Bucharinschen antipapistischen Polemik war – in Rom wie in Moskau – mehr als doppelbödig: Zum einen waren im Februar 1929 in Rom die Lateranverträge zwischen Mussolini und dem Vatikan unterzeichnet worden; und im April/Mai desselben Jahres war in Moskau mit der Proklamation des ersten Fünfjahresplans die Neue Ökonomische Politik beerdigt worden (deren letzter Theoretiker und Unterstützer Bucharin war, der im selben Jahr durch die neue Konzeption der Sozialfaschismustheorie bekanntlich auch innerhalb der Kommunistischen Internationale entmachtet wurde). Im Zuge der sowjetischen Zwangskollektivierung (und der »Liquidierung des Kulakentums als Klasse«) wurde aber auch der ideologische Terror verstärkt: durch ein neues Gesetz zur Beschränkung der religiösen Kulte, das wiederum Mittel und Anlaß für weitere Verfolgungen gab.

In Rom hatte nun Papst Pius XI. (Achille Ratti) Ende d. J. 1929 das *Collegium Russicum* eröffnet – ein Institut zur geistlichen Vorbereitung für zur katholischen Missionierung Rußlands vorgesehene Kleriker – und für den 19. März 1930 einen weltweiten »Kreuzzug des Gebets« angesagt: für das Ende der Christenverfolgungen in der Sowjetunion, für die »russischen Seelen« (auch jener, die »in der Taufe Unsere Kinder sind, ohne es zu wissen«) und ihre »Rückkehr« in die Einheit mit der römischen Christenheit.

Am 2. Februar 1930 hatte Pius XI. dann im *Osservatore romano* in einem offenen Brief an Kardinalvikar Pompili »zur Wiederherstellung der im Gebiete des russischen Staates grausam verletzten göttlichen Rechte« aufgerufen: Das war seit der Entstehung der Sowjetunion der feierlichste offizielle Akt, mit dem sich der Heilige Stuhl zur kommunistischen Staatsmacht geäußert hatte. Der russisch-orthodoxe Metropolit Sergeij mußte sich auf Stalins Geheiß alsbald von den päpstlichen Anklagen des »römischen Beobachters« distanzieren (»Die Repressionen der russischen Regierung sind nicht durch religiöse Überzeugungen motiviert, sondern durch regierungsfeindliche Aktivitäten«), und am 2. März hatte dann sogar Stalin höchstselbst vor übertrieben antireligiösen Exzessen bei der Kollektivierungskampagne gewarnt: »als ob es von revolutionärem Geist zeugt, Kirchtürme niederzureißen«.

Soweit der Kontext. Wenn nun am 7. März der innerhalb der kommunistischen Kurie bereits entmachtete Bucharin, statt direkt die antireligiösen Maßnahmen der sowjetischen Führung zu bekräftigen, in seinem *Prawda*-Artikel dem römischen Papsttum eine seit Jahrhunderten von Protestanten und Aufklärern aufgemachte Rechnung seiner weltlichen Sünden erneut vorhält – von der Fälschung der »konstantinischen Schenkung« über die Häretikerverfolgung im Mittelalter, von der Heiligen Inquisition bis zur jesuitischen Machtpolitik, von Päpstin Johanna bis zu Alexander VI. und seinem Sohn Cesare Borgia –, dann läßt sich dieser Text in der Tat doppelt lesen: Als *direkte* Anklage an den römischen Papst wurde er natürlich vom Moskauer Pfarrer (und illegalen Bischof der dezimierten katholischen Hierarchie Rußlands) verstanden, der prompt gegen Bucharin protestierte: Schließlich seien die aktuellen Praktiken der GPU weitaus übler als weiland die der römischen Inquisition.

Aber war es nicht genau das, was auch Bucharin selbst – *indirekt* – sagen wollte, wenn er in Moskau das kirchengeschichtliche Muster mittelalterlicher und frühneuzeitlicher päpstlicher Machtpolitik herbeizitierte? Statt auf den fernen und im Kreml eh machtlosen Stellvertreter Achille Ratti lenkte Bucharins Artikel die Aufmerksamkeit des geübten *Prawda*-Lesers auf die »papistischen« Züge von Stalins Regiment selbst, das sich – wie das des »Papst als Antichrist« (C. De Michelis) – über jede politische Ordnung stellt, das sich stützt auf eine willfährige Kirchenhierarchie und auf die willkürlichen Verfolgungen von Ketzern wie Heiligen (sprich: den Bolschewiki der Großen Revolution) und nicht zuletzt auf die GPU als neue ›jesuitische‹ Geheimpolizei ...

»Nieder mit dem Papst und allen Erzbischöfen!« – endete Bucharins Artikel. Acht Jahre später wurde er in einem wahrhaften Inquisitionsverfahren – samt Widerruf – nach allen Regeln päpstlicher Kunst zum Tode verurteilt.

4.
Naphta

»Gegensatz zur Sünde ist Glaube.
Tugend als Gegensatz ist heidnisch.«
Georg Lukács

Der Vergleich der sozialistischen Bewegung im allgemeinen und des Marxismus als politischer Ideologie und innerweltlicher Heilslehre im besonderen mit der Kirchengeschichte ist so alt wie der ›wissenschaftliche Sozialismus‹ selbst: Schon Friedrich Engels hat konkurrierende sozialistisch-kommunistische Strömungen mit den christlichen Sekten verglichen – und Karl Kautsky, der Bewahrer des »spiritus Marxii purus« (Werner Sombart), sprach in seinem Kommentar zum Erfurter Programm der deutschen Sozialdemokratie von der orthodoxen Klassenpartei als der *ecclesia militans* des Proletariats.

Gewiß war dieser Vergleich ein zweischneidiges Schwert – die Syndikatlisten und revolutionären Sozialisten haben ihn nämlich bald als Kritik am passiv-fideistischen Element der Weltanschauung von reformistischen Arbeiterparteien gegen diese selbst gewandt. Ist nicht Robert Michels' »ehernes Gesetz der Oligarchie« in der deutschen Sozialdemokratie als erster Massenpartei – mutatis mutandis – auch die Diagnose einer Kirche, die nicht mehr zuerst das Reich Gottes, sondern ihre eigene Stabilität als Institution suchte? Nach der Nahzeiterwartung des Advent folgte die Verwaltung einer auf die lange Bank geschobenen Heilsgeschichte. Und war der Glaube an den historisch unvermeidlichen proletarischen Endsieg nicht – wie Antonio Gramsci vermutete – »als eine Art von Religion und Stimulanz« zu verstehen, »die der *subalterne* Charakter bestimmter sozialer Schichten als historisch notwendig und gerechtfertigt erwies«, die gleichzeitig jedoch diese Subalternität immer wieder herstellte?

Doch es wäre allzu verführerisch, diese religiösen Züge des marxistischen innerweltlichen Glaubens an die Revolutionierung der Welt (die gewiß von Marxens oder seiner Nachfolger sozialwissenschaftlichen Hypothesen zu unterscheiden sind) bloß der Masse der Gläubigen zuzuschreiben, von der sich – in Voltairescher Manier – die Elite der aufgeklärten Intellektuellen dann abheben kann. So einfach ist die Chose nun doch nicht.

Zum einen müßten nämlich diese aufgeklärten Intellektuellen beim Eintritt in die Loge der solcherart Glaubenfreien gleich auch die Fortschrittsidee mit an der Garderobe abgeben. »In der Tat hat« – schreibt der durch seine Untersuchungen der Gesellschaftsstruktur und Weltanschauung Indiens bekannte Kulturanthropologe Louis Dumont aus vergleichender Sicht – »die Idee der ›Weltveränderung‹ etwas so Absurdes, daß wir am Ende begreifen, daß sie nur in einer Kultur auftreten konnte, die über Jahrhunderte unerbittlich an der Trennung zwischen dem verheißenen und dem faktischen Leben des Menschen festgehalten hat. Dieser moderne Wahn wurzelt in etwas, was die Absurdität des Kreuzes genannt worden ist.«

Zum anderen liefert gerade die Geschichte des westlichen intellektuellen Marxismus in diesem Jahrhundert genügend Gegenbeispiele wider eine wohlfeile Trennung von revolutionärer Vernunft und Revolutionsglauben. Im Osten mochten vielleicht nur die Inquisitoren überlebt haben. Im Westen oder auch in Mitteleuropa aber waren gerade die Rationalisten der revolutionären Bewegung oft auch die Kleriker einer idealen (gewiß nicht der real existierenden) kommunistischen Kirche.

Louis Althusser mit seiner strikt wissenschaftstheoretischen Lektüre des Marxschen ›Kapital‹ und Georg Lukács mit seinem legendären Frühwerk ›Geschichte und Klassenbewußtsein‹ gehörten für viele »Achtundsechziger« (erste Person Singular: jedenfalls für mich) zu richtungweisenden antidogmatischen Marxisten, gerade weil sie marxistisches Denken nicht an materialen Dogmen und Lehrsätzen, sondern an methodischen Innovationen festgemacht hatten. Auf die erkenntnistheoretischen Details dabei will ich aber jetzt nicht mehr eingehen.

»Denn angenommen« – hatte Georg Lukács 1919 geschrieben –, »die neuere Forschung hätte die sachliche Unrichtigkeit sämtlicher einzelnen Aussagen von Marx einwandfrei nachgewiesen, so könnte jeder ernsthafte ›orthodoxe‹ Marxist alle diese neuen Resultate bedingungslos anerkennen, sämtliche einzelnen Thesen von Marx verwerfen – ohne für eine Minute seine marxistische Orthodoxie aufgeben zu müssen. Orthodoxer Marxismus bedeutet also nicht ein kritikloses Anerkennen der Resultate von Marx' Forschung, bedeutet nicht einen ›Glauben‹ an diese oder jene These, nicht die Auslegung eines ›heiligen‹ Buches.«

Das war wohl ein Ton, der uns gefallen mochte. Mir jedenfalls, der gerade 1968 bei den Jesuiten Abitur gemacht hatte und heilfroh war, den katholischen Dogmen entronnen zu sein, sagte solche methodische Dialektik weitaus mehr zu als Friedrich Engels' ›Dialektik der Natur‹, das erste marxistische Buch, das ich in die Hand bekam (um es dann alsbald wieder wegen seiner erkenntnistheoretischen Stümpereien in die Ecke zu werfen). Die Lukácssche Reflexion auf die Subjekt-Objekt-Dialektik im Erkenntnis- und Geschichtsprozeß war da schon von anderem Kaliber. Aber ganz so glaubensfrei ging es auch dort nicht zu.

Der Fall der Lukácsschen Bekehrung zum revolutionären Marxismus ist heute schon wieder eine olle Kamelle, da er mittlerweile – zwei Jahrzehnte nach seinem Tode (1971) – in allen Einzelheiten dokumentiert und diskutiert ist: ›Die Seele und die Formen‹, der Manuskriptkoffer im Banksafe von Heidelberg, der Budapester ›Sonntagskreis‹ und die Debatten um den ethischen Idealismus, der Metaphysiker als Kommunist und Volkskommissar der ungarischen Räterepublik, dann die Flucht nach Wien, wo er 1919 - 1922 ›Geschichte und Klassenbewußtsein‹ schreibt.

Woran lag die Faszination dieses Buches für viele Studentenbewegte der sechziger und siebziger Jahre? Und zwar durchaus auch im Gegensatz zu kritischen Theoretikern, deren ursprünglicher religiös-messianischer Impuls auch im marxistischen Spätwerk unverhüllt zutage lag (wie bei Ernst Bloch) – oder die sich, nach den zivilisatorischen Katastrophen von Auschwitz und GULag, zurückgezogen zu haben schienen von einer »verwalteten Welt«, aus dem ehernen Gehäuse der instrumentellen Vernunft, in eine negative Theologie oder Dialektik (Horkheimer / Adorno) – und die sich daher weitaus eher für evangelische Akademietagungen und Rundfunkabendprogramme eigneten als der dissidente kommunistische Philosoph aus Budapest.

Die dialektische Methode als einziger Ausweis der Orthodoxie in Fragen des Marxismus – also gerade kein *set* materialer Gesetze wie in der Scholastik des DiaMat –, diese im ersten Aufsatz (1919) von ›Geschichte und Klassenbewußtsein‹ aufgestellte These machte seine Version von Marxismus gerade für Intellektuelle wie Hans-Jürgen Krahl oder Rudi Dutschke attraktiv: Denn daß sich die westliche Sozialdemokratie längst ›simonistisch‹ hatte kaufen lassen und dem real existierenden Kapitalismus akkommodiert hatte, bedurfte nach den Notstandsgesetzen für die antiautoritären Studenten keiner näheren Erörterung mehr; doch die atheistische Staatsreligion des real existierenden Sozialismus – oder aber die von ML-Schulungszirkeln veranstalteten Katechismusstunden zur Widerspiegelungstheorie von Marx-Engels-Lenin-Stalin-Maotsetung (unerwünschte Namen bitte streichen) – hätte allzu viele intellektuelle Opfer von uns verlangt.

Wir haben natürlich Lukács' selbst scholastischen Spätwerke lange überhaupt nicht gelesen, auch wenn wir um seine ›jesuitischen‹ Selbstkritiken und realpolitischen Rationalisierungen wußten, die Thomas Mann in seiner Naphta-Figur im ›Zauberberg‹ so trefflich porträtiert hatte, Und als wir sie dann lasen, war Lukács längst uninteressant geworden. Worin aber lag zuvor die jahrelang währende Faszination Lukács' für die westliche Linke, von der auch seine mittlerweile längst an amerikanischen Universitäten lehrenden Schüler heute noch zehren?

Ich glaube, es war Lukács' historischer Rationalismus. Daß dahinter ein selbst nicht mehr vernünftiger Glaube an eine (sozialistische) Vernunft in der Geschichte stand – ein Credo, in dem er auch nach 1956 und 1968 daran festhielt, »der schlechteste Sozialismus (sei) immer noch besser als der beste Kapitalismus« – und daß diese geschichtsphilosophische Vernunft wieder auf eine zwar soziologisch informierte und kulturkritisch motivierte, doch existentielle ›Wette‹ zurückgeht, wollten wir lange nicht wahrhaben.

Wir begnügten uns damit, den jungen wider den alten Lukács hochzuhalten. Denn dessen an Simmel und Weber geschulte Verdinglichungsanalyse in ›Geschichte und Klassenbewußtsein‹ ermöglichte ja – wie es schien – beides: eine vorurteilsfreie Kritik am kapitalistischen Westen wie am realen Sozialismus, war sie doch nur auf ein methodisches Postulat gebaut, den ›Gesichtspunkt der

Totalität‹. *Wenn – dann:* »Erst wenn das Bewußtwerden den entscheidenden Schritt bedeutet, den Geschichtsprozeß seinem eigenen, sich aus Menschenwillen zusammensetzenden, aber nicht vom menschlichen Geist erfundenem Ziele entgegen tun muß; wenn die geschichtliche Funktion der Theorie darin besteht, diesen Schritt praktisch möglich zu machen; wenn eine geschichtliche Situation gegeben ist, in der die richtige Erkenntnis der Gesellschaft für eine Klasse zur unmittelbaren Bedingung ihrer Selbstbehauptung im Kampfe wird; wenn für diese Klasse ihre Selbsterkenntnis zugleich eine richtige Erkenntnis der ganzen Gesellschaft bedeutet; wenn demzufolge für eine solche Erkenntnis diese Klasse zugleich Subjekt und Objekt der Erkenntnis ist und auf diese Weise die Theorie unmittelbar und adäquat in den Umwälzungsprozeß der Gesellschaft eingreift ...« – *Und wenn nicht?*

Diese Frage, die den Studentenbewegten in den siebziger Jahren alsbald Kopfzerbrechen bereiten sollte, hat Lukács als Kommunist nicht mehr öffentlich gestellt. Belegt ist nur (durch István Eörsi) eine nie wiederholte mündliche Äußerung aus dem Herbst 1968, nach der Zerschlagung des Prager Frühlings durch sowjetische Panzer: »Vermutlich ist das ganze Experiment, das 1917 begonnen hat, mißlungen, und das Ganze muß ein anderes Mal und an einem anderen Ort angefangen werden.« Die kommunistische Revolution als ein Experiment der Emanzipation aufzufassen – hätte dies nicht bedeutet, auch mit seinem Scheitern rechnen zu müssen? Das aber war Georg Lukács nach seiner existentiellen Wende nicht mehr möglich.

»Die Entwicklung zum Kommunisten ist schon die größte Wendung, Entwicklungsergebnis in meinem Leben«, heißt es in Lukács' autobiographischen Notizen ›Gelebtes Denken‹. Im Dezember 1918 war er über Nacht vom Saulus zum Paulus geworden (aus dem jungen Herrn *von* Lukács wurde der Genosse Lukács) und in die Kommunistische Partei eingetreten, nachdem er wenige Wochen zuvor noch in seinem Aufsatz ›Der Bolschewismus als moralisches Problem‹ geschrieben hatte: »Der Bolschewismus basiert auf der metaphysischen Annahme, daß aus dem Schlechten Gutes stammen kann, daß es möglich ist – wie Razumichin im ›Raskolnikov‹ sagt –, sich durchzulügen bis zur Wahrheit. Der Verfasser dieser Zeilen kann diesen Glauben nicht teilen, und darum sieht er in den Wurzeln der bolschewistischen Position ein unlösbares moralisches Problem.«

Man mag heute diese für Lukács' ganzes weiteres Leben bestimmende Grundentscheidung eher aus den Erfahrungen der zivilisatorischen Katastrophe des Ersten Weltkriegs verstehen wollen – oder aber als folgerichtiges Produkt eines gleichzeitig elitären und romantischen Antikapitalismus, der die intellektuelle Boheme des monatelang über Dostojewski diskutierenden Budapester ›Sonntagskreises‹ mit dem *radical chic* einer Hoffnung auf Erlösung durch die »Gravitation der Sünde« überbot oder überwand. Und natürlich schließen sich beide Interpretationen keineswegs aus. Jedenfalls ruhte der in ›Geschichte und Klassenbewußtsein‹ noch kulturphilosophisch motivierte und später dann objektivistisch rationalisierte revolutionäre Vernunftbegriff Lukács' auf einem als ›Ethik‹ verkleideten Glaubensakt, der dann auch das Problem der ›Schuld‹ tragisch zu bewältigen erlaubte.

In ›Taktik und Ethik‹ (1919) – also seiner ersten kommunistischen Schrift – hatte Lukács diese *felix culpa* des Revolutionärs, »der unerschütterlich und alle Zweifel ausschließend weiß, daß der Mord unter keinen Umständen zu billigen ist« und sich dennoch dem »Befehl der welthistorischen Situation, als geschichtsphilosophische Berufung« nicht entzieht, noch zum Dreh- und Angelpunkt seiner Wende gemacht. In *allen* späteren Schriften – von ›Geschichte und Klassenbewußtsein‹ bis hin zur ›Ontologie des gesellschaftlichen Seins‹ – hat sich diese seine erste teleologische Setzung unsichtbar gemacht: Sie ist jetzt, im Sinne von Weber & Freud, rationalisiert, somit zur Methode geworden.

Lukács hat sie selbst noch im Dezember 1918 – eine Woche vor seiner Bekehrung zum Kommunismus, der Befreiung von der Pficht zum Kompromiß mit/in der Demokratie – getreu notiert: »Man muß das Schlechte *als* Schlechtes, die Unterdrückung *als* Unterdrückung, die Klassenherrschaft *als* Klassenherrschaft bezeichnen. Man muß daran glauben – und das ist das wahre ›credo quia absurdum est‹ –, daß der Unterdrückung (*sc.* nach der kommunistischen Revolution) nicht wieder ein Kampf der Unterdrückten um die Macht folgen wird (usw., eine Reihe sinnloser Kämpfe), sondern die Selbstvernichtung der Unterdrückung. Die Wahl also zwischen den beiden Stellungnahmen (*sc.* für den Bolschewismus oder einen demokratischen ›Linkssozialismus‹) ist – wie jede moralische Frage – eine Frage des Glaubens.«

5.
Der Katholik

»Au regard de l'humanisme nouveau ... il faut changer l'homme bourgeois, oui; et pour cela il faut même aussi changer l'homme, oui, et cela seul au fond nous importe; je veux dire, au sens chrétien, faire mourir le ›vieil homme‹ et donner place à l' ›homme nouveau‹.«
Jacques Maritain

Heute ist, wie Daniel Bell gewiß nicht ohne Schadenfreude, aber durchaus treffend bemerkt, mitsamt dem »westlichen Marxismus« auch Georg Lukács' Werk längst dem Vergessen anheimgefallen: »Das Buch, dem er seine Reputation verdankte, das er aber selbst verstoßen hatte, ›Geschichte und Klassenbewußtsein‹, taucht zwar noch gelegentlich in verschimmelten Ideologiedebatten wieder auf, aber das Werk, das er als intellektuellen Schlußstein seines Lebens ansah, die Bände seiner ›Ontologie‹, werden so gut wie von niemandem mehr gelesen, gelten als unlesbar und sind seinen früheren meistens im Ausland lehrenden Schülern nur noch peinlich, wohingegen Lukács heute in Ungarn von Studenten oder Intellektuellen völlig ignoriert wird, wenn man sich nicht über ihn lustig macht.« (*Times Literary Supplement*, Juli 1991)

Was soll man da erst von Louis Althusser sagen, einem ebenfalls in den Sechzigern wichtigen marxistischen Philosophen, der nicht einmal – wie Lukács – ein *Œuvre* hinterlassen hat? Er gilt heutzutage höchstens noch als kommunistischer Ideologe, einer der »Philosophen ohne Werk, die wir waren, die aber aus jedem Werk Politik machten«, von denen er 1965 (in der ersten Person) im Vorwort zu ›Pour Marx‹ gesprochen hatte, also seinem einzigen ›richtigen‹

Buch. Von Althusser weiß man ansonsten höchstens nur noch, daß er 1980 in einem Anfall geistiger Umnachtung seine Frau Hélène umgebracht hat. Eine Tragödie, die damals natürlich auf die übelste Weise gegen seine – oder: »die« – marxistische Philosophie ausgeschlachtet wurde ... wobei sich dann die antimarxistischen Verteidiger liberaler Freiheit gerne klassischer stalinistischer Inquisitionsrhetorik *ad personam* befleißigten.

Schon darum ist heute kaum mehr verständlich zu machen, welch antidogmatischer Impuls von seinen Schriften der frühen sechziger Jahre einmal ausging: als Althusser – wider die »mageren Variationen über die berühmten Zitate« der nachstalinistischen kommunistischen Parteiphilosophie – sich der »paradoxerweise prekären Existenz der marxistischen Philosophie als solcher« zu stellen versuchte und im Dialog mit den ›strukturalistischen‹ Entwicklungen in den Humanwissenschaften und der Epistemologie eine marxistische Wissenschaftsphilosophie als sog. »Theorie der theoretischen Praxis« entwarf.

Nun gut, auch er sollte dann nach dem französischen Mai '68 in seinem Bemühen um eine Art psychoanalytischen »Klassenkampf in der Theorie« selbst eine »neue Orthodoxie« entwickeln (Jacques Rancière) – aber da war er ja wahrlich nicht der einzige. Nach dem Tode seiner Frau unterbrach jedenfalls sein öffentlicher (philosophischer und politischer) Tod durch die Verlegung in eine psychiatrische Anstalt einen der letzten und authentischsten Versuche der Verbindung von Marxismus und Philosophie in Westeuropa: »Gleichzeitig völlig Philosoph und völlig Kommunist zu sein, ohne einen der beiden Termini dem anderen zu opfern, unterzuordnen, zu unterwerfen – das war die Wette und das Risiko, das Althusser eingegangen war.« So faßte Etienne Balibar am 25. Oktober 1990 bei Althussers Begräbnis dessen Tragik zusammen.

Wenn es heute schwer verständlich erscheinen mag, ein solches – philosophisches – Risiko auf sich zu nehmen, als ›strukturalistischer‹ Rationalist doch gleichzeitig ein kämpferischer Gläubiger zu sein, so war dies für Althusser, der selbst aus der katholischen Jugendbewegung stammte, offenbar selbstverständlich. Wie er 1980 in seinem letzten Interview vor seinem öffentlichen Tod mit einem italienischen Fernsehjournalisten sagte (das erst nach seinem Tode

1990 veröffentlicht wurde), ist er geistig – oder geistlich – von zwei Lehrern geprägt worden: dem katholischen Philosophen Jean Guitton, einem Freund Papst Pauls VI., und einem jakobinischen Historiker, Joseph Urse.

»Ich war also katholisch und interessierte mich für die sozialen Probleme – ich war insofern von der Kirche beeinflußt und von jenem jakobinischen Professor, der mir (schon in den dreißiger Jahren) mit unglaublicher Klarsicht erklärte, was die Bourgeoisie tun würde.« – Frage: Und wie bist du Kommunist geworden? – »Ich bin Kommunist geworden, weil ich Katholik war. Ich habe den Glauben nicht gewechselt, man kann sagen, daß ich im Grunde Christ geblieben bin. Das bedeutet natürlich nicht, daß ich in die Kirche gehe, aber daß ich Universalist, Internationalist bin. Und in der Kommunistischen Partei fanden sich die geeignetsten Mittel zur Verwirklichung der universellen Brüderlichkeit.« (Interview mit Renato Parascandolo, *l'Unità*, 24. Oktober 1990)

Doch gegen Ende seines öffentlichen Lebens erwartete der gläubige Kommunist Althusser offenbar auch noch Hilfe von anderer Seite. Dies berichtete sein früherer Mentor und väterlicher Freund Jean Guitton Jahre später dem notorischen Resteverwerter und ›neuen Philosophen‹ Bernard-Henri Lévy (der, als der Meister längst in der psychiatrischen Anstalt begraben war, Althussers ersten philosophischen Lehrer befragt hat, zit. nach *Corriere della sera*, 8. August 1990) – wobei ich natürlich offenlassen muß, wie exakt die Erinnerung des mittlerweile neunzigjährigen Mitglieds der Académie Française ist.

Eines Abends – so erinnert sich Guitton – besuchten ihn Althusser und seine Frau Hélène »und baten mich, die notwendigen Schritte zu unternehmen, damit er Johannes Paul II. treffen könnte. Ich antwortete, das sei sehr schwer für mich. Mit Paul VI., mit dem ich freundschaftlich verbunden war, wäre das einfach gewesen, aber Johannes Paul II. kannte ich nicht gut genug, um mit Gewißheit eine Verabredung erreichen zu können. Jedenfalls werde ich es versuchen, versprach ich. Und das tat ich auch. Ich sagte zum Papst: ›Heiligster Vater, ich habe einen Freund, der atheistischer Kommunist ist, mit dem ich sehr verbunden bin, er heißt Althusser.‹ Johannes Paul II. antwortete mir: ›Althusser kenne ich. Es ist ein Logiker.‹ ›Ja – entgegnete ich – er ist ein Logiker. Aber dieser Logiker wünscht, Eure Heiligkeit zu sehen.‹ ›Na gut, dann soll er kommen‹, beendete der Papst das Gespräch.«

Und warum war Hélène und Louis Althusser so an dieser Begegnung mit Wojtyla gelegen? – Jean Guitton: »Beide hatten den Eindruck, daß Johannes Paul II. vom Schicksal dazu auserwählt sei, der Papst zu sein, der Kommunismus und Katholizismus miteinander versöhnen werde. Wir glauben, wiederholte sie (Hélène Althusser), daß der Tag kommt, an dem sich zwischen dem Denken Johannes Pauls II. und dem der Nachfolger Lenins die Möglichkeit einer Übereinstimmung eröffnet und diese ein neues Zeitalter einleiten wird.« – Ob die Geschichte stimmt? Auch Jean Guittons *Dialog mit Paul VI.* (Wien 1967) war, wie der Autor im Vorwort schrieb, kein wörtliches Interview, »keine Aufnahme der Worte Pauls VI., wie sie ein Tonbandgerät oder eine Schallplatte hätte bewerkstelligen können, diese bildsame und harte Masse, dieser stumme Sekretär«, und doch sei der Bericht »bis in die Einzelheiten hinein echt«.

1978 war Karol Wojtyla zum Nachfolger Petri gewählt worden, und 1980 endete Althussers öffentliches Leben. Das Treffen des französischen Marxisten mit dem polnischen Papst kam dann – nach der Tragödie der Althussers – natürlich nicht mehr zustande. Aber ganz so verkehrt scheinen Louis und Hélène Althusser in ihrer gläubigen Hoffnung auf den (wie wir heute wissen) ersten postkommunistischen Papst nicht gelegen zu haben. Schon 1981 verkündete Karol Wojtyla in seiner Sozialenzyklika *Laborem exercens* zum ersten Mal den Vorrang der Arbeit vor dem Kapital. Ein paarmal hat er sich seitdem auch schon mit dem letzten Nachfolger Lenins getroffen.

6.
Der Politiker

»Ich glaube, Rock'n'Roll hat mehr zur Befreiung von Osteuropa beigetragen, als man annimmt.«
Keith Richards

Das Ende des Jahrtausends erlebt eine vielfältige Rückkehr des Religiösen. Für die mehr als eine Million junger Katholiken, die Mitte August 1991 beim Weltjugendtag im polnischen Wallfahrtsort Tschenstochau im Zeichen der Himmelfahrt Mariens, der Mutter Gottes (*Theotokos*, nach der kanonischen Definition des Konzils von Ephesos), zusammenkamen, war gewiß Jesus Christus lebendiger, als es Karl Marx in den sechziger Jahren bei den diversen kommunistisch veranstalteten Weltjugendtreffen jemals hat sein können. Denn dort hatte es zwar stets viel Liturgie gegeben, aber wenig *vibrations*; viel Klampfen und Soli-Basare, Pflicht und Moral, aber wenig *power*.

Ich habe einmal vor vier, fünf Jahren ein katholisches internationales Massenmeeting erlebt – an einem Palmsonntag in der Heiligen Stadt. Mobilisiert hatte die effiziente Truppe von *Comunione e Liberazione* (über die man in diesem Buch später noch mehr erfahren kann); schon die Prozession durch das barocke Rom mit den Palmzweigen bei flotten geistlichen Rhythmen hatte es in sich – und nachher, auf dem Höhepunkt, wurden die Zweige im Takt bewegt: Das war weitaus effektvoller als die mittlerweile ausgeleierten Feuerzeuge oder Wunderkerzen am Ende jedes mittelmäßigen Rockkonzerts; aber das beste war natürlich die Anlage: Die optischen und Toneffekte der Arena San Pietro würden jede Supergroup vor Neid erblassen lassen – und die Kolonnaden von Bernini erübrigen jeden Soundcheck; dann, on stage, als Vorgruppe the very special guest Mutter Theresa; und schließlich the one and only ...

Der Papst als Medium oder message? Vermutlich werden sich die meisten Teilnehmer des Open Air am Fuße des Hellen Berges (Jasna Gora) in Tschenstochau unter der Schirmherrschaft der Schwarzen Madonna kaum mehr um die bekannten (Sexual-)Moralforderungen des derzeitigen Stellvertreters Christi und seiner zölibatären Funktionäre scheren. Papst Wojtyla *live* – das ließe sich eher mit anderen gemeinschaftsstiftenden Großereignissen der jüngsten Geschichte vergleichen, wie Jimi Hendrix *live* in Woodstock (zum Vergleich: damals war nur eine halbe Million dabei).

Bald schon hieß es: »Jimi Hendrix lebt« – denn am Leben blieb er nicht mehr lange, und im Rückblick erscheint auch Woodstock eher als kulminierender Endpunkt der Flower power generation, die sich danach mystisch, religiös, musikalisch zerfaserte und zersetzte ... Aber in the long run konnte sie sich vielleicht nur so, durch ihren frühen Tod, als Generation durchsetzen – ähnlich wie ihr politisch-aktivistisches Pendant in der achtundsechziger Bewegung (»Che Guevara lebt«). Wiederauferstehung als kultureller sog. »Wertewandel« im Leben der Überlebenden. Das Weiterleben im Glauben der anderen ist eine Sache der Toten.

Einmal abgesehen von der von überlebenden Rock-Veteranen gerne aufgeworfenen Glaubensfrage, wieviel denn die ja nun auch schon seit Jahren verblichene internationale Rock-Bewegung zum Sturz des Kommunismus als Staatsmacht beigetragen hat – dem religiösen *revival* in den Ländern des ex-kommunistischen »Ostblocks« könnte es ähnlich gehen wie Woodstock & Rock'n'Roll: Nach einer ersten ›Durchbruchsphase‹ des Erfolges, in der die erstarrten Glaubenshaltungen, Mauern und Bastillen der machthabenden Hohenpriester des Ancient régime und der alten Sitten durchbrochen werden, folgt auf das Hochamt des Sieges das Scheitern des ursprünglichen Projekts. Es entsteht zwar nicht die von seinen Betreibern direkt angezielte neue Ordnung – sondern eine Vielzahl von Formen und Impulsen. Aber gerade damit setzt sich die Revolution als »reale Bewegung« (Marx) durch – als gesellschaftliche Innovation, nicht als Staatsmacht.

Nehmen wir nun die Revolution von Papst Wojtyla, die von ihrer Intention her wahrhaft eine *revolutio*, eine Um- und Rückwälzung im Wortsinne, darstellt. Johannes Paul II. ist ein weitsichtiger und energischer Politiker. An die Stabilität der europäischen Nachkriegsordnung hatte der Erzbischof von Krakau – anders als alle sozialdemokratische Entspannungspolitik – nie geglaubt. In seinem *design* spielten schon 1978, als er in der Sistina zum Nachfolger

Petri erkoren ward, Mauer und Eiserner Vorhang keine Rolle mehr. Er wußte, nicht zuletzt aus eigener pastoraler Erfahrung – er hatte sich schließlich nicht wie der ungarische Primas und Habsburger Legitimist Kardinal Mindszenty in amerikanischen Botschaften verschanzen müssen, sondern mit den Aktivisten des KOR und von Solidarność als Seelsorger zusammengearbeitet –, daß der Kommunismus innerlich am Ende war.

Gewiß: Daß *sub specie aeternitatis* der Kommunismus zum Scheitern verdammt sei, hatten zwar Pius XI. und »Stellvertreter« Pius XII. auch stets behauptet – doch dann versuchten Papa Giovanni und Modernist Montini in christlicher Verantwortung einen modus vivendi. Sogar die neue Ostpolitik deutscher Sozialdemokraten fand päpstlichen Segen (*copyright* Casaroli). Ja, und in der Heiligen Stadt war sogar bis 1978 vom Christdemokraten Aldo Moro an einem »Historischen Kompromiß« mit den Italo-Kommunisten gefeilt worden – ein Problem, das sich dann ja anderweitig erledigt hatte.

Jetzt aber blieb nichts mehr, wie es war. Jetzt begnügte sich der neue Chef Wojtyla nämlich nicht mehr mit vagen heilsgeschichtlichen Prophetien, sondern prognostizierte (und betrieb in Polen mit *power*) den Zerfall des Ostblocks – und zwar in Echtzeit. Das bevorstehende Ende des Kommunismus, das war sein Trumpf. Auf diese siegreiche Karte hat Wojtyla den Erfolg seines Pontifikats gebaut; und die Jahre zwischen dem Runden Tisch in Polen und dem – wie der Papst sich ausdrückte – »heilsgeschichtlichen Ereignis« des Falls der Berliner Mauer brachten dem Stuhle Petri Triumphe über Triumphe ein. Ein charismatisches Kapital, das der Amtsinhaber dann in seinen Welt- und Pilgerreisen geschickt reinvestierte und vermehrte. Bis gestern war Papst Johannes Pauls II. Amtszeit ein voller Erfolg. Jetzt müßte die operative Phase folgen – die Implementierung der »Evangelisierung Europas«.

»Bis gestern. Heute, nach dem Fall der Mauern und mit ihnen des Weltkommunismus, scheint Wojtylas Projekt in Schwierigkeiten zu geraten«, schreibt Filippo Gentiloni, in Rom einer der besten Kenner des Katholizismus: »Nun reicht es für Johannes Paul II. nicht mehr aus, als Prophet eines angekündigten Endes zu erscheinen ... Was soll er im Zeitalter des Postkommunismus dem kapitalistischen, materialistischen und egoistischen Westen verkünden, was dem sich in aufrührerischer Expansion befindlichen Islam, was dem Fernen Osten, der sich der christlichen Botschaft abgeneigt und mit seinen eigenen Religionen befriedigt zeigt?«

Die Wiederentdeckung der Transzendenz durch die Kinder Gottes im ehemaligen Ostblock war – nach vierzig Jahren Irren und Murren des Volks in der atheistischen Wüste – zwar nicht das Werk des Papstes, aber er war doch ihr Symbol und fähigster Propagandist. Doch das Gelobte Land der Meinungs-, Gewissens- und Religionsfreiheit wird nicht mehr das katholische Europa der Türkenkriege und der Gegenreformation sein können, das Johannes Paul II. (seinem marianischen Wahlspruch »totus tuus« gemäß) der jungfräulichen Gottesmutter zu Füßen legen will.

In Tschenstochau sagte der Papst – in russischer Sprache: »Möge euch der Heilige Geist bei der Überfahrt aus der Sklaverei zur Freiheit der Kinder Gottes begleiten!« Doch die über hunderttausend jugendlichen Sowjetbürger, sogar Pilgergruppen aus Komsomolzen und Rotarmisten waren dabei, die so massiert erstmals die polnisch-russische Grenze überschreiten durften, erschienen der *Süddeutschen Zeitung* gleichzeitig »als Vorboten der bevorstehenden, befürchteten neuen Völkerwanderung in den für sie ›goldenen Westen‹, zumal viele von ihnen offen bekundeten, nicht zurückreisen zu wollen«.

Für Wojtyla heißt das Reiseziel back to the roots: Rückkehr ins christliche Europa. Jetzt könne die Kirche nach ihrer Befreiung im Osten endlich »wieder mit beiden Lungen atmen«. In der Tat hat die römische Kirche als das wohl größte west-östliche religiöse *interface* eine besondere Verantwortung. Doch dieses Europa wird kein heiliges Reich mehr sein, keine feste Ordnung in dem *einen* Glauben mehr finden können. Weit eher, so ist zu vermuten, könnte es »Amerika« gleichen – und zwar nicht mehr allein dem Woodstock-Amerika, dem konsumistischen Way of life, sondern auch dem Kontinent der Einwanderer*communities*, der rabiaten Missionsmethoden vielfältiger neuprotestantischer Sekten, Sender und Gemeinden im Hinterhof der Metropole.

Wie die künftige Entwicklung der Kirche im neuen Europa aussehen wird? – Der Papst, auf dem Friedhof von Wadowice von einer Journalistin gefragt, »äußerte sich zurückhaltend und skeptisch: Er wisse es auch nicht. Auch in der triumphierenden und starken polnischen Kirche machen sich erste Auflösungserscheinungen bemerkbar. Trotz der offensichtlichen Tendenz zur Vereinheitlichung wird die katholische Kirche noch vielfältiger und bunter werden« *(FAZ)*.

* * *

Es scheint kein Zufall zu sein, daß der Politiker Wojtyla, nachdem er Lenins Erben mit Bravour erledigt hat, heute zum amerikanischen Way of life auf Distanz geht. Religionspolitisch nämlich ist »Amerika« (seit den Pilgrim Fathers) auch eine Chiffre für den religiösen Pluralismus zumeist protestantischer Konfession – in seiner Vielfalt von Glaubenslehren und Bekenntnissen, von denen nunmehr alle ihr Monopol auf Welterdeutung und Handlungsleitung verloren haben.

Im christlichen Europa hatte die mit der Reformation aufbrechende Pluralität christlicher Glaubensbekenntnisse bekanntlich zu den Religionskriegen geführt (und dann zu Staatskirchentum: cuius regio, eius religio). Erst die religiöse Neutralisierung der Staatsraison und dann die Säkularisierung der sozialen Ordnung waren es, die in der Alten Welt die *potestas indirecta* Roms, die Richtlinienkompetenz der Kirche in Politik und Gesellschaft, einschränkten.

Die europäische Demokratie war auf dem Kontinent entweder theokratisch (Calvins Genf) oder verstand sich laizistisch: als Feindin der Religion. Der zivilisatorische Sprung zur »christlichen Demokratie« ist in der Alten Welt erst allerjüngsten Datums – er geht auf die Verarbeitung der Rolle der westlichen Demokratien bei der Niederschlagung des nationalsozialistischen Europas durch katholische Politiker und Parteigründer (Alcide De Gasperi, Konrad Adenauer) zurück.

In der Neuen Welt hatte die Demokratie dagegen von vornherein mit dem religiösen Pluralismus aller mehr oder minder fundamentalistischen Sekten aus der Alten Welt zu rechnen. Die Demokratie in Amerika, die Alexis de Tocqueville vor anderthalb

Jahrhunderten beschrieb, ist eine Demokratie, die in ihrem kulturellen Selbstverständnis weder antireligiös (oder, wie die Tradition des europäischen Liberalismus: antiklerikal) noch staatskirchlich geprägt ist.

Beide Entwicklungen des Westens – die ›europäische‹ Säkularisierung des Staats und die ›amerikanische‹ Pluralisierung des Glaubens, die beide die Religion ihrer Monopolstellung beraubt, doch damit auch subjektiviert, zum Glauben befreit haben – waren durch die byzantinische Mauer des Kommunismus im Osten Europas ein halbes Jahrhundert lang de facto blockiert oder dort, wo sie bereits eingesetzt hatten (wie in der Tschechoslowakei), zurückgeschraubt worden.

Der Fall der Mauer, die Einigung, Öffnung und damit unweigerliche Durchmischung Europas erfordert jetzt auch eine – *sit venia verbo* – ›Verwestlichung‹ der Kirche. Nicht des Glaubens, natürlich – Sein Reich ist nicht von dieser Welt –, aber doch der Religionspolitik der Glaubensgemeinschaften. Denn aufgetaucht aus den Katakomben, werden sie keine alte Weltordnung der einen *societas christiana* mehr vorfinden, eher schon eine postmoderne, also die hellenistische Situation: die Diaspora als nunmehr allgemein gewordene Existenzbedingung des Bekenntnisses. Paulus predigte in der Weltstadt Athen »täglich auf dem Markt, zu denen, die sich einfanden« (*Apg* 17, 17).

Im alten, im christlichen Europa führten Häresie und Schisma zum Glaubenskrieg. Im neuen, offenen, doch innerlich zerrissenen Europa wird der »häretische Imperativ« (Peter L. Berger) ungehindert Verbreitung finden. Doch Freiheit und Fremdheit werden auch die militante Abwehr, die Versuchung zur »identitären« Abschottung des Eigenen, die Sehnsucht nach der geschlossenen, homogenen Gemeinschaft und Gemeinde wieder hervortreiben. Da könnte die Anerkennung der Vielfalt von aufeinander irreduziblen Glaubenswahrheiten und Religionsgemeinschaften – soziologisch gesprochen: die Pluralisierung der »Erfahrungsmodelle von Transzendenz« (Thomas Luckmann) – mit dazu beitragen helfen, die latente Bereitschaft zum Bürgerkrieg abzubauen.

– Wenn sie mit Freiheit und Menschenrechten vereinbar sein soll, wird die im Osten neu erwachende Religiösität auch ihren inner-

weltlichen Kompetenzverlust ebenso anerkennen müssen, wie eine selbstkritisch gewendete Moderne im Westen längst darum weiß, »daß die Wissenschaft, die Vernunft, das Allgemeine dem Individuum, insbesondere zur Sinnfrage, nichts zu sagen vermag« (Jean-Pierre Vernant).
- Und wenn die wachsende religiöse Vielfalt im neuen Europa nicht zum bloßen Resonanzkörper und Verstärker der sozialen und ethnischen Feindschaften und nationalistischer heiliger Krieger werden soll, dann dürfen Glaubenskonflikte weder geleugnet noch in Ghettos abgedrängt werden. Die Freiheit des Christen erfordert heute nicht die Bekehrung des Fremden, des Ungläubigen, Anders- und Fremdgläubigen, sondern die offene Konfrontation mit dem Skandal seiner Fremdheit auf dem Markt, der Agora, dem Forum.

Denn das Gewissen, der solitäre Dialog mit dem ›verborgenen Gott‹ vor dem ›inneren‹ *forum conscientiae,* braucht den fremden Blick und den ungläubigen Widerspruch auf dem Forum der Öffentlichkeit. »Daß der Blick des anderen für den notwendig ist, der den Sinn und die Wirklichkeit seines eigenen Weges erfassen und unterscheiden will, ist eine Banalität; aber sie muß auch auf religiöse Weise (wieder)aufgenommen werden«, schrieb der Historiker, Anthropologe und Psychoanalytiker Michel de Certeau 1965, im Klima des konziliaren Aufbruchs, in *Christus,* der spirituellen Zeitschrift der französischen Jesuiten: »Niemals nämlich wird der Gläubige besser Zeugnis der Wahrheit abgeben als dadurch, daß er ein inneres Erfordernis (an)erkennt dank einer von außen kommenden Opposition und in der Kritik den Ruf dessen entdeckt, was er selbst verteidigt: So bezeugt er die Natur einer Wahrheit, die dem Gesetze seines eigenen Bewußtseins *(conscience)* niemals fremd ist und ihm doch die anderen immer unverzichtbarer – und Gott immer größer – werden läßt.«

I.
Phantom Marxismus
Rückblick auf den materialistischen Glauben (1977)

Falsche Bewegung

Das Attribut »pluralistisch« ist in der Diskussion der westdeutschen Linken ein Schimpfwort. Mit dem Etikett »schlecht pluralistisch« ist eine Vielfalt von Positionen und Theorien gemeint, die schlicht konsequenzenlos bleibt, aus der nichts folgt und die darum Partei ist: Partei für das Bestehende. Was dagegengesetzt wird, ist eine oder *die* »Klassenposition«, die für die einen mit bereits bestehenden Staaten (DDR, SU, China ...) und Parteien marxistisch-leninistischer Prägung identisch ist, für die anderen nicht. Diese Haltung unter großen Teilen der alten und neuen Linken ist vielleicht verständlich – verzeihlich ist sie nicht. Sie beruht nämlich auf der Voraussetzung, daß echte Alternativen zur bürgerlichen Wissenschaft nur im Gewande eines absoluten Wahrheitsanspruches auftreten können: als *der* Marxismus, *die* Arbeiterklasse, *die* Zerschlagung *des* bürgerlichen Staates – und basta.

Verständlich ist diese Haltung angesichts der Erfahrung mit einer Variante von »Pluralismus« (und den muß man wirklich in Anführungszeichen setzen), den die neue Linke mit ihrer Entstehung kennengelernt hat, der, mehr noch, eine der Ursachen ihrer Entstehung war: der Pluralismus der formierten Gesellschaft des CDU-Staates und der Großen Koalition. Dieser war ein Pluralismus ohne Alternativen, denn er setzte die verteilten Rollen eines einheitlichen Konzerts ohne Mißtöne voraus; er war ein Pluralismus der Interessengruppen, Verbände, Vereine, Parteien, der außerhalb seiner selbst keine Veränderung wahrnehmen, geschweige denn in Gang setzen konnte, weil er auf der Kontinuität korporativer Strukturen und Organisationsformen beruhte.[1] Echte demokratische Alternativen konnten sich darum nur als APO, nur außerhalb des

Parteienkartells organisieren und bewegen. Entsprechendes gilt für den Theorienpluralismus der korporativistischen Ordinarienuniversität, der nach dem Prinzip »Keine Krähe hackt der anderen ein Auge aus« funktionierte und seine grundlegende Immobilität und Lernunwilligkeit nur mühsam kaschierte.

Demgegenüber war die APO die einzige Kraft, die wirklich Alternativen ins Spiel brachte: In ihrem Handeln war sie *Bewegung*.[2] Von Bewegung (im Singular) zu sprechen, setzte damals nicht eine einheitliche Theorie oder Weltanschauung voraus; es war möglich, weil die durchaus unterschiedlichen Lebensbereiche, Ereignisse, Erfahrungen an den verschiedensten ›Fronten‹ zu einer Dimension von Gemeinsamkeit zusammengesetzt wurden, die die disparaten, pluralen, partikularen Lebensinteressen, Kampfinhalte und Öffentlichkeitsformen gerade *nicht* ersetzte oder sich ›von außen‹ über sie stülpte. Bestimmend für die Bewegung waren gemeinsame Handlungsbezüge. Theoretisch experimentierte sie mit den unterschiedlichsten Erklärungs- und Kritikansätzen der bürgerlichen Gesellschaft und Lebensweise, u. a. auch der marxistischen. *Den* Marxismus jedenfalls gab es für die radikaldemokratische, außerparlamentarische, linke Bewegung als identitätsstiftenden Bezugspunkt nicht, und auch als bestimmte Flügel der Studentenbewegung sich dezidierter marxistischen Traditionen (und zwar ganz bestimmten Traditionen)[3] zuwandten, geschah dies, um die eigenen, problematisch werdenden Handlungsbezüge klären zu helfen. Der Bezug auf *eine* fertige, abgeschlossene Theorie *des* Marxismus war damit aber gerade nicht intendiert.

Heute, 10 Jahre später, stellt sich die Situation genau umgekehrt dar. Die Momente, die es (vielleicht) möglich machen, von der oder den Linken zu sprechen, sind gerade *nicht* gemeinsame Handlungsbezüge, -möglichkeiten, -aufgaben, bilden *kein* artikuliertes Verhältnis zu den verschiedenen Initiativen und Bewegungen hier und heute in der Bundesrepublik. Ob es um die Bürgerinitiativen, die Frauenbewegung oder um die neuen Formen und Versuche von Studentenbewegung geht: die Linke muß überall wieder versuchen, ein konkretes Verhältnis zu diesen Bewegungen überhaupt erst herzustellen. Wenn in der März-Ausgabe 1977 der Zeitschrift *links* »am Beispiel Brokdorf« von der möglichen Chance für die

Linke gesprochen wird, »in der Krise ihre Isolierung zu durchbrechen« und »mit ihren Arbeitsansätzen an unruhigem und lernbereitem Bewußtsein anzuknüpfen«, so ist damit zunächst auch gesagt, daß die Linke heute keine Bewegung mehr ist: die Linke und die verschiedenen Formen gesellschaftlicher Bewegungen fallen auseinander. Und an den Bürgerinitiativen gegen die KKWs ist zuletzt nur besonders deutlich geworden, daß die westdeutsche Linke aus ihrem unreflektierten, bestenfalls interventionistischen Verhältnis zu diesen neuen Bewegungen noch keineswegs herausgekommen ist, sondern den Bewegungen hinterherhinkt.

Was aber dann ist die Linke, und worüber stellt ihre Identität sich her, wenn nicht über Handlungsbezüge? Man kann auf diese Frage verschiedene Antworten geben: über die gemeinsame Bedrohung, die tendenzielle oder faktische Kriminalisierung durch Gesinnungsjustiz, Berufsverbote, Repression; über Elemente einer einst gemeinsamen, sich dann immer mehr zerfasernden Geschichte usw. Von ihrem Selbstverständnis her aber ist der Linken heute vor allem und anders als vor zehn Jahren der theoretische Bezug auf den Marxismus gemeinsam. *Der* Marxismus hält als Orientierungs-, Ausgangs- oder (perspektivischer) Fluchtpunkt die zerstreute und zersplitterte westdeutsche Linke zusammen – und er hält sie *als* zersplitterte zusammen (denn jeder Splitter ist natürlich im Besitz *des* authentischen Marxismus). Die spezifischen Gründe, warum es zu dieser Vorstellung eines (einzigen) Marxismus in der westdeutschen Linken gekommen ist (natürlich *einen* für jede Fraktion *anderen*), sollen hier nicht untersucht werden. Ihre Folgen sind gerade in der aktuellen Identitätskrise der Linken verhängnisvoll, da sie nur zu leicht zu einem Partei- oder Theorieegoismus führen können, der mehr Denkbarrieren aufbaut als beseitigt. Eine dieser Folgen ist das ungeklärte Verhältnis der marxistischen Linken zum Pluralismus: d. h. zur Forderung, daß jeder Perspektive oder Entscheidung mehrere (politische, theoretische) Alternativen vorausgehen können und müssen, wenn sie als Entscheidung rechtfertigbar sein soll. Gegen diese Verdrängungshaltung sollen im folgenden einige politische und, was ihre systematischen Prämissen angeht, theoretische Argumente geltend gemacht werden.

Gewissenserforschung

Der erste, im engeren Sinne politische Knotenpunkt des problematischen Verhältnisses von Marxismus und Pluralismus betrifft den Sozialismusbegriff selbst. Denn die Frage, was »Sozialismus« heißt, muß so lange offenbleiben – und ich will hier dafür plädieren, sie (wieder) als offene zu behandeln –, wie sie nicht nur nach der Seite der Produktions- und Eigentumsformen, sondern auch nach der Seite der Formen gesellschaftlicher (Selbst-)Organisation beantwortet werden kann. Der ›reale Sozialismus‹, mit dem wir – ob wir wollen oder nicht – als Linke in jeder innenpolitischen Auseinandersetzung beständig konfrontiert sind –, kennt von seinem Selbstverständnis her jedenfalls weder eine Pluralität politischer noch theoretischer Positionen: das institutionelle und ideologische System ist grundlegend einheitlich und hierarchisch aufgebaut. Die westdeutsche Linke aber hat sich, je mehr sie sich von den radikaldemokratischen Anfängen der Studentenbewegung zum Marxismus hin entwickelte, zunehmend den Luxus geleistet, die Frage nach institutionellen Alternativen nicht nur zum Parlamentarismus, sondern auch zum »sowjetischen Modell« zu verdrängen. Es hilft uns wahrlich nichts, uns mit der Hoffnung auf die Spontaneität der Massen zu begnügen oder auf die »untrennbare Verbindung« von Demokratie und Sozialismus zu verweisen, die bis heute noch von jeder Strömung der Arbeiterbewegung in Anspruch genommen wurde (und auf die sich heute ebenso die KPdSU wie die SPD berufen!).[4] Verfehlt wäre es aber auch, diese offene Frage nach dem Zusammenhang von Demokratie und Sozialismus als bloße Frage aktueller Kommuniqués abzutun, der Kritik an sowjetischen Arbeitslagern, an der Ausbürgerung Wolf Biermanns usw. Auch diese Fragen sind wichtig und notwendig; solange sich die Linke jedoch damit begnügt, läßt sie sich diese *ihre* Fragen von den Monopolen der bürgerlichen veröffentlichten Meinung nur aufdrängen, und dann sind es nicht mehr ihre Fragen. Wenn wir von den sogenannten Eurokommunisten etwas lernen können, so werden es kaum Patentrezepte sein, sondern die Bereitschaft, diese Frage als *unsere* zu akzeptieren.

»*Wir sind es*«, formulierte in diesem Zusammenhang der britische Historiker Eric Hobsbawm[5], »die uns bewußt werden, daß eine bestimmte Entwicklung der UdSSR negativ war, daß wir einen Sozialismus, der Stalinismus ist, *nicht wollen*, und zwar nicht nur, weil er für die öffentliche Meinung nicht akzeptabel erscheint... Deshalb ist die Thematik des Verhältnisses Demokratie-Sozialismus in unsere Diskussionen eingetreten, ist sie innerhalb des Eurokommunismus präsent. Es ist ein Irrtum zu sagen, daß dies eintrat, weil die Sozialisten oder Christdemokraten nicht für uns stimmen, wenn wir Stalinisten sind. Wir haben aus anderen, grundlegenderen und ernsthafteren Motiven aufgehört, Stalinisten zu sein, die den Weg zur neuen Gesellschaft und ihre Form betreffen.«

Zu diesen Gründen gehört die grundsätzliche Kritik am ›sowjetischen Modell‹, das für Selbstorganisation der Produzenten ebensowenig Raum läßt wie für die offene Diskussion und Entscheidung zwischen verschiedenen Alternativen. Wenn sich gleichzeitig die demokratischen und sozialistischen Oppositionsbewegungen in den sowjetischen Gesellschaften[6] und gerade die ungarische oder polnische Neue Linke heute offen als »Vertreter des politischen Pluralismus«[7] verstehen, so steht ihre historische Erfahrung dahinter, daß in diesen Gesellschaften jede »mögliche Liberalisierung notwendig begrenzt ist. Diese Grenze wird durch das Fehlen der Entstehung autonomer Organisationen gezogen. Es gibt ganze Sphären von Institutionen, die nur unter Bedingungen organisatorischer Autonomie funktionieren können; und deren Fehlen ist die allgemeine Konsequenz der institutionellen Struktur sowjetischen Typs.«[8] Zu solchen Institutionensystemen – fährt der pseudonyme ungarische Marxist fort – gehören aber nicht nur der Markt, der im Kapitalismus ein vom politisch-institutionellen System unabhängiger Regulationsmechanismus ist und ›hinter dem Rücken‹ der Individuen die gesellschaftliche Einheit herstellt, sondern auch alle Formen bewußter demokratischer gesellschaftlicher (Selbst-)Organisation und Kontrolle: »Alle gesellschaftlichen Organisationen setzen als Mindestbedingungen ihres Funktionierens voraus, daß sie von jenen funktionellen Organisationen unabhängig sind, zu deren Kontrolle sie selbst gebildet wurden. Daraus folgt, daß man in den sowjetischen Gesellschaften nicht von gesellschaftlichen Organisationen sprechen kann.«[9]

Daß es nicht möglich ist, für die Gesellschaft des ›realen Sozialismus‹ von einer sozialistischen ›Basis‹ und einem nichtsozialistischen ›Überbau‹ zu sprechen – also Ökonomie und Politik in einer dem Kapitalismus analogen Weise zu trennen –, soll hier nicht extra begründet werden. Wenn es sich aber so verhält, dann muß aus der Kritik der sowjetischen Gesellschaften auch in die Bestimmung dessen, was wir unter Sozialismus verstehen, notwendig ein pluralistisches Institutionenmodell eingehen. Warum?

Wenn Sozialismus die Befreiung der gesellschaftlichen Produzenten bedeutet, dann setzt er demokratische Kontrollmechanismen voraus. Sozialistische Demokratie ist aber keine Eigenschaft, kein Zustand, sondern ein System von *Regeln,* »auf deren Basis es möglich ist, eine Entscheidung als kollektive anzusehen«[10]. Im gleichen Maße, wie unsere Kritik am bürgerlich-parlamentarischen System auf den ideologischen, nur formalen Charakter von Freiheit und Gleichheit bei gleichzeitiger Klassenherrschaft abzielt, müssen wir an den sowjetischen Gesellschaften die strukturelle Unmöglichkeit von Entscheidungsfreiheit kritisieren. Denn diese hat, in den Worten des liberalen sozialistischen Philosophen Bobbio, zur Voraussetzung,

- daß die Gesellschaftsmitglieder »auch in dem Sinne frei sein müssen, daß sie zwischen realen Alternativen, zwischen unterschiedlichen Lösungen wählen können«;
- daß »keine Mehrheitsentscheidung die Rechte der Minderheit einschränken darf, besonders nicht das Recht, unter gleichen Bedingungen selbst zur Mehrheit zu werden«[11].

Mit diesen (ohnehin minimalen) Forderungen ist über die faktische Möglichkeit ihrer Verwirklichung freilich noch nichts ausgesagt. Bezeichnend ist nur, daß diese Frage in der westdeutschen Linken gar nicht gestellt worden ist. Sie zu stellen setzte nämlich voraus, das spannungsreiche Verhältnis von normativen und empirischen Aussagen im Sozialismusbegriff überhaupt als Problem anzusehen. Unter den Marxisten findet sich diese produktive Spannung allein bei Gramsci.

Von vielen Genossen der Neuen Linken wird auf die Reklamation eines institutionell-politischen Pluralismus in der sozialistischen Bewegung geantwortet werden: ›Die Interessen der Arbeiterklasse können sich aber doch keinem abstrakten Pluralismuspostulat unterordnen!‹ Ich halte dagegen, daß dieser Einwand auf der Verkennung desselben Problems beruht, welches ich gerade genannt habe: des Unterschieds von Normen und empirischen bzw. Gesetzesaussagen nämlich. Von der Arbeiterklasse im Sinne der Gesamtheit der Mehrwert produzierenden Lohnarbeiter zu sprechen, ist eine auf Basis des Marxschen *Kapital* gerechtfertigte Hypothese. Die Behauptung jedoch, daß *die* Arbeiterklasse ein homogenes Subjekt mit einheitlichen Interessen sei (die keiner besonderen Regeln zur Feststellung ihrer Interessen mehr bedarf), wurde bisher aber immer nur von Parteien aufgestellt. *Das* Interesse *der* Klasse wurde (sei es in der frühen sozialdemokratischen, sei es in der kommunistischen Tradition) somit tendenziell mit dem der Partei identifiziert, und nicht zufällig ist in der marxistischen Tradition immer nur von *der* Arbeiterpartei die Rede. Wie jede ernstzunehmende Klassengeschichtsschreibung zeigt, ist aber jene Identifikation von Klassenpolitik und Parteipolitik – vor allem, aber keineswegs ausschließlich, in der kommunistischen Tradition – immer eine Selbstinterpretation der Partei(en) gewesen, die nie die Gesamtheit der Interessen und Fraktionen innerhalb der Arbeiterbewegung verkörpert haben. Sprachlich ist sie (wie etwa in der Rede von den ›objektiven Interessen des Proletariats‹ handgreiflich wird) die Verkleidung einer normativen Aussage als Tatsachenaussage: Die ›objektiven‹ Interessen sind nämlich immer andere (weitergehende) als die jeweils faktischen Interessen der Klassenbewegung; die Rede von den objektiven Interessen beinhaltet also nichts anderes als die Forderung, die Klassenbewegung möge weitergehende Interessen artikulieren, als sie tatsächlich artikuliert – in Gestalt der Partei. Eine solche Forderung kann gerechtfertigt werden, *wenn* sie sich als solche zu erkennen gibt. Dann ist sie aber nicht einfach ›objektiv notwendig‹, sondern muß sich Einwänden aussetzen, anderen Erfahrungen und der Kritik anderer Organisationen. Sie muß neben sich also »das legitime Recht der Werktätigen auf verschiedene Parteien (darunter auch reformistische) anerkennen, deren Politik durch deren Mitglieder selbst zu verändern sei«[12].

Aus dem Gesagten soll hervorgehen, daß die Diktatur *des* Proletariats nichts anderes sein kann als Parteidiktatur, denn das Proletariat (als Subjekt) gibt es nicht.[13] Pluralismus ist also eine Forderung, die, wie der alte Hobsbawm sagt, »*vor allem* innerhalb der Arbeiterklasse« ihre Bedeutung hat. Die aktuellen Entwicklungen der westeuropäischen kommunistischen Bewegung zeigen, daß diese Frage keine akademische ist. Die französischen Kommunisten haben das Regierungsbündnis mit den Sozialisten sicherlich nicht in der Absicht geschlossen, Mitterrand »wie der Strick den Gehängten« (Lenin) zu stützen; und in den dezentralen, basisdemokratischen Initiativen, die zumindest *ein* Element der Strategie der italienischen Kommunisten sind, drückt sich das historische Bewußtsein aus, daß die Partei nicht die Klasse ist, nicht das proletarische Selbstbewußtsein der bürgerlichen Gesellschaft und nicht die Präfiguration einer zukünftigen.

Drei, vier, viele Gespenster

> »Die ideologische Vorstellung eines pluralistischen Marxismus kann zu politischem Pluralismus, der Leugnung der führenden Rolle der Kommunistischen Partei und letztlich der Arbeiterklasse führen.«

Das angeführte Zitat habe ich als Motto gewählt, um deutlich zu machen, daß zwischen dem bisher angesprochenen politischen Knotenpunkt des Pluralismusproblems und im engeren Sinne theoretischen Fragen des marxistischen Selbstverständnisses durchaus Zusammenhänge bestehen, die wir kritisch aufarbeiten sollten. Es stammt auch nicht vom KBW oder der KPD/ML[14], sondern aus den ›Grundprinzipien über die politische Haltung gegenüber der Wissenschaft‹, die die ungarische sozialistische Arbeiterpartei 1969 per ZK- und Parteitagsbeschluß angenommen hat und die 1973 vom kulturpolitischen Ausschuß des ZK als Begründung für das Berufsverbot für Vertreter der ungarischen Neuen Linken (Heller, Vajda, Márkus, Hegedüs u. a.) herhalten mußten. Als theoretischer Stein des Anstoßes wurde dabei u. a. ein Artikel von Mihâly Vajda angeführt, der, von der faktischen Vielfalt philosophischer Konzeptionen im westlichen und östlichen Marxismus ausgehend, die Möglichkeiten eines echten Dialogs von Marxismus, Existentialismus und Phänomenologie zu umreißen versuchte.[15]

Im Unterschied zu allen früheren Epochen der Geschichte marxistischer Theoriebildung ist die Existenz unterschiedlicher und gegensätzlicher Tendenzen heute kein marginales Phänomen mehr. Selbst die offizielle Arbeiterbewegung ist davon in einem Ausmaß ergriffen, daß es rein deskriptiv sinnlos geworden ist, von *einem* Marxismus noch zu reden. Wir stehen »in einer historischen Epoche, in der es keinen Marxismus mehr gibt, sondern zahlreiche untereinander verfeindete Marxismen, die gegeneinander in wahrem und regelrechtem theologischen oder, was auf das gleiche hinausläuft, politischen Zorn eifern und in ›Schulen‹ gruppiert, um nichts zu sagen ›verschlossen‹ sind«[16].

Das Problem, dem die folgenden Thesen gewidmet sind, betrifft nun die Frage, warum es insbesondere den westdeutschen Marxisten so schwerfällt, diese Realität des linken Theorienpluralismus zu akzeptieren oder sie, darüber hinaus, als irreversiblen Prozeß zu begrüßen, der zugleich neue theoretische Chancen mit sich bringt.

Subjekt / Objekt: Zehn Thesen zum toten Hund

1. Betrachtet man die aktuellen Auseinandersetzungen innerhalb der Linken, so fällt auf, daß sich die Linke in ihrer Zerstrittenheit doch darin einig ist, daß es einen (einzigen) Marxismus muß geben können, wovon die jeweilige wissenschaftliche Aussage oder politische Schlußfolgerung die (einzig) richtige ›Ableitung‹ oder die (einzig) schöpferische ›Anwendung‹ sein soll. Wie Bernhard Blanke zutreffend bemerkt hat, wird bei diesem ›Stil‹ innerlinker Auseinandersetzung – der in der Tat ›Inhalte‹ linker Identität zum Ausdruck bringt – »eine ganz entscheidende Dimension verdrängt: die Möglichkeit des Irrtums«[17].

Bisher vermute ich noch weitgehende Zustimmung – vielleicht nicht bei Parteimarxisten (deren Gruppierung jeweils bereits im

Besitz des ›wissenschaftlichen Sozialismus‹ ist), aber bei all den anderen, den undogmatischen Marxisten, die jede ›Ontologisierung der historischen Dialektik‹ ja gerade in ihrer Funktion als Legitimationswissenschaft marxistisch-leninistischer Parteien kritisieren. In einem Artikel in der Wochenzeitung der italienischen Kommunisten mißt Gian Enrico Rusconi etwa dem Stil und Ton der meisten Beiträge der in den siebziger Jahren in der Berliner Zeitschrift *Das Argument* erschienenen Beiträge zur sogenannten ›Widerspiegelungsdiskussion‹ jene Funktion zu: »den Marxismus als Grundlagenwissenschaft jenseits jeder möglichen Problematisierung, jenseits jeder wissenschaftstheoretischen Unsicherheit darzustellen«.[18] Doch dem undogmatischen Konsens der Kritik am orthodoxen Marxismus mißtraue ich. Gilt doch – wie der italienische Kommunist Rusconi bemerkt – für die Diskussionen der ›undogmatischen‹ *ebenso* wie der ›orthodoxen‹ Marxisten (die Einteilung stammt von Rusconi) das Verdikt einer »substantiellen Geschlossenheit aller Beteiligten gegenüber den Beiträgen anderer Länder, die erst heute zaghaft überwunden wird«. Diese Abgeschlossenheit nach außen scheint mir jedoch selbst noch ein Symptom: Auch die undogmatischen Marxisten gehen von der Voraussetzung des (einen) Marxismus aus.

Sie nehmen ihn nur nicht als bereits gegeben an (als proletarische Weltanschauung, als realisierten Sozialismus . . .), sondern als *noch nicht* realisierte Aufgabe – und in diesem ›noch nicht‹ liegt das große Plus an (möglicher) Lernfähigkeit der Neuen Linken. Dennoch ist dieses ›noch nicht‹ nicht wirklich offen, und »damit verengt sich zugleich der Horizont des linken Pluralismus«[19]. Gemeinsame Basis für die Linken aller Schattierungen kann der Marxismus deshalb sein, so Bernhard Blankes Begründung, »weil die materialistische Dialektik die einzige Theorie ist, die kritisch auf sich selbst angewendet werden muß«. (Zwischenfrage: Stimmt das überhaupt? Müssen nicht – um einige willkürliche Beispiele zu nennen – die Sprachspieltheorie des späten Wittgenstein, die Psychoanalyse, die feministische Kritik an ›männlichen‹ Herrschaftsmechanismen, der erkenntnistheoretische ›Anarchismus‹ Feyerabends, die Foucaultsche Theorie von Wahrheit/Wissen als Machtsystem von Regeln »kritisch auf sich selbst angewendet werden«, *wenn* man sie ernst nimmt?) Selbst jene Genossen, die die ›German-Ableitungs-Literature‹ mit Recht und Witz kritisieren, haben meist keinerlei Schwierigkeiten, von *der* materialistischen Theorie, *der* Dialektik o. ä. zu sprechen[20].

2. Diese Zuversicht auf eine sich (letztendlich immer wieder) herstellende Einheit und Einzigkeit ist dem Marxismus, soweit mir bekannt, unter allen emanzipativen Theorien eigentümlich. Die jeweils spezifische Form, in der diese Einheit (von Wesen und Erscheinung, von Theorie und Praxis, von Wissenschaft und Kritik, von Taktik und Ethik) zum Problem wird, ist abhängig von der historischen Situation, von den Handlungs- und Denkspielräumen, die den Marxisten und/oder der Arbeiterbewegung in dieser Situation offenstehen. So kann man im Anschluß an Karl Korsch feststellen, daß »in Phasen des kämpferischen Aufbruchs die aktivistisch-subjektive Dimension des Marxismus überwiegen wird, [während] in Zeiten der Latenz des Klassenkonflikts oder nach einer Niederlage die objektiv-ökonomische Seite [die Überhand gewinnt], die das Schwergewicht von der subjektiven Rebellion der Menschen auf die objektive Rebellion der Produktivkräfte verlagert«[21].

Diese beiden Extreme stehen aber selbst unter der Voraussetzung der Einheit von objektiver und subjektiver Dimension der Kapitalismusanalyse; und die Frage nach der Natur dieser Einheit und Einzigkeit ist damit selbst eine systematische Frage. Ihre Beantwortung wird zeigen, ob »alle Versuche, die marxistische Lehre als Ganzes... wiederherzustellen, heute reaktionäre Utopien [sind]« oder ob der »Traum« einer »theoretischen Wiederherstellung« der »Ideen von Marx« eine rationale und für gesellschaftliche Emanzipationsbewegungen brauchbare Grundlage hat. (Zwischen diesen beiden Antworten scheint Korschs Haltung in seinen letzten Lebensjahren geschwankt zu haben.)[22]

3. In einem kurzen und unverschämten Beitrag wie diesem hier kann diese Frage – auf die es heute ebenso viele Antworten wie ›Marxismen‹ gibt – natürlich nicht beantwortet werden. Ich muß mir also zum Zwecke möglichst deutlicher Einseitigkeit (d. h. um

Widerspruch herauszufordern) einen Pappkameraden ›des‹ Marxismus aufbauen, um ihn dann möglichst einfach kritisieren zu können. Die keineswegs originelle These, die ich hier vorbringen will – sie ist schon von so verschiedenen Leuten wie Böhm-Bawerk, Althusser oder Colletti mit unterschiedlichen Schlußfolgerungen vertreten worden –, ist, daß diese systematische Einheit des Marxismus selbst ein historisches Phänomen oder anders gesagt ein Geburtsfehler ist: daß sich der Systemanspruch ›des‹ Marxismus seinem philosophischen Vorläufer, dem Hegelschen System, verdankt (und mit ihm beerdigt werden sollte). Gerade aus diesem Grunde ist es durchaus sinnvoll, die verschiedenen Phasen und Krisen marxistischer Theoriebildung als Problem »Hegel in der Geschichte des Marxismus« zu behandeln, wie dies der italienische Philosoph Giuseppe Vacca als »Arbeitshypothese« skizziert hat. Selbst wenn ich in der Bewertung dieses Hegelschen Erbes kaum mit Vacca konform gehen dürfte, kann ich seiner Diagnose doch vollauf zustimmen. Danach läßt sich die innere Architektur des Marxismus (soweit er *System* sein will) entlang der Kategorien Widerspruch / Totalität / Dialektik zumindest als Modell nachbauen: »der (gesellschaftliche) *Widerspruch* als sein Gegenstand, die *Totalität* als theoretischer Anspruch, die Gesamtheit der gesellschaftlichen Widersprüche nach einer präzisen Hierarchie zu beherrschen, die *Dialektik* oder *materialistische* Kennzeichnung der Funktion von Erkenntnis und Denken«.[23] Dieses (vereinfachte) Modell wollen wir uns anschauen.

4. Die Einheitlichkeit / Einzigkeit der Marxschen Theorie (soweit sie sich als System versteht) beruht auf der (problematischen) Voraussetzung, daß »Revolutionstheorie« und »Gesellschaftstheorie« in eins gesetzt werden. Das heißt: mit derselben Theorie sollen sich

– sowohl die inneren Systemleistungen der bürgerlichen Gesellschaft (Zirkulation, Reproduktion der Produktivkräfte und Produktionsverhältnisse, Legitimität, politisch-institutionelle Stabilität etc.) und die ihre »Instabilität involvierende Dysfunktionalität«[24]

- als auch eine Orientierung gesellschaftlicher und gesellschaftsverändernder Handlungen von Subjekten und Klassen (die, was schon problematisch genug ist, als Subjekte aufgefaßt werden müssen) bestimmen lassen.

›Objektivität des Widerspruchs‹ und ›Subjektivität des Widerspruchs‹ fallen nach diesem Modell letztendlich zusammen; die Theorie bestimmt *Totalität*, sofern sie die Einheit des (erkannten) Objektbereichs über die Einheit (der Selbsterkenntnis) des erkennenden und handelnden ›Subjekts‹ Proletariat herstellt. Darüber, *daß* eine solche Einheit der (Selbst-)Erkenntnis als »Totalität« (als Faktum oder Aufgabe) möglich und sinnvoll sei, sind sich die meisten Marxisten einig[25]; in der Antwort auf die Frage aber, *wo* (an welchem ›systematischen Ort‹) diese Einheit zu suchen, *wie* sie aufzufassen sei, unterscheiden sich nicht nur die Marxisten, sondern auch die Etappen der Entwicklung des Marxschen Denkens selbst – das jeweils unterschiedliche Verständnis von ›Widerspruch‹ und ›Totalität‹ korrespondiert jeweils einem anderen Akzent von ›Methode‹ oder *Dialektik*.

5. Die Entwicklung des Marxschen Denkens läßt sich nun nach dem Schlüssel lesen, wie bzw. an welchem ›systematischen Ort‹ der Zusammenhang von Gesellschaftstheorie – die sich dem frühen Marx noch in eher geschichtsphilosophischer Form darstellte – und Handlungsorientierung herzustellen sei. Oder, um die Termini von oben wieder aufzunehmen: Wie stellt sich die Fusion von ›Objektivität des Widerspruchs‹ und ›Subjektivität des Widerspruchs‹ her? Es ist klar, daß die unterschiedlichen Antworten, die Marx jeweils gab (und die wir zum Zwecke unseres Pappmodells in die gleiche Hegelsche Matrix einordnen), von der jeweiligen klassenpolitischen Situation ebenso abhängig sind wie von Dr. Marxens theoretischer Entwicklung.

Beim *jungen Marx*, dem revolutionären Demokraten im Pariser Exil, findet diese Fusion in einem spezifischen Subjekt statt: dem ›Gattungswesen‹, der Emanzipation der menschlichen ›Wesenskräfte‹ (bzw. seiner Hoffnung darauf). Insofern ist die Deutung Louis Althussers durchaus zutreffend, der beim jungen Marx einen eher geschichtsphilosophischen/anthropologischen ›Humanismus‹ von geringer wissenschaftlicher Relevanz diagnostiziert. Wie jedoch Jacques Rancière (der 1965 das entsprechende Kapitel in *Lire le Capital* schrieb) inzwischen nachgewiesen hat[26], findet dieser ›theoretische Humanismus‹ nicht allein auf der Szene der ›geschichtsphilosophischen Ideologien‹ statt: er ist das Terrain der Begegnung der Marxschen Revolutionserwartungen mit den Losungsworten des Pariser Proletariats, er ist die Form der damaligen Marxschen Interpretation von Arbeitererfahrung, der Hypostasierung des Proletariats zum Gattungswesen.

»Der Marxsche Diskurs findet sich unter doppeltem Zwang: von seiten der Arbeiterbewegung, um für ihre Ansprüche, die die Bourgeoisie todsicher als metaphysisch verurteilen wird, eine theoretische Rechtfertigung zu liefern, denn ihre Logik wird durch nichts anderes zusammengehalten als durch die Arbeiteridee der Selbstemanzipation der Produzenten – andererseits ist er durch seine an der Hochschule von oben erhaltenen Lektionen gezwungen, den proletarischen Gewißheiten einen bestimmten theoretischen Ausdruck, den der dialektischen Negativität, zu geben und damit den Begriff eines unauffindbaren Proletariats zu bilden und faktisch die Praktiken der Arbeiteravantgarden an der Elle dieses unauffindlichen Proletariats zu messen.«[27]

Auch beim *späten Marx* findet sich noch jene Spannung zwischen den vielfältigen, disparaten Formen von Arbeitererfahrung und jenem in der Tat geschichtsphilosophischen Begriff vom Proletariat als Subjekt, als »Klasse für sich«. Die systematische Einheit der Kapitalismus- und Revolutionstheorie wird jedoch durch ein ganz anders geartetes ›Subjekt‹ garantiert, das ›automatische Subjekt‹ Kapital: das System der Reproduktion der Formen von Wert- und Mehrwertproduktion. Neben und z. T. an die Stelle des vom Arbeiterkampf produzierten Widerspruchs – des Einspruchs oder Anspruchs des »seines Gegenstands verlustig gegangenen Arbeiters« –, der die bürgerliche Klasse zur Neuzusammensetzung der technischen, ökonomischen und politischen Mechanismen der kapitalistischen Entwicklung zwingt[28], tritt die ›Objektivität des Widerspruchs‹, das Sich-selbst-Widersprechen der ökonomischen Formen, die Krise als Vorbedingung eines selbstbewußten und organisierten Klassen-›Subjekts‹. Kurzformel: Die wahre Schranke des Kapitals ist das Kapital selbst. Wir können mit Recht vermuten, daß sich in dieser Akzentverschiebung auch die gescheiterten Hoffnungen der revolutionären Welle Ende der 40er Jahre niedergeschlagen haben.

6. Kompliziert wird nun diese Entwicklung dadurch, daß der späte Marx dieser ›objektiven Dialektik‹ nicht mehr nur einen (geschichts)philosophischen, sondern einen strikt wissenschaftlichen Wert beimaß bzw. seine wissenschaftlichen Analysen der bürgerlichen Gesellschaft permanent in Hegelschen Begriffen interpretierte. Soweit Marx Hegelianer blieb, konnte es für ihn einen systematischen Unterschied zwischen ›philosophischer‹ und ›analytischer‹ Dimension, zwischen ›Kritik‹ und ›Wissenschaft‹ nicht geben.

»Die Interaktion zwischen einem Kern von Grundannahmen und den Kategorien, den analytischen Konstrukten einer Theorie, ist in jedem wissenschaftlichen Unternehmen eine normale Sache... [Insofern] braucht man vor der ›Metaphysik‹ oder, um weniger unangenehme Termini zu benutzen, vor der ›präanalytischen Auffassung‹ auch keine Angst zu haben: das Problem liegt vielmehr darin, daß es gute und schlechte ›Metaphysiken‹ gibt. Und das... hängt von den Resultaten ab.«[29] Welche Wirkung hat also die Hegelsche Metaphysik im Marxismus gehabt?

7. Um beim westdeutschen Marxismus zu bleiben, so ließe sich dessen theoretische Situation derzeit ganz gut mit den bissigen Worten charakterisieren, die Marx in der *Deutschen Ideologie* dem »Verfaulungsprozeß des absoluten Geistes« gewidmet hat: »Nach Erlöschen des letzten Lebensfunkens traten die verschiedenen Bestandteile dieses caput mortuum in Dekomposition, gingen neue Verbindungen ein und bildeten neue Substanzen«, die jedoch allesamt ihren Ursprung im Hegelschen System nicht verleugnen können. Schematisch ausgedrückt bewegen sie sich zwischen zwei Extremen:

– Der dogmatische Marxismus (erkenntnistheoretisch vor allem durch verschiedene Varianten der marxistisch-leninistischen Widerspiegelungstheorie repräsentiert) knüpft an an die Hegelsche Ontologie (besser ›Onto-Logik‹) als wesentlich *geschlossenes* System.

- Demgegenüber haben die (in deutschen Landen vor allem an die Frankfurter Schule angelehnten) Ansätze eines undogmatischen Marxismus versucht, ein Verständnis marxistischer Theorie zu finden, welches gegenüber neuen theoretischen und lebenspraktischen Problemen *offen* ist; und zwar, indem sie (ähnlich wie Korsch und Lukács in den 20er Jahren) Elemente der Hegelschen Geschichts- bzw. Erfahrungsphilosophie aufgriffen.

Das Paradox besteht nun darin, daß innerhalb der hegelisch-dialektischen Problematik die Methode systematisch vor allem innerhalb der Ontologie (d. h. der *Wissenschaft der Logik*) entwickelt ist. An diese aber konnten und wollten die meisten der undogmatischen Marxisten eben wegen ihres geschlossenen Systemcharakters nicht anknüpfen. Darum hat bei uns paradoxerweise gerade der undogmatische Marxismus kein Verhältnis zu Methodenfragen entwickelt (d. h. zu der Art und Weise, Argumente oder Theorien zu vergleichen, zu bewerten, zu verbessern). Der sogenannte Positivismusstreit (Adorno *versus* Popper) hat die Marxisten zudem daran gehindert, sich mit nicht-dialektischen Entwicklungen von Wissenschaftstheorie und Theorie der Wissenschaftsgeschichte auseinanderzusetzen. Damit aber war das Problem nur verdrängt, denn der Begriff »dialektisch« ist auch nur ein Name für Verfahren, die selbst methodisch gerechtfertigt werden müssen. Die Hegelsche Auffassung von Methode, wonach »irgend etwas nur begriffen und in seiner Wahrheit gewußt [ist], als es der Methode vollkommen unterworfen ist«, beruht jedenfalls auf der (identitätsphilosophischen) Voraussetzung, daß sie »die eigene Methode jeder Sache selbst« sei, »weil ihre Tätigkeit der Begriff ist«.[30]

8. Für einen ›objektiven‹ Begriff von Dialektik im Marxschen System müßte dementsprechend in der Tat die Voraussetzung gemacht werden, »je schon unter identitätsphilosophischen Prämissen zu philosophieren«[31] – wie dies in der bekanntesten westdeutschen *Kapital*-Interpretation ja auch geschehen ist. Diese Voraussetzung bedeutet dann u. a., daß der Gegenstand der Unter-

suchung (im Verlauf der Analyse) immer derselbe sei, daß die theoretische Darstellung also nur der Selbstentwicklung des Gegenstands folge.

Gerade diese Voraussetzung – für die sich bei Marx in der Tat manche Belegstelle finden ließe – ist aber für eine rationale Rekonstruktion seiner Kapitalismustheorie nicht aufrechtzuerhalten. Wenn bei Hegel etwa das ›Wesen‹ ein entwickelterer Begriff des ›Seins‹ ist, der ›Grund‹ ein vollständigerer Begriff des ›Wesens‹ (sein soll), so ist der Begriff der Mehrwertproduktion nicht ein vollständigerer Begriff der Zirkulation, der der Verwertung nicht ein vollständigerer Begriff des Tauschwerts. Mehrwertproduktion und Tauschwert bilden vielmehr einen komplexen Mechanismus, innerhalb dessen Zirkulation und Tauschwert eine Funktion darstellen.

Ebensowenig kann für die Kapitaltheorie jene systematische Voraussetzung von ›Immanenz‹ in der Hegelschen Logik geltend gemacht werden, die in der Möglichkeit der Selbstthematisierung von Gedanken gesehen werden muß: Die Reflexion (die *intentio obliqua*, d. h. die Umkehrung der Beziehung des Denkens auf Gegenstände) soll es ermöglichen, das ›reine‹ Denken als ›Beziehung auf sich selbst‹ zur kategorialen Grundlage aller Gegenstände zu machen. Daß eine solche Struktur der ›Selbstbezüglichkeit von Gedanken‹ Marx als heuristisches Modell und sprachliches Vorbild der Erklärung von Akkumulation als ›Selbstverwertung des Werts‹ gedient haben mag, macht natürlich den in der westdeutschen Diskussion üblichen Umkehrschluß nicht richtiger, die Hegelsche Theorie als ›Ausdruck‹ oder ›Widerspiegelung‹ eben jener ›Selbstverwertung des Werts‹ anzusehen.

9. Natürlich lassen sich bei Marx im *Kapital* auch Argumentationslinien feststellen, in denen er in Hegelschen Termini Strukturzusammenhänge in eine Richtung zu denken versucht, die einem ›objektiven‹ Duktus im skizzierten onto-logischen Sinne genau entgegengesetzt ist: in denen er vielmehr gegenüber den Systemleistungen der bürgerlichen Gesellschaft auf der Irreduzibilität eines lebensweltlichen Moments beharrt. Dieser Aspekt – auf den sich die Frankfurter Schule, die phänomenologischen und

existentialistischen Marxisten immer zu Recht berufen haben – steht mit dem emanzipativen Anspruch seiner Theorie in engem Zusammenhang.

Diese Thematik von Bedürfnis / Gegenständlichkeit / Lebenswelt ließe sich vielleicht philosophisch in jener »indirekt materialistischen Lehre vom Ding« erdeuten, die in den sechziger Jahren Hans-Jürgen Krahl in einem Adorno-Seminar zu dechiffrieren versuchte, die jedoch, wie er sagte, »an keiner Stelle systematisierbar oder zu positivieren wäre«[32]. Hier liegt aber der tote Hund Hegel begraben. Im System gerät jene Thematik in den Sog der identitätsphilosophischen ›Logik des Kapitals‹ Hegelschen Musters, den Mechanismus der »Theorie eines Prozesses ohne Subjekt oder, was dasselbe ist, eines Prozesses, dessen Subjektivität der Prozeß selbst ist«[33]. Solche Logik ist aber nicht nur wissenschaftlich unbrauchbar – was ja nicht das Schlimmste wäre –, ihr entspricht gleichzeitig eine bestimmte Konstruktion der Realität, eine spezifische Logik der Politik, die dann in der Hegelschen Staatsphilosophie deutlicher faßbar wird. Gegen diese hatte der junge Marx opponiert, weil sie – wie die *Wissenschaft der Logik* – die Brüche in Kontinuität auflöst. Hegels Staat bezeichnet ja nicht etwa einen ›Über-Bau‹, sondern »den Gesamtmodus des Funktionierens, des politischen Verhaltens der bürgerlichen Gesellschaftsstruktur. Staat und bürgerliche Gesellschaft sind Termini, die im gleichen homogenen Raum operieren«.[34]

Halten wir ein: Die erste Verschiebung, die wir in der Entwicklung der Marxschen Theorie feststellten (These 5), war die des Proletariats zum Gattungswesen in den Frühschriften. Im *Kapital* findet nun – Gott sei Dank nicht durchgängig – eine zweite Verschiebung des proletarischen Einspruchs gegen die kapitalistische Entwicklung, der Widerstandsmomente von Lebenswelt gegen Wert- und Mehrwertproduktion statt: die zum ›objektiven Widerspruch‹. Subjektivität wird dem Prozeß untergeordnet. Dieser Prozeß wird von Dr. Marx nach einer ›Logik‹ gedeutet, wonach »etwas nur begriffen und in seiner Wahrheit gewußt ist, als es der Methode vollkommen unterworfen ist« (so Meister Hegel).

Solche Parallelität von *Wissenschaft der Logik* und Staatsphilosophie bei Hegel, zum Anspruch der Marxschen Theorie, brauchte uns eigentlich nicht weiter zu stören – stünde nicht zwischen dem 19. Jahrhundert und uns der Stalinismus, der sich genau auf jene Identität von ›Subjektivität des Widerspruchs‹ und ›Objektivität des Widerspruchs‹ berufen hat: auf den Materialismus als Staatsraison. »In der Tat bestätigt die reale Erfahrung des realisierten Sozialismus die Kontinuität... einer hegelianisierenden Praxis des Staats... Der realisierte Sozialismus gibt uns die Kontinuität eines gestaltenden Schemas von Staat, der ganz innerhalb der Arbeit ist... er ist ein Geist, ›der arbeitet‹...«[35]

Vor diesem Hintergrund kann der Absolutheitsanspruch des ›wissenschaftlichen Sozialismus‹, als Wissenschaft der Bewegungsgesetze des Kapitalismus automatisch eine Emanzipationstheorie geliefert zu haben, und kann die Abqualifizierung alternativer ›utopischer‹ Sozialismusentwürfe nicht mehr aufrechterhalten werden.[36] Kapitalismustheorie und Revolutionstheorie fallen heute mehr denn je auseinander; und von dieser Feststellung hat auch jeder Versuch auszugehen, sie wieder neu zusammenzusetzen.

10. Vielleicht war es, wie Marx im Januar 1858 an Engels schrieb, »mere accident«, daß ihm »einige ursprünglich dem Bakunin gehörige Bände Hegels« in die Hände fielen und ihm dabei Hegels *Logik* »in der Methode des Bearbeitens (des ›Kapitals‹) große Dienste geleistet hat«. Es scheint kein Zufall zu sein, daß Bakunin sie zuvor weggeworfen hatte.

What's left?

In den obigen Thesen wurden in verknappter Form nur einige theoretische Elemente ›des Marxismus‹ aufgelistet, die uns Marxisten daran hindern könnten, die aktuelle Vielfalt von ›Marxismen‹ nicht als Mangel, sondern als Chance zu begreifen; die uns daran hindern könnten, zu anderen emanzipativen Theorien ein nichtabsolutistisches Verhältnis zu gewinnen. Insofern waren die Thesen destruktiv und skeptisch.

Was jetzt folgen müßte, wäre die Skizze einer möglichen positiven rationalen Rekonstruktion. Sie müßte vorschlagen, wie mit dem Kern des Forschungsprogramms der Marxschen Kapitalismustheorie anders umgegangen werden kann, wie anders sozialistische Strategien gewonnen werden können – beides auf eine Weise, die an Kriterien, die *jenseits* der Marxschen Theorie(n) liegen, überprüft werden kann: Kriterien theoretischer Konsistenz, empirischer Überprüfbarkeit und Problemlösungskraft / Kriterien lebenspraktischer Brauchbarkeit / Verfahren zur Rechtfertigung der in der Theorie angelegten impliziten Handlungsorientierungen etc. (Denn – dies dürfte deutlich geworden sein – die Rede davon, daß der bloße ›immanente Nachvollzug‹ einer Theorie bereits Beweis ihrer Richtigkeit sei, ist nur auf identitätsphilosophischer Basis möglich.)

Im Rahmen dieses Kapitels kann ich diese Aufgabe natürlich nicht angehen. Es hat vielmehr dann seine Funktion erfüllt, wenn es einsichtig hat machen können, daß eine solche Beschäftigung praktischen Sinn hat. Ein fertiges – allenfalls noch empirisch zu vervollständigendes – System ›Marxismus‹ würde uns daran hindern, alte und neue Probleme als Probleme überhaupt zu bemerken.

Die Einsicht, daß ›der Marxismus‹ ein idealistisches Phantom (oder ein materialistisches) ist, mag ein erster Schritt sein. Die Zersetzung dieses materialistischen Weltgeistes wäre also »nicht eine von Atomen, die zu verbinden, sondern eine von Scherben, die zusammenzusetzen sind. Trümmer eine Sache, die zersprungen ist«[37]. Dann mag auch die Rede von der Rekonstruktion marxistischer Theorie wieder einen Sinn bekommen, nämlich den, »daß man eine Theorie auseinandernimmt und in neuer Form wieder zusammensetzt, um das Ziel, das sie sich gesetzt hat, besser zu erreichen«.[38]

II.
Grüne Glaubenslehren
Kleine politische Theologie der Ökopax-Bewegung

Endstation Fortschritt

- *Kann* man aus dem Fortschritt aussteigen? (Und: Weiß man darum?)
- *Will* man aus dem Fortschritt aussteigen? (Und: Warum will man?)

Beide Fragen besagen nicht nur nicht dasselbe, auch die Antwort auf die erste präjudiziert nicht bereits die Beantwortung der zweiten Frage. Selbst wenn man in unzulässiger Vereinfachung unterstellen wollte, der Grund (warum?), dessentwegen man aus dem Fortschritt aussteigen oder nicht aussteigen *will*, sei in der Antwort auf die *Kann*-Frage enthalten, so gäbe es immer noch vier Möglichkeiten der Verknüpfung der beiden Antworten, die alle plausibel sind. Man kann, weil man *nicht* kann (und darum weiß),

- gerade deshalb (vergeblicherweise) wollen: romantische Antwort;
- aus diesem Grunde (vernünftigerweise) es eben nicht wollen: realistische Antwort.

  Man kann, eben *weil* man (weiß, daß man es) kann,
- es darum auch (realistischerweise) wollen: erwähnt seien die messianische Version »Das Heil liegt im Exodus« (Bahro), auf die wir zurückkommen müssen, und die Punk-Version »Fortschritt verrecke«;
- es gerade deshalb (vernünftigerweise) nicht wollen: verantwortungsethische Antwort.

Mit diesen Antwortmustern könnte man schon beliebig viele zeitgenössische Dialoge zwischen Fortschrittlern und Aussteigern inszenieren: zwischen fortschrittlichen Befürwortern der Gewaltenteilung und aussteigewilligen Basisdemokraten, zwischen fortschrittlichen Vertretern der Arbeitsteilung und aussteigewilligen

Land- oder Alternativkommunarden, zwischen Vertretern wertfreier Wissenschaft und solchen ganzheitlicher Denkformen (seien es die *unio mystica* oder *positive vibrations*)... bis hin zu fortschrittlichen Befürwortern und Gegnern der Mikroelektronik, der Nuklearenergie etc. Natürlich behält bei solchen Dialogspielen schon deshalb jeder gegen den anderen recht, weil die Bedeutung der verwandten Termini unklar ist. Das fängt etwa an beim ›Wollen‹: Heißt es hier wünschen (begehren, ›abfahren auf‹) oder ›chekken‹ (die für *sich* relativ besten Ergebnisse im Auge haben) oder (nach dem Fairneß-Prinzip) das für *alle* Betroffenen[1] Zumutbare und Konsensfähige anstreben?

Zum Beispiel: »Ich weiß zwar – antwortet der Romantiker dem Realisten –, daß ich den Fortschritt (*sc.* Rüstungswahnsinn, Atomstaat etc.) nicht aufhalten kann, aber ich *will* mich nicht darauf auch noch einlassen...« Oder: »Gerade weil die Menschheit in der Lage ist, sich selbst auszulöschen – antwortet der Verantwortungsethiker dem Nihilisten – und damit aus der Geschichte ihrer möglichen Vervollkommnung auszusteigen, darum *will* ich von meinen Bemühungen um den Fortschritt (und den Frieden als seine Grundbedingung) nicht ablassen.«

Nun würde es zu weit führen, diese Grammatik von ›Wollen‹ hier noch weiter auszudifferenzieren. Ihre Zerfaserung im Streit um die Alternativen zum Fortschritt gilt uns hier nur als Indiz dafür, daß das, was jeweils mit dem (erlittenen, gewollten oder aufzukündigenden) Fortschritt gemeint ist, selbst ebenso kontrovers wie hochgradig unscharf ist. Anders gesagt: ›Fortschritt‹ ist unter seinen Befürwortern wie unter seinen Gegnern oder (um eine andere Scheidelinie zu nennen) unter den Fatalisten seiner Unabwendbarkeit und den Voluntaristen seiner Ersetzbarkeit durch eine andere ›Tradition‹[2] zu einer Worthülse oder Projektionsfläche für die unterschiedlichsten Optionen (oder Ängste) geworden. Was auch innerhalb der streitenden Parteien unklar geworden ist, betrifft dabei ebenso die Strukturen der Vorstellungen von Zukunft als auch die Dynamik der Wünsche an Zukunft. Die Frage nach dem Fortschritt wird polyvalent.

Diese Polyvalenz der Ideen vom Fortschritt gilt es daher zunächst zu erinnern. Sie allerdings ist nicht neu, wie die Tradition des Fortschritts zeigt. Es kommt uns dabei weniger auf die Inhalte dessen an, was vom Fortschritt erwartet (oder befürchtet) wird, vielmehr auf die Strukturierung dieses Erwartungshorizontes in der Geschichte des Fortschritts selbst. Spezifisch für eine Krise des Fortschritts ist nicht die Vielzahl seiner Bedeutungen, sondern der Umstand, daß sie Dissonanzen erzeugt.

Mixtum compositum

Die Tradition des Fortschritts, die auf einmal zum Felde der Zwietracht geworden ist, war nie *ein*-deutig, sondern immer ein *mixtum compositum* unterschiedlichster Bedeutungen oder Bewertungen geschichtlicher Entwicklung. In den letzten vier Jahrhunderten allerdings (wenn wir mit Lordkanzler Francis Bacon den Anfang der neuzeitlichen Vorstellungen und Theorien vom Fortschritt ansetzen) haben sich diese Hinsichten aufsummiert und teilweise wechselseitig implementiert.[3] Der heutige Streit um den Fortschritt hat also immer schon mannigfache geschichtsphilosophische Obertöne. Genannt seien wenigstens die folgenden:

Der Begriff der Geschichte selbst als innerweltlich sinnhafte, d. h. gerichtete Bewegung, der (insofern er sich von antiken zyklischen Weltbildern unterscheidet) im alteuropäischen Schoße der Mutter Kirche entsteht; setzt doch die ›Säkularisierung‹, die Verweltlichung der Heilsgeschichte oder ihre Emanzipation aus göttlicher Sinngebung ihrerseits voraus, daß zuvor (eben in der Kirchengeschichte) die christlich-jüdische Eschatologie der unmittelbaren Erwartung des Advents (der Wiederkunft des Messias) verzeitlicht, auf die lange Bank geschoben wurde: schließlich läuft sie als Menschenwerk auf eigenen Füßen.[4]

Der neuzeitliche Begriff der Wissenschaft als objektives System methodisch zu sichernder Erkenntnisse, der die ›semantische Revolution‹ der Vorstellungen über das Wesen der Erkenntnis im 17. Jahrhundert ebenso voraussetzt wie die systematische Rolle des Experiments; mit der Entstehung der neuzeitlichen Naturwissenschaften als »Kind einer Ehe zwischen Philosophie und Handwerk« (C. F. v. Weizsäcker) wird der Horizont des ›Kosmos‹ einer vorausgesetzten Weltordnung zum menschlich erdeuteten, hypothetisch konstruierten (und empirisch überprüften) ›System‹: die vormals in sich ruhend kreisende göttliche Schöpfungsordnung wird als ›Natur‹ zum Gegenstand menschlichen Erkennens und Handelns.[5]

Das Bild des Menschen als Handelnden, als Subjekt der Geschichte und als Konstrukteur der (Natur-)Erkenntnis läßt auch die Zukunft offen, d. h. zum Gegenstand der Arbeit des *homo faber* werden; die Vorstellung der Vervollkommnung menschlicher Lebensbedingungen und Lebensorientierungen wird mit der Aufklärung zur regulativen Idee, zum Anspruch an menschliches Handeln: mit dieser Idee der *perfectibilité* (Condorcet) taucht jedoch gleichzeitig das Bewußtsein des Nicht-Zusammenfallens von gesellschaftlichem (oder: Gattungs-) und individuellem Fortschritt auf (Kant), das später durch elegantere Formulierungen zum Fortschritt der Gattung als Arbeit des Geistes (Hegel) oder als Weg zum allseitigen Individuum durch Beseitigung der Klassenhindernisse für die Entfaltung der menschlichen Wesenskräfte (Marx) zwar rationalisiert, aber nicht beseitigt wird.[6]

Mit dem Verlust ihres transzendenten Heilsgrundes und ihres kosmologischen Hintergrundes können schließlich auch die Formen, Regeln und Institutionen gesellschaftlichen Zusammenlebens als spezifische Realitätsdimensionen begriffen werden: Bereiche autonomer Rationalitätsmuster, deren Funktionsweise erkannt, gehandhabt, legitimiert (bzw. kritisiert) werden kann. Ob man nun diesen Prozeß, in dem der politischen Ordnung zunehmend das »Tor zur Transzendenz« verschlossen wird, als Verlust beklagt oder als Emanzipation begrüßt[7] – erst mit der Entstehung des Staates als säkularer Institution[8], mit der Autonomie des Politischen verwandelt sich ›Staatskunst‹ in einen Gegenstand von Wissenschaft. Und erst mit dem Wegfall theologischer Legitimität kann mit dem naturrechtlichen Denken ein »ausschließlich auf dem Konsens beruhendes Legitimationsprinzip« (Bobbio)[9] für die politische Gesellschaft formuliert werden (dessen universalistische Orientierung später bekanntlich auch zum Kritikmaßstab der ›bürgerlichen Gesellschaft‹ werden konnte).

Ob man das Ende der institutionellen ›Einbettung‹ des wirtschaftlichen Handelns in hauswirtschaftliche und herrschaftliche

Beziehungen, in soziale und religiöse Normen mit Werturteilen versieht oder nicht – jedenfalls läßt sich die Rationalitätsform der Ökonomie als eigenständige Untersuchung der Erfolgsbedingungen, Regeln und Konsequenzen wirtschaftlichen Handelns (als Marktkalkül) ohne diesen Prozeß der ›Herauslösung‹ des sich selbst regulierenden Marktsystems nicht begreifen (und kritisieren).[10] Auf den spezifisch modernen Begriff des Individuums, dessen Identität nicht (nur) durch seine soziale und institutionelle Rolle definiert ist (oder werden will) und das sich in den differenten, aber komplementären Sphären von Öffentlichkeit und Privatleben bewegt, sei hier nur hingewiesen.

Wunschmaschine

Die Aufzählung ist natürlich unvollständig. Doch reicht sie hin, um die innere Spannung deutlich zu machen, die jede Rede vom Fortschritt charakterisiert: zwischen seiner Natur als ›linearem Richtungsbegriff‹ (Koselleck), die historisch ihre Wurzel in der kirchlichen Verzeitlichung der jüdisch-christlichen Eschatologie hat, und der, wenn man so will, ›fortschreitenden‹ Polyvalenz seiner Kriterien, die durch die Säkularisierung von Geschichte und die Entfaltung der bürgerlichen Gesellschaft ›freigesetzt‹ wurden. Diese Vielfalt seiner Hinsichten bedeutet nämlich gleichzeitig eine Differenzierung der Rationalitätsstandards, nach denen Fortschritt (als Singular) zu beurteilen wäre. Die Nicht-Koinzidenz der Maßstäbe von wissenschaftlich-technischer und moralischer ›Vervollkommnung‹, von ökonomischer Effizienz, politischer Stabilität, sozialer Gerechtigkeit (usw.) produziert auch die Möglichkeit des Konflikts dieser verschiedenen Fortschritte (im Plural) untereinander.[11] Mit anderen Worten: Die ›Krise des Fortschritts‹ ist logisch bereits im Begriff des Fortschritts eingebaut.

Denn: Auch wenn wir uns die klassischen Ausprägungen der ›Tradition des Fortschritts‹ vornehmen, Galilei und Bacon, Turgot und Condorcet, Rousseau und Kant, Marx und Hegel, Saint-Simon und Comte..., so ergibt sich, näher besehen, die jeweils anvisierte Entwicklung zum Besseren nicht einfach aus der bloßen, problemlosen *Summe* der Einzelfortschritte, sondern eher aus der *Kumulation* verschiedener Hoffnungen oder Ansprüche (vom physischen Überleben, dem wichtigsten *output* des Hobbesschen Gesellschaftsvertrags, bis zu ökonomischem Wohlstand, sozialer Sicherheit, kultureller Entwicklung, individueller Entfaltung in späteren Modellen) und deren *Projektion* auf einen ausgezeichneten Bereich oder Rationalisierungsmotor, der dann als Triebkraft für alle anderen Fortschritte funktionieren soll und damit zum ›Zentralgebiet‹ des jeweiligen Zukunftsmodells wird.

»Die Vorstellung von Fortschritt z. B. als einer Besserung und Vervollkommnung, modern gesprochen einer Rationalisierung, wurde im 18. Jahrhundert herrschend, und zwar in einer Zeit humanitär-moralischen Glaubens. Fortschritt bedeutete infolgedessen vor allem Fortschritt in der Aufklärung, Fortschritt in Bildung, Selbstbeherrschung und Erziehung, *moralische* Vervollkommnung. In einer Zeit ökonomischen oder technischen Denkens wird der Fortschritt stillschweigend und selbstverständlich als ökonomischer oder technischer Fortschritt gedacht, und der humanitär-moralische Fortschritt erscheint, soweit er überhaupt noch interessiert, als Nebenprodukt des ökonomischen Fortschritts. Ist ein Gebiet einmal Zentralgebiet geworden, so werden die Probleme der anderen Gebiete von dort aus gelöst und gelten nur noch als Probleme zweiten Ranges, deren Lösung sich von selber ergibt, wenn nur die Probleme des Zentralgebiets gelöst sind.« (Carl Schmitt)[12]

Ob der Motor in die Zukunft (und der ausgezeichnete Indikator für Fortschritt) nun gesehen wurde im Grad der wissenschaftlichen Naturbeherrschung (Bacon), der Annäherung an die das Recht verwaltende bürgerliche Gesellschaft (Kant), der Fähigkeit der Individuen, ein allgemeines Leben zu führen (Hegel), der Verwirklichung von Kriterien industriell-planmäßiger Rationalität in der Gesellschaftsordnung (Saint-Simon) oder einer Verkoppelung des Hegelschen und des Saint-Simonschen Modells, ins Laufen gebracht durch den Klassenkampf als ›Motor der Geschichte‹ (Marx): in allen Fällen ergibt sich die Konstruktion einer ›sinnvollen‹ Geschichte als gerichtete Entwicklung zum Besseren bei gleichzeitigem Wissen um die *Heterogenität* von wissenschaftlicher und moralischer Rationalisierung, ökonomischer und sozialer Entwicklung (usw.) nur dadurch, daß eine *Hierarchie* zwischen diesen Einzelfortschritten hergestellt wird.

Der Orientierung auf das jeweilige Zentralgebiet entspricht also eine Neutralisierung der anderen Fortschritte, ihre Verdrängung zu Fortschritten zweiten Ranges. Diese wird jedoch insofern verdeckt, gerechtfertigt oder ›kompensiert‹, als sie mit der Annahme verbunden ist, der Hauptfortschritt werde die Nebenfortschritte nach sich ziehen. Wenn diese Nebenerwartungen weiterhin aber als Motivationen erhalten bleiben – und dies wird in aller Regel bei den Anhängern, Nachfolgern oder schlicht ›Konsumenten‹ solcher Fortschrittsmodelle der Fall sein[13] –, so müssen sie in die Zukunft verlagert werden; und diese Projektion von weitgefächerten Hoffnungen auf den zukünftigen Zustand (der weltbürgerlichen Aufklärung, der kommunistischen Gesellschaft, des wirtschaftlichen Wohlstands u. ä.) produziert dann das Streben nach Beschleunigung der gesamten Bewegung. Die ›Revolution der Erwartungen‹, die nach neokonservativer Sichtweise spezifisches Charakteristikum der Nachkriegsentwicklung wohlfahrtsstaatlicher Demokratien ist[14], gehört strukturanalytisch somit bereits in die Denkmodelle neuzeitlicher Zukunftserwartungen[15] – nicht immer die ihrer Erfinder, aber immer die ihrer Abnehmer.

Natürlich hängt das Funktionieren solcher Zukunftsentwürfe, die Bündelung von Hoffnungen auf *ein* Zentralgebiet – und die gelingende Kompensation von widerstreitenden Ängsten – von der jeweiligen Plausibilität des Modells ab. Eine Kumulation von entgegengesetzten Erfahrungen wird nicht auf unbegrenzte Zeit (etwa nach Festingers Modell der ›kognitiven Dissonanz‹) verdrängt werden können. Es kann dann zu einer ›Fortschrittskrise‹ kommen. Und wenn auch neuerlich möglicherweise die Akzeptanzschwelle für Mißerfolge gesunken ist, die Rationalisierungsbereitschaft für Frustrationen abgenommen hat (»fehlende Opferbereitschaft der Jugend«) und der Zyklus des Umschlags von Erfahrungsraum in Erwartungshorizont generell in westlichen Industriegesellschaften beschleunigt erscheint: wenn etwa gegenüber einer noch in Generationen von Kindern und Kindeskindern denkenden klassischen Arbeiterbewegung für heutige mittelständische, ehemals studentische Linke schon ein Erfahrungshintergrund von maximal 15 Jahren ›Bewegung‹ als Basis für weltgeschichtliche Schlußfolgerungen auszureichen scheint (Abschied vom Proletariat, vom westlichen Rationalismus etc.) – an der Struktur des Krisenzyklus selbst hat sich durchaus wenig geändert.

Revolutio temporum

Wie nun funktioniert eine Krise des (oder: die Krise eines) Fortschrittsbegriffs?

In dem Moment, wo eine herrschende Hierarchie von Fortschrittskriterien an Plausibilität verliert und es *weder* gelingt, ihre Glaubwürdigkeit durch neue, bessere Methoden der Verfolgung derselben zentralen Ziele zu reetablieren (z. B.: die Verfolgung sozialer Sicherheit für die arbeitenden Klassen statt durch Klassenkampf durch wohlfahrtsstaatliche Kompromisse anzustreben), *noch* ein neuer ›Motor‹ in den kollektiven Vorstellungen von geschichtlicher Bewegung bereits etabliert, also ein neues ›Zentralgebiet‹ als Hoffnungsträger wieder gefunden ist: In einer solchen Situation fällt die ›Wunschmaschine‹ vom Fortschritt ihrem eingebauten eigenen Beschleunigungsmechanismus zum Opfer.

Die Kumulation von Erwartungen an die Zukunft läuft nämlich auch dann weiter, wenn ihre Neutralisierung (oder, im Jargon: die Reduktion ihrer Komplexität) durch eine Hierarchie von ›Zentralgebiet‹ und nachgeordneten Fortschritten (im Jargon: Haupt- und Nebenwidersprüchen) nicht mehr funktioniert. Im Gegenteil, sie wird, wenn weder die Reform noch der Wechsel des Paradigmas gelingt (oder eine Kombination aus beiden), eher noch weiter *heißlaufen*, da ja der ›Rationalisierungseffekt‹ wegfällt, der in der Regel dadurch gegeben ist, daß man sich erst mal »aufs Wesentliche konzentriert« (auf die Revolution oder den nächsten Aufschwung). Parallel dazu kommt es zu einer nicht mehr ›verdrängten‹ oder im Dienste des Fortschritts ›bewältigten‹ Kumulation von Ängsten: Die Polyvalenz der Erwartungen an den (vorher noch glaubwürdigen) Fortschritt führt zur zunächst schleichenden Dispersion der

Angst, daß sie nicht mehr erfüllt werden können: Vormaliger Triebaufschub (auf die Zeit *nach*...) wird dann *auf einmal* »sinnlos« (Warum habe ich Idiot jahrelang gespart, oder: um fünf Uhr morgens Flugblätter verteilt, wenn letztlich *doch nicht*...?).

In solch einer Konstellation von um sich greifender *Dis*-Orientierung vormaliger Hoffnungen, von Polyvalenz nicht mehr bewältigter Zweifel, reicht dann oftmals *ein* für alle Beteiligten sichtbares Ereignis aus (das Erdbeben von Lissabon, der Unfall von Harrisburg), um den gesamten ›Erwartungshorizont‹ *kippen* zu lassen. Und dann funktioniert die Beschleunigung andersherum: statt zur Konzentration aller Wünsche auf einen Königsweg kommt es zur Totalisierung der Ängste, zu ihrer ›lauffeuerartigen‹ Verbreitung. Die ›Befreiung‹ vom kollektiven Hang, alle Wünsche an die Zukunft durch das Nadelöhr eines Fortschrittsmodells passieren zu lassen, kann dabei zunächst durchaus als ›entlastend‹ empfunden werden und die Verbreitung des Zweifels am vorher angestrebten Fortschritt noch weiter befördern: Bekehrung zum Zweifel, Bekenntnis zur Angst kann in der ersten Phase einer solchen Krise kollektiver Zukunftsvorstellungen geradezu lustvoll, Selbstzweck sein.

Auf die Dauer jedoch wird eine solche Ausbreitung von Ängsten sehr viel schneller zu unerträglichen emotionalen und kognitiven Dissonanzen führen, da (im Unterschied zu kollektiv geteilten Hoffnungen auf einen positiv besetzten Fortschritt) nunmehr die Aussicht auf Gratifikationen in der Zukunft fehlt. Dann bedarf die sprunghaft angewachsene Dissonanz selbst wiederum neuer Entlastung (ich nenne zwei idealtypische Extreme): *entweder* durch ein neues Fortschrittsparadigma *oder* durch die Projektion nicht bewältigter Unsicherheit auf einen Verursacher, ein Feindbild. Im ersten Fall (›weiche Landung‹) würde ein neuer Zyklus eines Fortschrittsmodells eingeleitet, im zweiten Fall (›harte Landung‹) käme es zum Um-sich-Greifen apokalyptischer Endzeitvorstellungen, die eine ›totale‹ Wende verlangen und psychologisch gegen die Vertreter des ›alten‹ Fortschritts einen imaginären Religionskrieg erforderlich machen können.

Zu welcher (Mischung) der beiden Varianten es kommt, hängt natürlich nicht alleine vom Lager der Zweifler ab, sondern auch vom Verhalten der Fortschrittler: Eine versuchte ›weiche Landung‹ kann, wenn sich die Verteidiger des alten (bzw. Gegner des neuen) Fortschrittparadigmas aggressiv verschanzen, auch zur Bruchlandung werden und damit das Terrain für chiliastische Propheten der ›totalen‹, ›fundamentalen‹ etc. Wende vorbereiten; ein als Kreuzzug begonnener ›militanter‹ Zweifel am ›alten‹ Fortschritt kann, wenn sich Dialogmöglichkeiten, Experimentierfelder und Kompromißspielräume eröffnen, in einen neuen Fortschrittszug umsteigen (und nur einige fundamentalistische Sekten übriglassen).

Laborversuch (z. B. Atombombe)

Wie gesagt: das skizzierte Strukturmodell einer Fortschrittsvorstellung war eine idealtyische (besser: unter idealisierenden Annahmen gebildete) Konstruktion. Abstrahiert wurde nämlich z. B.:

(a) von den Gründen, die für die jeweiligen Fortschrittsperspektive (bzw. für ihr In-die-Krise-Geraten) aufgeführt werden: dies aufgrund der Annahme, daß auch ›rationale‹ Gründe für bestimmte Hoffnungen oder Ängste nicht notwendigerweise vor ihrer kollektiv ›irrationalen‹ Verarbeitung bewahren müssen;

(b) vom Unterschied zwischen (›elaborierten‹) Fortschrittsphilosophien und kollektiven (›restringierten‹) Fortschrittsvorstellungen, die sich – nicht notwendigerweise zu Recht (s. die Querele um Marx und den Marxismus) – auf sie berufen, aus ihnen speisen;

(c) von den möglicherweise differierenden, konkurrierenden Zukunftsvorstellungen anderer Gruppen derselben gesellschaftlichen Öffentlichkeit: d. h., es wurde (in einer Art *ceteris paribus*-Annahme) nur die *interne* Dynamik betrachtet[16], nach der *eine* fortschrittliche Zukunftsperspektive funktionieren (und sich dann möglicherweise disintegrieren) kann; in einer heutigen, weltanschaulich pluralistisch strukturierten Gesellschaft werden jedoch in der Regel nicht nur verschiedene soziale Interessen, sondern auch verschiedene ›Philosophien‹ den gemeinsamen Erwartungshorizont bestimmen, die sich wechselseitig verstärken, neutralisieren, modifizieren können;

(d) von den realhistorischen Erfahrungen, die in die jeweilige Zukunftserwartung eingehen (und sei es durch Verdrängungszwang...).

So sehr darum die Schlußphase des oben modellierten Zyklus an apokalyptische Stimmungen in Teilen der deutschen Ökologie- und Friedensbewegung in den siebziger Jahren (und oft gerade derjenigen, die kaum ein Jahrzehnt zuvor noch die wildesten ›Fortschrittler‹ waren) erinnert, so wenig kann das Modell selbst bereits die aktuellen Fortschrittsängste erklären. Dazu müßte man in der Tat sehr viel stärker in die historische Gruppendynamik der westdeutschen Nachkriegsgeschichte einsteigen, als dies hier möglich ist.

Dennoch soll verdeutlicht werden, wie derartige Erklärungen aussehen könnten. Ich lockere darum meine idealisierenden Annahmen (c) und (d) ein wenig und konstruiere ein (selbstverständlich immer noch völlig unrealistisches) Modell der (alten) BRD, um dieses dann zu zwei unterschiedlichen Zeitpunkten zu vergleichen.

Ich kann dann allerdings nicht mehr einfach ›den Fortschritt‹ als Vergleichsmaßstab nehmen, sondern muß bestimmte, immer auch sinnliche Imaginationen, bildhaft verdichtete Symbole untersuchen, an denen ich kollektive Zukunftsvorstellungen festmachen kann, wie (positiv:) Eigenheim, Auto, Fernseher oder (negativ:) Mikrochip, Saurer Regen u.a.[17] Ich wähle ein Negativsymbol: Atombombe.

Nun zum Modell dieses unseres Landes: Es ist insofern völlig unrealistisch, als zwar nicht seine Entwicklung, aber seine öffentliche Meinung *nur von zwei Gruppen* bestimmt werden soll. Die größere Gruppe heiße »normale Arbeitnehmer«, die kleinere heiße »kritische Zeitgenossen«. Es gibt zwar noch andere Gruppen wie die Arbeitgeber und die Vertreter der öffentlichen Hand (bei denen schließlich unsere beiden Gruppen beschäftigt sind), aber wir nehmen mal an, daß sie ebenso wie die ländliche Bevölkerung oder die kleinen Selbständigen für die öffentliche Meinung nicht ins Gewicht fallen. Auch die Erfahrungen, die diese Gruppen machen, haben in unserem Modell *nur zwei Dimensionen*: die Wirtschaftsentwicklung (Arbeitsplätze, Einkommen, Technologie) und die Erfahrung von Krieg oder Frieden. Wenn es Gefahren gibt, so werden sie zunächst eher (definitionsgemäß) von den »kritischen Zeitgenossen« wahrgenommen, die aber natürlich ansonsten die gleichen Erfahrungen machen wie die »normalen Arbeitnehmer« auch. Jetzt vergleichen wir *zwei Zeiträume* von Erfahrung, die fünfziger Jahre (obwohl sie etwas früher anfangen) und die siebziger Jahre (die etwas später aufhören).

In den *fünfziger* Jahren haben beide Gruppen die Erfahrung des Weltkriegs gerade hinter sich und erleben eine Phase beschleunigten wirtschaftlichen Wachstums, die privatistische Zukunftsplanung (»auf die eigene Leistung kommt es an«) nicht nur – zur Entlastung von den kollektiven Ängsten, Verantwortungen und Erfahrungen der vorhergehenden Periode – als wünschbar, sondern auch als realisierbar erscheinen läßt. In einer Situation nahezu unbegrenzter Nachfrage auf dem Arbeitsmarkt werden auch technologische Neuerungen keineswegs mehrheitlich als bedrohlich empfunden, sondern eher als Chancen, sofern sie nur zivil, dem Frieden, der Wirtschaftsentwicklung vorbehalten bleiben. Dies gilt nicht zuletzt für »die Urkraft des Atoms«, deren Kriegsanwendung (Hiroshima) den Deutschen womöglich knapp erspart geblieben war, deren friedliche Nutzanwendung aber im Lichte der kumulierenden Erfahrungen wirtschaftlichen Fortschritts geradezu zum Wunschbild einer positiven Zukunft wird, wie es ein Dokument der Partei der »normalen Arbeitnehmer« gegen Ende der fünfziger Jahre ganz im Geiste Francis Bacons prägnant zusammenfaßt:

»Aber das ist auch die *Hoffnung* dieser Zeit, daß der Mensch im atomaren Zeitalter sein Leben erleichtern, von Sorgen befreien und Wohlstand für alle schaffen kann, wenn er seine täglich wachsende Macht über die Naturkräfte nur für friedliche Zwecke einsetzt.«[18]

Die in dieser Periode von den »kritischen Zeitgenossen« zum Ausdruck gebrachten Ängste vor der Atombewaffnung (vor allem nach der Zündung transportfähiger Wasserstoffbomben durch USA und UdSSR in den Jahren 1952/53), die anfänglich von einer großen Anzahl der »normalen Arbeitnehmer« geteilt werden und auch in den Bewegungen gegen die Wiederbewaffnung der Bundesrepublik ihren Ausdruck finden (»Kampf dem Atomtod«), können sich in der machtvollen Aufschwungphase eines Zyklus von Erwartungen in wirtschaftliches Wachstum, privatistische Erfolgskalküle und die Segnungen der Technik kaum durchsetzen; sie werden dann zunehmend neutralisiert und schließlich von den gemeinsamen Wirtschaftswundererfahrungen absorbiert: Die Atombombe wird an den Rand des kollektiven Bewußtseins gedrängt und auch hier als »Gleichgewicht des Schreckens« neutralisiert; es bleiben als Bodensatz Vermutungen über den Einfluß der ›Atomversuche‹ auf das Wetter oder sonstige kleinere Unbilden des Alltags. Es sollte vielleicht noch erwähnt werden, daß gleichwohl in dieser Zeit des sogenannten Kalten Krieges spannungsgeladene Konfrontationen bis kurz vor die Schwelle von Kriegsdrohungen in unmittelbarer Nähe stattfinden. Berlinblockade, 17. Juni, Mauerbau, Ungarnaufstand...

In den *siebziger* Jahren haben beide Gruppen eine längere Friedensphase und Periode außenpolitischer Entspannung hinter sich, sie erleben jedoch zunehmende wirtschaftliche Krisenprozesse, die häufig genug private Zukunftsplanungen durchkreuzen. Neben enttäuschte individuelle Aufstiegserwartungen treten zunehmend auch Bedrohungen des sozialen Besitzstandes. Die veränderte Arbeitsmarktsituation läßt Rationalisierungseffekte technologischer Neuerungen immer direkter durchschlagen. Damit wächst auch die Bereitschaft, den technischen Fortschritt als gefährlich oder zumindest ambivalent aufzufassen (als ›Jobkiller‹, aber auch als Träger diverser technischer Risiken, die es natürlich vorher ebenso gab); und diese diffuse Verunsicherung muß daher zunächst – nicht zuletzt von den Interessenorganisationen der »normalen Arbeitnehmer« – militant verdrängt werden. Dies zeigt sich etwa anhand der Auseinandersetzung um die Gefahren der friedlichen Nutzung der Atomenergie, die von immer mehr »kritischen Zeitgenossen« vorangetrieben wird[19] (und durch ein geographisch fernes Ereignis »Harrisburg« auf dem Bildschirm sichtbare Bestätigung erfährt), aber in einer ersten Phase auf aggressive Taubheit der Mehrheit der Arbeitnehmer stößt. Die zunächst implizite, noch weitgehend verdeckte Verbindung der Ängste vor Atomkraftwerken als »ruhenden Bomben« mit dem Bewußtsein vom nuklearen Kriegspotential der Nato-Führungsmacht auf westdeutschem Boden (die nach C. F. v. Weizsäcker die rapide Ausbreitung der Ökologiebewegung in der BRD allerdings erst erklären kann) wird dann in einer späteren Phase mit der Ausbreitung von Massenarbeitslosigkeit und dem Um-sich-Greifen diffuser Zukunftsängste zum Kristallisationspunkt. Erst jetzt – d. h. *ex post* – wird der zunächst nur von kritischen Minderheiten bemerkte ›Nato-Doppelbeschluß‹ auch von »normalen Arbeitnehmern« *als* Ereignis (mit möglicherweise verhängnisvollen Folgen) überhaupt wahrgenommen; die zuvor die Kritik an der Atomenergie aggressiv abwehrenden Gewerkschaften werden jetzt von der Angst vor der atomaren westlichen ›Nachrüstung‹ nahezu plötzlich und um so nachhaltiger erfaßt. Waren die »kritischen Zeitgenossen« als bloße Ökologen, Kernkraftgegner und ›postmaterialistische‹ Alternativlinge noch von der Mehrheit der Arbeitnehmer durch tiefe psychologische Gräben getrennt, so kommt es nunmehr – mit der ›Friedensbewegung‹ – zu einer wachsenden Durchmischung, wechselseitigen Beeinflussung und positiven Rückkoppelung zwischen recht unterschiedlichen Ängsten[20], die gleichsam durch die *Super*-Angst eines bevorstehenden oder doch hochgradig wahrscheinlichen Nuklearkriegs auf mitteleuropäischem Boden absorbiert, überhöht, totalisiert werden. Die sprachlichen Markenzeichen für die Angst vor der Atombombe als kollektivem Negativsymbol – »atomarer Holocaust«, »Euroshima« – lassen allerdings auch den Schluß zu, daß sich jene in vergleichsweise kurzer Zeit um sich greifende »Gewißheit, über Deutschland werde (im Falle der Stationierung neuer nuklearer Mittelstreckenwaffen) die atomare Vernichtung hereinbrechen«, gleichzeitig aus jenen historischen Ängsten, Schuldgefühlen und »Bestrafungserwartungen« (Dan Diner) speist, die in den fünfziger Jahren scheinbar erfolgreich verdrängt werden konnten.

Nochmals: das Modell ist völlig unrealistisch. Zu viele Faktoren fehlen (vom Klassenfeind über die Supermächte, von den Massenmedien bis zu den Mittelschichten, vom Ausbildungsstand bis zum Konsumniveau...); Übereinstimmungen mit tatsächlichen Ereignissen wären rein zufällig. Innerhalb dieses Modells läßt sich aber zeigen, daß die Verbreitung von Fortschrittsoptimismus und Zukunftsangst ganz *andere* als die von den Beteiligten angeführten ›rationalen‹ Gründe haben kann. Die Glaubwürdigkeit der, so sei unterstellt, in beiden Fällen rational begründeten Ängste der »kritischen Zeitgenossen« vor den Folgen atomarer Bewaffnung und Nukleartechnologie (sowie dann, in den siebziger Jahren, der Tendenzen zur Einrichtung eines speziell europäischen »Theaterraums« für nukleare Kriegführung) hängt hier entscheidend davon ab, was *andere* gesellschaftliche Gruppen über ihre eigene Zukunft glauben; und diese wechselseitige ›Überdeterminierung‹ von verschiedenen Erwartungshorizonten führt zu entgegengesetzten Ergebnissen: je nachdem, ob die »normalen Arbeitnehmer« sich in der *aufsteigenden* Phase ihrer Zuversicht in ein Fortschrittsmodell (hier: Wachstum der individuellen Lebenschancen in der sozialen Marktwirtschaft) oder kurz vor dem kritischen Punkt befinden, an dem die Erwartungshaltung ins Negative *kippt*.

In den fünfziger Jahren wurden im westlichen Deutschland anfänglich *gemeinsame* Ängste vor Kriegsgefahren und Wiederaufrüstung durch Wirtschaftswunder und *individualistische* Erfolgshoffnungen neutralisiert und schließlich überlagert, obwohl Kalter Krieg und mitteleuropäische Krisen herrschten. In den siebziger Jahren hingegen traten anfänglich sehr *heterogene* Ängste (vor den Gefahren der friedlichen Atomenergienutzung, vor Arbeitsplatzverlust) zunächst in eine paradoxe, aggressive Beziehung zueinander (»Atomenergie sichert Arbeitsplätze«), um dann nach dem Kippen des Erwartungshorizontes in einem gemeinsamen *kollektiven* Schreckensbild (»atomarer Holocaust«) verdichtet zu werden, obwohl das relevante Ereignis, der Nato-Doppelbeschluß, von der Mehrzahl der Beteiligten erst im nachhinein als solches wahrgenommen wurde (denn das ferne Ereignis »Harrisburg« hatte nur für »kritische Zeitgenossen« den Charakter eines solchen Schlüsselerlebnisses).

Modell beiseite: Es sollen hier weder die nicht zu verantwortenden Gefahren der großindustriellen Verwertung der Kernspaltung noch die destruktive Logik atomarer Auf- und Nachrüstung verharmlost werden. Der hier modellhaft geäußerte Verdacht, daß in der sprunghaften Verbreitung der Ängste vor diesen Gefahren noch ganz andere (aber nicht zur Sprache kommende) Motive eine Rolle spielen könnten, für die hier der wirtschaftliche Erwartungshorizont als ein Beispiel stand (für andere mögliche), soll darauf hinweisen, daß kollektiven Phantasien auch eine regressive, ja destruktive Logik innewohnen kann. Dies wird um so wahrscheinlicher der Fall sein, je weniger neben der Haltung der identifikatorischen Bestärkung von Ängsten (im Jargon: »dazu zu stehen«) das Moment der reflektierten Distanz (»daneben zu stehen«), als Voraussetzung ihrer beständigen Überprüfung, im öffentlichen Bewußtsein auffindlich ist. Die Bannung diffuser Ängste im endzeitlichen Bild des »atomaren Holocaust«, der übermorgen vor der Tür steht, *hatte* solche destruktiven Konsequenzen:

- Sie führte in der ›Friedensbewegung‹ zur Konstruktion verhängnisvoller Feindbilder, von mordlüsternen Cowboys bis zu rüstungsgeilen Christdemokraten, die als Handlanger oder (in der Sprache Heiner Geißlers, die für das regierungsamtliche Lager ähnliche Effekte hervorrufen sollte) als »fünfte Kolonne« des Todes mit dem »Reich des Bösen« verwachsen;
- sie führte weiterhin zur Konstruktion eines »Gegenprinzips (Über-)Leben«, das in der Assimilation von staatlicher Sicherheitspolitik an individuelle Notwehr (ein Argumentationsmuster übrigens, das mir noch aus der »Gewissensprüfung« als Kriegsdienstverweigerer geläufig ist: damals als Frage der Inquisitoren) alles und nichts rechtfertigen kann, das ethische Problem von Verteidigungspolitik jedenfalls ebenso verfehlt wie die Fragen der Rechtfertigung zivilen Ungehorsams;
- und sie führte endlich zu einer »Kaninchen vor der Bombe«-Haltung, die die Diskussion und den Kampf um die Durchsetzung alternativer Sicherheitsstrategien gerade verhindert hat. Bald war die »negative Utopie« des thermonuklearen Unter-

gangs als Minimalkonsens innerhalb der Friedensbewegung zum Deckel geworden, der über alle Töpfe gleichzeitig gestülpt wurde und die Auseinandersetzung über die verschiedenen Optionen innerhalb der friedliebenden Menschen blockierte.

Man konnte sogar die friedensbewegte und durch *die-ins* symbolisch beschworene Gewißheit des thermonuklearen Endes als bloße Umkehrung jener Verdrängungshaltung ansehen, die in den fünfziger Jahren im Bilde vom »Gleichgewicht des Schreckens« zum Ausdruck gekommen war. In der Vorstellung einer berechenbaren Sicherheit damals, wonach – durch das »atomare Patt« – nichts passieren werde, wie dann später in der *idée fixe* einer berechenbaren Nähe des Atomkrieges wurde nämlich sozusagen spiegelverkehrt die radikale Veränderung unseres, des menschlichen Zukunftshorizontes, des *point of no return*, den die Existenz der thermonuklearen Waffenpotentiale auf unserem Planeten bedeutet – die erstmals absolute Öffnung der Zukunft, ihre mögliche Entkoppelung von der Gesamtheit der bisherigen menschlichen Geschichte –, in die Gewißheit vom guten oder bösen Ende ver*ein*deutigt.

In den fünfziger Jahren half das »Gleichgewicht des Schrekkens«, den Umstand zu verdrängen, auf den damals nur einzelne Rufer in der Wüste aufmerksam machten, daß die bloße Möglichkeit der Selbstvernichtung der Spezies Mensch für den (damals liberalkapitalistisch gefaßten) Fortschrittsbegriff in der Geschichtsphilosophie ebenso vernichtende Konsequenzen hat wie die existenzialistische Thematik des Suizids, der »Freiheit zum Tode«, für die christliche Ontologie.[21] Wie wir sahen, ist der neuzeitliche Fortschrittsbegriff der zur Vervollkommnung »offenen Zukunft« (Koselleck) der christlichen Heilsgewißheit historisch entsprungen, hatte sich aber der Rückbindung (*re-ligio*) des Fortgangs der Geschichte an einen ihr bestimmten Sinn nur teilweise entledigt. Die Säkularisierung der Geschichte bedeutete eher die Transformation der Erlösungshoffnungen – die nunmehr zur *verité à faire*, als Prozeß, sozusagen als ›Arbeit‹ auf die lineare Zeitreihe uminterpretiert oder ›rationalisiert‹ wurden – als die Emanzipation vom Heilsgedanken selbst. Mit der in diesem ›Prozeß-Progreß‹

entstandenen Möglichkeit, durch thermonukleare Energie die gesamte menschliche Zukunft auszulöschen (*Holo-zid*), wird erstmals und unwiderruflich der Fortgang menschlicher Geschichte zur *absolut* offenen Zukunft: Die absolute Offenheit der Zukunft fällt zum ersten Mal mit der Möglichkeit des absoluten Endes geschichtlicher Zeit zusammen.[22] Was die konservativ-katholische Zeitdiagnose beklagt – menschliche Freiheit als »Gegenteil einer Schöpfung *aus* dem Nichts, nämlich die Schöpfung *des* Nichts als der Bedingung der Möglichkeit der Selbstschöpfung einer stets neuen Weltlichkeit« (Carl Schmitt)[23] –, wird zum realen Handlungshorizont des Menschenmöglichen, auch noch die ›stets neue Weltlichkeit‹ definitiv zu vernichten.[24] Die Zukunft geht des *telos* der Geschichte, eines Sinns, der trotz zeitweiliger ›Rückschritte‹ schließlich unweigerlich zur Geltung kommen müsse, verlustig.

Mit der Atombombe wird sichtbar, daß »es keine Garantie für die Zukunft gibt. Trotz des gewaltig fortschreitenden Wachstums seiner Erkenntnisse über die Vergangenheit der Menschheit und über die Umwelt, in der die menschliche Gattung zu leben bestimmt ist, weiß der Mensch nichts über das Endziel der Geschichte. Wir sind wie Reisende auf einem Schiff, dessen Herkunftshafen wir kennen, über dessen Bestimmungshafen wir jedoch nichts wissen. Wir wissen nicht einmal genau, wer der Steuermann ist.« (Bobbio)[25]

Diese radikale Kontingenz der Zukunft, die allen außer- und innerweltlichen Heilslehren den geschichtsphilosophischen Boden entzieht, wirft die Frage nach der lebensfähigen und lebenswerten menschlichen Ordnung völlig auf menschliches Handeln, menschliche Institutionen und ihre regulativen Prinzipien zurück. Es gibt – und dasselbe gilt auch für die später ins öffentliche Bewußtsein gedrungenen ökologischen Gefahren, die aus der industriellen Zivilisation für natürliche Überlebensbedingungen der Menschheit erwachsen – keine Instanz außerhalb der Menschen als moralischer, vernunftbegabter Wesen mehr, an die die Hoffnung (oder Angst) delegiert werden könnte. Dieses Bewußtsein der »Entscheidung unter Risikobedingungen« (um einen Terminus der Spieltheorie zu verwenden, die nicht zufällig ihre enorme Entwicklung in den letzten Jahrzehnten den *strategic studies* nuklearer Planungsstäbe verdankt) ist kognitiv, vor allem aber emotional schwer zu bewältigen. Läßt sich für die fünfziger Jahre die Vorstellung des »Gleichgewichts des Schreckens« als »typische Form falschen Bewußtseins« analysieren, die das Fortschreiben einer »optimistischen Geschichtsauffassung« erlaubt[26], so überwiegt im Öko-pax-Spektrum der Siebziger eher die umgekehrte Vision der Endzeit.

Millennium

Die seit dem Raketenherbst auf grünen Partei- und evangelischen Kirchentagen grassierende Vorstellung der bevorstehenden Katastrophe (»Fünf vor zwölf«) hatte auch eine Entlastungsfunktion. Erlaubte sie es doch wieder – und damit war sie gewissermaßen die Umkehrform des fortschrittsoptimistischen falschen Bewußtseins –, der Geschichte *als ganzer* einen Sinn zu verleihen, die Kontingenz der offenen Zukunft fiktiv erneut zu schließen.

Die Nachfrage nach eschatologischer Besinnung jedenfalls war groß: Nur flüchtig gewendete Marxisten traten plötzlich im härenen Gewande als Wanderprediger der Umkehr auf; an synkretistischen Gurus und »falschen Propheten« (*Mk* 13, 22; *Mt* 12, 11) war kein Mangel. Doch erst aus dem deutschen Osten kam das fahle Licht der Endzeit. Rudolf Bahro hatte im sozialistischen Knast allen Erpressungen und Verlockungen widerstanden; doch im freien Westen mutierte sein »Bund der Kommunisten« schnell zur Kreuzzugsidee gegen die sündige Welt, die gefallene Hure Babylon (*Offb* 14 ff.), wider ihre Wirtschaft und Gesellschaft und ihren städtischen *way of life*. »Denn vom Zorneswein ihrer Hurerei haben alle Völker getrunken, und die Kaufleute auf Erden sind reich geworden von ihrer großen Üppigkeit.« (*Offb* 18, 3)

Die mit der Ökopax-Bewegung ins öffentliche Bewußtsein gedrungene Möglichkeit der thermonuklearen Vernichtung der Menschheit – die Entkoppelung der Zukunft aus jedem geschichtlichen Sinn – wurde jetzt unter dem Signum »Exterminismus« (E. P. Thomson) zum Echtheitsstempel der Fülle der Zeiten: »Darum werden [Babylons] Plagen an einem Tag kommen, Tod, Leid und Hunger, und mit Feuer wird sie verbrannt werden; denn stark ist Gott der Herr, der sie richtet.« (*Offb* 18, 8) Wo in Menschenketten und Friedenfasten die Ängste nur vage und diffus flottierten, hatte hier einer den Dechiffriercode. Der Prophet las die Zeichen an der Wand: »Exterminismus ist ein bestimmter Gesichtspunkt, unter dem die Weltgeschichte vor ihrem möglichen Ende erscheint. Diese destruktive, d. h. selbstdestruktive Tendenz war immer enthalten ... Es ist das Überhandnehmen dieser destruktiven Tendenz in der menschlichen Praxis, das uns dazu zwingt, apokalyptisch zu denken.«[27]

Endzeit ist Echtzeit. Der chiliastische Prophet hungert nach dem Zusammenbruch der weltlichen Stadt (und sollte darum auch sechs Jahre später in der zusammenbrechenden DDR den Resten der Priesterkaste einer zerfallenden Staatspartei sein Evangelium predigen – die SED/PDS nahm es auf ihrem Wendeparteitag im Dezember 1989 zu Recht als Buße), weil das in der Vorstellung der unabwendbaren Katastrophe verdichtete Bündel psychosozialer Ängste gleichzeitig der Stoff ist, aus dem »Wendezeiten« (*katastrophé*) gewirkt werden, die die geschichtliche Zeit aufheben, ihre unerträgliche Kontingenz beseitigen, ihren wahren (sprich Gattungs-)Sinn »aufdecken« (*apo-kalypto*) und damit die geschichtlich eingetretene Entzweiung menschlicher Existenz von ihrer Heilsbestimmung überwinden soll. Hier wird zwar ein Ausweg aus der Geschichtsphilosophie versucht, allerdings ein Weg zurück zu ihren eschatologischen Quellen, deren Verzeitlichung die Vorstellung von Geschichte einst entsprungen war; um dann zuletzt ihren Heils-sinn in der absoluten Kontingenz der Zukunft zu verlieren. Der eschatologische Ausweg (oder Weg zurück) bewältigt diese existentielle Heils- oder Heimatlosigkeit der Menschen dadurch, daß er die aktuellen geschichtlichen Gefahren als Zeichen einer anderen, verborgenen Heilsgeschichte nimmt, die sich in der Endzeit (*eschaton*) als Wende bewahrheitet, aber als solche noch enthüllt werden muß.

»Die Indizien zeigen einfach die Realgefahr der Totalkatastrophe, die zunächst – an der Oberfläche – von dem unvergleichlichen Umfang und der unvergleichlichen Wirkung unserer Technologie ausgeht« (S. 24). Unterhalb der Oberfläche lassen sich diese Indizien jedoch darauf zurückführen, »daß es ein auf den menschlichen Genotyp zurückgehendes anthropologisches Dilemma gibt, das zwar vielleicht nicht zwangsläufig zum Überhandnehmen der exterministischen Tendenz führen mußte, aber jedenfalls bedingend, ermöglichend darin eingeht« (S. 30). Bahros ›gattungsgeschichtliche‹ Variante der Erbsünde besteht also darin, daß »zumindest die in die Natur eingreifende Praxis großer Stufenleiter generell ein Moment von *Hybris* ein(schließt)« (S. 25), das sich dann – nach dem Bruch der paradiesischen Einheit von Individuum, Gemeinschaft und Natur – zuerst in der archaischen Großen Kooperation, dann in der europäischen Zivilisation zur zweiten Natur, zum »Zirkel des Mammon, des Karma, oder wie auch immer das Integral der entfremdeten Praxismächte genannt werden mag« (S. 31), verfestigt hat.

Kurz gesagt: »Neolithische Revolution = Sündenfall« (S. 27). Industrielle Zivilisation = Reich des Antichrist: »Herausgekommen ist auf diesem Wege tatsächlich etwas, das eine Weile wie ein auch emanzipatorischer Fortschritt aussah: der Wohlfahrts- und Sozialstaat für die größte privilegierte Minderheit der Weltgeschichte, die Unterklassen der Metropolen, des kapitalistischen Zentrums, Toynbees inneres Proletariat.« Durch die Gefährdung der Interessen der Dritten Welt, der äußeren und der inneren Natur ist diese Zivilisationsform zur ›Megamaschine‹ geworden. »Es ist der Eingang zur Megamaschine, die dabei herausgekommen ist, über dem Dantes Worte stehen müßten: Die Ihr hier eingeht, laßt alle Hoffnung fahren. Sie befreit nicht nur nicht, sie tötet. Ihr werdet nicht den Zipfel jenes Himmelreiches auf Erden erhaschen in der kurzen Spanne bis dahin« (S. 23).

Die Wiedergewinnung des Heilssinns der Geschichte gelingt dem grünen Propheten also dadurch, daß die bisherige historische Entwicklung der Menschengesellschaft als ›falsche‹ Geschichte, als Fehlevolution erscheint: »Der Tod muß sich in dem Regelkreis eingenistet haben, der unsere Gattungsentwicklung lenkt« (S. 20). »Der emanzipatorische Prozeß verläuft exterministisch, verläuft selbstzerstörerisch zumindest seit Beginn der Moderne« (S. 23). Die Wahrheit dieses Falschen offenbart sich in der Katastrophe, als

Chance zur Wende. Erst die ›Fülle der Zeiten‹ sieht die Wiederkunft des Messias. »Es hat uns immer festgehalten, wir waren zu der großen Arbeit an uns selber nicht gezwungen. Jetzt gibt es einen Zwang wie nie zuvor, aus den von uns selbst entfesselten Naturkräften, aus der von uns erzeugten ökologischen Krise. Es liegt in der Bombe und im ›Global 2000‹ auch eine äußerste Chance.« (S. 22)

Bis hierher glich das Bahrosche Modell ziemlich genau der Struktur der eschatologischen Zeitvorstellung, vor allem in der Vergegenwärtigung, die sie in den millenaristischen Sekten des europäischen Mittelalters erfahren hat.

Daß sich der Auszug ins Heilige Land (die ›wilden‹ Kreuzzüge gehörten zu den breitesten millenaristischen protokommunistischen Massenbewegungen, sie hatten auch einen handgreiflichen Begriff vom Antichrist: die Juden, der Klerus, oder beide zusammen[28]) nunmehr als Exodus innerhalb der Industriegesellschaft, als Ausblutung der ›Megamaschine‹ durch die Bildung von Kleinkommunen auf der Basis ›einfacher Reproduktion‹ darstellte, daß der Kampf der Mächte des Lichts gegen die der Finsternis sich vornehmlich (gruppendynamisch gesteuert) innerhalb der Seele jedes einzelnen vollziehen sollte – als »Suche nach dem wahren Selbst« –, auf diese Details soll hier nicht weiter eingegangen werden. Doch die blumenreichen Attribute der Charakterisierung dieser Version der ›Idee der allgemeinen Emanzipation‹ – es sollte so ähnlich laufen wie bei den Sannyasin, aber mit europäischer Kultur (Kathedralen und Mozart)[29], ein »neues Benediktinertum« auf kommunitärer Basis, aber mit Sex, als neuer Gral, aber ohne Askese (S. 32, 38) und ähnliches mehr – vermochten die zentrale Leerstelle kaum zu überbrücken, mit der die Funktionsfähigkeit des gesamten Modells steht und fällt: *Was fehlt, ist der Messias.*

Ohne den aber läuft die ganze Chose nicht. Ein zarter Hinweis auf »einen materialistischen Gottesbegriff«, auf »Gestalten wie Buddha oder Christus, Franz usw.« (S. 31, 33) vermag ihn wahrlich nicht zu ersetzen. Mit dem Hinweis auf die unzweifelhafte historische Existenz religiöser Erweckungs- und Umkehrbewegungen wird noch kein soteriologisches Charisma erzeugt. Der »*individuelle* Aufbruch zu Gott« kann Produkt von individueller oder Kleingruppenmeditation sein, »der *kollektive* Aufbruch in das Reich Gottes« hatte zwar »historisch viele Namen« (S. 33), aber für die jeweils Aufbrechenden immer nur *einen*. Eine *Person* (Gott, sein Sohn, sein Prophet), die jeden Bekehrten *als* Person ansehen, ansprechen, in den heilsgeschichtlichen »Ausnahmezustand« versetzen konnte: *Kehre um und glaube!* Dies kann nur eine Gott-gesandte oder göttliche Person zu mir sagen, die Gattung aber ist keine Person.

Der italienische ex-marxistische neue Philosoph und postwittgensteinianische Mystiker Massimo Cacciari hat die Sache schon ziemlich genau auf den Punkt gebracht: »Ein politischer Mythos, der offen als solcher erklärt wird, funktioniert nicht mehr als Mythos. Ein Mythos, dessen relativistisch-funktionale Züge man sofort erkennt, verwandte sich *eo ipso* in die schwächste Ideologie. Ein Mythos ist nicht nach abstrakt konstruierten Erfordernissen durch bloßen Willensakt herstellbar. Er ist entweder da oder nicht... Der Fürst mag ein völliger Atheist sein, aber er wird dies nicht mitten in der Messe erklären. Der ›Generalstreik‹ funktioniert als erklärter Mythos – und hat sich in der Tat in der Arbeiterbewegung nie durchgesetzt. Der Marxismus hat in der Arbeiterbewegung die allen bekannte entscheidende Rolle innegehabt, weil er eine Politik des Mythos bekämpfte – oder vielmehr, weil er seine Mythen *nicht* zu solchen erklärte, sondern, im Gegenteil, gegenüber seinen eigenen Mythen nicht ›atheistisch‹ war.«[30]

Fünf nach zwölf

Nun war der deutsche demokratische Rudi gewiß nicht der einzige Schwarmgeist im grünen *coming out* jenes Sektenfrühlings, als zwischen sozialistischen Konferenzen und anthroposophischen *networks*, zwischen metropolitanen Sponti-Plenen und christdemokratischen Dissidenten hundert Sonnenblumen blühten. Doch Bahros Pietismus-Leninismus taugte ebensowenig dazu, die ja tatsächlich bestehenden kollektiven Ängste, denen er seine Worte lieh, zu einem parteifähigen Angebot zu bündeln wie die öko-katholische Tiefenpsychologie des Tele-Evangelisten Franz Alt (Jesus & C. G. Jung = der neue Mann) oder Herbert Gruhls patriarchalische Reaktion wider die industrielle Plünderung des blauen Planeten.

Die grünen »Unglückspropheten«[31] der ersten Stunde mißverstanden ihre eigene Markentest-Rolle auf dem politischen Markt gründlich – und Bahros Exerzitien mobilisierten bald weitaus eher die privaten Selbstbestrafungswünsche mittelständischer Sponsoren, sinnsuchender Zahnarztgattinnen und schuldbewußter Tierschützer als die politischen Leidenschaften (und Karrierechancen) grüner Parteiarbeiter. Die Propheten hatten das neue *Label* »Fünf vor zwölf!« in Umlauf gebracht und – nach dem ersten Testlauf – ihre Schuldigkeit getan. Mit heiligem Zorn manövrierten sie sich jetzt wieder aus dem grünen Milieu heraus.

Die erste Selbstdefinition der westdeutschen Grünen als ›Fünf-vor-zwölf-Partei‹ war in hohem Maße von ihrer Entstehungsphase als Bundespartei geprägt: also der Zeit zwischen den Europawahlen 1979 (als sie noch als »Sonstige politische Vereinigung«, als bloßer Dachverband eines Wahlkartells aus diversesten Umwelt-Listen – GLU, AUD, GAZ, GLSH – und Öko-Honorationen auftraten) und den »Wende«-Wahlen 1983, die den grünen Einzug in den Bundestag (5,6 %) zum Ergebnis hatten. Was damals den entscheidenden Schub brachte, der die neue Partei (der sich derweil die verschiedensten Kader aus dem Sponti-, Ex-ML- und »linksalternativen« Spektrum angeschlossen hatten) über die Fünf-Prozent-Hürde trug, war das ›positive feed back‹, das sich zwischen den apokalyptischen Motiven der grünen Unglückspropheten der ersten Stunde einerseits und der parteiübergreifenden Verbreitung diffuser endzeitlicher Ängste vor dem »atomaren Holocaust« in der westdeutschen Bevölkerung angesichts der bevorstehenden Stationierung der neuen US-Mittelstreckenwaffen andererseits herstellte. Der friedensbewegte Protest, der sich zudem gegen die Sicherheitspolitik eines sozialdemokratischen Kanzlers richtete, war wohl die wichtigste ›externe‹ Ressource, aus der sich die scheinbar unaufhaltsame Etablierung der Grünen in fast allen Landtagswahlen bis 1983 und dann ihr Sprung in den Bundestag speisen konnte. Da die Fortschrittspartei SPD in der Regierung gebunden war, konnte in dieser Periode die grüne Partei der Angst durch die bloße Existenz der Friedensbewegung von einem regelrechten ›politischen Mehrwert‹ zehren.[32]

Kein Wunder, daß sich die endzeitliche Chiffre, in deren Zeichen die Entstehung der grünen Bundespartei stand, tief in ihrem genetischen Code verankert hatte. Kein Wunder aber auch, daß die bloße Beschwörung der Apokalypse als Zeitdiagnose und politische Strategiebestimmung versagen mußte.

Denn die Apokalypse ist gerade keine Dechiffrierung der Zeichen der Zeit. Eher schon falsche Ver*ein*deutigung der Ambivalenzen des ›Fortschritts‹, der Folgekosten ökologischer Reformen, des komplexen Verhältnisses zwischen globaler Verantwortung und sozialen Interessenlagen. Das Bild vom chiliastischen Kreuzzug der Ritter der Natur wider die Paladine der Mega-Maschine verspricht zwar angesichts des Jüngsten Gerichts Entlastung[33], da sich die einen zur Rechten, die anderen zur Linken des Richters wiederfinden mögen. Es zerhaut aber ganze Knäuel Gordischer Knoten, ohne die offenen Enden »ökologisch behutsam« neu zu verknüpfen. Daß gerade die subalternen Klassen der Metropolen ans industrielle Wachstum der Konsumgesellschaft lebengeschichtlich gebunden sind; daß umgekehrt just die soziologischen Gewinner von Sozialstaat und Bildungsreform neue ›postmaterialistische‹ Verantwortungsgefühle zeigen; daß in der Verteidigung aristokratischer ›positionaler Güter‹[34] wie unverseuchte Natur und intakte Kulturlandschaft nicht allein Privilegien weniger zur Verhandlung stehen, sondern auch kollektive Güter aller vor ihrer ›demokratischen‹ Nutzung geschützt werden müssen ... all dies ist dem Endzeitbewußtsein des grünen Fundamentalismus kein Problem mehr. Wo ein »ökologischer Humanismus« Entwicklungsmodi der Behutsamkeit, Gemächlichkeit und Vielfalt zu befördern sucht und mit der Erhaltung einer fehlerfreundlichen Umwelt ein »Menschenrecht auf Irrtum« fordert[35], will die »Partei des Lebens« eindeutige Lösungen – Umkehr, aber subito.

Was sie damit preiszugeben droht – was im »Jetzt« der Endzeit auf eine simple Ja/Nein-Entscheidung zusammenschnurrt –, ist aber das historische Bewußtsein neuer Dimensionen ökologischer Verantwortung, das noch in der »Fünf vor zwölf«-Metapher steckte. Das Bild der irreversibel ablaufenden Welt-Uhr oder Zeit-Bombe bringt nämlich mehr Probleme zur Darstellung, als es gar im Sinne direkter politischer Handlungsanweisung beantworten könnte. Gerade darin liegt seine Wahrheit – als Metapher: eine Wahrheit, die sich freilich nur einer »Semantik historischer Zeiten« (Koselleck) erschließt, die jedoch unweigerlich verfehlt wurde, als frau diese Chiffre – gefühlig versetzt – zur »Philosophie der Grünen« erhob.

Magna mater

Brauchen Parteien überhaupt eine eigene Philosophie? Die alten marxistischen Arbeiterparteien hatten eine. Sie wußten sich mit dem materialistischen Weltgeist im Bunde. Bei genauerem Hinsehen stellt man allerdings fest, daß sie eine Philosophie vor allem dann brauchten, wenn sie den Wind der Geschichte in Zeiten der Niederlage, des Mißerfolgs, der ›negativen Integration‹[36] nicht mehr im Rücken fühlten. Um so mehr mußte er dann beschworen werden. Dazu diente damals ihr philosophischer Materialismus, als »eine Art von Religion und Stimulanz (...), eine gewaltige moralische Kraft des Widerstands, des Zusammenhalts und der geduldigen und beharrlichen Ausdauer. ›Ich bin für den Augenblick geschlagen, aber auf die Dauer arbeiten die Dinge für mich.‹«[37]

Die Grünen aber? Sie hatten doch Aufwind. Zunächst jedenfalls.

Denn die Grünen waren zur rechten Zeit in den Bundestag gekommen. D. h., im Grunde zu spät. Es war höchste Zeit – nicht nur wegen Brokdorf und anderswo, nicht nur wegen der Pershings und Cruise Missiles. Sicher, deswegen vor allem hatten wir sie gewählt, doch es wurde Zeit, andere Töne zu vernehmen. Ein neues Lied, ein andres Lied, am rechten Ort – mitten in der geschichtsvergeßlichen, wachstumsbesoffenen, gewissenlos ordnungsbesessenen

Vertretung der Staatsraison eines »gesamtdeutsch in den Grenzen von 1937« verfaßten Volkes der Restdeutschen.

Ein neues Lied – und die Pöbeleien der Hinterbänkler entlarvten getroffene Hunde: Waltraud Schoppes Liebesspiel-Rede provozierte die geballte Macht subalterner Verklemmtheit männlicher Herrschaftsorganisation. Joschka Fischers Reden zu Pazifismus und Auschwitz, zum Tode Kemal Altuns offenbarten die ganze Mauer des Verdrängens gegenüber historischer Schuld der Deutschen und gegenwärtiger Not politisch verfolgter Opfer von westlichen Diktaturen in der herrschenden politischen Meinung unserer Bonner Republik. So war der Tod als Meister aus Deutschland im Bundestag vorher noch nie beim Namen genannt worden. Otto Schilys Recherchen und Plädoyers wider Flicks und Grafen, zu Ministern und Moneten gaben dem Staatsvolk endlich einen Tribun, der nicht völkisch, sondern republikanisch, gar jakobinisch war.

Die ersten Auftritte der Grünen verrieten Augenmaß – *kairós* (1. rechtes Maß; 2. rechter Ort; 3. rechte, günstige Zeit; 4. Vorteil, Nutzen; 5. Zeitumstände[38]) – und dieser rechte, günstige Augenblick war wichtiger als die Machbarkeit ihrer Programme, als das interne Gerangel friedensbewegter Menschenketten um Gewaltlosigkeit. Sicher, es ging um den *Ausstieg* – aus der thermonuklearen Abschreckung, aus den radioaktiven Restrisiken, aus der industriellen Proliferation von Waldsterben und Gewässerverseuchung, aus den Despotien der Arbeits- und Konsumgesellschaft . . . – sicher, darum wird es auch morgen noch gehen. Zunächst, 1983, aber ging's bei der Wahl der Volksvertreter mit Turnschuhen um einen *Einstieg* in die längst schon fällige politische Auseinandersetzung über die Zukunft von Wäldern, Industrie und Republik. Diesen Einstieg in den öffentlichen Streit haben erst die Grünen, und nur sie, zuwege gebracht. – Aber eine *Philosophie der Grünen*?

Unter diesem Titel erschien 1982 – übrigens in einer ansonsten eher auf Staatsbürgerkunde für Schulen südlich der Mainlinie spezialisierten Schriftenreihe »Geschichte und Staat« – ein wohlfeiles Büchlein, verfaßt von Manon Maren-Grisebach, einer der ersten grünen Bundesvorsitzenden.[39] Das Titelbild zeigte vertraute Symbolik (Plutoniumfässer gegen Blumenwiese). Doch bei den ersten

Sätzen stockte der Wechselwähler schon ein wenig: da eine Partei »ohne grundlegende Philosophie halt- und hilflos« sei, kündigte die Verfasserin an, »nach weltanschaulichen Grundlagen der grünen Bewegung zu forschen«. Wie auch immer, das Bändchen machte beim Durchblättern einen netten Eindruck, einfach geschrieben und mit Gedichten von Kunert, Toller, Brecht u. a. aufgelockert. Vielleicht war es ja auch ein Buch, das man der Tante geben konnte, die immer fragte, *wofür* denn die Grünen eigentlich eintraten, die ja sonst nur protestierten. Der Klappentext kündigte »eine theoretische Basis« an, von der aus die Grünen »als politische Partei mitgestaltend tätig sein können und wollen«.

Gleich zu Anfang fand die Leserin freundliche Hinweise für »Kritiker und Rezensenten...: Reiter über den Bodensee sind wir alle, auch die Grünen, auch die Schreiberin. Wir wagen uns hinaus und sind als Grüne doch erst sehr jung. Verurteilen Sie uns daher nicht so schnell.« Diese *captatio benevolentiae* wurde jedoch sogleich mit einem ›philosophischen Argument‹ versetzt: »außerdem sind sprachliche und begriffliche Formulierungen immer nur Hilfsmittel zum Finden des Wahren« (S. 8f.).

Wie war das? *Das* Wahre? Kann man denn von ›Wahrheit‹ anders reden denn als Eigenschaft von Sätzen? Natürlich sind sprachliche und diskursive Regeln zur Bildung oder Überprüfung von Sätzen (über die Wirklichkeit, zur Einigung über ›gute‹ oder ›richtige‹ Handlungsziele) Hilfsmittel, aber wieso »*nur* Hilfsmittel«? Wo soll sonst die Wahrheit herkommen?

Der Verdacht bestätigte sich bald: aus dem Bauch, vielmehr aus dem Gefühl. Oder besser aus einer »ganzheitlichen Philosophie«, die endlich die – natürlich von »Herrschenden, Patriarchen, Ratiofanatikern« eingeführten – Trennungen von »Kopfdenken« hier und »Fühlen, auch (...) Anschauen« dort wieder rückgängig machen soll. So nämlich begann das Kapitel über »Lebensgefühle der Grünen« (S. 11-27): »Die Entzweiung, die wir erfahren, in neutrale, unschuldige Wissenschaft und Gefühl, in abstraktes Denken und konkretes Handeln, in rationale Erkenntnisse und nicht beweisbare Moral, in Technik und Natur, und so weiter, diese Entzweiungen sind Quell des Bedürfnisses nach ganzheitlicher Philosophie. Wir schieben ihr jetzt die Aufgabe zu, das desintegrierte

Leben, die Zerfallenheiten wieder einzubinden in das Lebensbewußtsein einer möglichen Ganzheit. – Und da gehört Gefühl als tiefster Quell der Bedürfnisse dazu.«

Daß es diese Differenzierung zwischen Denken, Fühlen und Handeln gibt, daß sie häufig auch als schmerzliche Trennung erfahren wird, wer wollte das leugnen? Auch der Zusammenhang mit den Differenzierungsprozessen zwischen Mensch, Natur und Gesellschaft in der Neuzeit, die im Gefolge des immer ausschließlicheren Vorrangs zweckrationaler Handlungsmuster im Umgang des Menschen mit der Natur und der Menschen miteinander allmählich eine gefährliche Schlagseite bekommen haben, wurde von der grünen Philosophin zwar ein wenig unpräzise, dafür aber um so pathetischer benannt. Und sicher haben die herrschenden Klassen und Patriarchen auf ihre Weise von diesen Entwicklungen profitiert.

Die Frage ist nur: Kann ein Rekurs aufs *Gefühl*, nachdem wir einmal vom Baum der Erkenntnis gegessen haben, mehr sein als ein legitimes Warnsignal, mehr als ein Motiv unter anderen für ökologisch vernünftiges Handeln? Ist er etwa auch Heilmittel für alle Trennungen unserer kapitalistischen Neuzeit?

Ein völlig sicheres Fundament schienen Gefühle auch für Manon Maren-Grisebach nicht zu sein: »Gefühle sind nur sicher im eigenen Innern, mitgeteilt an den Anderen sind sie schon zerfallen, auch variieren sie...« Das ›Sich-gut-Fühlen‹ war also noch nicht ausreichend, um festzustellen, was (für alle) gut ist. Darum mußten die Gefühle offenbar zusätzlich noch qualifiziert, zensiert werden, nicht alle paßten zum Lebensgefühl der Grünen. Das »Freiheitsgefühl« hatte sich mit der »Partei des Lebens« zu verbinden. Aber auch hier war Vorsicht geboten: »die Grünen sind nicht eine Partei des Lebens im Sinne seichter (!) Lebenslust, als Oberfläche banaler, todloser Freude. Das Leben soll wieder Orte haben, wo es herrlich ist, aber niemals durch Ausschalten des Todes. Der Tod tritt näher heran. (...) Der Kreislauf des Lebens und der des Todes fließen ineinander in einen größeren, die erdhaften Erscheinungen alle miteinschließenden Kreis. Unabgegrenzt.« (S. 15)

Man mußte also die richtigen Gefühle haben, einen »Standpunkt der Gesamtnatur«, der mit dem falschen »Feindbild von

Krankheit und Tod« (H. E. Richter) aufräumt und eine »Aussöhnung mit der Sterblichkeit herbeiführt«. Dumpfe, lange verdrängte Erinnerungen an die Katechismusstunde meldeten sich schließlich, wenn in der grünen *Summa philosophica* die Freiheit vor allem als Versuchung zur Sünde gegen Naturkreisläufe zur Sprache kam: das »Gefühl der Einheit von Mensch und Natur ist verlorengegangen, von Schuld überlagert«. Derart vorbereitet erfuhr frau dann: »mit einem stärkeren Rauslassen unserer Naturgefühle entsteht wieder der Nährboden fürs Poetische. Grüne haben Sinn für Poesie.« (S. 26)

Naturpoesie?

Ich brauchte damals sofort ein Gegengift zu dieser Sandmännchen-Version der Einheit von Mensch und Natur, die als romantisches Gegenbild zum ökologischen Raubbau unserer Industriegesellschaft – als interesseloses Aufgehen des ruhenden Menschen im »Naturschönen« – zwar verständlich, als Gegenmittel aber untauglich ist. Außerdem war diese Vorstellung auch noch inkonsistent. Wenn Mama Natur so gütig ist, warum setzt sie dann nicht ihre heilenden Kräfte in Gang, um die ökologischen Sünden der Menschlein wieder ins rechte »Fließgleichgewicht« zurückzuführen? Dann bräuchten wir ja gar keine Grünen? Stand nicht hinter dem mitunter bei Manon Maren-Grisebach auch zwischen den Zeilen hervorschauenden Bild einer gott- (oder göttin-) gewollten Naturordnung, die strafend auf die vermessene Menschheit zurückschlägt, noch ein ganz anderes Bild vom Verhältnis Mensch-Natur?

Ach nee. Also ein anderes Buch. Ich nahm mir die *Dialoge* von Giacomo Leopardi vor, des großen »Antiromantikers« der italienischen Romantik, dessen Schriften immer wieder den Dialog mit der Natur führen, die aber (auch weil die Natur ihn mit Gebrechen geschlagen hatte) hinter jeder Lebensfreude des Morgens den Pessimismus im Bewußtsein des Abends, des Todes nicht verdrängen.[40] Die Natur spricht bei Leopardi in vielen Gestalten, als wilder Hahn, als Tod, oder im Dialog zwischen Kobold und Gnom, zwei

Elementargeistern, die sich nach dem Untergang des Menschengeschlechts über dessen Anmaßungen amüsieren.[41]

Im Dialog mit einem Isländer sagt die Natur: »Hast du dir vielleicht eingebildet, die Welt sei für euch geschaffen worden? So erfahre denn, daß ich in allem, was ich tue, anordne und bewirke, mit sehr wenigen Ausnahmen, immer ganz andere Ziele habe als das Glück oder Unglück der Menschen. Wenn ich euch in irgendeiner Weise mißhandle, merke ich es nur selten, wie ich es gewöhnlich auch nicht weiß, wenn ich euch erfreue und wohltue, da ich nichts erschaffe, um euch zu erheitern oder zu nützen. Und selbst wenn ich versehentlich euer ganzes Geschlecht vernichtete, ich würde es nicht einmal wahrnehmen.«[42]

Umgekehrt ist es gerade die Lebenslust, die Solidarität mit dem immer wieder scheiternden Glücksbemühen der Menschen, eine auf antiken Hedonismus zurückgehende Theorie des Genusses, die das Verbindungsglied zwischen Leopardis Materialismus (»einer *unglücklichen, aber wahren* Philosophie«) und seinem Pessimismus darstellen; eine Haltung, die ihn angesichts der Mühsale und Vergeblichkeiten von Alter und Krankheit im Tod einen Freund sehen läßt.

Einer seiner schönsten »Gesänge«, *Wiedererwachen* (Il Risorgimento)[43], beschreibt eine romantische Sehnsucht als ästhetische Erfahrung, die aber kein idyllisches Paradies einer Harmonie von Mensch und Schöpfung in rousseauschen oder prä-adamitischen Zeiten voraussetzen muß:

Proprii mi diede i palpiti,
natura, e i dolci inganni.
Sopiro in me gli affanni
l'ingenita virtù;

non l'annullàr: non vinsela
il fato e la sventura;
non con la vista impura
l'infausta verità.

Dalle mie vaghe immagini
so ben ch'ella discorda:

so che natura è sorda,
che miserar non sa.

Che non del ben sollecita
fu, ma dell'esser solo:
purché ci serbi al duolo,
or d'altro a lei non cal.

Natur gab mir das Sehnen mit,
die täuschend süßen Freuden.
Dann lähmte mir das Leiden
die angeborne Kraft;

doch lebte sie; es konnte sie
das Schicksal nicht zerstören,
die Wahrheit nicht versehren
mit ihrem Schreckgesicht.

Mit meinen holden Bildern zwar
will sie sich nicht vertragen:
Natur hört keine Klagen
und kennt das Mitleid nicht.

Denn nicht das Wohlsein kümmert sie,
dem Sein nur gilt ihr Walten:
dem Leiden uns erhalten
ist alles, was sie kann.

Paradise lost

Fortschritt *ohne* Angst, so scheint es, ist nicht zu haben – und die Orientierung auf ›Natur‹ ist als Gegenmodell unbrauchbar: Denn wo die Gefahr ökologischer Katastrophen nicht (wie im eschatologischen Modell) in die offene Stelle des Zeichens für die Heilsvergessenheit der industriellen Zivilisation einrückt, bildet ›Natur‹ schlicht Grenze und Ressource für menschliches Handeln. Grenze, weil *knappe* Ressource. Sanfte Technologien versuchen, mit dieser Grenze (die immer eine offene Grenze ist) möglichst flexibel umzugehen. Wir beherrschen die Natur, indem wir ihr gehorchen – so schon Lordkanzler Bacon, die zweite Hälfte des Satzes schien im Wachstumsoptimismus der Nachkriegsjahrzehnte in Vergessenheit geraten zu sein.[44] Gut, daß wir uns ihrer entsinnen.

Die Ängste, die Fortschrittsvorstellungen immer dann auslösen, wenn in einer Krise die Überbeanspruchung des ›Zentralgebiets‹ zu Bewußtsein kommt (insofern die verdrängten anderen Ansprüche wieder hochkommen), scheinen nicht prinzipiell heilbar, vielleicht graduell einschränkbar – aber *irgendwelche* Ansprüche werden immer zu kurz kommen. Die ökonomischen, sozialen und ökologischen Grenzen des Wachstums berauben die absehbare Zukunft zudem des wichtigsten bisherigen Palliativs zur Kompensation solcher Ängste, zur Neutralisierung von Konflikten.

Ein möglicher (aber, wie gesagt, nicht absoluter) Ausweg könnte allenfalls darin liegen, die Rigidität der Orientierung auf einen Fortschrittsmotor, der auf der Trasse der linearen Zeit alle anderen Ansprüche an die Zukunft nach sich zieht, zu flexibilisieren, im Bewußtsein, daß die Ansprüche an die Zukunft prinzipiell *nicht* auf einen Nenner zu bringen sind, daß (um nur die klassische Trias zu nehmen) die Verwirklichungsmodi von Freiheit, Gleichheit und Brüderlichkeit (oder heute: Konvivialität) untereinander unweigerlich Konflikte produzieren. Zwischen ihren Vergesellschaftungsmedien besteht keinerlei prästabilierte Harmonie. Die Konflikte zwischen Freiheit und Gleichheit sind so alt wie die politische Philosophie selbst; in der jüngsten historischen Vergangenheit hatten sie mit dem keynesianischen Wachstums- und Sozialstaat einen rechtlich geregelten, direkt privatwirtschaftlich und indirekt staatlich gesteuerten Kompromiß von Sozialismus und Markt gefunden, eine vergleichsweise flexible Bewegungsform, die dann ebenfalls an ihre Belastungsgrenze stieß.

Mit der grünen Welle schienen also Brüderlichkeit und *sisterhood* endlich mal dran zu sein: mehr »überschaubare« Sozialbeziehungen, mehr Gruppendynamik, zweiter Sektor (im Gegensatz zum formellen) oder dritter (im Gegensatz zu Markt und Staat) als Alternativökonomie und soziale Selbsthilfe. Gelänge es, solche kommunitären Prinzipien als *gesamt*gesellschaftliche verbindliche Bewegungsgesetze zu etablieren, so würde morgen die Euphorie der Erwartungen vermutlich schneller in Enttäuschungen umkippen, als dies gestern bei der sozialen Marktwirtschaft als Hoffnungsträger der Fall war. *Mindestens* Freiheit und Gleichheit würden unter der ›Tyrannei der Intimität‹ zu leiden haben.

Etwas anderes wäre es natürlich, kommunitäre Selbstorganisation und Selbsthilfe als Korrektive einzusetzen[45], was allerdings (wie zuvor schon der Sozialstaat) einen gesellschaftlichen Kompromiß über die wechselseitige Abgrenzung der Sphären von Markt, Staat und informell-gemeinschaftlichen Formen der Produktion von Gütern und Leistungen voraussetzte und die sozialstaatliche Letztverantwortung für diejenigen, die auch durch die kleine Netze fallen, nicht in Frage stellen dürfte. Die Rationalitätsform solcher Kompromißbildung zwischen heterogenen Ansprüchen und vorgegebenen, konfligierenden Realisierungsbedingungen heißt in der amerikanischen Politikwissenschaft »Durchwurschteln« – *muddling through.* Sie dürfte einer nicht nur nach Klassen oder Interessengruppen, sondern auch nach Weltbildern und Rationalitätsmodi zunehmend polymorpher werdenen Zivilisation, die gleichzeitig mehr Staat, mehr Markt und mehr nicht durch Markt- oder Rechtsformen geregelte Freiräume verlangt, am ehesten entsprechen. Sie garantiert freilich auch kein gutes Ende der Geschichte, sie weigert sich nur, die Vielfalt der institutionellen Muster von Problembewältigung (wie: Verstaatlichung, Kommunalisierung, Privatisierung...) über einen Leisten zu schlagen. Ökologisch gesprochen, verschafft (oder erhält) diese kompromißlerische Denkweise damit dem Gesellschaftssystem »einen positiven Vorrat an Flexibilität« und hindert es zugleich daran, »sie unmittelbar zu vereinnahmen«.[46]

III.
Fluchtlinien
Archäologie und Aktualität des Fortschrittsglaubens

»Unsere Zivilisation ist durch das Wort ›Fortschritt‹ charakterisiert. Der Fortschritt ist ihre Form, nicht eine ihrer Eigenschaften, daß sie fortschreitet. Sie ist typisch aufbauend.«
Ludwig Wittgenstein

Zukunftsangst und Wirtschaftswunder

Die neuerdings (genauer gesagt: seit dem Fall der Berliner Mauer) allerorten grassierende Auffassung, wonach es in erster Linie der Zusammenbruch des *realen* Sozialismus war, der in seinem Höllensturz dann auch den *idealen* (freiheitlichen, demokratischen, später auch: ökologischen) Sozialismus der westlichen Linken mit in den Orkus hinabgezogen hat, ist eine euphemistische Falschmeldung. Denn die jüngste politische Perspektivkrise der westlichen Linken (*in primis* der sozialdemokratischen Parteien Europas) begann weitaus früher – in den siebziger Jahren, also im Zeichen ihrer wirtschafts- und außenpolitischen Erfolge (von *deficit spending* & *détente*, auf deutsch: Schiller & Brandt).

Das auf die »Ölkrise« folgende Stichwort des *Club of Rome* von den »Grenzen des Wachstums« erwies sich als eine ideelle Zeitbombe für die gesamte europäische Sozialdemokratie (inklusive der italienischen Kommunisten), der dann noch die jüngeren Generationen scharenweise zu grünen Ökopax-Predigern davonliefen – obwohl es ja dergleichen auch innerhalb der »roten« Reihen gab und gibt: die Namen Erhard Eppler & Pietro Ingrao mögen genügen. Einzig die industrialistisch verpanzerten französischen Sozialisten wußten sich der »antinuklearen Prophetie«[1] dauerhaft zu erwehren – und zwar vor allem dadurch, daß sie mit Gott & König Mitterrand zu legitimen Erben V. I. Lenins & General de Gaulles mutierten (»Sozialismus = Atomstrom & nationale Unabhängigkeit«, *tout nucléaire & sanctuaire national*).

Heute scheint »nichts mehr, wie es war« (Willy *dixit*). Der materielle wie massenkulturelle Nachholbedarf der aus spartanischen Erziehungsdiktaturen in die teure Freiheit entlassenen neuen bundesdeutschen und europäischen Mitbürger hat vorerst wachstumskritische Fragen weit ins *off* abgedrängt – Fragen, die ja (aber wer erinnert sich noch daran?) in den Katakomben der osteuropäischen Dissidenz und den Öko-Arbeitskreisen ostdeutscher Protestanten durchaus ihren Stellenwert hatten. Die plötzliche »Verwilderung« (Thomas Schmid) der politischen Agenda geschah mit derart brachialer Gewalt und in einem derartigen Ausmaß an Warenhunger, daß der Erwartungshorizont ex-sozialistischer Untertanen viele »Wessies« an die eigenen fünfziger Jahre erinnern mag. Auch damals hieß ja die Devise in Deutschland: Vorwärts und schnell vergessen!

Die Wunschhierarchie der meisten »Ossies« jedenfalls scheint vorgezeichnet: »Ärmel aufkrempeln – zupacken – aufbauen!« *Zuerst* das Wirtschaftswunder – und die Freßwelle, den Gebrauchtwagen und das Heimvideo (und und und) – und *dann* (vielleicht) die Moral. Hatte im kapitalistischen Westen die »silent revolution« (Inglehart), also das Um-sich-Greifen sog. »postmaterialistischer« Wertmuster[2], nicht auch erst in den Sechzigern begonnen? Somit mindestens ein Jahrzehnt *nach* der erfolgten materiellen Grundsättigung?

Gewiß: daß eine der wesentlichen Ursachen des Untergangs der realsozialistischen Staatssysteme (wenngleich gewiß *nicht* das einzige Motiv ihrer Totengräber) in ihrer chronischen Unfähigkeit lag, den freien Westen wirtschaftlich zu »überholen, ohne einzuholen« (Nikita Chruschtschew), also für die Masse der Bürger einen dem kapitalistischen »Weltniveau« vergleichbaren Lebensstandard zu realisieren, ist eine simple Wahrheit, die auch durch ihre triumphale Wiederholung seitens der (oftmals frisch bekehrten) Kreuzritter der freien Marktwirtschaft nicht falsch wird. Sie könnte aber (wie viele einfache Wahrheiten) leicht zu falschen Schlußfolgerungen führen.

Damit sind nicht nur die »systemischen« (sozialen und ökologischen) Blindheiten der aus der Asche der Zentralverwaltungsökonomien verjüngt auferstandenen marktwirtschaftlichen Vernunft angesprochen, die sich jetzt ohne jeglichen ideologischen Antagonisten (mit Ausnahme der katholischen Kirche) zwischen Atlantik und Ural austoben darf. Ganz zu schweigen von den neuen Fragen einer trans-nationalen Gerechtigkeit, die mit dem Fall des Eisernen Vorhangs und den innereuropäischen Völkerwanderungen auf unsere Gesellschaften des Westens zukommen.[3] Aus der Enge des nunmehr – *de facto*, wenngleich noch nicht *de jure* – wiedervereinten Alten Kontinents, aus dem offen zutage liegenden ökologischen Desaster des ehemaligen Ostblocks, vor dem zunehmenden sozialen Verdrängungswettbewerb (zwischen dem schrumpfendem Arbeitsmarkt der ›Garantierten‹ und der wachsenden informellen und Dienstbotenökonomie zweiter Klasse), aus latenten Bürgerkriegen und manifesten zweiter Klasse), aus latenten Bürgerkriegen und manifesten Nationalitätenkonflikten flüchtet die fortschrittliche Imagination gerne in die Zukunft. Und die aktuelle Form der fortschrittlichen Zukunftshoffnung besteht darin, *erst einmal* das ökonomische Wachstum anzukurbeln. Der soziale Ausgleich zwischen Ost und West setze – in Deutschland wie in Europa – zunächst einmal eine Angleichung der Wachstumsraten voraus. Kurz: »Wir« sanieren im nächsten Jahrzehnt die Wirtschaft des Ostens, und *dann* ...

Doch zu vermeinen, alle diese Herausforderungen durch gesteigertes Wirtschaftswachstum lösen zu können, wäre ein fataler Rückfall in den Fortschrittsglauben der jüngsten Vergangenheit: sei es den liberalkapitalistischen Fortschritt der fünfziger Jahre, sei es den wohlfahrtsstaatlichen der Sechziger. Denn die (Psycho-)Logik der Fortschrittshoffnung ist, wie wir schon im letzten Kapitel sahen, in sich instabil und ambivalent. Was aber passiert, wenn ›der Aufschwung‹ ausbleibt? (Wenn er sich weitaus länger hinzieht als erwartet? – wenn er die sozialen und geographischen Disparitäten vergrößert statt vermindert? – ruft man dann wieder nach ›dem Staat‹? – und: nach welchem Staat?)

Der Erwartungshorizont linearen gesamtwirtschaftlichen Wachstums dürfte diesmal weitaus schneller »kippen« als in den – geopolitisch zudem durch den Ost-West-Konflikt »gehegten« –

Nachkriegsjahrzehnten der Bundesrepublik. Und: Es ist im postkommunistischen Verdrängungswettbewerb des Nach-Jalta-Europa mehr als unwahrscheinlich, daß (sozial-)staatliche Regelungen allein den Verfall demokratischer Leidenschaften und Bürgerpflichten zum Ellenbogenrecht der national, sozial, wirtschaftlich Stärkeren aufzuhalten vermöchten.

Return to future?

Die Fortschrittler zur Linken werden sich somit aus der glücklichen Katastrophe des Sozialismus i. J. 1989 nicht durch den Rückgriff auf ihre (allenfalls ökologisch modernisierten) Rezepte aus den siebziger Jahren herauswinden können. Obwohl ja zu befürchten ist, daß jedenfalls die Sozis – *wetten daß?* – genau dies versuchen werden. Denn der »genetische Code« der Wachstumshoffnung, die »Familienähnlichkeit« (Wittgenstein) von Fortschritt und Wachstum, ist, wie wir sogleich sehen werden, sehr viel älter.

Es war schließlich kein Zufall, daß die in den Siebzigern erstmals auf breiter Front *wahr*-genommene ökologische Krise unserer industriellen Wachstumsgesellschaften in erster Linie zu einer Krise der *westlichen* Linken wurde. (Der östliche Sozialismus scheiterte anderthalb Jahrzehnte danach ja bekanntlich u. a. eher daran, »unsere« Wachstumsraten und Einkommensstandards gar nicht erst zu erreichen.) Denn die spezifisch »westliche« Identität der demokratischen Linken war – seit dem Schisma zwischen sozialdemokratischer und kommunistischer Bewegung am Ende des Ersten Weltkrieges – in der Bindung ihres Projekts einer solidarischen Gesellschaftsreform mit dem Ziel allgemeiner Wohlfahrt an die Formen und Methoden der politischen Demokratie verankert: anders gesagt, an die gegebenen Bedürfnisse der Mehrheit der Bürger, für die die Linke ja zu sprechen beansprucht.

Die Logik *gesamtwirtschaftlichen Wachstums* ist nun in eine solche »Bewegung«, die ein emanzipatorisches »Endziel« unter den Bedingungen der Demokratie, also unter dem beständigen Risiko der Sanktion durch den Wählerwillen verfolgt, gewissermaßen automatisch eingebaut: und zwar dergestalt, daß die jeweils aktuell nicht erreichten Ziele gesellschaftlicher Gerechtigkeit *auf die Zukunft verschoben* – oder: in die Zukunft »projiziert« – werden. Da eine Abschaffung von Privateigentum und Marktwirtschaft und eine staatlich-administrative Herbeiführung substantieller sozialer Gleichheit unter demokratischen Bedingungen keine Mehrheit im Volke finden, wurden die Gerechtigkeitsansprüche der sozial schwächeren Klassen von der Sozialdemokratie vor allem auf dem Umweg über wirtschaftliches Wachstum verfolgt, das somit in der Ideologie der demokratischen Linken zu einem »höherwertigen Substitut für Umverteilung« (Fred Hirsch) wurde.[4] Die sozialpolitische Kompensation ungleicher Chancen der Teilhabe an diesem Wachstum sowie die Korrektur sonstiger (etwa ökologischer) »externer Effekte« erforderten dann ihrerseits ein kompensatorisches Wachstum staatlicher Aufgaben und Kompetenzen...

Mit anderen Worten: Der für die westliche Linke charakteristische »historische Kompromiß« zwischen sozialstaatlichem »Sozialismus« und Marktwirtschaft ist von Beginn an auf das Wachstum *beider* Ehepartner angelegt.[5] Weil Werte und Methoden der Demokratie keine »großen Sprünge nach vorn« erlauben, ist der revolutionäre Ursprungsmythos der Linken – der Fortschritt – als »langer Marsch«, der auf einer linearen Zeitskala immer näher an das »Endziel« herangeführt, in der kapitalistischen Demokratie schließlich auch zur Bewegungsform linker Reformpolitik geworden.

Natürlich blieben auch die Sozialdemokraten von der breiten Welle der Fortschrittsskepsis und Zivilisationsängste nicht unberührt, die Mitte der siebziger Jahre zur Ökologiebewegung und später zur grünen Welle im Parlament führte. Man mag es als eine Reaktion darauf ansehen, wenn dann in den Achtzigern sogar führende SPD-Politiker wie Hans-Jochen Vogel und Johannes Rau[6] die eigene Partei dazu aufforderten, vom »Fortschrittsoptimismus« Abschied zu nehmen, in dem »sich der dogmatische Marxismus wie so oft mit einem radikalen Liberalismus« berühre. Über eine schrankenlose Freiheit der wissenschaftlichen Forschung und technologischen Anwendung müsse ein humanes »Prinzip Verantwortung« (Hans Jonas) gesetzt werden; an Stelle der vermeintlichen

»Selbstheilungskräfte des Marktes« sollte eine demokratische Ermächtigung der Politik treten, die dem verheerenden Selbstlauf des Industriesystems verantwortliche Grenzen setzen und sich an der regulativen Idee eines »rationalen Konsensus der Bürger« (Vogel) ausrichten müsse. Die Leitidee des Fortschritts als solche dürfe jedoch *nicht* aufgegeben werden: »Niemand weiß besser als die Sozialdemokraten, daß der soziale Aufstieg der breiten Schichten unseres Volkes ohne technischen Fortschritt und ohne Industrialisierung nicht möglich gewesen wäre« (Rau). Der sozialdemokratische Fortschritt sollte nunmehr ein »Fortschritt nach menschlichem Maß«, anders gesagt, ein ... *menschlicher* Fortschritt sein.

Zugegeben, die Formel klingt gut. Näher – d. h. wissenschafts- und philosophiegeschichtlich – besehen stellt die Formel vom »menschlichen Fortschritt« allerdings ein eigenartiges Paradoxon dar. Da wir an diesem Paradox aber einige charakteristische Widersprüche des kulturellen Codes nicht allein der Linken, sondern unserer zivilisatorischen Moderne überhaupt deutlich machen können, soll im folgenden ein »Blick zurück nach vorn« auf die ideengeschichtliche Tradition des Fortschritts in Wissenschaft und Gesellschaft riskiert werden. Diese Widersprüche zu vergessen wäre nämlich auch der erste Schritt auf dem Wege einer »Flucht nach vorn«, die hinter wohltönenden Worten der Erneuerung nichts dazugelernt hat.

Ordre de perfection

Was bedeutet Fortschritt nach menschlichem Maß? Menschlich – im Gegensatz wozu? Gibt es denn auch einen *nicht*-menschlichen Fortschritt? Etwa: einen *natürlichen* Fortschritt – oder, um das andere Extrem zu wählen, einen *göttlichen* Fortschritt? Das genannte ideengeschichtliche Paradox liegt hier darin, daß der Begriff »Fortschritt« mit dem Beginn der Neuzeit gerade aufkommt, um spezifisch *menschliche* Fähigkeiten zu charakterisieren, und zwar zunächst die der Erkenntnisfähigkeit.

So verwendet ihn zum Beispiel Blaise Pascal in seinem gegen Anfang der fünfziger Jahre des 17. Jahrhunderts entstandenen »Fragment eines Vorworts zu einer Abhandlung über den leeren Raum«[7]. Fortschritt ist für Pascal nämlich nur in den Wissenschaften möglich, deren Erkenntnis ausschließlich auf sinnlich gewonnenen empirischen Daten (*sense*) und rationaler Schlußfolgerung (*raisonnement*) beruht. In ihnen – er nennt »Geometrie, Arithmetik, Musik, Architektur, Physik, Medizin und alle Wissenschaften, die der Erfahrung und der Vernunft unterworfen sind« – muß die Erkenntnis kontinuierlich vermehrt werden; die Berufung auf die Tradition ist hier gegenüber neuen Erkenntnissen nicht erlaubt.

Die Natur enthüllt ihre Geheimnisse erst im Laufe der Zeit über kontinuierliche experimentelle Erforschung: »selbst wenn sie immer in sich dieselbe bleibt, so ist sie doch nicht zu jeder Zeit in gleichem Maße erkannt.« Und wie der einzelne Mensch im Alter erfahrener und wissender wird, so machen über die Akkumulation von Erkenntnissen auch »alle Menschen insgesamt in dem Maße einen beständigen (Erkenntnis-)Fortschritt, wie das Universum älter wird, weil in der Abfolge der Menschen dasselbe geschieht wie in den unterschiedlichen Lebensaltern eines einzelnen«. In Fragen der Naturerkenntnis sind also die Meinungen der antiken Philosophen nicht mehr wert als die Auffassungen von Kindern für die Erwachsenen.

Fortschritt ist für Pascal somit eine spezifische Form von Erkenntnis oder von Wissenschaft, die prototypisch für die Naturwissenschaften gilt, bei denen Erfahrung und Vernunft die einzigen Quellen der Wahrheit sind. Sie gilt dagegen nicht für »Wissenschaften«, bei denen eine Vermehrung von Erkenntnis entweder *nicht nötig* oder *nicht möglich* ist.

Nicht nötig (und daher auch unmöglich) ist ein Erkenntnisfortschritt in der *Theologie*, deren Quelle der Wahrheit einzig die *Tradition* (d. h. die »Überlieferung« von Gottes Wort) ist.[8] »Wenn wir diesen Unterschied deutlich sehen, werden wir die Verblendung derer beklagen, die in der Physik statt der Vernunft und des Experiments allein die Autorität als Beweis gelten lassen wollen; und wir werden erschrecken angesichts des Unrechts jener, die in der Theologie an die Stelle der Autorität der Schrift und der (Kirchen-)Väter alleine die Vernunftargumentation (*raisonnement*) setzen.« Die theologische Wissenschaft, deren Wahrheit durch die *Autorität* des göttlichen Wortes gegeben (oder »überliefert«) ist, *bedarf* keines Fortschrittes – vermeintliche Fortschritte in der Theologie (und hier hatte Pascal die schon damals auf der jeweils vordersten Welle des Zeitgeistes mitschwimmenden Jesuiten im Visier[9]) erweisen sich daher als religiöse Irrtümer oder Opportunismus.

Neben den Naturwissenschaften, für die der Fortschritt als Bewegungsform eigentümlich, und der Theologie, für die er überflüssig ist, nennt Pascal aber noch eine dritte »Wissenschaft«, für die ein Fortschritt *unmöglich* ist, nämlich den »*Instinkt* der Tiere«. Dessen prinzipieller Unterschied zur »Vernunft des Menschen« liege darin, »daß die Ergebnisse der vernünftigen Argumentation unaufhörlich zunehmen, während der Instinkt immer auf dem gleichen Niveau« stehen bleibe.

»Die Bienenwaben waren vor tausend Jahren ebenso wohl bemessen wie heute, und von der ersten bis zur letzten bildet jede von ihnen genauso exakt ein Sechseck. Genauso ist es mit all dem, was die Tiere durch diese geheimnisvolle Bewegung herstellen. Die Natur lehrt sie in dem Maße, wie die Notwendigkeit sie zwingt; aber diese zerbrechliche Wissenschaft (*science*) verliert sich sogleich mit den Bedürfnissen, die (die Tiere) nach ihr haben: da sie sie ohne Übung (*étude*) empfangen, haben sie nicht das Glück, sie zu bewahren; und so ist sie für sie jedesmal neu, wenn sie sie erhalten. Denn die Natur hat nur zum Ziel, die Tiere auf einem Niveau beschränkter Vollkommenheit (*dans un ordre de perfection bornée*) zu halten, sie gibt ihnen diese notwendige, immer gleiche Wissenschaft ein, aus Furcht, sie möchten dem Untergang verfallen; und sie erlaubt ihnen nicht, (dieser Wissenschaft) etwas hinzuzufügen, aus Furcht, sie könnten die Grenzen, die die Natur ihnen setzte, überschreiten. Anders hingegen steht es um den Menschen, der nur für die Unendlichkeit geschaffen ist. In seinem ersten Lebensalter ist er in Unwissenheit, aber er lernt/bildet sich (*s'instruit*) unaufhörlich in seinem Fortschritt...«

Fortschritt ist in diesem Pascalschen Fragment – neben Francis Bacons *Novum Organon* vielleicht die zweite »Geburtsurkunde« des modernen Fortschrittsbegriffs – ausdrücklich bezogen auf Erkenntnisfortschritt; der britische Lordkanzler hatte dreißig Jahre zuvor schon sehr viel technologischer argumentiert. Aber gerade darum kommt in der Schrift des damals achtundzwanzigjährigen Pascal die Grundstruktur dieser Metapher, in deren Horizont wir alle noch heute denken, in idealtypischer Prägnanz zum Ausdruck: Die Unterscheidung dreier Typen von Wissen(schaft) – Offenbarung, Physik und Instinkt – macht deutlich, was das *spezifisch* Menschliche am Fortschritt ist, oder: warum begriffsgeschichtlich »Fortschritt« *ex definitione* menschlich ist. Obwohl der Mensch für Pascal ja an allen drei Wissensformen Anteil hat – die göttliche Wahrheit empfängt er durch Gnade, am tierischen Instinktwissen hat er als irdisches Naturwesen teil –, so ist doch die Prüfung durch Erfahrung und Vernunft die einzige *von ihm selbst gestaltete und kontrollierte* Wissensform.

Theologisch betrachtet ist die Befähigung zum Fortschritt dabei zugleich Zeichen der Unvollkommenheit des Menschen, der zwar »für das Unendliche geschaffen«, aber eben im Medium des Endlichen verhaftet, lebendig und sterblich ist: »gleich unfähig, das Nichts zu erfassen, aus dem er gehoben, wie das Unendliche das ihn verschlingt« (Fragment 72).[10] Und die gleiche Struktur der (Selbst-)Deutung des Menschen als *begrenztes*, aber (durch diese Begrenztheit) in seinem Wissen darum zur beständigen Grenzüberschreitung *offenes* Lern- und Lebewesen liegt später auch dem deutschen Idealismus und seiner Umkehrung (Marx: Arbeit als Produktion von Geschichte) ebenso zugrunde wie der Existenzphilosophie. Fast wörtlich findet sie sich übrigens bei Heinrich von Kleist, dem ersten deutschen »Existentialisten«.[11]

Programmieren mit Pascal Nachgraben bei Augustin

Die Struktur dieser *condition humaine* von »Offenheit« wird aber erst dann zum Fortschritt, wenn sie eine *Richtung* erhält: Darauf deutet ja schon die Metapher des Schreitens hin – der Erkenntnisfortschritt ist ein Weg (griechisch: *methodos*), kein »Wegtreten« oder zielloses Hin- und Herlaufen, kein Fallen und vor allem kein Stillstand.[12] Die *räumliche* Metapher des gerichteten Weges bezeichnet dabei eine *zeitliche Struktur*, besser gesagt ein Muster von Zeitvorstellung, ein »Programm«: eine *soft-ware*, die die menschliche Erfahrung in der Zeit (d. i. in der Gegenwart) in spezifischer Weise (rekursiv) verarbeitet. Maßstab für die Gegenwart wird dabei die – *bessere* – Zukunft als »Erwartungshorizont« (Koselleck), so daß neuerdings der italienische Philosoph Giacomo Marramao für dieses Denk- und Erfahrungsmodell unserer (westlichen): »Neuzeit« von einer »futuristischen Zeit« gesprochen hat.[13] Charakteristisch für die Neuzeit, den modernen Fortschrittsbegriff, ist dabei eine sehr spezifische Umdeutung der Zeiterfahrung, die am zitierten Text von Pascal ebenfalls sehr schön deutlich wird: Der Erkenntnisfortschritt ist nämlich dadurch ein Fortschritt zum Besseren, daß er mit dem menschlichen Reifungsprozeß vom Kind zum Erwachsenen verglichen wird. Wie der Erwachsene klüger, erfahrener usw. ist als das Kind, so sind die Zeitgenossen Pascals erkenntnisgeschichtlich erwachsener als Aristoteles.

Interessant ist dabei folgendes: Das Programm Fortschritt speichert nur eine Seite (nämlich die positive) des Alterungsprozesses, nämlich den Lernprozeß, es spart aber die negative Seite (Altersschwäche, Tod) aus. Reinhart Koselleck[14] nennt das die »Denaturalisierung der Altersmetaphorik« und weist darauf hin, daß erst damit die Erschließung des *unendlichen* Fortschritts in der Deutung der Menschengeschichte möglich wird. In der weiteren Geschichte dieser Tradition des Fortschritts sollten die Hinsichten der Verbesserung dann nicht mehr wie bei Pascal auf die Naturwissenschaft beschränkt werden. Schon Bacon hatte auch die technologische Seite der Naturbeherrschung im Blick – allerdings nicht unbedingt, wie heute in der Öko-*scene* zumeist unterstellt wird, als brutale »kolonialistische« Ausbeutung, sondern eher als wechselseitiges Einvernehmen: »wir beherrschen die Natur, indem wir ihr gehorchen« – so neu ist also der Blochsche Gedanke von der »Allianztechnik« auch nicht.[15] Ein Jahrhundert später wird Giambattista Vico auch die Sprach-, Rechts- und Kulturentwicklung der Menschengeschichte als fortschreitende Emanzipation von der ursprünglichen Roheit und Dummheit im »wilden Zustand« bis hin zum Reiche des Bewußtseins interpretieren.[16]

Alle diese Stränge der Fortschrittstradition werden dann im Zeitalter von Aufklärung und Revolution vom Humanisten (der als Gegner der Todesstrafe gegen die Hinrichtung der französischen Königsfamilie eintrat), enzyklopädischen Wissenschaftler und Revolutionär Condorcet in seiner »Skizze einer historischen Darstellung der Fortschritte des menschlichen Geistes« zusammengeführt (geschrieben 1793-1794, als er bereits vom jakobinischen Terror verfolgt wird), einer der wohl faszinierendsten gesellschaftlichen und wissenschaftlichen Utopien, die man gerade heute mal wieder lesen sollte – und sei's nur, um sich daran zu erinnern, wofür der Fortschritt als »Prinzip Hoffnung« einmal gestanden hat... einige Monate darauf stirbt er im Gefängnis, in Erwartung der Guillotine.[17]

Der Programmstruktur nach haben alle diese Fortschrittsmodelle denselben Algorithmus: Da nur die *positiven* Errungenschaften von Erkenntnis, Kultur, Technik als INPUT gelten, ist ein beständig wachsender positiver OUTPUT menschlicher Wohlfahrt einprogrammiert. Dadurch, daß die *perfection* des Wissens jeder Generation auf das Kontinuum einer linearen Zeitreihe abgebildet wird, keine Innovation also verlorengeht, der Fortschritt nur weiser, vollkommener, aber nicht älter, schwächer, krank werden kann, fällt die Offenheit der Zukunft mit der beständigen Vervollkommnung der Menschheit zusammen: Charakteristikum des Menschen wird im Gegensatz zum Tier seine Fähigkeit zur Vervollkommnung (*perfectibilité*).

Aber der Grundgedanke dieses Programms ist natürlich sehr viel älter: Mit der Vorstellung von Geschichte als Richtung der Zeit, die »nicht zurückgedreht werden kann«, stammt er aus der christlichen Heilslehre, die in ihrer philosophischen Formulierung durch Aurelius Augustinus gegenüber dem antiken Weltbild zum erstenmal das Modell der *Irreversibilität* des Neuen in den zeitlichen Ablauf der Menschengeschichte eingeführt hatte.[18] Dies ist – spätestens seit Karl Löwiths Metakritik der Geschichtsphilosophie – durch die neuere ideengeschichtliche Archäologie einer historischen Semantik der Zukunft freigelegt worden – so sehr auch die Bewertungen dabei auseinandergehen.[19]

Der Ausdruck ›Archäologie‹ ist hierbei durchaus wörtlich zu verstehen: als ein Freilegen von Schichten des Bodens, auf dem wir heute leben, von Strukturen der Architektur des Hauses (d. h. des Vorstellungsraums von »Zeit«), in dem wir wohnen, die bei bloßem Augenschein nicht sichtbar sind und die doch die Stabilität des Grundes, den wir begehen, die Struktur des Gebäudes, das wir »Bewohner der Zeit« (Emanuele Severino) bevölkern, beeinflussen. Der Archäologe stellt dabei oft genug fest, daß die Anlage eines Terrains zunächst ganz anderen Zwecken diente als denen, an die sich die heutigen Bewohner noch erinnern können: Ein Raum, der einst religiösen Kultzwecken diente, mag heute ganz verschwunden, zum »Innenhof« geworden sein und – dennoch – als architektonisches Zentrum den nunmehr weltlichen Zwecken dienenden Bau beherrschen. Alle unsere Wege von einem Gebäudeteil in den anderen, alle unsere Wege nach draußen aber führen uns durch diesen Hof...

Die Struktur der linearen, irreversibel auf Zukunft ausgerichteten Zeitauffassung läßt sich mit diesem Bild einer Kultstätte, die auch im profan gewordenen Lebensraum noch die architektonische Grundstruktur des Gebäudes bestimmt und damit unsere Schritte lenkt, vergleichen – *mutatis mutandis*: Erst der christliche Erlösungsgedanke nämlich – die mit Leben und Sterben Jesu bereits begonnene Intervention der göttlichen Zeit in die Menschengeschichte – gibt der irdischen Zeit eine definitive Richtung, ein Ziel, auf das sich der *procursus* der irdischen *civitas* unweigerlich hinbewegt; diese Richtung ist aber für den heiligen Augustin nur begreiflich als aktives Prinzip der Hoffnung (*pístis*), zu der nur die der Transzendenz gegenüber offene unsterbliche Seele, die »Innerlichkeit« des sterblichen Subjekts, fähig ist.

Richtung der Zeit, ihre Irreversibilität (denn der Einbruch des Heils hat bereits stattgefunden, das »Ende der Zeiten« hat mit der Menschwerdung Christi in gewisser Weise bereits begonnen) und Aktivität eines als »inneres Forum« begriffenen Subjekts: beide Elemente konstituieren den genealogischen Ausgangspunkt auch der »Neuzeit«; aber sie konstituieren noch nicht die Neuzeit selbst. Wenn die Zukunftserwartung der Moderne somit zwar die Säkularisierung dieser christlichen Eschatologie darstellt, so ergibt sich doch die spezifisch »futuristische« Dynamik des modernen Fortschrittsgedankens erst aus einer Reihe von Formwandeln, die ich hier aber nicht weiterverfolgen will.[20]

Insofern ist der Unterschied zwischen der *neu*-zeitlichen und der christlichen »linearen Zeit« genauso wichtig wie ihre Gemeinsamkeit: Kannte das frühchristliche ADVENT-Programm im Grunde nur *eine* Schleife – bis sich nämlich der Einbruch des Heils, der mit der Menschwerdung Christi begonnen hat (»Und das Wort ist Fleisch geworden«), mit der Wiederkunft des Herrn in der »Fülle der Zeiten« vollendet –, so enthält das moderne Programm PROGRESS zu jedem Zeitpunkt t_n immer schon den Befehl, die gleiche Prozedur zum Zeitpunkt t_{n+1} »auf erweiterter Stufenleiter« zu wiederholen. Die post-christliche »Entzauberung« des *Heiligen* bedeutet aber auch nicht sein spurloses Verschwinden zugunsten des *Profanen.* Der *inner*weltliche Zukunftshorizont der Moderne hat die »vertikale« Ausrichtung auf *Trans*zendenz eben in dem Maße nicht bewältigt, wie er sie »horizontal« wiederholen muß: in der Bewegung der beständigen »Vervollkommnung« (Condorcet) des Wissens, des menschlichen Zusammenlebens, des Gemeinwohls...

Hier interessiert nicht der Ausgang des Rennens. Natürlich wird Achilles die Schildkröte nicht einholen. Ebensowenig aber kann die *Homologie* der Bewegungsrichtung zwischen christlicher Heilsgeschichte und moderner »Vervollkommnung« den *Bruch* verringern, der die Zukunft der Neuzeit vom »Advent« der christlichen Erlösung trennt. Die Wurzeln des modernen Fortschrittsgedankens sind nicht rein heilsgeschichtlicher Art, sondern fußen auch in jener gewaltigen Umstrukturierung des materiellen und geistigen »Erfahrungsraums« (Koselleck), die spätestens mit Bacons »Novum Organon« das Verhältnis von menschlicher Praxis und Naturgesetzen radikal veränderte... bis schließlich im 18. Jahrhundert die Idee der fortschreitenden »Vervollkommnung« auch auf die Geschichte, die politischen Institutionen und die politische Ökonomie übergreift (Turgot und Condorcet), um dann im 19. Jahrhundert (mit Saint-Simon und Marx) zur »weltlichen Religion« des Industrialismus zu werden.

Die »seltsame Schleife« der Fortschrittskritik

Zurück zur Grundstruktur des Fortschrittsprogramms: Wenn – wie wir bei Pascal (und Augustinus) gelernt haben – *nur* menschliche Gesellschaften Geschichte, *nur* menschliches Wissen kontinuierliche, methodisch steuerbare Fortschritte kennen (Lernprozesse gibt es ja – anders, als Pascal annahm – auch z. B. bei Ameisenkolonien, aber keine kontinuierliche Übermittlung ihrer Ergebnisse[21]), was ist dann mit der oben zitierten Forderung nach einem »menschlichen Fortschritt« gemeint? Ist sie bloße Tautologie? Nicht ganz: Offensichtlich impliziert sie eine Vorstellung von Korrektur des Fortschritts, von Kontrolle des Programms – und sie wäre damit natürlich ganz besonders fortschrittlich...

Wieder so eine »seltsame Schleife« (Hofstadter): Der Fortschritt als charakteristische Möglichkeit menschlicher Entwicklung wird einem Testprogramm unterworfen, das überprüfen soll, ob er auch »menschlich« genug ist: Die *rekursive* Struktur des *methodischen* Vorwärtsgehens wird also auf sich selbst angewandt, zur Überprüfung von Gangart, Richtung, Karte usw. benutzt. Anders gesagt: Fortschritt wird durch Fortschrittskritik *reflexiv.* Kognitiv ist diese Reflexivität – eine Fähigkeit der (Selbst-)Kritik, die dann auch die Offenheit zur *Revision* einschließt – die höchste, gewissermaßen potenzierte Form des Fortschritts. Aus diesem »kognitiven Zwang zum Fortschritt«[22] können wir nicht aussteigen (oder sollten wir nicht aussteigen wollen) – wenn wir nicht die Fähigkeit zur bewußten Korrektur verlieren wollen, die Offenheit zu einer Reform der Reformen, Veränderung der Veränderungen usw.: *Kognitiv* funktioniert diese »Logik der zunehmenden Verwissenschaftlichung der Gesellschaft... also gerade nicht akkumulativ und linear (immer mehr von demselben), sondern reflexiv und rekonstruktiv« (Krohn).

Damit ist aber (wenigstens theoretisch) die Möglichkeit eines »Ausstiegs« aus der bisherigen Bewegungsform von wissenschaftlichem, technischem und gesellschaftlichem Fortschritt gegeben: der linearen Beschleunigung oder anders gesagt der »Flucht nach vorn«. Nach dieser Seite ist die Forderung nach menschlichem

Fortschritt gleichbedeutend mit der Suche nach spezifischen, lebensweltlichen Relevanzkriterien für die Richtung und die Methoden unseres Weitergehens. Ein detaillierter Rückblick auf die Geschichte des neuzeitlichen Fortschritts würde nämlich zeigen, daß der lineare Richtungsbegriff, der Erfinder des Fortschrittsprogramms auch eine optische Täuschung beinhaltete: Mit dem »Fortschreiten« des Fortschritts wuchs gleichzeitig die Polyvalenz der Kriterien, nach denen er beurteilt werden konnte. Die Modernisierung der christlichen Zeitperspektive (die Säkularisierung des Programms ADVENT zum Algorithmus PROGRESS) setzte eine Differenzierung von Rationalitätsstandards frei, nach denen Fortschritt (als Singular) zu beurteilen wäre. Die Nicht-Koinzidenz der Maßstäbe von wissenschaftlich-technischer und moralischer »Vervollkommnung«, von ökonomischer Effizienz, politischer Stabilität, sozialer Gerechtigkeit (usw.) produziert auch die Möglichkeit des Konflikts dieser verschiedenen Fortschritte (im Plural) untereinander. Die »Krise des Fortschritts« ist logisch bereits im Begriff des Fortschritts eingebaut.

»Menschlich« mit solchen Fortschrittskrisen umzugehen bedeutet, sich nicht auf das Krisenmanagement undurchschaubarer Programmroutinen zu verlassen, sondern die Kriterien der Krisenlösung in die eigene Hand zu nehmen: also zunächst einmal, sie überhaupt explizit, diskutierbar und entscheidbar zu machen. Damit werden einseitige Rationalisierungen, gefährliche Schlagseiten, verselbständigte Entwicklungsmuster sichtbar, kritisierbar und (hoffentlich) auch veränderbar gemacht – die Forderung nach fortschrittlichen Lernprozessen wird in den Horizont der »menschlichen Lebenswelt« gestellt. Nichts anderes meint auch »Natur«: Gegenstand der ökologischen Fortschrittskritik kann nur »das Vermeiden des Todes des größten Systems, um das wir uns *sorgen* können« sein. (Gregory Bateson)[23]

Die in unsere heutige technische Zivilisation einprogrammierten Einseitigkeiten und Verselbständigungen menschlicher Handlungsmuster und Ergebnisse zu behandeln (Karl Marx, selbst ein Fortschrittler reinsten Wassers, hatte ja dafür den schönen romantischen Begriff der »Entfremdung«), würde hier den Rahmen sprengen: Das fängt schon bei der Struktur der »Fortschritts-Zeit«

an, die ja als kontinuierlich ablaufende, aber diskret meßbare Zeit von anderen Elementen menschlicher Zeiterfahrung – etwa der in der Gegenwart erlebten »Dauer«[24] – gerade absieht. Die Dissoziation von wissenschaftlichem, technischem und politischem Fortschritt und menschlicher Zivilisation wurde schon von Rousseau beklagt[25], der damit – mit dem Verlust der natürlichen Tugenden von »Mitleid« für gleichartige und ähnlich empfindende Lebewesen[26] – gewissermaßen die Schattenseiten der *perfectibilité* Condorcets sichtbar macht. Schließlich ist es die zunehmend systematischer werdende, »selbstreferente« (Luhmann) oder sich »selbst verwertende« (Marx) wissenschaftlich-technische Infrastruktur und ökonomische Funktionslogik des Industrialismus kapitalistischer oder sozialistischer Prägung, welche gewissermaßen zum *Super-Subjekt* des (»menschlich« entstandenen, aber »unmenschlich«, zur bloßen System-Evolution, gewordenen) Fortschritts avanciert. Auch diese Logik systemischer Verselbständigung gegenüber den konkreten, lebendigen und sterblichen Individuen war also *in nuce* bereits im klassischen Fortschrittsbegriff der modernen Geschichtsphilosophie einprogrammiert.

Vergangene Zukunft

Das Problem beim Fortschritt liegt nämlich, vereinfacht gesagt, in folgender Frage: Zwar sind nur die Menschen zum Fortschritt fähig, wer aber ist das Subjekt des Fortschritts? Fortschritt ist ja nur möglich, wenn er kontinuierlich stattfindet, wenn die vielen einzelnen Fortschritte an *perfection* der einzelnen Menschengenerationen *einen* Fortschritt konstituieren. Wer aber schreitet denn da fort zu immer höherer Vollkommenheit?

Pascal, der ja, was das Glück, den Sinn, das Heil menschlicher Existenz angeht, *kein* Fortschrittsfanatiker war, stellt, bezogen auf die auf Experiment und Vernunft beruhenden Erkenntnisfortschritte der Naturwissenschaft, gleichwohl diese Frage (Pascal war einer der radikalsten Denker der Wissenschaft, der Metaphysik *und* der Theologie!) und gibt das Grundmuster ihrer Antwort in seinem zitierten Vorwortfragment zum »Traktat vom leeren

Raum«: daß für »alle Menschen insgesamt... ein beständiger Fortschritt« möglich ist, hat man sich derart vorzustellen, »daß die gesamte Abfolge von Menschen während des Verlaufs aller Jahrhunderte *wie ein und derselbe Mensch* angesehen werden muß, der immer weiter besteht und kontinuierlich (dazu)lernt«. Was von Pascal nur auf den Erkenntnisfortschritt bezogen wird – wo es noch am ehesten Plausibilität besitzt: die nachfolgenden »auf den Schultern von Riesen« stehenden Wissenschaftsgenerationen sehen weiter, *als ob* sie selbst Super-Riesen seien[27] –, das wird später von allen Propheten des Fortschrittes zum geschichtsphilosophischen Makro-Subjekt der Weltgeschichte hypostasiert: zur »menschlichen Gattung« oder auch zum Proletariat als »allgemeiner Klasse«.

Der Trick dabei ist, daß eine ganz zentrale Hoffnung der christlichen Ausrichtung auf Transzendenz (*Unsterblichkeit* der Seele) zwar übernommen, das existentielle Problem dabei jedoch umgangen wird: das »*Sein zum Tode*« der Menschen, ihre Sterblichkeit, ihre individuelle Lebenszeit als endliche »knappe Ressource«. Die geschichtsphilosophischen Makro-Subjekte – Weltgeist, Proletariat usw. –, also die Träger der »futuristischen Zeit«, sind nämlich als kollektive Imaginationen immer *parasitär* gegenüber den Lebenszeiten der empirischen Individuen: Sie leben weiter, auch wenn die konkreten Subjekte sterben – und sie versprechen den Individuen, die »in ihrem Dienste« sterben, eine Art symbolische »Unsterblichkeit«...

Am deutlichsten ist diese unaufhebbare Asymmetrie zwischen *begrenzter* Zukunft der empirischen Individuen und *offener* Zukunft der neuzeitlichen Geschichtsphilosophie auf ihre logische Struktur gebracht in Immanuel Kants »Ideen zu einer allgemeinen Geschichte in weltbürgerlicher Absicht«.[28] Kant entwickelt hier – gerade weil er die Fortschrittsidee der *perfectibilité* Condorcets und Rousseaus auf ihren Begriff bringt – auch das Grundmuster ihrer immanenten Ambivalenz.

Wie alle großen Argumente ist die Kantsche Analyse einfach: Wie kann ein Fortschritt des Menschengeschlechts gedacht werden, wenn die Lernfähigkeit des Individuums schon aufgrund seiner Lebenszeit limitiert ist? Widerspricht nicht der »Naturzweck« (der für den Königsberger Aufklärer natürlich ein »Vernunftzweck« ist) der *Vervollkommnung* aller menschlichen Anlagen, der keine zeitliche Begrenzung kennt, der knappen Ressource Zeit der Individuen, die ihn realisieren sollen? Antwort: Der Widerspruch ist ein scheinbarer – denn das natürliche/vernünftige *Telos* des Menschen bezieht sich auf die Gattung, nicht auf das Individuum. Produktion und Akkumulation von *perfectibilité* fallen nicht zusammen; erstere wird von den empirischen Individuen geleistet, letztere findet im kollektiven Gedächtnis des Makro-Subjekts »Gattung der Vernunftwesen« statt. Der *Transfer* der in der je individuellen Lebenszeit einzelner erworbenen (pluralen) Fortschritte in den *stock* des (einen) weltbürgerlichen Fortschritts erlaubt es, auch für die Menschengeschichte die regulative Idee eines (vernünftigen) Naturzwecks zu unterstellen.

Heute ist ebendieser Transfer von individueller Lebenszeit und weltgeschichtlichem »Sinn« unterbrochen. Von »lichter Zukunft« – um den Romantitel von Alexander Sinowjew zu zitieren, eine der besten Mikro-Analysen des sowjetischen Systems[29] – redeten bis zuletzt nur noch die ideologischen Apparate jener Gesellschaften, in denen die industrialistische Zukunftsperspektive der *Befreiung durch Wachstum* zur Staatsreligion geworden war. Wenn aber kein geschichtsphilosophischer »Erwartungshorizont« mehr das Opfer individueller Lebenszeit und persönlicher Lebenschancen rational rechtfertigen kann, dann liegt es nahe, die Bilanz umzukehren. Doch die in der »symbolischen Politik« der sozialdemokratischen und grünen Linken alternativ gehandelten Schlagworte oder Markenzeichen »ökologische Modernisierung« und »Ausstieg aus der Industriegesellschaft« sind – wenigstens philosophisch gesehen – beide problematisch. Schleppt das eine noch das geschichtsphilosophische Pathos der »Moderne« mit und läßt darum den Verdacht aufkommen, bei Konfliktfällen im Zweifel für den Angeklagten (FORTSCHRITT) zu optieren, so lebt das andere von der Illusion, man könne überhaupt aussteigen: denn der etwa von Bahro favorisierte »Ausstieg nach innen«, einer »Rückkehr zum wahren Selbst« ist ja für die institutionelle und Techno-Struktur der Gesellschaft irrelevant – und aus der können wir nicht aussteigen.

Wir können und müssen sie nur umbauen, aber auf hoher See – »darin ist man nicht frei, Sie sind mit im Boot« (Pascal, Fragment 233). »Wir haben das Land verlassen und sind zu Schiff gegangen! Wir haben die Brücke hinter uns – mehr noch, wir haben das Land hinter uns abgebrochen! Nun, Schifflein! Sieh dich vor...« – schreibt Friedrich Nietzsche in der *Fröhlichen Wissenschaft* – »... und es gibt kein ›Land‹ mehr!«[30]

Mit der geschichtsphilosophischen Metapher vom Fortschritt als Bewegungsform ist Zukunft nicht mehr verantwortlich beschreibbar. Denn der Fortschritt – als Richtungsanzeiger, Hoffnungsbegriff, Legitimationsressource und Beschleunigungsindex der ›Moderne‹ – implizierte ja nicht nur, als Erbe christlicher Heilsgeschichte, die lineare, homogene und perspektivisch eindeutige Bewegungsform der Zeit (wie sie noch im Bild der Uhr gegenwärtig ist, die für *alle* Welt *dieselbe* Zeit »Fünf vor zwölf« mißt). Entscheidend für den progressiven Erwartungshorizont war vielmehr, »daß alle bisherige Erfahrung kein Einwand gegen die Andersartigkeit der Zukunft sein darf. Die Zukunft wird anders sein als die Vergangenheit, und zwar besser.«[31] Die Irreversibilität der gerichteten Zeit verband sich in dieser tragenden Idee der Neuzeit mit der von Wissenschaft, Handel und Industrie bewirkten unvermeidlichen Vervollkommnung des Menschengeschlechts, das in der Sequenz der Zeiten eine in der »Naturabsicht« angelegte Fähigkeit der Gattung Mensch zur *perfection* auch über nicht-intentionales, systemisches Handeln (»unsichtbare Hand«, »List der Vernunft« etc.) zur Geltung bringen mußte. Gerade weil diese Richtung unumkehrbar schien, konnte ihr Tempo zum Besseren schließlich auch durch die soziale Frage – durch die Revolutionen als Lokomotiven der Historie[32] – beschleunigt werden.

Eben dieser Bewegungsbegriff einer unvermeidlich zur Vervollkommnung (*perfectibilité*) »offenen Zukunft« hat nun für unsere Epoche – nach Auschwitz und nach Hiroshima und nach Tschernobyl – gerade darum seine historische Plausibilität verloren, *weil* wir zivilisatorische Fortschritte nicht aufgeben wollen. Irreversibel ist heute nicht mehr die Bewegung zur besseren Zukunft, sondern das wachsende Gewicht selbstproduzierter Risiken.[33] An die Stelle der aufsteigenden Spirale als Bild für Reform und Revolution tritt das Bild vom Gefälle. Das nicht mehr wegzudenkende Faktum der Atombombe ist sicher die monströseste, doch keineswegs die einzige der historisch neuen Irreversibilitäten, die die »Offenheit« menschlicher und menschenwürdiger Zukunft bedrohen.

Es ist hier nicht der Ort, die bekannten Indizien wieder vorzuführen: von der Irreversibilität radioaktiver Gefahren jeder »Endlagerung« nuklearen Brenn- und Aufbereitungsmaterials bis zu den Größenordnungen der Risiken, Reichweiten, Störanfälligkeiten und Folgekosten, die die Produktionsweise des »Superindustrialismus« (Martin Jänicke) auszeichnen; von der Gefahr der Zerrüttung lebenswichtiger biologischer Ressourcen, agrikultureller Nahrungsketten und des Raubbaus an nicht erneuerbaren Energieträgern bis zur Gefahr des »Kippens« von Wasser und Luft... Was diese Gefahrenschwellen von vergangenen Fortschrittsbeben unterscheidet (wie dem Erdbeben von Lissabon – dem Schock der Aufklärung), ist, daß sie *soziogen* sind, menschlich, produziert, gesellschaftlich entstanden, oft auch in politischen Verfahren legitimiert, jedoch – einmal überschritten – nicht mehr von Menschen sozial oder politisch revidierbar: *points of no return*.

Pendelschlag und Widerhaken

Vermutlich ist die jeweilige unbefragte Zukunftserwartung eines der Hauptcharakteristika, die die verschiedenen ›politischen Generationen‹ voneinander scheiden. Meine Generation ist mit einer selbstverständlichen Fortschrittserwartung – in den Jahren des Wirtschaftswunders – groß geworden, hat diese dann kritisch (oder »revolutionär«) gegen den reinen Wachstumstrieb der Elterngeneration gewandt und moralisch radikalisiert. Im Fortschrittsbegriff sah vor zwanzig Jahren Hannah Arendt daher die eigentliche Wurzel des »verblüffenden Konservatismus« auch der marxistischen neuen Linken: in ihrem »Widerstand gegen die Zumutung, den Grundbegriff aufzugeben, der seit mehr als hundert Jahren der gesamten Linken von den Liberalen über die Sozialisten bis zu den Kommunisten gewissermaßen heilig gewesen ist und den wir zweifellos nirgends auf so hohem geistigen Niveau finden wie in den Schriften von Karl Marx«.[34]

Ist es aber möglich, eine solche Zumutung anzunehmen? Und zwar, ohne sogleich wieder nach einem Ersatz zu rufen – seien es nun apokalyptische Botschaften der Endzeit (in der dann die »Wende« zum Heil eintreten soll) oder aber umgekehrt die Forderung einer objektiv-idealistischen Wertmetaphysik als einziger »Philosophie der ökologischen Krise«?[35] Folgt nun auf den radikalisierten Fortschrittsglauben der »Achtundsechziger« im Westen der Pendelschlag einer radikalisierten Fortschrittsfeindlichkeit (während im Osten nach dem Scheitern des Fortschritts als Revolution nun erst einmal der Fortschritt als Wachstum nachgeholt werden will?) Oder bedeutet der Abschied von der progressiven Geschichtsphilosophie notwendigerweise einen erneuten Rückgriff auf religiöse Gewißheiten? Muß die innerweltliche, ›horizontale‹ Fortschrittsidee somit wieder zu ihrem ›vertikalen‹ – auf transzendentes Heil ausgerichteten – Ursprung zurückkehren?

Schließlich »stirbt der einzelne Mensch; andere einzelne Menschen gehen desselben Weges«. Worin aber könnte denn ein – nicht physischer, sondern moralischer – Fortgang des Menschengeschlechts bestehen? »Wird das menschliche Geschlecht besser? besser in Neigungen, besser in Grundsätzen?«[36] Johann Gottfried Herder, dem wir diesen skeptischen Einwurf gegen die Idee der »Vervollkommnung« des Menschengeschlechts verdanken – »Soll und kann der Mensch mehr als Mensch, ein Über und Außermensch werden? Das soll und kann er nicht; das hoffet und wünschet von uns niemand«[37] –, hatte doch gleichzeitig davor gewarnt, das »Ziel ausschließlich *jenseits* des Grabes (zu) setzen« und wohl deshalb an einem, wenngleich ›historistisch‹ gemilderten Fortschrittsbegriff festgehalten: »Dort (im Jenseits) kann nur wachsen, was hier gepflanzt ist, und einem Menschen sein hiesiges Dasein rauben, um ihn mit einem anderen außer unserer Welt zu belohnen, heißt den Menschen um sein Dasein zu betrügen.«[38]

Können wir Menschen als teleologisch ausgerichtete Sinnes- und Vernunftwesen also einerseits auf eine positive Zukunftsorientierung nicht verzichten, und erweist sich andererseits das Bild vom Fortschritt als Wachstum oder Revolution[39] als verhängnisvolle und inzwischen unglaubwürdig gewordene optische Täuschung (oder psychologische Projektion), so ist doch ein neuer, durch und durch gutartiger Fortschrittsbegriff, der die Hoffnungen des alten aufzunehmen (oder hegelisch: »aufzuheben«) vermöchte, nicht in Sicht. Er wäre nur eine weitere Ausflucht.

Vor dieser Flucht nach vorn muß gewarnt werden. Wenn der Fortschritt ambivalent bleibt – mit der wachsenden systemischen Macht in der Gestaltung der äußeren und inneren Natur entstehen gleichzeitig wachsende Potentiale ihrer Zerstörung –, so kann ein verantwortlicher Umgang mit dieser Ambivalenz nur darin bestehen, Widerhaken in den *procursus* der industriellen Zivilisation selbst einzubauen: institutionelle Bremsen und Kontrollen, neue rechtliche Regelungen, öffentliche Konfliktarenen, in denen die »Definitionsverhältnisse« des wissenschaftlich, ökonomisch, politisch Machbaren thematisch (und damit kritisierbar) werden.

Ulrich Beck[40] hat diesen Prozeß eine »reflexive Modernisierung« der Risikogesellschaft genannt und die Aufgabe, die neuen Probleme der Industrie*folgen*gesellschaft in der Industrie*produktions*gesellschaft zum Konfliktthema zu machen, am Beispiel der Zurechnung von Industrieschäden erläutert: Was jeweils kontrollierbare Folgen (*Risiken*) und nicht-kontrollierbare *Gefahren* einer bestimmten Produktion sind, hängt ja stets selbst von institutionellen Festlegungen und der rechtlichen Zuordnung von Verantwortlichkeit (etwa im Versicherungsschutz) ab. Der Konflikt über die Genehmigung von Produktions- oder Bauvorhaben, über die Festlegung von Grenzwerten und Beweislasten ist ein sozialer Zurechnungskonflikt, in dem die involvierten Institutionen selbst ambivalent, mehrdeutig und zwielichtig werden. Politisch gestaltbar wird er vor allem als Rechtskonflikt, der Verantwortlichkeiten und Abwehrrechte erst einmal herstellen oder sichtbar machen muß – um sie »durch konfliktuell errungene Vereinbarungen, gesellschaftliche Verträge, Rechtsnormen« zu regeln. In diesen Konflikten entstehen neue Rechtsinstitute – aber wuchern auch neue Experto- und Bürokratien, die gleichfalls wieder rechtlich kontrolliert werden müssen. Dialektik der Rationalisierung.

Fortschritt nach menschlichem Maß – als *Rechts*entwicklung? Am Ende kommen die Juristen? Keine paradiesische Vorstellung, gewiß. Und doch: Im Medium rechtlicher Kontrolle – besser: in den *Konflikten* um rechtliche Standards – scheint mir zwar gewiß kein Ersatz (im Jargon: kein »funktionales Äquivalent«) für den »Fortschritt der Gattung«, aber doch die einzig praktikable Fragerichtung zu liegen, die den rationalen Kern des klassischen aufklärerischen Fortschrittsprogramms nach dem Verfall seines geschichtsphilosophischen Erwartungshorizonts nicht preisgeben muß. Natürlich werden damit all die anderen, »überschüssigen« Glücks- und Heilserwartungen, die sich auf die Vervollkommnung der Menschheit richteten, keineswegs beantwortet werden können. Doch um das zu erläutern, muß – wie üblich – auf Kant zurückgegangen werden.

Signum rememorativum (z.B. Menschenrechte)

»Ob das menschliche Geschlecht im beständigen Fortschreiten zum Besseren sei«: diese Frage, die Immanuel Kant in einer seiner letzten Schriften[41] ausdrücklich als zur »wahrsagenden Geschichtserzählung« gehörig bezeichnet hat, läßt sich nicht wissenschaftlich, d. h. empirisch beantworten. Dennoch bedarf sie der Erfahrung einer realen Begebenheit, die Kant ein »Geschichtszeichen (*signum rememorativum, demonstrativum, prognostikon*)« nennt, das »die Tendenz des menschlichen Geschlechts im Ganzen, d. i. nicht nach den Individuen betrachtet..., sondern wie es in Völkerschaften und Staaten getheilt auf Erden angetroffen wird, beweisen könnte«.

Die Französische »Revolution eines geistreichen Volkes« – und der »Enthusiasm«, die »Theilnehmung dem Wunsche nach«, die sie auslöste – war für Kant (wie natürlich auch für Herder) ein solches *signum rememorativum*, weil sie ihre Wurzel und ihre Legitimationsprinzipien in den Menschenrechten und einer republikanischen Verfassung hatte. »Diese Begebenheit ist das Phänomen nicht einer Revolution, sondern (...) der Evolution einer naturrechtlichen Verfassung, die zwar nur unter wilden Kämpfen noch nicht selbst errungen wird..., die aber doch dahin führt, zu einer

Verfassung hinzustreben, welche nicht kriegstüchtig sein kann, nämlich der republicanischen.« Der Fortschritt der Menschheit kann ja (wir sahen dies bereits) für Kant nicht in ihrer *moralischen* Verbesserung[42] gesucht werden – da »die Masse des unserer Natur angearteten Guten und Bösen in der Anlage immer dieselbe bleibe und in demselben Individuum weder vermehrt noch vermindert werden könne« –, sondern nach der Seite der *Legalität*: in der »Idee einer mit dem natürlichen Rechte der Menschen zusammenstimmenden Constitution«, die, durch die Französische Revolution einmal in die Welt gesetzt, nicht wieder vergessen werden kann und unweigerlich zur »Wiederholung neuer Versuche dieser Art« führen werde.

Dieser Kantische Gedanke, den Fortschritt an der Rechtsentwicklung festzumachen, braucht nun auch von einer skeptischen Geschichtsauffassung keineswegs preisgegeben zu werden. Und in diesem Sinne kann man dann auch den Grad der Verwirklichung der Menschenrechte als »wichtigsten Indikator des historischen Fortschritts« (Norberto Bobbio) ansehen – ein Fortschritt, der freilich nicht in der Menschennatur angelegt ist, sondern prekär und stets gefährdet bleibt. Auch ohne eine »wahrsagende Geschichte des Menschengeschlechts« nämlich läßt sich in der seit der am 10. Dezember 1948 von der UNO-Vollversammlung verabschiedeten Allgemeinen Erklärung der Menschenrechte beständig wachsenden Bedeutung der Diskussion um die Menschen- und Bürgerrechte – und zwar ganz unabhängig von ihrer philosophischen Begründung – ein *signum rememorativum* für mögliche »Verbesserungen der Humanität« erblicken.[43]

Der weltbürgerliche Zustand wurde zwar von Kant als Endziel der Menschengeschichte begriffen; doch viel naheliegender ist es, die Durchsetzung der Menschenrechte als Mittel zu begreifen: als institutionellen Rahmen zum Schutz elementarer Bedingungen der Menschenwürde. Das Problem dabei ist ohnehin weniger ein philosophisches – einen unabweisbaren Grund für die Menschenrechte in der menschlichen Natur zu finden (ein analytisches *knock-down-argument* oder eine kommunikative »Letztbegründung«) – als vielmehr ein praktisches: diese von der Mehrzahl der Regierungen dieser Welt offiziell anerkannten Rechte zu schützen, ja sie in zahlreichen Ländern erst einmal durchzusetzen.[44]

Eine der Voraussetzungen der rationalistischen Aufklärung – und eine Gemeinsamkeit, die sie mit der Tradition des utopischen Denkens verbindet – lag in der Vorstellung, die *eine* menschliche Natur habe ganz bestimmte festgelegte und unwandelbare Eigenschaften: Alle Menschen verfolgen *als* Menschen dieselben Ziele, und alle richtigen Antworten auf die authentischen menschlichen Fragen fügen sich zu seinem widerspruchslosen Ganzen (denn Wahrheiten können einander nicht widersprechen).[45] Daß sich die letzten Ziele der Menschen als Menschen auch wandeln, daß sie einander widersprechen könnten – daß es, um mit Machiavelli zu sprechen, einander widerstreitende ›Tugenden‹ geben kann –, war in diesem Modell nicht vorgesehen; und so »kippte« die Aufklärung im 19. Jahrhundert mit ihren ersten Enttäuschungserfahrungen um. Die pessimistische Anthropologie der Gegenrevolution, die theologische und politische Romantik, der Nationalismus und der Irrationalismus des 19. Jahrhunderts werden daher von Isaiah Berlin als unvermeidliche ideengeschichtliche Gegenbewegungen zum aufklärerischen Optimismus des 18. Jahrhunderts und der Revolutionszeit interpretiert: so wie im dritten und vierten vorchristlichen Jahrhundert in Griechenland auf die großen rationalistischen Systeme der Schüler des Sokrates eine Welle von okkulten Mysterienreligionen gefolgt sei.

Lassen wir diese – selbst geschichtsphilosophische – Deutung vom Pendelschlag zwischen Aufklärung und Anti-Aufklärung einmal beiseite, so ist die Annahme einer (in sich widerspruchsfreien) Menschennatur, deren sozio-kulturelle Entfremdungen und herrschaftlichen Hindernisse nur noch beseitigt werden müßten, damit der rationale Endzustand des Reichs der Freiheit erreicht werden könnte, für einen skeptischen Fortschrittsbegriff keineswegs notwendig. Die Ideen und Bedürfnisse der Menschen können sich in der Tat widersprechen und verändern – und sie tun dies beständig, nicht zuletzt aufgrund der veränderten technischen Möglichkeiten und wissenschaftlichen Erkenntnishorizonte. »Fortschritte der Humanität« bestehen dann »nur« noch darin, unter den gewandelten geschichtlichen Bedingungen die Freiheit und Menschenwürde institutionell zu schützen. Ja, der Verzicht auf ein teleologisches Endziel der Menschheitsentwicklung bietet vermutlich sogar eher die Möglichkeit, die faktische Entwicklung der Menschenrechte seit dem Ende des Zweiten Weltkrieges zu begreifen. Diese läßt sich nämlich keineswegs aus einem in der Natur des Menschen festgelegten *set* von Eigenschaften ableiten.

Der große Rechtslehrer Norberto Bobbio[46] hat zwei Entwicklungstendenzen der Menschenrechte unterschieden: zum einen ihre *Universalisierung*, d. h. die Bestrebungen, allen Menschen unabhängig von ihrer Nationalität (und vor allem auch gegenüber ihren jeweiligen Staaten) bestimmte elementare Grundrechte zu sichern – *habeas corpus*, Bewegungs-, Versammlungs-, Meinungs-, Religionsfreiheit. Diese Tendenz läßt sich in der Tat noch am ehesten in den Kantischen Kategorien fassen: der (auf dem Wege nicht allein zwischenstaatlicher Vereinbarungen, sondern überstaatlicher Rechtsinstitutionen anzustrebende) Endzustand wäre wie bei Kant das *Jus cosmopoliticum*, das Weltbürgerrecht, das allen Menschen als Menschen unabhängig von ihrer Staatszugehörigkeit zukommt – und von der internationalen Gemeinschaft auch gegen einzelne Staaten durchgesetzt werden muß.

Die zweite in den diversen internationalen Abkommen feststellbare Tendenz aber, die *Multiplizierung*, die »Proliferation« neuer Menschenrechte – z. B. Konvention über die politischen Rechte der Frau (1952), Erklärung der Rechte der Kinder (1971), Erklärung der Rechte von geistig und körperlich Behinderten (1971 und 1975), Weltversammlung über die Rechte aller Menschen (1982) –, läßt sich jedoch nicht mehr aus einem natur- oder vernunftrechtlichen Modell ableiten, sondern fand in drei verschiedene Richtungen statt: »Vermehrung der geschützten Güter, Vermehrung der Subjekte, Vermehrung der möglichen ›Status‹ des Einzelindividuums« (Bobbio). Kurz: Die Anzahl der schützenswerten *Rechtsgüter* wurde erhöht, neben die »negativen« Freiheiten traten positive politische und soziale Ansprüche, die staatliche Interventionen erfordern; als *Rechtssubjekte* wurden über die Individuen auch Kollektive, wie religiöse und ethnische Minderheiten, in Betracht gezogen; vom »abstrakten Menschen« der revolutionären *Declaration des droits de l'homme* von 1789 wurde übergegangen zum konkreten Menschen in seinen ganz verschiedenen sozialen Existenzweisen: als Mensch mit einem bestimmten Geschlecht, als Kind, als Alter, Kranker usw.

Es erübrigt sich, darauf hinzuweisen, daß diese Entwicklung keineswegs widerspruchsfrei verläuft: Die Zuschreibung neuer Rechte (etwa der Kinder) kann alte Rechte (hier: die der Souveränität der Eltern) beschneiden. Mehr noch: Mit der Durchsetzung neuer Rechtsansprüche (*entitlements*) halten die faktischen Verteilungschancen (*provisions*) in der Regel nicht Schritt – wodurch Rechte auch entwertet werden können.[47] Und hinter den klassischen liberalen Grundfreiheiten, hinter den politischen Bürgerrechten und sozialen Rechten des Wohlfahrtsstaates tauchen bereits neue ›Generationen‹ von Menschenrechten auf: als dritte Menschenrechtsgeneration die Rechte der Konsumenten, die Rechte auf ökologische Lebensqualität und auf informationellen Schutz, hinter der schon eine vierte Generation, die der Rechte auf Schutz vor der Manipulation des genetischen Erbes, sichtbar wird.

Was also bleibt vom Fortschritt? Der soziale Konflikt um Rechtsansprüche. Und: ein alter kategorischer Imperativ: »alle Verhältnisse umzuwerfen, in denen der Mensch ein erniedrigtes, ein geknechtetes, ein verlassenes, ein verächtliches Wesen ist« – ohne die Illusion freilich, diesen Zustand jemals erreicht zu haben. Im Grunde ist also die Frage nach dem Fortschritt einfach: Nach dem Fortschrittsglauben bleibt sie eine Frage nach den realen (institutionellen, sozialen, technologischen) Bedingungen von Freiheit und Würde der Individuen. Rechtsfortschritte – skeptisch betrachtet – verwirklichen kein (vom Schöpfer, der Natur oder der Vernunft) vorgegebenes *telos* des Menschen (oder der Gattung), sondern wehren Freiheitsbedrohungen ab. Und wie schon die klassischen und dann die sozialen Menschenrechte keine apriorisch in der Menschennatur angelegte, sondern historische Rechte sind, die aus den Freiheitsbewegungen gegen die herrschende religiöse, dann die politische und schließlich gegen die ökonomische Macht entstanden, so entstehen heute die Rechte der ›neuen Generation‹ aus der Abwehr von »Gefahren für Leben, Freiheit und Sicherheit, die aus dem Wachstum des technologischen Fortschritts entspringen«.[48]

IV.
Ökumene welcher Moderne?
Kleine Anfrage zur Marschrichtung im antifundamentalistischen Kampf

Fundamentalismus ist ein weites Feld. Allenthalben in der Weltpolitik fällt dieser Terminus, meist als Sammelbegriff, oft gerade mangels präziserer Kenntnis – bei der Beschreibung von iranischen Mullahs bis zur US-amerikanischen »moral majority«, von den Sikhs im indischen Punjab bis zu den militanten italienischen Papisten der *Comunione e liberazione*.

Diskutiert wird der Fundamentalismus seit einigen Jahren vor allem im Zusammenhang mit dem Islam – sowie religiösen Erwekkungstendenzen und politischen Tele-Predigern in den USA[1]; Thomas Meyer sprach geradezu von einer neuen »Internationale der Unvernunft«[2]; und dann kam die Rushdie-Affäre...

Doch von all dem soll hier noch nicht die Rede sein. Mir geht es zunächst um ein eingeschränkteres Phänomen: die hiesige, eingängige Variante der Rede vom (und Kritik am) Fundamentalismus. Dabei interessieren mich in diesem Kapitel die Kritiker mehr als die Kritisierten. »Fundamentalismus« ist nämlich ein komplexes Phänomen und ein problematischer Begriff – und schon darum könnte man mißtrauisch werden, wenn sich in der Fundamentalismuskritik auf einmal alle einig sind: Wenn protestantische Theologen, sozialdemokratische Vordenker, transzendentalpragmatische Philosophen und grüne Realpolitiker wie selbstverständlich darin übereinkommen, daß allenthalben in der westlichen (und nun nach dem Ende des Sozialismus auch der östlichen) Welt »Fundamentalismus« grassiere und daß dieser ja nun wirklich das letzte sei – ein selbstverschuldeter Rückfall in vor-(oder post-)moderne Unmündigkeit. Ich will darum, bevor ich auf die verbreitete politische, kulturkritische und philosophische Fundamentalismuskritik eingehe, den Begriff erst einmal definieren, d.h. begrenzen: auf seine engere religionsgeschichtliche Bedeutung.

Sinnsuche

Der Begriff »Fundamentalismus« impliziert im gängigen Sprachgebrauch bereits eine Diagnose. Fundamentalistische Tendenzen entstehen ja – so lautet die ökumenisch-einmütige Auffassung ihrer Kritiker – als Folge der Moderne: Weil die Menschen mitunter mit der überhandnehmenden Kontingenz der Welt nicht mehr klarkämen, welche selbst aber gerade eine (wenngleich unbeabsichtigte) Nebenfolge der Moderne sei, insbesondere jenes als »Aufklärung« bekannten Aufbruchs zum Selbstdenken, der ja vor zwei bis drei Jahrhunderten in unseren Breiten begann. Dadurch nämlich, daß die Aufklärung die moderne Welt dazu verurteilte, ihre Normen aus sich selbst zu schöpfen, habe sie gleichzeitig »Sinn« vernichtet. Sie habe alles zermalmend die traditionale, vor allem religiöse Weltordnung erodiert. Mit einem Aphorismus Hans Blumenbergs: »Die nachchristliche Ära hat eine Kontingenzkultur. Sie ist geprägt vom Grundgedanken, daß nicht sein muß, was ist.«[3] In der weltanschaulich und religiös pluralistischen Gesellschaft mache sich dieser »Sinnbedarf« sozusagen selbständig und diese frei flottierende Suche nach den zunehmend rarer werdenden Ressourcen von Sinnstiftung falle dann mitunter – also z. B. heute – Scharlatanen und Sektengründern in die Klauen. Dann – also heute – breite sich die »fundamentalistische Gefahr« (Richard Löwenthal) aus.[4] Dieser aber müsse mit sinnrationaler Verantwortung begegnet werden...

Klingt doch ziemlich einleuchtend, oder? Vielleicht aber ist schon diese eingängige Plausibilität eine der Fallen dieses Begriffs. Was nämlich bei dieser *communis opinio* stutzen läßt, ist – erstens – die Redundanz der Diagnose. Sie wiederholt ja nur, wenngleich mit entgegengesetzter Bewertung, denselben Befund, von dem die kritisierten Fundamentalisten ihrerseits auch ausgehen: Ein vergessenes oder verlorenes Fundament für den »Sinn« der Weltordnung werde gesucht. Schließlich ist die »Mitteilung, Sinnlosigkeit an Welt und Leben werde empfunden, (...) keine beschreibende«, sondern als »Instrument der Konfrontation« selbst bereits Bestandteil des Problems, wie Hans Blumenberg schreibt: »So kommen Fundamentalismen zustande. Sie scheinen etwas Verlorenes anzubieten, indem sie ihre destruktive Energie konzentrieren auf die Schuld am Verlust. Weil dies eine typische Prozedur in der Geschichte ist, darf nicht gescheut werden, die Frage zu stellen, ob jene Sinnlosigkeit nicht die Entbehrung von etwas beschreibt, was es nicht gibt und als das unterstellt Verlorene nie gegeben hat.«[5]

Hinter dieser *prima facie* so plausiblen Diagnose vom von den Fundamentalisten (halt nur leider falsch) befriedigten Sinnbedarf könnte nun – und das wäre schon das zweite Motiv zum Mißtrauen gegen die antifundamentalistische Ökumene – auch eine ganz herkömmliche Therapie stehen. Fundamentalistische Sekten werden ja, wie man weiß, dadurch bekämpft (wenn man sie nicht, wie in prä-modernen Zeiten, einfach ausrottet), daß man ihre Anhänger behutsam, aber unerbittlich in der Sache, wieder in den Mutterschoß der Kirche zurückführt, wo sie dann ihren Sinnbedarf auf anständige (also: orthodoxe) Weise befriedigen können. Grund genug also für die Jugend- und Sektenbeauftragten vor allem der sozialdemokratischen und protestantischen Konfessionen, sich der diversen Fundis in Lebenswelt, Religion und Politik mit »Gefühl und Härte« anzunehmen.

Die katholische Alleinseligmachende hat es da derzeit in deutschen Landen etwas schwerer, steht sie doch selbst im Zeitgeist unter Fundamentalismusverdacht – jedenfalls seit Karol Wojtylas marianischen, moraltheologischen und pastoralen Sendschreiben und *publicity*-trächtigen Welt(missions)reisen: »Zum Kotzen«, stöhnen alle Fortschrittler Gottes, »das ist ja Fundamentalismus plus Fernsehn...« Zwar fallen polnische Bürgerrechtler und Solidarność-Aktivisten, die Völker Lateinamerikas und Mutter Theresa immer noch auf diesen Guru herein, aber wahrscheinlich haben die eh »die Moderne« noch nicht so recht mitbekommen.

Aber, mal vom Papst abgesehen, natürlich ist was dran an der Rede von der »fundamentalistischen Gefahr«. Die Hochkonjunktur für Bewegungen, *scenes* und Moden von Sinnsuchern ist ja nun wahrlich kaum zu übersehen. Auch die Hintergrundhypothese vom Unbehagen in der Moderne – also die Annahme, daß solche Tendenzen von »Gegenmodernisierung« des gesellschaftlichen Bewußtseins parallel zu und als Reaktion auf »Hypermodernisierung« entstehen – hat kultur- und wissenssoziologisch viel für sich.[6]

Gerade wenn Gegenmodernisierung und Modernisierung des Bewußtseins weit über die Dialektik von Religion und Gesellschaft hinaus das Spannungsfeld sozialer Handlungs- und Bewußtseinsformen ausmachen, ist es dann aber – drittens – sinnvoll, alle in modernistischen wie antimodernistischen Tendenzen eingeschlossenen Gefahren spezifisch neuzeitlicher »Selbstbornierung« mit demselben Ausdruck »Fundamentalismus« zu belegen? Werden in der Nacht der Beschwörung der fundamentalistischen Gefahr nicht alle Katzen grau (oder, um in klerikalen Farben zu bleiben, schwarz): rosa Bhagwan-Jünger, astralleuchtende kosmische Mönche, gut gebräunte *encoutering*-Profis, muffig-grüne Radikale und Blue-Blazer-Fernsehprediger? Was ist damit gewonnen, wenn gleichzeitig intimitätssüchtige Lebens- und Politikformen, das Umsichgreifen esoterischer und therapeutischer Heilsangebote im voll vermarkteten Konsumsektor weltanschaulicher Feierabendangebote – Marktführer ist derzeit wohl *new age* – und (*last, but not least*) simpler politischer Dogmatismus im ökopazifistischen Lager unter den Sammelbegriff »Fundamentalismus« (lebensweltlicher / kultureller / politischer) gefaßt werden?[7]

Eine fundamentalistisch zu nennende autoritäre und eindimensionale Durchstrukturierung der gesamten Lebensführung der Bekehrten ist etwa bei den Wassermannpropheten des *new age* schon aus Gründen optimaler Marktausschöpfung von vornherein gar nicht intendiert: Die Weltbild-Konsumenten sollen, wenngleich mit »neuem Bewußtsein«, wohl auch »kreativer« als zuvor und vor allem mit besserem *feeling*, natürlich weiterhin ihrem Job nachgehen – schon deshalb, um die Teilnahmegebühr teurer Meditationsmeetings in Kongreßhallen mit Klimaanlage und Schirmherrschaft von Landesfürsten problem- und bargeldlos abbuchen zu können. Und bei den totalitären Therapiegruppen und einem Großteil der Jugendsekten ist umgekehrt das doktrinäre Fundament viel zu dürftig, um einen Fundamentalismus *sensu stricto* überhaupt zu ermöglichen (also die Forderung einer Rückkehr zu einem fixierten Lehr- oder Dogmengebäude). Man wird schon eher Entwicklungs- und Sozialpsychologie (oder Drogenberatung) heranziehen müssen als Theologie, will man hier verstehen und heilen.

Einigermaßen präzis ist darum – viertens – der Begriff »Fundamentalismus« wohl nur als theologisch-politischer: Er bezeichnet dann religiöse und politische Bewegungen, die ein verlorenes oder gefährdetes fixes Fundament – GOTTES Wort, *die Schrift* – für Glaubensinhalte und Lebensführung angesichts einer weltanschaulich pluralistischen und politisch säkular gewordenen Welt *wieder*herstellen will. In diesem Sinne ist z. B. weder die jüdische Tradition noch die katholische Überlieferung eines Fundamentalismus fähig: Erstere gewinnt ihre theologische Vielfalt und ihre historische und hermeneutische Kontinuität in der Praxis mündlich tradierter Wiedererzählung und beständiger Interpretation der mosaischen und prophetischen Bücher. Letztere behauptet wider den protestantisch-revolutionären Dogmatismus *solae scripturae* das theologisch wie säkular schon frühzeitig weitgehend »ausdifferenzierte« konservative Gewicht ihrer institutionell überlieferten *traditio* (was natürlich integristische und neo-traditionalistische Rückfälle oder Fluchten nach vorn keineswegs ausschließt).

So wurde der Ausdruck »Fundamentalismus« vor allem zur Kennzeichnung der protestantischen »Neo-Orthodoxie« Karl Barths[8] oder der amerikanischen »Fundamentals« gebräuchlich.[9] In der Tat ist für das protestantische Christentum – im deutlichen Gegensatz zur katholischen *complexio oppositoru* (Carl Schmitt) – eine Berufung auf göttlich fixierte Fundamente eigentümlich (*sola fides / sola scriptura / sola gratia*), die Menschenwerk und diesseitige Vernunft, politische, kulturelle und kirchliche Überlieferung in ihrer Eigengesetzlichkeit soterologisch radikal abwertet. Suchet zuerst das Reich Gottes, und alles andere wird euch hinzugegeben werden.[10]

Wenn es somit für christliche Traditionalisten oder Antimodernisten allgemein charakteristisch ist, mit engagiertem »Dezisionismus«[11] die rechte Lehre nach einer Zeit des Vergessens und ihres pluralistischen Plausibilitätsverlustes *erneut* zu bestätigen, so liegt das Spezifikum des protestantischen Fundamentalismus in der Fixierung der Orthodoxie auf die Schrift allein. Dies ist zwar in den letzten Jahren vor allem am konservativen Protestantismus der amerikanischen *moral majority* deutlich geworden.[12] Doch es ist wohl gleichfalls nicht zufällig, daß in der Vergangenheit auch revolutionäre und chiliastische Bestrebungen im Puritanismus und Calvinismus eher entstehen konnten als im Bereich der katholischen Kirche, die seit dem Investiturstreit zwar zumeist im Bund mit den von Gottes Gnaden Mächtigen stand, theokratische Tendenzen aber (wohl auch deshalb) nicht nötig hatte.[13]

Allerdings zeigen sich in der neueren lateinamerikanischen »Theologie der Befreiung«, aber auch in der politischen Theologie des polnischen Papstes mit ihrer parallelen Gegenbewegung zum theologischen Modernisierungsschub des Zweiten Vatikanischen Konzils, auch als Ergebnis gescheiterter konziliarer Hoffnungen auf eine gestärkte Präsenz der Kirche in der Welt, neue Bestrebungen hin zu einer Entdifferenzierung von theologischer und politischer Identität, einer »Wiedervereinigung von Kirche und Volk« im Katholizismus, die man vielleicht den fundamentalistischen Gegentendenzen zum »Säkularismus« im Protestantismus an die Seite stellen könnte. Ich komme darauf im nächsten Kapitel zurück. Um aber von vornherein Mißverständnisse auszuschließen: Antimodernismus im *theologischen* Verstande kann durchaus *politisch* »fortschrittliche« oder »linke« Inhalte verfolgen; in seiner kurzschlüssigen Rückkopplung von religiöser und politischer Sprache liegt das Problem. Der amerikanische Theologe Harvey Cox spricht in diesem Zusammenhang sogar von der »postmodernen« Rückkehr der Theologie in die Politik.[14]

Eine kurze – fünfte – Randbemerkung: Interessanter als der Fundamentalismus und vermutlich von übergreifender Relevanz für das Studium des politischen Radikalismus in westlichen, also vom jüdisch-christlichen »genetischen Code« in ihren Vorstellungen von Befreiung geprägten Gesellschaften scheint mir das Phänomen des politischen Messianismus zu sein, das übrigens auch das Grundmodell all der mittelalterlichen, chiliastischen – und natürlich antisemitischen – Bewegungen darstellt, die heute etwa ein Rudolf Bahro beerben will.

Der politische Messianismus hat eine alte Geschichte, die jetzt der amerikanische linke Gesellschaftstheoretiker Michael Walzer am Modell des Exodus der Stämme Israels aus Ägypten wiedererzählt hat. Walzer hatte vor über zwanzig Jahren auch die klassische Studie zur revolutionären Linken in der englischen puritanischen Revolution verfaßt.[15] Der politische Messianismus entsteht als Produkt der Enttäuschung von Reformen, als Reaktion auf die Erfahrung der Israeliten, daß sie der lange Marsch durch die Wüste nur ins Gelobte Land, nicht aber ins Paradies geführt hat. Im Gelobten Land tauchen Elemente von »Ägypten« (Sünde, Knechtschaft, Ungerechtigkeit) wieder auf – und neben der »Romantisierung der Wüstenperiode« ist eine der Reaktionen auf diese mit jeder Reformpolitik verbundene Erfahrung die »Idee eines zweiten Exodus«, der nunmehr aber nicht mehr nur nach Kanaan, sondern schnurstracks nach Eden führen soll. »Befreit von der spezifischen Opposition Ägypten gegenüber, entwickelt man statt dessen das Bild ›des neuen Himmels und der neuen Erde‹ – diesmal in totalem Gegensatz zu dieser Welt, zu diesem Leben.«[16] Und für dieses »Ende der Geschichte« – das genaue Gegenteil einer »Exodus-Politik«, die ständig mit Rückfällen und innerweltlichen Kämpfen rechnen muß – ist dann die apokalyptische Katastrophe geradezu wünschenswert. Die Apokalypse ist Zeichen der Ankunft des Messias, sie macht Tabula rasa mit den Widersprüchen und Niederlagen der Reformpolitik.

Dialektik der Abklärung

Zwischenbilanz: Eine gemeinsame Substanz, die all diese Entwicklungen von *new age* bis zum Vatikan, von Jugendsekten bis zur Alternativbewegung zu bloßen Varianten desselben Denk- und Handlungsmusters »Fundamentalismus« machte, konnte nicht gefunden werden. Vielleicht liegt dieser gemeinsame Nenner aber auch ganz woanders? Man könnte ja einmal nach den Erkenntnisinteressen fragen, denen der verbreitete Fundamentalismusverdacht im aktuellen politischen, kulturellen und philosophischen Diskurs so zupaß kommt.

Die Fundamentalisten, das sind immer die anderen. Denn die Modernen, das sind natürlich jeweils wir.

Wir – das waren zum Beispiel »wir Sozialdemokraten«, die auf das in strömungspolitischen Kontroversen entstandene und von den Medien zusätzlich (als »Unfähigkeit zur politischen Verantwortung«) simplifizierte Etikett des »Fundamentalismus« zurückgreifen, um es dann einer Konkurrenzpartei – den Grünen – insgesamt anzuheften (mit Ausnahme einiger weniger grüner Staatsmänner, die bald sowieso besser bei »uns Sozialdemokraten« aufgehoben waren). In diesem parteipolitischen (und innerparteilichen) Kampf aber ist der Fundamentalismusvorwurf ebenso beliebt wie fehl am Platze. Ein religiös-politischer Fundamentalismus ist nämlich, wie wir sahen, längst aus den Grünen ebenso ausgewandert wie aus den anderen Konkurrenzparteien der Bundesrepublik auch – es ist daher kein Zufall, daß keiner seiner Exponenten aus der grünen Gründungsphase noch Mitglied der grünen Partei ist: weder Rudolf Bahro noch Herbert Gruhl.

Oder lieber so? Die Modernen, das sind wir Intellektuellen – nämlich die »(post)achtundsechziger« Linken oder Liberalen; zeitweilig durften sich sogar christdemokratische Reformer mit diesem Jahrgangsgütesiegel schmücken.[17] *Wir* haben ja schließlich allesamt einmal *via* Dialektik der Aufklärung / der Wertform / der Massengesellschaft den (sozial- / kultur- / demokratie-) »kritischen Durchblick« mitbekommen, sozusagen per Jahrgang der Immatrikulationsbescheinigung. *Uns* kann man doch nicht mehr mit fundamentalistischen Appellen kommen: Es sei »fünf Minuten vor zwölf« für die Demokratie/die soziale Sicherheit/die Artenvielfalt von Flora und Fauna in diesem Lande/das Überleben der Gattung..., wenn es nicht gelänge, den maschinell lesbaren Personalausweis/den Streikparagraphen/die chemische Keule in der Düngemittelproduktion/die Wiederaufbereitungsanlage für radioaktiven Müll in XY ... hier und jetzt zu verhindern. *Wir* können doch nur noch müde – oder »zynisch«[18] – lächeln, wenn etwa...

- Erwin Chargaff und Jeremy Rifkin wider die Biochemie und die Gentechnologie;
- Alice Schwarzer und die *taz*-Frauen gegen die Pornographie;

- Franz Alt wider die Tötung ungeborenen Lebens;
- Joseph Weizenbaum wider die Diktatur der instrumentellen Vernunft in der AI-(»Künstliche Intelligenz«)-Forschung;
- Joseph Kardinal Ratzinger gegen »heterologe« *In-Vitro*-Insemination bei nicht-ehelichen unfruchtbaren Paaren[19] (gegen die *In-Spiritu*-Insemination der jüngfräulichen Gottesmutter hatte er ja schließlich auch nichts einzuwerden);
- die autonomen Tierschützer gegen medizinische Tierversuche;
- oder der Stellvertreter Christi auf Erden wider die beiden »strukturell sündigen« imperialistischen Weltsysteme, den kollektivistischen Materialismus des Ostens wie den individualistischen Materialismus des Westens, für das christlich-personalistische Menschenbild, für die Rechte der Armen und für die Achtung vor der Schöpfung...[20]

... ihre heiligen Kreuzzüge veranstalten.

Wir sind schließlich abgeklärt genug, um Bescheid zu wissen. Es wird eh nichts so heiß gegessen wie vorher kampagnenmäßig ausgekocht. Schließlich haben *wir* damals (68, bei der Institutsbesetzung, vor Verdun) selbst lange genug...

Aber was meinen *wir* dann – nicht zum Wetter, sondern zur Sache? Beim »Historikerstreit« reichten ja der mittlerweile ökumenische »achtundsechziger« Habitus und sein geistiges Rüstzeug gerade noch hin zur gemeinsamen Gegnerschaft wider die »Entsorger« der deutschen Vergangenheit. Und natürlich saßen auch da die Fundamentalisten allesamt *nur* auf der gegnerischen Bank (»... dieser Nolte ist doch ein Paranoiker...«). Doch beim Streit um die Zukunft? Ob »man/frau« nun *für oder wider* Arbeitszeitverkürzung mit vollem Lohnausgleich, *für oder wider* die Freiheit der Pornographie, *für oder wider* die künstliche Befruchtung, die Gen-Technologie, computergesteuerte Heimarbeitsplätze oder das Erziehungsgeld eintritt[21]... in allen anderen als antifaschistischen gesellschaftspolitischen und für die Zukunft unserer Zivilisation ja ebenfalls nicht unerheblichen Fragen taugte die Zugehörigkeit zum Spektrum der »achtundsechziger« (ex-neuen) Linken nicht einmal mehr zur mindesten politischen Orientierung.

Wir – die »Achtundsechziger« – haben mittlerweile zwar einige (natürlich *viel* zu wenige) Posten beim langen Marsch durch die

Karriereknicks erobert, fangen jedoch nichts damit an; Neues haben *wir* nicht mehr zu sagen; Funkhäuser, Feuilletons, Fernstudiengänge sind besetzt, aber keine radikale Position zeichnet sich mehr ab: »Hegemonie ohne Hegemon« (W. F. Haug). Haben *wir* keine ethisch-politisch starke, riskante These mehr? Aus Angst, sie könnte – wenn »man/frau« sie wirklich ernst nimmt – »fundamentalistisch« werden?

Il faut absolument être moderne – das heißt somit für *uns* nur mehr: Vorsicht, sich auf keinen Fall mit einer zu starken These zu blamieren! Denn: Wer radikale moralische oder politische Kritikpunkte zu ernst nimmt oder sie gar noch »positiviert«, der muß damit rechnen, alsbald als Fundamentalist etikettiert, in die unzeitgemäße »altlinke« (oder umgekehrt: neo-konservative) Ecke gestellt zu werden ... und das – so wissen *wir* – schadet dem eigenen »kulturellen Kapital« (Bourdieu) ungemein. Eine politische Positionsnahme, die zu mehr auffordert als zum sakrosankten Bekenntnis zur rechtsstaatlich verfaßten Demokratie und für die Polyvalenz postkonventioneller Lebensformen, gilt unter *uns* Intellektuellen schon darum gerne als unfeiner Gesinnungsradikalismus – oder eben überlebtes konservatives Mandarinentum.

Das *juste milieu* dieser unserer post-(ex- oder möchtegern-) »achtundsechziger« Kulturbourgeoisie (oder: »Meinungsführer«) konnte dann zeitdiagnostisch in der Tat als eine »gewisse Verwestlichung der deutschen Kultur« (Habermas) beschrieben werden.[22] Es verbindet die Werte eines alteuropäischen (und natürlich: den Werten der amerikanischen Revolution verpflichteten) Liberalismus – wenngleich ohne republikanische Tradition[23] – mit der kulturellen Postmoderne: Kollektive »Verfahrensutopie« und individualistischer »Metropolenhedonismus« – all diese *koiné* der etablierten »achtundsechziger« Moderne transzendierenden Positionsnahmen haben mit dem Risiko des Fundamentalismusverdachts zu leben. Radikale Fragen überlassen *wir* lieber gleich den Fundamentalisten.

Etwa: Ob der liberale Kanon der Menschenrechte denn wohl allein noch ausreicht, unsere Zivilisation vor dem »Kippen« zu bewahren – angesichts der wachsenden Möglichkeiten eines Eingriffs in den humanen genetischen Code, einer Massenmedialisierung der humanen Einbildungskraft, einer Restrukturierung der sozialen Lebens- und Arbeitswelt durch den *fall out* allwaltender elektronischer Datenverarbeitung. Könnte es nicht sein, daß ohne einen positiven, religiös oder historisch oder anthropologisch »starken«, Begriff von Menschenwürde[24] das rechte Maß der Lebensformen für leib-seelische, mit Vernunft und Ästhetik (Sinnlichkeit) geschlagene Kultur- und Lebewesen gar nicht gefunden, geschweige denn verteidigt werden kann?

Doch halt: Mit solchen Fragen nähert man sich auf gefährliche Weise der – nun wirklich uralteuropäischen – Thematik vom »guten Leben«:[25] Vorsicht also – vermintes Gelände. »Man/frau« könnte unter *uns* des Aristotelismus oder des Existentialismus bezichtigt werden. Zurück zur Verfahrensutopie!

Sprachspiel

Ein Fazit läßt sich bereits ziehen: Im parteipolitischen und kulturkritischen Verkehr sind Fundamentalismuskritik und Fundamentalismusverdacht offenbar mindestens ebenso beliebt wie beliebig.[26] Eine präzise religionsgeschichtliche Definition von Fundamentalismus könnte solche Beliebigkeit eher stören. Die rhetorische Funktion des Fundamentalismusvorwurfs in diesen Diskursen liegt stets in der impliziten Immunisierung des Orts der eigenen Rede: der Standpunkt eines modernen (oder modernistischen) »Wir«, das dem putativen Fundi alsbald den (Aber-)Glauben zuweist und somit die eigenen Glaubensgrundsätze nicht mehr preiszugeben braucht. Die Option für Offenheit *sans phrase*, für fortschreitende Ausdifferenzierung von Rationalitätstypen, für postkonventionelle Pluralität von Sinnhorizonten gilt nämlich in diesem Sprachspiel bereits als Ausweis der jeweils eigenen Modernität.

Die Fundamentalisten, das sind auch im philosophischen Diskurs der Moderne immer die anderen:

- der skeptische Gegenspieler, der die ethisch-politische Tragfähigkeit bloßer fortschreitender Emanzipation bezweifelt (also einer schrankenlosen Erweiterung von Optionen ohne eine parallele Neustiftung von Ligaturen[27], d. h. solidarischer Bindungen);

- der abendländische Humanist, der die liberale »negative Freiheit« der ungehinderten Willkür ohne Rückbindung (lat. *religio*) an eine »positive Freiheit«[28], an bürgerliche Tugenden des Gemeinwesens, für keine hinreichende Grundlage (lat. *fundamentum*) von Sozialreform hält;
- der Moralphilosoph oder historische Anthropologe, der die Universalien sprachlicher Kommunikation als ausschließlichen oder gar noch i. S. der diskursiven Verfahrensethik »letztbegründenden« Orientierungskanon sittlicher Intuitionen und Lebensformen in Frage stellt;
- der vielleicht noch auf die moralische Ökologie von *common sense* und praktischer Weisheit (*phrónesis*) als notwendige Bedingung ethischen Fortschrittes verwiese[29]...

All diese Figuren haben im modernen Diskurs schlechte Karten. Müssen die Skeptiker doch gewärtigen, den Schwarzen Peter des Kulturkonservativismus auf sich zu ziehen: den Verdacht einer nostalgischen, schlecht-utopischen oder aber populistischen Idealisierung traditioneller Gemeinschaften. Müssen doch all diejenigen, die ein inhaltlich bestimmtes, also über die liberale (»negative«) Freiheit hinausgehendes Freiheitsideal zur Richtschnur machen, befürchten, in Mißkredit zu geraten, weil hinter jedem positiv bestimmten Ideal von Selbstverwirklichung sogleich die totalitaristische Gefahr vermutet werden könne: *C'est la faute à Rousseau!*[30]

Zwar wird auch der aufgeklärte Vertreter der Moderne einräumen müssen, daß seine Verfahrensutopie angewiesen ist auf »entgegenkommende Lebensformen«[31], zu diesen selbst will oder darf er nichts Verbindliches mehr sagen. Der bescheidene *moral point of view* einer liberalen Gerechtigkeitsethik mag zwar historisch von »sittlichen Intuitionen« abhängig sein, darf diese aber selbst nicht wieder zum Ideal erheben. Denn sonst würden sie hinter die Moderne zurückfallen und ergo illiberal werden.

Müssen Skeptiker und (Selbst-)Kritiker der Moderne nun eine solche Verteilung der diskursiven Karten einfach hinnehmen? Sollten sie sich (trotzig) den hingehaltenen Schuh des Fundamentalismus oder Traditionalismus auch noch überziehen? Oder wollen sie ihrerseits Gegenfragen stellen?

Etwa: Woher denn die (Selbst-)Gewißheit der Moderne rühre, ihre fortschreitende Ausdifferenzierung zwischen Wirtschaft, Wissenschaft, Politik, Moral, Kunst und Religion bedeute tatsächlich FORTSCHRITT im Singular, »Beförderung der Humanität« (Herder)?

Oder: Ob die Emanzipation der Kultur aus den Fesseln der Religion, die Eröffnung eigengesetzlicher Sinnprovinzen mehr oder weniger zwangsfreier Einigung über ästhetischen Geschmack, wissenschaftliche Wahrheit und moralische Richtigkeit nicht auch Kehrseite einer ganz anderen, gefährlichen Emanzipation unkontrollierter Steuerungssysteme der Industriegesellschaft (Ökonomie, Technik, Administration) aus ihrer Einbettung[32] in moralische Ökonomien des Gemeinwesens sei? Wobei gleich hinzuzufügen wäre, daß eine derartige Diagnose keinesfalls impliziert, *eo ipso* die traditionalen moralisch-religiösen Weltbilder ihrerseits zu idealisieren.

Und weiter: Ob nicht die Erweiterung von Optionen innerhalb der verschiedenen gesellschaftlichen Handlungsfelder einhergehe mit einer zunehmenden Alternativlosigkeit bei der Wahl der institutionellen und technisch-instrumentellen Mittel und Wege der Verfolgung dieser Optionen?[33]

Skepsis und Gemeinsinn

Werden solche Fragen ernst genommen, die ja mittlerweile nicht nur aus dem Lager altkonservativer Traditionalisten, sondern auch aus dem der postindustriellen Linken kommen, so verliert die beliebte Dichotomie »modern/fundamentalistisch« alsbald ihre Unschuld. Dann würden sich gerade die Vertreter des Mittelfelds der Moderne (die *moral majority* der Technokratie), die wider alte und neue Kritiker und Skeptiker »mit gutem Gewissen weiterer Modernisierung das Wort reden und nach altsozialistischem Vorbild eine Kontinuität von technischem und sozialem Fortschritt unterstellen«[34], selbst als Fundis entpuppen – jedenfalls als gläubige Vertreter eines Fortschrittsglaubens, den Ulrich Beck die irdische Religion der Moderne genannt hat: »Für ihn gelten alle Merkmale des religiösen Glaubens: Vertrauen in das Unbekannte, Ungesehene, Ungreifbare. Vertrauen wider besseres Wissen, ohne Wissen um den Weg, das Wie. Fortschrittsglaube ist das Selbstvertrauen der Moderne in ihre eigene Technik gewordene Schöpfungskraft.«[35]

Gegenüber diesen »systemischen« Heilsversprechen der Moderne käme es, solange wir an republikanischen Intentionen von Autonomie, Öffentlichkeit und Toleranz nicht nur deklamatorisch festhalten wollen, gerade auf Unglauben an. Statt des vertrauten Fortschreibens weiterer funktionaler Differenzierung bis zur völligen Unübersichtlichkeit des Gemeinwesens (die einer Entmündigung der politischen Urteilskraft des einzelnen gleichkäme) wäre vielmehr Innehalten gefordert. Ein Weg der verantwortlichen Selbstbeschränkung in der Modernisierung, der mit der Regulierung ihrer Folgeschäden zu beginnen hätte, verlangte gesellschaftlichen Mut und Verantwortung zur Stiftung von neuem Gemeinsinn.

An dieser Stelle kommt nun unweigerlich die Frage nach dem Positiven, nach der Alternative auf: *Fuori i soldi* – heraus mit deinem Ethik-Programm![36]

Etwa: Muß nicht eine Kritik der (Fundamentalismus-)Kritik, die die liberale Toleranz einer postkonventionellen »Verfahrensethik« auch als diskursstrategische Immunisierungstaktik vorgeführt hat, dann konsequenterweise selbst eine Art »materiale Wertethik« (Max Scheler) vorlegen? Sind wir damit nicht doch wieder gleich beim »theokratischen Denken« angelangt (Micha Brumlik) – also beim gegenaufklärerischen Rückfall hinter die Moderne?

Abgesehen davon, daß ich über einen konkreten Ethik-Katalog für substantielle Sittlichkeit, Ökologie & Weltverbesserung nun wahrlich auch nicht verfüge – und: daß mir ein *magisterium*, das von kommunikativem Handeln unberührt Grundwertekataloge festschreibt, ein Greuel wäre –, scheint mir der Einwand selbst nicht zwingend. Man kann die liberal-universalistischen Werte von Toleranz und gleicher Freiheit für sakrosankt halten und doch die Befürchtung hegen, daß sie allein nicht ausreichen, diese Welt vor De-Humanisierung zu bewahren. Was hindert z. B. gleichberechtigte Diskurspartner an tarifvertraglich verrechtlichten Leihmutterschaften?

Aber: Kann eine kritische Analyse der Moderne, die zwar ihren »systemischen« Fortschrittsglauben nicht mehr teilt, die funktionale Überlegenheit systemischer Imperative in Wissenschaft, Wirtschaft und Bürokratie gegenüber den »lebensweltlich« umkämpften Normen und Formen des gesellschaftlichen Seins aber grundbegrifflich immer schon anerkannt hat, die Dimensionen der Gefährdung menschlichen Daseins überhaupt thematisieren, die weniger aus den Großkatastrophen (Tschernobyl) als aus den schleichenden Gefahren (Gentechnologie, Zerstörung von Sinnlichkeit) zu befürchten sind? Kommt die zwangsfreie Einigung nicht immer schon zu spät, wenn der stumme Zwang der Verhältnisse die ökologische Nische der *polis* bereits irreversibel und unmerklich zur Spielwiese degradiert hat?

Und: Könnte nicht das »kognitivistische« Selbstverständnis einer kommunikativen Ethik, über die Vielfalt moralischer Güter in einem Testverfahren der Universalisierung zu befinden, das in Analogie zur vorurteilsfreien Diskussion einer Forschergemeinschaft bei der epistemischen Klärung von Sachverhalten gestrickt ist, die moralische Phantasie – wo es ums *humanum,* also »gute« Leben geht – bereits um die entscheidenden Dimensionen begrenzen? (Andere haben hier von der Gefahr »intellektualistischer Fehlschlüsse« gesprochen.[37])

Andererseits: Von einer anderen Seite kommt der Verdacht, diese ganze Moraldebatte lenke von der eigentlichen Schwäche der republikanischen Linken ab – nämlich über keine »institutionelle Phantasie« (Axel Honneth) mehr zu verfügen, wenn es darum geht, gemeinsame Vorstellungen von Menschenwürde tatsächlich gesellschaftlich zu implementieren. Mag schon sein – oder vielmehr: Umgekehrt wird ein Schuh draus. Ohne moralische Phantasie (die historisch und anthropologisch informiert in Alternativen zu denken bereit und in der Lage ist), ohne geteilte Intuitionen über Menschenwürde, die nicht an den heutigen systemischen Grenzen von Verteilungsgerechtigkeit haltmachen, werden wir die Neugier zum Erfinden neuer Institutionen für die alte – sokratische – Frage »Wie wollen wir leben?« kaum entfalten können. Ob man diese Neugier dann ein alternatives »Modernisierungsprojekt« (Joschka Fischer) nennen sollte oder nicht, ist im Grunde eine terminologische Frage. Trotz der Devise Karl Poppers »Never quarrel about words« würde ich aber zunächst einmal davor warnen, von vornherein auf einen »gutartigen« Begriff von Moderne und Fortschritt abzustellen. Die großen Skeptiker am Fortschrittsglauben – die Rousseaus, Montaignes, Leopardis, Augustins und Plutarchs – waren ja allesamt keinesfalls Irrationalisten; und vielleicht hatten sie recht, die *perfectibilité* des Menschen nicht als Hoffnung zu sehen?

Jedenfalls: Natürlich wird jede Skepsis gegenüber der »futuristischen« – wie Karl Löwith sie genannt hat – Problembewältigungseuphorie der Modernisierer von diesen selbst als rückwärtsgewandter Fundamentalismus diffamiert werden, als von Aberglauben und/oder metaphysischen Rücksichten abhängige Defensive. Sei's drum. In der Tat geht es den Kritikern eines dem Gemeinwesen entgleitenden Selbstlaufs sozialer Subsysteme um etwas, das in Amerika »zivile Religion« genannt wird und früher einmal als Tugend des »Bürgerhumanismus« galt.[38] Bürgerschaft impliziert nämlich auch *moral community*, eine metaphysische, eben nicht wissenschaftliche (etwa geographisch oder biologisch bestimmte), sondern moralische Konstituierung politischer Gemeinschaft. Es geht dabei zwar auch um Verteidigung, vor allem aber um das Neu-Erfinden eines Raums von Politik wider den missionarischen Imperialismus systemischer Sachzwänge, um ihre Rückholung in verantwortbare Dimensionen.

Wenn der Kampf um religiöse Toleranz eine Vorbedingung der Konstituierung des politischen Raumes nach den Religionskriegen der Frühen Neuzeit war – *silete theologi!* (Thomas Hobbes) –, wenn die republikanische Tradition erst Dämme ziehen mußte, die das Politische vor dem Diktat des Religiösen und die *privacy* vor dem Souverän schützen sollten[39], dann sollten sich heute Kritiker des Fortschrittsglaubens nicht vor dem Fundamentalismusverdacht fürchten, der ihnen aus dem Munde der Monopolisten des Fortschritts entgegenschallt. Ihre »zivile Religion«, die eine »Dialektik der Differenzen« (Croce) einklagt, hinter dem Automatismus der funktionalen Differenzierung aber die Entmündigung des Bürgers wittert und bekämpft, wird zunächst mit dem Häresieverdacht leben müssen. Dem Unfehlbarkeitsdogma der Kirche des Fortschritts, die (wie auch andere Kirchen) dereinst aus großen Idealen entstand[40], setzen sie eine Tradition geistigen Ungehorsams entgegen, die man mit Benedetto Croce »Religion der Freiheit« nennen könnte.[41]

V.
Die Wiederkehr der politischen Theologie

»Die Tyrannei besteht in dem Verlangen, überall und auch außerhalb seines eigenen Bereiches zu herrschen.« *Blaise Pascal*

Rom oder Babylon?

Er stammte selbst nicht aus der Heiligen Stadt, sondern aus einer der nördlichen Kirchenprovinzen. Sollte er deshalb sein Leben lang so sehr am *Lateinischen* hängen? Immerhin war er – aus katholischer Familie stammend – schon in jungen Jahren in Rom erzogen und in *scriptura et traditione* unterwiesen worden.

Einige seiner Kritiker waren allerdings der Meinung, daß sich seine autoritär-asketische Grundhaltung eher dem Kulturschock in den Kolonien verdanke, wo er vor dem Gemisch und Gewirr von Völkern, Kulturen und Teppichhändlern in die Wüste geradezu geflüchtet war. Sicher, auch er hatte am Konzil teilgenommen. Doch pflegte er schon damals lieber Verbindungen zu traditionalistischen Kreisen, die seit über hundert Jahren bereits gegen die Toleranz eines theologischen »Liberalismus« wetterten: Dessen Vernunftreligion machte auch vor dem höchsten Wesen nicht halt, sondern forderte im Gegensatz zur Abschottung der Katholiken vor der Welt eine rationale »Öffnung« des theologischen Diskurses gegenüber der real existierenden Vielfalt von Bekenntnissen.

Viel wichtiger als solch kosmopolitisches Geschwätz in den Metropolen ist ihm jedenfalls (vielleicht, weil er, wie gesagt, kein gebürtiger Römer ist) die Pflege der *lateinischen* Gestalt der christlichen Verkündigung, der er sein Lebenswerk widmet. Seine Fans findet er darum auch überwiegend im reaktionären Hochadel. Vor allem Damen der besseren Gesellschaft sind in einer Zeit von Laxismus, *dolce vita* und Sittenverfall der westlichen Welt heilfroh, einen geistlichen Guru gefunden zu haben, der ihnen mit ekklesialer Würde bestätigt, daß die gute alte Zeit von Anstand und Askese immer noch das Rechte sei.

Jetzt kommen ihm seine *connections* zugute. Er hat sich nämlich nicht nur unter seinen traditionalistischen Freunden isoliert (wie viele autoritäre Persönlichkeiten ist er von leicht erregbarem Temperament, was ihn unberechenbar macht, aber auch zu taktischen Fehlern verleitet), sondern ist unter dem neuen Papst, der auf das Kirchenlatein weniger Wert legt, auch bei der Kurie in Ungnade gefallen. Verbiestert zieht er sich daher mit einigen Getreuen in ein »Seminar« in abgeschiedener Gegend zurück (das ohne betuchte Mäzene und einflußreiche Gönner gar nicht zu finanzieren gewesen wäre). Eine Schwester im Geiste mobilisiert derweil in den Frauenorden die »aristokratische« Gegenreform...

Bethlehem und Ecône

Nun, haben Sie ihn wiedererkannt?

Falsch geraten! Nein, nicht vom jüngst in Unfrieden verstorbenen »Schismatiker« Marcel Lefebvre[1] war die Rede, der schon seit seiner Studienzeit am Französischen Kolleg in Rom als »steingewordene katholische Lehre« galt; der dann als Missionar der »Väter vom Heiligen Geist« bis 1947 in Gabun wirkte; der danach Apostolischer Delegat für Französisch-Afrika und später erster Erzbischof von Dakar (Senegal) wurde (und es wohl nie ganz verwunden hat, daß der Papst ihn zugunsten eines farbigen Priesters ablöste); der dann die traditionalistische »Priesterbruderschaft vom Heiligen Pius X.« gegen das mit dem II. Vatikanischen Konzil eingeleitete *aggiornamento* der katholischen Kirche gründete und von seinem »Seminar« im schweizerischen Ecône aus so lange gegen »Modernismus, Protestantismus, Liberalismus, Irrtümer der Freimaurerei« in der postkonzilianen Kirche wetterte, bis ihn Paul VI. genervt schließlich 1976 *a divinis* (von der Ausübung seiner Priesterfunktionen) suspendierte.

Unser Mann, der heilige Hieronymus (345-419/20 *post Christum natum*), stammte aus einer katholischen Familie in Stridon an der

Grenze zwischen den römischen Provinzen Dalmatien und Pannonien, wurde aber in jungen Jahren in Rom klassisch erzogen. Sein Entschluß zur christlichen Askese reifte nach Ausbildung und Taufe in Rom bei einem Aufenthalt in Trier und dann auf einer Pilgerreise ins Heilige Land. Allerdings erkrankte er in Antiochia und zog sich dann für drei Jahre als Eremit in die syrische Wüste zurück. Seine Kirchenkarriere machte er unter der Obhut des Bischofs Paulinus von Antiochia, den er 381 auch zum Konzil (nach Konstantinopel) und dann weiter nach Rom begleitete, wo er alsbald zum Sekretär des Papstes Damasus wurde. In dessen Auftrag verfaßte er die später als *Vulgata* bekannte lateinische Bibelübersetzung.

Über seinen Studienfreund Rufinus war Hieronymus mit der bereits ein Jahrhundert alten Schule des Alexandriner Theologen und Exegeten Origines[2] in Verbindung gekommen, der wir die ersten christliche Auseinandersetzung mit der Aufklärung verdanken: In seiner Schrift *Gegen Celsus* schlägt sich Origines mit der platonischen Vernunft-Theologie des Celsus herum, der aus spätantiker Weisheitstradition heraus den (historisch ja noch recht jungen) christlichen Fundis eine geradezu »postmoderne« religiöse Toleranz entgegengesetzt und sich gegen die christliche »Geheimbündelei« und ihren Ersatz rationaler Prüfung religiöser Einstellungen und Kulte durch *pístis*, den bloßen Glauben, also eine sehr niedrige Erkenntnisstufe, ausgesprochen hatte.[3]

Zugegeben, der Vergleich der Origenianer mit den heutigen Traditionalisten ist schon etwas ungerecht: Die Methode der allegorischen Bibelexegese des von der *una Sancta* als Häretiker verdammten Origines, die die große alexandrinische Tradition hellenistisch-jüdischer Religionsphilosophie eines Philo[4] fortsetzte, hatte gegenüber den »christologischen« Neuerungen im Katholizismus (wie der Trinitätslehre und dem Dogma von der gottmenschlichen Doppelnatur Jesu Christi[5]), dessen dogmatische Streitereien dann mehrere Konzile lahmlegten, durchaus Vorteile.

Aber wie dem auch sei – Zankhahn Hieronymus jedenfalls überwarf sich bald mit Rufinus und den Anhängern des Origines und blieb wohlweislich auf seiten der Orthodoxie (sonst wäre er schließlich heute kein Kirchenlehrer!). Nach dem Tode des Damasus aber geriet er gleichfalls mit der Kurie über Kreuz. Böse Zungen behaupteten ja, daß er selbst gerne Stellvertreter Christi geworden wäre. Da traf es sich gut, daß aus dem Kreise seiner adligen Fans, die seinem asketischen Club in Rom angehörten, die reiche Witwe Paula ihm ein eigenes Studienzentrum samt Bibliothek und Seminar finanzieren konnte, das sie nebst einigen Frauenklöstern in Bethlehem gründete. Hierhin zog sich der verbiesterte Hieronymus zurück.

Er wußte: *Extra ecclesiam nulla salus.* Kirchengeschichtlich gesehen war es geschickter, sich ins Heilige Land abzusetzen, sich zurückzulehnen und abzuwarten: Über die Jahrhunderte würden seine Ideen in der Kirche, der Braut Jesu Christi, schon ihre Früchte tragen. *Quod erat demonstrandum.*

Warum nun war Marcel Lefebvre in seinem Schweizer »Bethlehem« Ecône zu einer solchen katholischen Gelassenheit nicht in der Lage? So schlecht – bei Lichte betrachtet – schien doch seine Sache gar nicht mehr zu stehen wie zu Pauls VI. Zeiten. Natürlich konnte er nicht erwarten, daß die mit Johannes Paul II. allenthalben in Klerus und Gottesvolk spürbare »Wende« in Rom gleich seine Suspendierung *a divinis* zurücknehmen würde. Aber seine Lobby wuchs. Er selbst konnte (kirchenrechtlich gültig) pro Jahr seine zwei bis drei Dutzend Neupriester weihen, vor allem aus den Ländern des lateinischen Europa. Die lateinische Messe war – wenn auch nicht mit allen tridentinischen Extravaganzen – wieder erlaubt worden, und die römische Glaubenskongregation unter Kardinal Ratzinger zeigte gegenüber dem renitenten Franzosen ein Maximum kurialer Milde. Hatte nicht Johannes Paul II. das Tragen der unter den jesuitischen Modernisten so verpönten priesterlichen Soutane wieder obligatorisch gemacht?

War es Mutter Marie-Christine – Lefebvres leiblicher Schwester und Schwester im Geiste – nicht 1985 bereits gelungen, die in Kirchenkreisen »aristokratisch« genannte Fraktion im Karmeliterorden zu organisieren – immerhin dem größten kontemplativen Frauenorden der katholischen Kirche! – und die aus dem Geist der »Öffnung« des Vaticanum II entspringende Ordensreform zu sabotieren? Die fünfzig »aristokratischen« Klöster der unbeschuhten Karmelitinnen hatten nämlich hinter dem Rücken der Ordensmehrheit (300 Klöster) und sogar des eigenen Ordensgenerals ihre Beschwerden bei der Kongregation für Ordensfragen zu Gehör gebracht ... und die Kurie tat natürlich nichts lieber, als die Unterschrift unter das neue Ordensstatut prompt zu verweigern. »Ich kann mir denken«, mußte der Ordensgeneral seinen untergebenen Karmelitinnen mitteilen, »daß in vielen von euch der Schmerz groß ist und die Versuchungen schwer werden.« Anfang 1988 schließlich betrieb die Lefebvre-Schwester, eine der Drahtzieherinnen der »aristokratischen« Nonnen, ebenfalls in der Schweiz (wo man für Fränkli alles haben kann) die Gründung neuer Klöster – natürlich ohne jede Genehmigung des zuständigen Bischofs.

Wieso also hatte Lefebvre überzogen? Er wußte ja, daß eine Weihe von Bischöfen »ohne apostolisches Mandat« (also ohne päpstlichen Auftrag) laut Canon 1382 des Kirchenrechts ein »schismatischer Akt« ist und damit eine »automatische« Exkommunikation *latae sententiae* nach sich zieht.

National-Katholizismus

Die Antwort ist einfach. Lefebvre wußte auch, daß die Zeit – der *procursus* der *civitas Dei* in der säkularen Welt – eben nicht für ihn arbeitet. Damit ist nicht nur der biologische Verschleiß des Leibes und der Altersstarrsinn der unsterblichen Seele des damals 81jährigen Traditionalistenbischofs gemeint. Der Vatikan denke wohl: »vielleicht stirbt er bald«, vertraute er schon zu seinem 75. Geburtstag seinem bundesdeutschen publizistischen Herold Rudolf Krämer-Badoni an (seines Zeichens Träger des Konrad-Adenauer-Preises der für die Organisation der nationalkonservativen Grauzone zwischen Union und Rechtsradikalismus einschlägigen »Deutschland-Stiftung e.V.«), der ab und an in der ansonsten kirchentreuen *Welt* den unbeugsamen Fels der Schweizer Glaubensfestung feiern durfte.[6] Sicher, das Trauma, die Traditionalistengemeinde ohne kirchenrechtsgültigen Bischof zu hinterlassen, war schon seit Jahren zur beständigen Versuchung Lefebvres geworden.

Das Spektakel am 30. Juni 1988 im wallisischen Ecône, als der greise Lefebvre vier Mittdreißiger aus der »Bruderschaft vom Heiligen Pius X.« zu Bischöfen weihte (den französischen, argentinischen und amerikanischen Seminarleiter und – natürlich ein Schweizer – den Finanzchef der Priesterbruderschaft), hatte aber auch andere historische Qualitäten. Die gesamte telekommunikativ vernetzte Christenheit konnte das Ereignis am Bildschirm mitverfolgen. Da saßen in den vorderen Reihen des Festzelts, zu Orgel- und Trompetenklängen versammelt, die Reste der klerikalen Konterrevolution Frankreichs: Die aristokratischen Karmeliten der Mutter Marie-Christine hatten Sonderurlaub bekommen, die renitenten Benediktiner aus der Vaucluse und die Dominikaner aus Avrillé, die Kapuziner aus der (weiland französischen) Elfenbeinküste hatten Opfer und Mühen nicht gescheut, Familien der südfranzösischen Landaristokratie waren zugegen, aber nur ein katholischer Pfarrer aus dem Wallis. Von der großen, heiligen Wut der theokratischen Konterrevolution des 19. Jahrhunderts, vom Kampfesruf eines Joseph de Maistre:[7] »Christus befiehlt, er ist der Herrscher, er hat gesiegt«, ist nur noch die Farce übriggeblieben: Kirchenlatein und bunte Bilder für die Regenbogenpresse. Selbst Bernard Antony, Europaabgeordneter der »Nationalen Front« Le Pens und intimer Sympathisant der Traditionalisten, vermochte der schismatischen Konsequenz nicht mehr zu folgen und blieb der Zeremonie in Ecône fern: *Fidelité et résistance* ist seine Parole, Treue zur Kirche und Widerstand gegen die Modernisierer.[8]

Auch wenn Lefebvres Traditionalisten ihre Anhänger in anderen lateinischen Ländern haben – allen voran natürlich unter Donoso Cortés'[9] Nachfahren im ja inzwischen leider ebenfalls demokratischen Spanien –, so ist doch die im Ecôner Exil zelebrierte Suche nach der verlorenen alten Kirche ein durch und durch französisches Phänomen: der letzte Versuch einer »France profonde«, Revanche für die Revolution zu nehmen.

Die Revolution, um deren »satanischen Charakter« de Maistre noch wußte, sollte wenigstens in der Kirche, der *societas perfecta*[10], nicht siegen! Doch ach, schon in der Mission in Französisch-Afrika ging mit der Entkolonialisierung die erste Runde der Revanche verloren, und auch »Algérie française« ist längst nicht mehr. Wenn nun mit dem Vaticanum II – wie Lefebvre dem *Deutschland-Magazin* verkündete – durch »den sogenannten ökumenischen Gedanken die Liberalen, die Protestanten, die Linken, die Marxisten, die Freimaurer wie ein Trojanisches Pferd ins Innere der katholischen Kirche eindringen«, dann verliert die Kirche ihre *raison d'être*: die aufgeschobene Restauration des Alten Regimes zu verkörpern. Im Weltmaßstab darf mit dem Kommunismus – als dem historischen Erben des Jakobinismus – keinerlei, nicht einmal diplomatischer Verkehr getrieben werden (wie ihn Kardinalstaatssekretär Casarolis neue Ostpolitik seit Jahren mit Erfolg praktiziert); denn ein solcher »historischer Kompromiß zwischen Wahrheit und Lüge« ist nichts anderes als eine »ehebrecherische Verbindung«. Wenn aber dereinst der Kreuzzug gegen 1789 nicht mehr stattfinden kann, wozu dann noch katholische Einheit?

»Hat Jeanne d'Arc die Gewaltlosigkeit gepredigt?« fragte Lefebvre.[11] »Wenn sie es getan hätte, wären die Engländer noch in Frankreich. In Portugal führte die Gewaltlosigkeit des Klerus dazu, daß die Kommunisten, anstatt ins Meer geworfen zu werden, jetzt dank der sozialistischen Hilfe das verlorene Gebiet zurückgewinnen können.«

In Frankreich war es denn auch, im Vorjahr des »Bicentenaire« von 1789, wo die katholische Kirche ihre effektivste Waffe gegen die Lefebvre-Anhänger einsetzte: Kardinal Jean-Marie Aaron Lustiger, Erzbischof von Paris, ordnete gleich nach dem Bekanntwerden des Ecôner Schismas ein großes feierliches Hochamt mit lateinischem Ritus in der Kathedrale Notre-Dame an. Sie wurde ein riesiger Medienerfolg und versetzte das verbitterte Häuflein der Abtrünnigen in der Traditionalistenkirche am anderen Seineufer in arge Gewissensnöte, was alsbald interne Querelen auslöste: *Das* – die lateinische Messe – könnt ihr bei der Alleinseligmachenden auch haben; *deswegen* braucht ihr hier wahrlich keine schlechte Kopie des Donatistenschismas aufzuziehen.[12] Denkt an St. Augustin! Im übrigen: *extra ecclesiam* ...

Pouvoir Spirituel

Nichts jedoch wäre falscher als die eilfertige Schlußfolgerung, die die »progressiven Katholiken« der »Kirche von unten« in Frankreich und anderswo aus derartigen Manövern klassischer Diversionstaktik von Kurie und (in diesem Falle französischem) Episkopat sogleich gezogen haben: Die lateinische Messe bei Unserer Lieben Frau von Paris, also das Buhlen um die Seelen der Anhänger des Schismatikers, sei der x-te Beleg dafür, daß unter dem »reaktionären Papst« Wojtyla nunmehr die gesamte Kirche auf den Weg einer »Retraditionalisierung« getrimmt werden solle.[13] Menschlich verständlich ist dieser Verdacht der »Likakis« (wie Heinrich Bölls *Clown* die Linkskatholiken nannte) gewiß. Hier spielt bei den Anhängern der deutschen »politischen« Theologie (Johann Baptist Metz), der möchtegern-»ökumenischen« Theologie (Hans Küng), der lateinamerikanischen »Befreiungstheologie« (Gustavo Gutiérrez *et alii*) das Ressentiment oder neudeutsch: die eigene »Betroffenheit« mit hinein. Müssen sie doch an die auf recht unchristliche Weise ungleich strengeren Maßstäbe kurialer Konzilianz denken, die weiland ein Küng, ein Edward Schillebeeckx, ein Leonardo Boff erfahren durften – Mitbrüder, die schließlich nie die Absicht hatten, das symbolische Kapital der Kircheneinheit aufzugeben; während Papst und Ratzinger den Traditionalisten offenbar regelrecht nachgelaufen sind... Solche Erfahrungen müssen einfach schmerzen und – mit Verlaub – die Urteilskraft trüben.

Küngs Wunden in allen Ehren – aber polnischer Papst und römische Kurie denken nicht im Traum daran, auf den *status quo ante* 1789 zurückzukehren. Dies um so weniger, als Johannes Paul II. wie kein anderer Pontifex maximus die Erklärung der Menschenrechte[14] als die beste – eben weil universalistische – propagandistische Waffe in der Auseinandersetzung mit den beiden »strukturell sündigen« Gesellschaftsmodellen der Moderne, dem liberalistischen Kapitalismus des Westens und dem kollektivistischen Kommunismus des Ostens, entdeckt und erst im Jahr 1987 erneut mit einem Rundschreiben *ex cathedra* stark gemacht hat: *Sollicitudo rei socialis*.

Die Begründung für den Primat der Menschenrechte, den Vorrang für die Armen, das ethische Gebot der Bewahrung der natürlichen Lebensgrundlagen klingt beim Papst natürlich etwas anders als die säkular gewohnte – aber das kennen wir nun schon von der letzten Sozialenzyklika *Laborem exercens* (1981). Damals gelangte der Papst mit einer seltsamen Mischung aus schöpfungstheologischem »Willen zur Macht« (»Macht euch die Erde untertan«) und thomistischem Naturrecht zur Weihe des Vorrangs der (lebendigen, Gebrauchswert schaffenden) Arbeit vor dem Kapital. Diese These wäre zwanzig Jahre zuvor den mittlerweile arg dezimierten Scharen von Arbeiterpriestern oder gläubigen Gewerkschaftern wahrlich wie ein *Lumen gentium* erschienen, während sie in den Achtzigern eher als Gesundbeten der schon längst obsoleten Arbeitsgesellschaft erscheinen mußte.

Es ist ein Schicksal des kirchlichen Lehramtes, ewig zu spät zu kommen, das teilt die Taube des Heiligen Geistes mit der Eule der göttlichen Jungfrau: Schon für die Anerkennung der Demokratie brauchte Rom weit mehr als ein Jahrhundert. Die »laboristische« (Nell-Breuning) Sozialenzyklika kam dann wieder ein Jahrhundert zu spät beim Marxschen Arbeitsbegriff an und teilte dessen Mangel an Differenzierung zwischen heteronomer und autonomer Arbeit, zwischen Produktion und Interaktion, machte somit die Theologie zur »Magd des Fortschrittsglaubens« (Cacciari).[15]

Nun denn, inzwischen – zum zwanzigsten Jahrestag von *Populorum progressio* – hatte der Papst auch den Fortschrittsglauben abgelegt und nicht nur die Menschenrechte, sondern auch die Ökologie theologisch entdeckt, was im Kreise der politisch federführenden Ultramontanen in der BRD nicht wenig Verwirrung auslöste. Der sich für die geistig-moralische Führung des liberalkonservativen Lagers zuständig haltende »Walberberger« Pater Basilius Streithofen O. P. reagierte sauer und machte seinem Namen wieder einmal alle Ehre[16] – allerdings in ungewohnter Richtung: Diesmal biß er den Heiligen Vater in die Waden. Und natürlich mußten sich in München die eilfertigen bayrischen Theologen Wilhelm Korff und Alois Baumgartner sehr beeilen, in ihrem Kommentar zur jüngsten und im katholischen Stammland Italien von der Linken geradezu stürmisch gefeierten Sozialenzyklika *Sollicitudo rei socialis* nachdrücklich vor »voreiligen Schlußfolgerungen«

zu warnen: So – im Sinne einer »Äquidistanz« der Kirche gegenüber den Gesellschaftssystemen des freiheitlich-abendländischen Westens und des kollektivistischen Ostens – sei es vom Papst denn doch nicht gemeint gewesen!

Pustekuchen. Natürlich war es so gemeint. (Außer kommunistischen Zentralkomitees gibt es wohl keine Institution, die ihre Worte so sorgsam abwägt, bevor deren Verkündigung erfolgt, wie die Kurie und ihr Chef.) Ein berufener Interpret, der Philosoph Augusto Del Noce[17] – und damit die große alte Figur des katholischen Integrismus in Italien –, verkündete alsbald auf einem *teach-in* der militanten papistischen Massenbewegung *Comunione e Liberazione* in der römischen Uni:

»In den fünfziger Jahren tendierte der (geistig-moralische) Kampf auf Weltebene dahin, sich als Kampf zwischen der christlichen Zivilisation des Westens und dem atheistischen Kommunismus abzuzeichnen; und damals ordnete sich die Bourgeoisie der Idee einer christlich-abendländischen Zivilisation unter. In den folgenden Jahren aber schwächte sich die Vorstellung der kommunistischen Bedrohung ab, und wir mußten erleben, daß der bürgerliche Geist in neuen Formen auftauchte, die sich von denen der Vergangenheit unterschieden. Denn früher wollte die Bourgeoisie – wenngleich in ihrem Sinne, indem sie sie von der übernatürlichen Wahrheit abtrennte – die moralischen Werte der Christenheit retten. Heute dagegen hat die neue Bourgeoisie ganz auf die christlichen Werte verzichtet und sie durch neue ersetzt. Der Kampf zwischen der christlichen Zivilisation und dem atheistischen Kommunismus wurde so in den weitesten Kreisen durch einen Kampf ersetzt, der nunmehr innerhalb des Materialismus stattfindet: zwischen dem individualistischen und dem kollektivistischen Materialismus. Der Kampf zwischen Westen und Osten hat diese neue Bedeutung angenommen. Und was nun diesen Gegensatz angeht, so scheint die Enzyklika gar stärker noch die Kritik am westlichen Materialismus zu betonen.«[18]

Daß auch Del Noce, wie »alle Kritiker der Elche«, in den Fünfzigern selbst marxistischer Existentialist war, versteht sich von selbst.[19] Doch dies nur am Rande. Jedenfalls ist die neue, unter

Wojtyla bzw. Ratzinger geübte kuriale Inkonzilianz gegenüber den Heilsbotschaften der Welt nicht einfach im präkonziliaren Sinne re-aktionär. Gut – man könnte Wojtylas Faible für die Heilige Gottesmutter in Tschenstochau *and everywhere* vielleicht als allzu traditionalistisch abtun. (Aber hat nicht gerade ein linker Psychoanalytiker, Alfred Lorenzer, dem zweiten vatikanischen »Konzil der Buchhalter« ebenfalls eine Verachtung der Volksseele vorgeworfen, wie sie gerade in Marienmythen und -kulten zum Ausdruck komme?[20]) Und zugegebenermaßen ist des Papstes eigene theologische Kultur eher bescheiden: Trotz aller *promotion*, die Josef Kardinal Höffner (der es wirklich theologisch besser wissen mußte) der »Krakauer personalistischen Schule« angedeihen ließ[21] – nach der vor Wojtylas Wahl wahrlich kein Kirchenhahn krähte –, offenbaren Wojtylas prä-papale Schriften allenfalls einen recht hausbackenen Thomismus *in the good old way*, durch einige Scheleriaden mehr schlecht als recht aufgefrischt.

Das kann man allerdings von Chefdenker Ratzinger wahrlich nicht behaupten, der ja durchaus – als *adlatus* des Kölschen Kardinals Frings – einer der glühendsten Verfechter des konziliaren *aggiornamento* war. Deshalb möchten ihn heute ja die holländischen und deutschen Linkskatholiken wie Hermann Häring am liebsten rückwirkend zum »im Grunde schon immer Reaktionär« stempeln[22] (ein hermeneutisches Verfahren, das in diesem Jahrhundert ansonsten eher in der kommunistischen Kirche gebräuchlich war). Sicher war auch schon Ratzingers konziliares Schrifttum, allem voran seine *Einführung in das Christentum* (1968), von einem tiefen augustinischen Pessimismus gegenüber der Entwicklung des weltlichen Fortschrittes geprägt. Ein Konzil, das neue Formen der Präsenz der Kirche in einer immer unübersichtlicheren Welt suchte, war seine Sache wohl – nicht aber der naive Optimismus eines Johannes XXIII., der mit ökumenisch weit geöffneten Armen die Fortschrittsgläubigkeit der Sechziger nicht nur in die Kirche aufnahm, sondern ihr auch noch ein theologisches Ornat überzog: als göttlichen Heilsplan.[23]

»In der gegenwärtigen Entwicklung der menschlichen Ereignisse« – hatte Papa Giovanni in seiner Ansprache zur Eröffnung des Konzils an die Adresse mancher kirchlicher »Unglückspropheten« erklärt – »muß man viel eher einen verborgenen Plan der göttlichen Vorsehung anerkennen. Dieser verfolgt mit dem Ablauf der Zeiten durch die Werke des Menschen und meistens über ihre Erwartungen hinaus sein eigenes Ziel, und alles, auch die entgegengesetzten menschlichen Interessen, lenkt er weise zum Heil der Kirche.«

Es kennzeichnet eher die Intelligenz schon des konziliaren Reformers Ratzinger, daß er diesen Blütenträumen einer klerikalen Version der Mandevilleschen Bienenfabel schon damals nicht traute und in einer Periode allwaltender »Allianz für den Fortschritt« (wie Katholik Kennedy seine geopolitische Version für Lateinamerika nannte) auf die »Fehlentwicklungen der Moderne« hinwies:[24] Die szientistische Herrschaft des *factum* bedeute durch »radikale Zuwendung des Menschen zu seinem eigenen Werk als dem allein ihm gewissen« zugleich eine Verengung des humanen wie des theologischen Welthorizonts. Und hinter der instrumentellen Vernunft des neuzeitlichen *homo faber* – zu deren Diagnose übrigens das Haupt der Kongregation für Glaubensfragen auch heute noch auf Adorno und Horkheimer verweist – vermutete er schon damals die »kybernetische« Gefahr der »Planbarkeit des neu zu erschaffenden Menschen«, so daß »auch theologisch die Manipulierbarkeit des Menschen durch sein eigenes Planen ein wichtigeres Problem darzustellen beginnt als die Frage der menschlichen Vergangenheit«. Die fortschrittlichen politischen Theologen haben derartige Fragen erst sehr viel später aufgeworfen.

Charisma und Macht

Eine ganz andere Frage ist natürlich, wie man die Machtpolitik des Stellvertreters innerhalb der *societas perfecta* beurteilt. Jedenfalls sind Personal- und Strukturentscheidungen, nicht theologische Erörterungen, die Stärke des Papstes (man vergleiche im weltlichen Geschäft Helmut Kohl, der natürlich medial weit abfällt). Das hat sicher mit der guten Berufspolitikerausbildung zu tun, die in Polen zu jeder klerikalen Karriere gehört.[25] Im Vergleich mit Vollblutpolitiker Wojtyla sind die meisten und gerade die liberalen oder progressiven Bischöfe rechte Waisenknaben.

Bisher konnte Johannes Paul II. in der Kirche alle Fraktionen, Machtzentren oder Konkurrenten rechts oder links mit einer Dreifaltigkeit von Instrumenten lahmlegen:

a) Konzentrierung der eigenen *summa potestas* im hierarchischen Gefüge des »Leibes Christi« (Augustinus), abgestützt durch das wenig kollegial reformierte Kirchenrecht;
b) Flankierung durch außerordentliche *task-forces* in Kirche und Gesellschaft, die bei Bedarf langwierige oder unsichere Entscheidungsverfahren durch »Wojtyla-Aufgebote« umgehen oder doch die renitenten Ortskirchen vor vollendete Tatsachen stellen können; und nicht zuletzt
c) die »pastorale« (also vor allem Reise-)Dimension der päpstlichen Machtpolitik, d. h. das Bestreben, das institutionelle Charisma durch den medialen Surplus von »Bädern in der Menge« des Gottesvolkes via Einschaltquote zu erhöhen.

Eine gebührende Kommentierung aller drei leicht belegbaren Faktoren würde zuweit führen, darum nur kurz:

zu a) der Hinweis auf die gut dokumentierten Analysen von Knut Walf[26];

zu b) müßte man schon detaillierter werden: erwähnt sei immerhin das im neuen Kirchenrechts-Codex auch juristisch festgeklopfte und der Dunkelmänner-Truppe des *Opus Dei* auf den Leib geschneiderte Institut der »Personalprälatur« (CIC-1983, cc. 294-297), das praktisch als ein dem Papst direkt unterstelltes (sog. exemtes) Bistum funktioniert und sich so der Kontrolle der jeweiligen Ortskirche entzieht; ein bei uns weniger bekanntes Beispiel ist die äußerst schlagkräftige integristische Jugend- und Massenbewegung *Comunione e liberazione* in Italien, die inzwischen nicht nur die dortige katholische Laienorganisation *Azione cattolica* wegen zu großer Dialogbereitschaft gegenüber Liberalen oder Kommunisten offen zu unterminieren versucht, sondern sich mit ihrem »weltlichen Arm«, dem *Movimento popolare*, gleichzeitig als parteipolitische Lobby innerhalb der

Christdemokratie etabliert hat (und außer über den päpstlichen Segen auch über den der Grauen Eminenz Andreotti verfügt);

zu c) die Erinnerung an die offenbar in der Kurie noch nicht hinreichend bedachten inflationären Gefahren einer iterativen Massensemantik (denen Elias Canetti in anderem Kontext klassische Analysen gewidmet hat). Vielleicht wird aber die kuriale PR-Abteilung aus den diesbezüglich negativen Erfahrungen der jüngsten zweiten Österreich-, aber auch Polen-Reisen des Pontifex bald ihre Auswertung vorlegen: im Wirtschaftsleben würde man mit einer Verknappung des Angebots an »Papst zum Anfassen« reagieren; eine Konferenzschaltung mit dem Tournee-Stab Michael Jacksons könnte hier das *Design* des *designatus* verbessern helfen...

Volksdemokratie

Es ist daher kein Zufall, daß die einzige machtpolitisch ernstzunehmende Gegenströmung innerhalb der *complexio oppositorum* des post-konziliaren Katholizismus gleichfalls aus dem Kreise von Ortskirchen mit unmittelbar politischem Mandat kommt. Die Rede ist natürlich von der »Befreiungstheologie«, deren moralischer Anstoß aus dem Massenelend der lateinamerikanischen Länder ebenso außer Zweifel steht wie die realpolitische Schulung von Klerikern, die unter Militärdiktaturen mit geistlichen Mitteln partei- und gesellschaftspolitische Institutionen sozusagen substituieren mußten.[27] In Gesellschaften, deren »politischer Markt« nicht funktioniert, bildet sich ein politischer Schwarzmarkt; das ist in Polen nicht anders als in Argentinien. Problematisch für die Freiheit des Christenmenschen wird die Sache nur, wenn darob auch die Politik schwarz wird, wenn – bei den Polen wie bei den Latinos – aus dieser politisch-sozialen Not eine theologische Tugend gemacht wird.

Dieser Geburtsfehler politischer Theologie in einer säkularen Welt war allen »Likakis« und Fortschrittlern Gottes bei Johannes Paul II. zu schnell, allzuschnell klargeworden. Der Balken im Auge der Basis-Christen hat diese aber bislang gehindert, analoge Gefahren in der »Theologie der Befreiung« überhaupt wahrzunehmen. Dabei werden beide Extreme schwarzer Politik von ernstzunehmenden Analytikern längst als parallele Tendenzen »postmoderner Theologie« analysiert (Harvey Cox): als Versuche der Religion, in die säkulare Welt zurückzukehren und hier politisch die Führung zu übernehmen.[28]

Warum aber sollen theokratische Tendenzen allein dadurch akzeptabel werden, daß sie aus dem Volke kommen (genauer: aus dem niederen Klerus, der ja auch 1789 ff. die Masse der jakobinischen Agitatoren stellte)? Das Volk lebt wahrlich nicht vom Brot allein – wie Leonardo Boff aus echt franziskanischem Geiste wiederholt und durchaus mit Recht erläutert hat. Warum aber um Gottes willen muß das Volk in der Demokratie, in der Politik, mehr suchen als Freiheit und Gerechtigkeit? Warum zum Teufel müssen die Volksmassen unbedingt ein Reich verwirklichen, das nicht von dieser Welt ist?

Der Haken der »Theologie der Befreiung« liegt gar nicht in ihrem sozialen Impuls, sondern tritt bei der kirchlichen Qualifizierung des »Volkes« zutage: »Nicht alles, was Volk Gottes genannt wird«, erfahren wir von Leonardo Boff, »verdient wirklich (und nicht bloß im analogen und metaphorischen Sinn) auch die Bezeichnung«; vielmehr »müssen sich die betreffenden Menschen bewußt und in gemeinschaftlicher Organisation an einem Vorhaben beteiligen«.[29]

Wer aber kontrolliert den Grad der Bewußtheit der Massen? *Quis judicabit?* Vorläufig heiße die Kirche des Volkes ja nur deshalb so, »weil die Führung dieses Prozesses *potentiell* beim Volk (Volk unter soziologischem Gesichtspunkt) liegt«.[30] Also: Die Kirche des Volkes »verwirklicht nicht nur den theologischen Begriff vom Volk Gottes«, sondern sie »reichert ihn noch an«. Wodurch? Eben durch ihre brüderliche Erziehungsarbeit am erst *an sich* seienden Volke. *Für sich,* also zum theologischen Gottesvolk, wird das soziologische Volk somit erst in der »Konstituierung der kirchlichen Gemeinschaft«, wobei ihm die »Kirche des Volkes« ermögliche, »die führende Rolle zu übernehmen«. »Die Hierarchie wird nicht bestritten, sondern gewünscht. Wo sie sich dem Marsch anschließt und ihren Stil verändert, gehört auch sie zur Kirche des Volkes. So erhellt, daß es prinzipiell keine Opposition zwischen Hierarchie und Kirche des Volkes gibt...«[31]

Klingt das nicht bekannt?

La faiblesse de croire

Mit der Theologie des Konzils konnte die katholische Kirche erst mit reichlicher Verspätung auf den säkularen Zug des Fortschritts aufspringen. Doch dieser Trip beseitigte die Identitätskrisen des Gottesvolks nicht, führte es vielmehr zu neuen Versuchungen. Will Papst Wojtyla in der neuen Unübersichtlichkeit wenigstens die Kirche in festem Griff behalten, so scheint die Theologie der Befreiung das überlebte Avantgardemodell des politischen Kampfes in seine theologische Matrix rückübersetzen zu wollen (die Dialektik von Partei und Massen wird zur Dialektik zwischen theologischem und soziologischem Begriff des Gottesvolks). Gemeinsam ist ihnen ein Begriff von Theologie als der Sprache, in der die gesamte Gesellschaft sich über ihren Sinn und Zweck verständigen könne.

Genau dies – so formulierte der brillante Historiker, Anthropologe und Jesuit Michel de Certeau – war die Rolle der Theologie in religiösen Gesellschaften: »un discours du *sens* dans les termes de l'expérience globale d'une société«.[32] Was wir heute Theologie nennen, kann diese »globale« Funktion einer »universalen« Sprache nicht mehr erfüllen. Beansprucht sie dies gleichwohl, so wird sie unweigerlich zur Ideologie: zum Symptom ihrer unbewältigten Vergangenheit.

Was christliche Theologie bezeugen und bewirken kann, vermag sie heute nur aus ihrer Partikularität heraus, die nicht mehr das Gesamt sozialer Kommunikation beanspruchen kann. Die spezifisch christliche »Schwäche zum Glauben« liegt nun für de Certeau gerade in der Paradoxie seiner doktrinalen Repräsentation begründet: »Jede Gestalt von Autorität... ist gekennzeichnet durch die Abwesenheit dessen, was sie begründet. Schrift, Tradition, Konzil, Papst oder welche auch immer: das, was sie *ermöglicht, fehlt* ihr zugleich. Jede Autorität *manifestiert* etwas, das sie *nicht* ist.«[33] Die Botschaft des Glaubens kennt keinen allgemein anerkannten Richterspruch mehr. Nur in der entschiedenen Weigerung, den Ort der alten (universalen) Wahrheit einzunehmen, könne das Wagnis der entschiedenen Rede von GOTT daher heute des Glaubens würdig sein.

Gott aber bewahre uns vor einer kirchenamtlichen politischen Theologie: zur Rechten wie zur Linken. »Sollen wirklich«, wandte vor einigen Jahren Robert Spaemann ein, »die Menschen in Nicaragua bei einem Regierungsmitglied zur Beichte gehen?«

VI.
Die Christenheit oder Europa
Moskau Byzanz Rom
(nach dem Ende von Jalta)

Manche verlangen im Namen des Fortschrittes, an die religiöse Frage nicht zu rühren; wir könnten, heißt es, nicht zum Mittelalter zurückkehren; das ist ein sehr unklarer und nicht fortschrittlicher Standpunkt. Die religiöse Frage bedeutet heute nirgends die einfache Annahme der alten kirchlichen Formen; die religiöse Krise besteht im Katholizismus und auch im Protestantismus...
Die Lösung der allgemeinen religiösen Krise ist eine Aufgabe unser aller, unserer Denker, unserer Kirchen; soweit es sich um den Staat handelt, muß unsere Republik allen Bürgern die vollkommene Gewissensfreiheit verbürgen, damit sie alle ihre Konflikte frei und nach eigener Überzeugung austragen können. *T.G. Masaryk* (1927)

Rom oder Alexandria?

»Vor einigen Jahren, mein lieber Claudius, blickten wir zwar voller Sympathie, doch auch voller Fremdheit auf die *ecclesia militans* der Christen, jene in der ›parallelen Polis‹ der Katakomben und Bürgerclubs gegen das erstarrte Imperium kämpfenden Kirche. Daß der Limes, die Grenzschutzanlage des Alten Imperiums, nur noch brüchiger Außenpanzer war« – schreibt Lucius seinem alten Freund –, »das fühlten wir wohl, noch bevor schließlich das Reich kippen sollte. Bis dann schließlich eine Provinz nach der anderen von Rom abfiel und – angesichts der Dynamik jener Gesellschaften, die in der Regimesprache die ›Barbaren‹ hießen – die offizielle Nomenklatura der kaiserlichen und Senatsbürokratie einfach in sich zusammenfiel.

Wir, die Intellektuellen in der inneren Emigration, spürten genau: das Reich war nicht nur militärisch und ökonomisch am Ende, es war moralisch bereits in sich zerfallen. Und die von Gläubigen und Verfolgten gefüllten Kirchen waren – angesichts der hohl gewordenen Zeremonien des Staatskults – das deutlichste Zeichen dafür. Sicher, die Ideale der Christen waren nicht die unsrigen – die der freigeistigen Intellektuellen, die es immer vorgezogen haben, Lukrezens *De rerum natura* zu studieren statt vermeintlicher Heiliger Schriften; und doch waren sie, die Christen, die einzigen, die ihre Ideale nicht allein auf den Lippen trugen und in Zentralorganen, mit Lautsprechern und Triumphzügen feierten, sondern wirklich, mit Leib und Leben – um den Preis der Verfolgung – für sie eintraten.

Als kürzlich dann die Christenverfolgungen aufhörten, haben da nicht wir beide, Du und ich, erleichtert aufgeatmet?... Es genügte uns zu wissen, daß sich für das Imperium, welches tragisch und ohne Perspektive auseinanderfiel, und für seine Völkerschaften eine Perspektive des Heils eröffnete. Das Wichtigste war uns, daß sich die Richtung des Geschichtsverlaufs änderte, weg von jener Hauptstraße, die unweigerlich zum Untergang führen mußte, hin zu einem schwierigen neuen Weg, der aber doch ein neues Ziel wies...«[1]

Lucius sollte es trotz all seiner klassischen rhetorischen Künste nicht gelingen, seinen Geistesgefährten davon zu überzeugen, sich der neuen geistlichen Macht der Kirche anzuvertrauen, die doch gemeinsam mit den Freigeistern die Regimelügen des Alten Imperiums bekämpft hatte. Denn Claudius verweigert sich dem Autoritätsprinzip der einen Kirche – *una et indivisa* –, dem neuen Glauben, daß es außer ihr kein Heil gibt.

»Wir intellektuellen Dissidenten« – so antwortet Claudius dem Freund –, »wir hatten viele Autoritäten. Wir, die wir in einer hierarchischen Welt lebten, die sich jedoch auf Hierarchien gründete, die wir nicht anerkannten, hatten in der Sphäre des Geistes verschiedene und voneinander unabhängige Autoritäten. Die ästhetische Autorität konnte für uns nicht kompetent sein im Bereich der moralischen Probleme, und die wissenschaftliche Autorität war wiederum unabhängig von den anderen. Für die Christen trifft jedoch das Gegenteil zu: Alle Autoritäten hängen bei ihnen ab von einer einzigen Hierarchie, in welcher der religiösen Autorität der Primat zukommt. Daraus folgt, daß sich ihre Kirchenväter und Synoden das Recht anmaßen, ihre Auffassung – und zwar als ausschlaggebende – in Fragen zum Ausdruck zu bringen, die Literatur und Künste, die Geschichte, die Astronomie oder die Biologie betreffen...«[2]

Die Wege der beiden Freunde trennen sich: Während Lucius sein klassisches Wissen der neuen ethisch-politischen Autorität der Kirche zur Verfügung stellt, geht Claudius zu den »Hexereien« des neuen Christenglaubens auf skeptische Distanz. Er nimmt den Ruf einer auswärtigen Forschungsinstitution an und geht ans *Institute for Advanced Studies* der Alten Welt, ans Wissenschaftskolleg der antiken Weisheit: Claudius wird Direktor der Bibliothek von Alexandria.[3] Ob ihn Lucius dort besucht hat, wissen wir nicht, da uns das Ende des Briefwechsels, der sich auf Papyrusrollen in einer Höhle in der Nähe des Toten Meeres fand, nicht erhalten geblieben ist...

Zwischen Priester und Narr

Dieser fiktive Bericht über die kontroverse Aufnahme der »Hexereien« der neuen christlichen Religion durch die aufgeklärte Intelligenz der Spätantike stammt von Witold Kula, einem der großen – und natürlich »revisionistischen« – polnischen Historiker der Gegenwart.[4] Kula verfaßte diese Skizze über die intellektuelle und Gefühlslage von Menschen »im Übergang zwischen zwei Epochen« Ende der vierziger Jahre, veröffentlicht wurde sie jedoch erst 1958.

Natürlich war Kulas ironische Skizze des im spätrömischen Imperium siegreichen »neuen Glaubens« *gleichzeitig* bezogen auf seine Gegenwart: Wenn er in antiker Verkleidung die christliche Entwertung der wissenschaftlichen Methode durch einen neuen »Kanon« heiliger Schriften, die christliche Umschreibung der Weltgeschichte unter heilsgeschichtlicher Zielsetzung und die Ersetzung der freien Diskussion durch die amtskirchliche Hierarchie beschrieb, so skizzierten die »Hexereien« damit doch *auch* die Zukunft des Geisteslebens in kommunistischen Osteuropa.

Wenn Lucius, der zweifelnde Parteigänger des neuen römischen

Staatskirchentums, dem skeptischen Freund Claudius vorhält, hinter der literarischen Form der oft von Eremiten verfaßten heiligen Werke des Frühchristentums stecke schließlich das legitime Bedürfnis von für die eigene Befreiung kämpfenden Unterdrückten und Beleidigten, Sklaven und Proletariern, die »die effiziente Organisation der christlichen Kirche« brauchen; wenn er Claudius' Kritik am fraglichen wissenschaftlichen Wert, an der vulgären ästhetischen Qualität und am philosophisch selbstmörderischen Autoritätsprinzip der christlichen Religion als intellektuellen Hochmut gegenüber einer neuen sozialhistorischen Bewegung abtut, dann liegen die Parallelen zur neuen kommunistischen Partei- und Staatsmacht offen zutage.

Kulas »Hexereien« stellten jedoch nicht nur ein historisierendes bitter-ironisches *scherzo* auf den neuen kommunistischen Glauben dar. Daß sie gleichzeitig »eine tiefschürfende Reflexion über die Themen des Frühchristentums, über die Lektüre des Neuen Testaments als spezifischer Kulturquelle« (Bronislaw Baczko) bildeten[5], ließe sich an mannigfachen spätantiken Quellen belegen. Man denke nur an die alexandrinische Kontroverse zwischen Kirchenlehrer Origenes und dem Mittelplatoniker Celsus im dritten Jahrhundert *post Christum natum*[6]; oder man denke an des Orosius' 417 AD erschienene sieben Bücher der *Historiae adversus paganos*, eine von Augustinus bestellte Auftragsarbeit, in deren Widmung der Autor ohne jede Ironie seine »hündische« Ergebenheit dem seligsten Vater und Bischof Augustinus zum Ausdruck bringt...[7]

Posttotalitäre Spätantike: Die Verführungen des Glaubens sind auch heute wieder aktuell, mit dem Ende jenes Ostblocks, dessen ideologische Staatsapparate das Zusammenfallen von staatlicher Macht und wissenschaftlicher Weltanschauung sanktioniert hatten und wider die sich Bürgerkomitees aus Menschenrechtlern und Freidenkern oft mit dem kirchlichen Untergrund zur »parallelen Polis« (Leonid Luks)[8], zur »Charta '77«, zur Gewerkschafts- und Bürgerbewegung Solidarność zusammengeschlossen hatten. Nachdem sich der gemeinsame Feind – das kommunistische Gewalt- und Wahrheitsmonopol – zersetzt und das Alte Regime abgedankt hat, löst sich allenthalben die spontane Einheit der Regimegegner in konkurrierende Parteien und Gruppierungen auf. Die einzig dauerhaft organisierte transnationale Struktur – die bekanntlich schon andere Regimes überdauert hat – aber besteht im hierarchisch organisierten Netzwerk der katholischen Kirche.[9]

»Seit mehr als zehn Jahren« – schreibt Oskar Czeczot – »ist das intellektuelle Leben Polens nahezu durch diese kirchlichen Zentren okkupiert worden, die zum obligatorischen Durchgangspunkt für jedermann wurden, der sich öffentlich äußern will. (...) Dieser bereitwillige Proselytismus führte dann dazu, daß praktisch unser gesamtes ›paralleles‹ politisches Leben erobert, ja saturiert wurde durch das Religiöse, Heilige, Irrationale.«[10]

Czeczot spricht bereits vom katholischen »Grabmal des freien Denkens in Polen« und erinnert an die Tradition eines polnischen Mystizismus im vorigen Jahrhundert. Damals bildete sich der nationale Mythos von Polen als dem gekreuzigten »Christus der Völker« (Adam Mickiewicz) gerade als Reaktion auf den gescheiterten Aufstand von 1831.[11]

Von der »Befürchtung, daß sich ein freier Denker und Antiklerikaler, der einst dem totalitären Machtapparat verbunden war, durchaus in einen Apologeten der klerikalen Kollektivordnung verwandeln kann«, hat Adam Michnik, als Historiker selbst übrigens ein Schüler Kulas, schon vor einigen Jahren gesprochen.[12] Seine damalige Warnung vor einem »zweiten Verrat der Intellektuellen« – nach dem totalitären nun der kirchliche Gehorsam – hat heute, insbesondere angesichts der katholisch-nationalen, intellektuellen-(und Juden-)feindlichen Obertöne im polnischen Präsidentschaftswahlkampf[13], nichts an Aktualität verloren.

Man vermeint in Michniks Warnungen das Echo der Mahnungen des Alexandriners Claudius an den papistischen Freund Lucius zu vernehmen: »Sei also fromm, du aufbegehrender Intellektueller, doch verzichte nicht auf den Skeptizismus – auch in der Welt des politischen Engagements. Während du an der antitotalitären Gemeinschaft teilhast, bewahre dir deine Heimatlosigkeit; während du den nationalen Wurzeln treu bleibst, pflege deine ständige Nichtverwurzelung; bringe in die Welt der wankenden Moralnormen die lichte Einfachheit der evangelischen Gebote (›ja – ja;

nein – nein‹), die glatte Welt der amtlich kodifizierten Werte aber erfülle mit dem Gelächter des Narren und dem Zweifel des Libertins.«[14]

Die neue, politisch meinungsführende Rolle der kirchlichen Hierarchie, vor der selbst ein Freidenker wie Vacláv Havel seine Kniebeuge machte, in den Ländern des ehemaligen Staatssozialismus ist bisher in der westlichen öffentlichen Meinung allenfalls Anlaß zu antiklerikalen Ängsten und Witzen gewesen. Übersehen wir hierzulande dabei in der Regel, daß diese für den liberalen Westen so ungewohnte kirchliche Präsenz in Politik und öffentlicher Sphäre gleichzeitig eine Antwort auf strukturelle politische Probleme dieser Gesellschaften »im Übergang zwischen zwei Epochen« (Kula) darstellt, auf die – bisher – die laizistischen Kräfte unvorbereitet erscheinen.[15]

Ich will im folgenden drei dieser Probleme skizzieren.

Fehlende zivile Tradition

Erstens: Die noch fragliche institutionelle Konsolidierung einer Parteiendemokratie. – Unter (fast) allen linken Intellektuellen des neuen, größeren Deutschland bildet der Umstand, daß die neuen Bundesländer der ehemals Deutschen Demokratischen Republik de facto ein »importiertes Parteiensystem« (Bärbel Bohley) erhalten haben, nur Anlaß zu Weh und Klage. Lassen wir die Klage auf sich beruhen – ob die »Gründungssituation« (Thomas Schmid) der DDR-Revolution tatsächlich das Zeug zur *constitutio libertatis* hatte, mögen Historiker entscheiden.

Die osteuropäische Kehrseite dieser deutschen Klage ist jedoch von aktuellem Interesse: Was passiert nämlich in den ex-kommunistischen Ländern, die aus der feudalsozialistischen »Organisationsgesellschaft« *ohne* ein importiertes Parteiensystem nunmehr in den offenen politischen Markt entlassen werden? Die alten (sprich: Vorkriegs-)Parteien, die in allen postkommunistischen Ländern Ostmitteleuropas wieder ihren Anspruch anmelden wollten, sind in den ersten demokratischen Wahlen in der Regel über eine nostalgische Splittergruppenrolle nicht hinausgekommen;

die Transformation der kommunistischen Staatsparteien zu sozialdemokratischen Staatsmanagern ist hingegen in Mitteleuropa von den Wählern nicht honoriert worden.

Dort, in Südosteuropa, wo dies doch geschah (Bulgarien, Rumänien, in einigen jugoslawischen Teilrepubliken), wird man eher vom bedrohlichen Erfolg einer nationalpopulistischen Transformation des Alten Regimes sprechen können: Statt einer parlamentarischen Parteiendemokratie kommt es zu einem plebiszitär abgesicherten Präsidialregime. Iliescus Nationale Front in Rumänien ist mit ihrem offenen Chauvinismus vielleicht das beste Beispiel[16], aber auch Adam Michnik befürchtete im Falle eines Wahlsiegs von Lech Walesa als »Vater der Nation« bei den Präsidentschaftswahlen in Polen »das erste Regime à la Peron in Mitteleuropa«.[17]

»Wenn das Monopol der Partei nur durch den Sieg der Massen ersetzt wird, dann wird binnen kurzem alles verloren sein, denn die Massen haben weder Struktur noch Dauer«, schreibt Ralf Dahrendorf in seinen *Betrachtungen über die Revolution in Europa*: »Die Schlüsselfrage ist, wie die Leere zwischen dem Staat und dem Volk gefüllt werden kann durch Formen des Zusammenwirkens, deren Autonomie soziale Quellen der Macht schafft.«[18]

Die *zivile* Gesellschaft – wie der Sammelbegriff für das antitotalitäre Programm der meisten Oppositionsbewegungen in den Ostblockländern lautete – erfordert nicht nur *soziale* Interessen- und Verteidigungsorganisationen, sondern auch eine Institutionalisierung der *politischen* Konkurrenz, m. a. W. ein einigermaßen stabiles Parteiensystem, das allein die parteipolitische Dialektik von Regierung und Opposition tragen kann. Für eine Herausbildung parteipolitischer *cleavages* hingegen fehl(t)en in den osteuropäischen Ländern bisher die elementarsten Voraussetzungen – freie Wahlen.[19]

Die mehr (Katholiken) oder weniger (Orthodoxe) verfolgten kirchlichen Institutionen haben in der jüngsten Vergangenheit Osteuropas somit zumeist eine Doppelrolle erfüllt: sowohl Lückenbüßer und Auffangbecken für *zivile* politische Assoziationen zu sein als auch den Anspruch einer *totalen* ideologischen Alternative zum totalitären System zu verkörpern. Da sich bisher unter den neuen Bedingungen der Demokratie ein offenes Parteiensystem noch nicht etablieren konnte, kann nun der »lebensweltliche« Organisationsvorsprung der Kirchen auch zum Hindernis für die Demokratie umschlagen – er kann dies, muß es nicht.

Nation und Staatsreligion

Zweitens: Das symbolische Legitimitätsdefizit der Demokratie und die Gefahr des Nationalen. – Das Verschwinden jeglicher Trennung zwischen den Sphären des Heiligen und des Profanen war – wie Adam Michnik 1986 im Gefängnis schrieb – ein Charakteristikum der osteuropäischen politischen Systeme, die eben damit – als Weltanschauungsdiktaturen – anderes und weitaus mehr als bloße »politische Systeme« waren.

Strukturell waren diese atheistischen Staatsreligionen durchaus, wie sich der britische Anthropologe Ernest Gellner ausdrückt, ein dem Caesaropapismus analoges Phänomen[20]: Eusebius von Caesarea (ca. 260-339), ein Vertrauter des großen Konstantin, hatte i. J. 337 in seiner Rede zum dreißigjährigen Regierungsjubiläum des Kaisers – der das gerade den diokletianischen Verfolgungen entronnene Christentum zur Staatsreligion gemacht hatte – die imperiale Macht des kaiserlichen *Autokrator* auf die Herrschaftsübertragung durch den göttlichen *Pantokrator* zurückgeführt und damit die ideologische und politische Macht einem einzigen Legitimitätsprinzip unterworfen. Der Kaiser vereinte die rechtsgläubige (*orthodoxe*) Christenheit, da er »gewissermaßen als Botschafter des göttlichen Wortes die ganze Menschheit zur Erkenntnis des Guten aufruft, indem er allen Menschen dieser Erde mit lauter Stimme die Gesetze der wahren Frömmigkeit zu Gehör bringt«. Wahrhaft durchgesetzt hatte sich diese Vereinigung von Theokratie und Autokratie jedoch nur in Byzanz, dem zweiten – östlichen – Rom.

Das monokratische Regime des Parteistaats der kommunistischen Orthodoxie hat nun im letzten halben Jahrhundert mit der gleichzeitigen Unterdrückung der zivilen *und* religiösen Freiheiten selbst zur Vermengung von religiöser und politischer Sphäre beigetragen, während sich – vom sowjetischen Rußland des Großen

Vaterländischen Krieges bis zu seinen Satelliten im östlichen Teil Europas – ein großer Teil der orthodoxen Nationalkirchen der stalinistischen Autokratie gezwungen oder bereitwillig unterordneten. Nunmehr aber ist der Ort der Macht leer.

»Die moderne Demokratie ist das einzige politische Regime, das wir kennen, in dem die Repräsentation der Macht einen *leeren Ort* bezeichnet, also einen Abstand zwischen dem Symbolischen und Realen aufrechterhält. Dies geschieht aufgrund eines Diskurses, aus dem hervorgeht, daß er niemandem gehört; über den jene, die ihn vollführen, nicht verfügen, besser: den sie selbst nicht verkörpern« (Claude Lefort).[21]

Die Situation nach dem Sturz der Ancients Régimes in Osteuropa ist somit – *mutatis mutandis* – durchaus vergleichbar mit den Legitimationsschwierigkeiten der Volkssouveränität nach dem Ende des Gottesgnadentums. Wer verkörpert nun die Einheit des politischen Körpers, nachdem die weltliche und geistliche Macht – »the king's two bodies« (E. Kantorowicz)[22] – enthauptet wurden? Der sakrale Ort der kommunistischen Macht ist verwaist. Um so höher muß da die Versuchung werden, ihn in postkommunistischen Regimes durch alte Symbole (die Krone auf dem Haupt des polnischen Adlers etwa) wieder zu besetzen.

Nach dem Ende der ständischen Hierarchie der Organisationsgesellschaft wird zudem auch in den osteuropäischen Ländern die »soziale Entropie« (Ernest Gellner)[23] um sich greifen: der symbolische und soziale Strukturmangel von Marktgesellschaften – in denen die unvermeidliche ökonomische »Deregulierung« des bürokratischen Systems der Wirtschaftslenkung einhergehen wird mit einer sozialen Anonymisierung und schockartig erlebten Individualisierung der in die Freiheit (im bekannten Doppelsinn) entlassenen Subjekte.[24]

Schockartig erlebte Strukturbrüche waren in der europäischen Geschichte häufig Anlaß für totalitäre Gefahren – von den chiliastischen Bewegungen des europäischen Mittelalters bis zum nationalistischen Zeitalter des 19. und 20. Jahrhunderts. Ralf Dahrendorf (der paradoxerweise dennoch an der nationalstaatlichen Selbstbestimmung festhalten möchte) spricht schon von einer neuen *faschistischen* Gefahr, der »Verbindung einer nostalgischen

Ideologie der Gemeinschaft, die scharfe Grenzen zieht zwischen denen, die dazugehören, und denen, die draußen bleiben, mit einem neuen politischen Monopol eines Mannes oder einer ›Bewegung‹ und der ausgeprägten Betonung von Ordnung und Mobilisierung an der Stelle von Freiheit und individuellen Wahlchancen«. Dahrendorf hat recht: »Es ist schrecklich, sich die Kombination von frustrierten Militärs, abgetakelten Wirtschaftsplanern und rassistischen Ideologen vorzustellen, die von entwurzelten und enttäuschten Gruppen an die Macht befördert werden könnten.«[25] Auf die ersten peronistischen Anzeichen in Osteuropa haben wir bereits hingewiesen.

Die Kirchen – als die einzigen Institutionen im Ostblock, die unter dem Kommunismus das Terrain sozialer Kommunikation »besetzt« hatten – werden jetzt also auch zum Ort des Kampfs der nationalen Kräfte, des Kampfs um die Besetzung des »symbolischen Mehrwerts« Nation: Während die orthodoxen Staatskirchen, die sich in der Vergangenheit mit dem Alten Regime (etwa in Rumänien) arrangiert hatten[26], heute beeilen, auf den nationalpopulistischen Zug aufzuspringen, sind im Baltikum oder in der Ukraine die unter Stalin verfolgten Katholiken bzw. katholisch Unierten zu Bannerträgern der nationalen Selbstbestimmung geworden: die nationale Bewegung wird selbst zur Partei im Kirchenkampf. Auch in Polen – wo es bekanntlich eine katholisch-mystische Tradition des politischen Messianismus gibt – lassen sich bis in die Äußerungen von Primas Glemp (und der antisemitischen Propagandisten aus dem *staff* Walesas) neuralgische Terrains der Begegnung von nationaler und katholischer Bewegung feststellen, vor denen jüngst etwa Jacek Kuron gewarnt hat (der sich selbst übrigens als Agnostiker dem Glauben im Gefängnis wieder genähert hatte): »Die Religion soll den Menschen Gott näher bringen – eine politisch instrumentalisierte Religion negiert sich also selbst.«[27]

›Religions-politologisch‹ gibt es allerdings einen entscheidenden Unterschied zu beachten zwischen der katholischen *Una sancta* und den diversen nationalen »autokephalen« Ostkirchen: Er hat seine Wurzeln in der kirchlichen Spaltung des römischen Reiches – oder anders gesagt darin, daß Byzanz (und dann, nach dessen Fall, auch seine Nachfolgerin Moskau als »drittes Rom«[28]) keinen

Investiturstreit zwischen politischer Macht und *dictatus papae* erlebt hat. Die von Konstantinopel aus missionierten slawischen Nationen wurden erst mit ihrer Christianisierung selbständig (und später auch kirchlich »autokephal«: mit eignem Oberhaupte) und übernahmen auch das Legitimitätsmuster von Byzanz: ein Cäsar – ein Patriarch – ein Volk.[29] Sie zersetzten also den Universalismus »Roms«, ohne gleichzeitig den (proto-modernen) Rationalisierungsschub der Ausdifferenzierung zwischen Kirche und Staat, Recht und Souverän, ziviler und merkantiler Stadtgesellschaft und geistlicher wie weltlicher *potestas* durchzumachen, der (lange vor der Reformation) die Grundlagen der westlichen Moderne legte.[30]

Heute scheuen einige orthodoxen Hierarchien auf dem Balkan nicht vor einer stillschweigenden oder offenen Unterstützung ihres jeweiligen Nationalismus (die serbische Orthodoxie gegen die kroatischen Katholiken – als späte Rache für den klerikalfaschistischen Terror des katholischen Ustascha-Regimes im Zweiten Weltkrieg[31]) und der Unterdrückung religiöser und nationaler Minderheiten zurück; so hetzt heute die bulgarische Orthodoxie gegen die unter Schiwkoff zwangsbulgarisierte türkisch-muslimische Gemeinschaft und die rumänische Staatskirche (die schon den großen Conducator Ceausescu feierte und sich auf ausländischen Kirchentagen als willfähriges Propagandawerkzeug der nationalkommunistischen Diktatur mißbrauchen ließ) setzt unter dem Iliescu-Regime ihre geistliche Machtpolitik wider katholische ungarische und rumäniendeutsche Katholiken, ungarische Reformierte und die seit den siebziger Jahren im Untergrund sprunghaft anwachsenden neuprotestantischen Freikirchen (Adventisten, Pfingstler, Baptisten usw.) fort.

Im Gegensatz dazu hat sich *pontifex Poloniae* Karol Wojtyla, der gewiß mit seinem Polenbesuch im Juni 1979 am Fall des Kommunismus entscheidenden propagandistischen Anteil hatte, auf seiner jüngsten Pilgerreise ins Heimatland eben nicht für die nationale, sondern für die moralische Intransigenz entschieden: Er wetterte gewiß gegen Abtreibung und westliches Konsumdenken, versuchte aber z. B. im national-religiösen Konflikt zwischen der (west)ukrainischen, byzantinisch-unierten (und jahrzehntelang sowohl von der russisch-orthodoxen wie der polnisch-katholischen

Hierarchie unterdrückten[32]) Minderheit und der katholisch-nationalistischen Mehrheit zu vermitteln – wohl bislang ohne großen Erfolg. Ob die unierte Kirche im Osten Europas also in Zukunft »Bombe oder Brücke« (Thomas Ross) sein wird, ist längst noch nicht ausgemacht.[33] Auch wäre die berechtigte Kritik Johannes Pauls II. an den (wie der Vatikan sie nannte) im jugoslawischen Bürgerkrieg wiederaufbrechenden »Mikronationalismen« weitaus glaubwürdiger, wenn sie ein seit Jahrzehnten überfälliges Schuldbekenntnis der katholischen Kirche zur verheerenden Rolle des katholischen Klerus als Waffengänger und Weihwasserträger der blutigen Ustascha-Diktatur in Kroatien in den Jahren 1941-1945 einschlösse.

Jedenfalls gehorcht heute das katholische *revival*, das nun nach dem totalitären Winter in zahlreichen osteuropäischen Ländern feststellbar ist, nicht allein – und nicht derart umstandslos – einer nationalistischen Logik wie die orthodoxen Weihen, die inzwischen zur Investitur von Volksführern wie Jelzin oder Iliescu gehören.[34] Während orthodoxe Volksfrömmigkeit und »autokephaler« Staatsgehorsam, mystische Volksseele und nationale Intoleranz gegenüber Minderheiten zum natürlichen Humus der wiederaufbrechenden Volkskonflikte im ehemaligen Ostblock gehören, war und bleibt der römische Katholizismus eben nicht primär an die Nation gebunden: weil er universaler ist – und heute eben z. T. auch intransingenter, integristischer oder (*cum grano salis*) »fundamentalistischer« in Sittenlehre und Moralfragen auftritt –; weil er eine kämpfenden Kirche, aber keine Nationalbewegung ist, ist er zugleich von den Säkularisierungstendenzen[35] der jetzt im Ostblock neu entstehenden Markt- und Ellenbogengesellschaften weitaus stärker bedroht als die »autokephalen« Patriarchen und nationalistischen Wendehälse.

Auch die polnische Ausnahme mit einer starken nationalistisch-katholischen Tradition (eines katholischen Landes, das wie Irland Jahrhunderte nichtkatholischer Fremdherrschaft erlebte) bestätigt also die Regel: Die Rettung der katholischen Kirche – und die katholische Rettung vor den Nationalitätenkriegen des ehemals großrussischen und sowjetkommunistischen Imperiums – ist nicht die Nation. Im *design* des Papstes heißt sie »Neue Evangelisierung

Europas«[36] – und sie wäre in (Ost-)Mitteleuropa der geistliche Sieg Westroms über Byzanz[37], der im politischen Zerfall der Union der sozialistischen Sowjetrepubliken allerdings sein Pendant finden könnte in einem nationalistischen Rückzug der Kernrepubliken der UdSSR aus dem sowjetischen bzw. großrussischen Imperium auf eine russische Union, die Wiedergeburt des alten Moskauer Reiches, dessen Einheit sich – woran Alexander Solschenizyn erinnert – »auch in den Metropoliten verkörperte«. Das »dritte Rom« zöge sich auf die russische Erde zurück...[38]

Europäisches Gotteshaus

Drittens: Die europäische Frage. – Bisher haben sich weder die reformkommunistischen noch sozialdemokratischen Kräfte in den neuen Demokratien Osteuropas in der Lage gezeigt, der Wiederkehr des Nationalismus Einhalt zu gebieten – wenn sie dies denn überhaupt versucht haben. Die christlichen Kirchen sind, wie gezeigt, in diesem Prozeß der verstärkten Nationalisierung der politischen Sphären gleichzeitig Kampfplatz und Partei – zwischen den Extremen der Legitimation *nationaler Selbstbestimmung* mittels theologischer Symbole einerseits und einer Zuwendung zur (gleichzeitig personalistischen wie universalistischen) *Selbstbesinnung des einzelnen Christenmenschen* andererseits.

Was die katholische *Una Sancta* betrifft, so hat Papst Wojtylas Reise-, Synodal- und Pastoralpolitik in den letzten Jahren deutlich an europäischem Profil gewonnen: In der Tat sind die »Divisionen des Papstes« (J. Stalin) derzeit die einzige »Internationale«, die in allen osteuropäischen Ländern vertreten ist und trotz gewisser Schwierigkeiten in der Kaderbildung ihren Einfluß beständig ausdehnt. Die erste gesamteuropäische Institution, die nach dem Ende der Spaltung Europas ihre Arbeit aufnehmen soll, ist die gesamteuropäische Bischofssynode, die Johannes Paul II. Ende 1991 zusammengerufen hat.

Adam Michnik hat die Zukunft des posttotalitären Europa im Kampf zweier Antikommunismen gesehen – zwischen dem europäisch-kosmopolitischen und dem nationalistischen Geist (in Rußland entspricht dies dem traditionellen Gegensatz von »Westlern« und »Slawophilen«).[39] Im kommunistischen Polen hatte sich die katholische Kirche im Kampf gegen die Diktatur mit beiden Parteien gemein gemacht: Viel wird somit für die Zukunft (nicht nur) Europas davon abhängen, ob es der freiheitlich-liberalen Intelligenz (nicht nur in Polen) gelingen wird, die Kirche von einer integralistischen Version der Menschenrechte – oder der Rückkehr zum »christlichen Europa« – abzuhalten.[40]

Wenn auch libertäre Linke zu Recht vor einem »papistischen Fundamentalismus« (Paolo Flores d'Arcais) warnen, so scheint mir doch – trotz aller Feldzüge Wojtylas gegen den »Massenmord Abtreibung« und die »nihilistische« Freiheit des Westens – die Entscheidung noch keineswegs gefallen. Wiewohl nämlich in des Papstes Sicht die Menschenrechte *theologisch* dem thomistischen »Naturgesetz« untergeordnet sind – und das Grundrecht der Religionsfreiheit die Gehorsamspflicht für Gläubige keineswegs aufhebt[41] –, so weiß die Kirche doch zu genau, daß sie eine fehlende moralische »Hegemonie« in pluralistischen Demokratien nicht *administrativ* wird durchsetzen können. Zum *Codex Justinianus* kann und will auch Kardinal Ratzinger nicht zurückkehren – das Haupt der Kongregation für Glaubensfragen müßte nicht nur die Französische Revolution des achtzehnten, sondern auch die »päpstliche Revolution« des elften Jahrhunderts wieder rückgängig machen: »Nur dort, wo in irgendeiner Form der Dualismus von Kirche und Staat, von sakraler und politischer Instanz erhalten wird, besteht die Grundbedingung der Freiheit. Wo die Kirche selbst zum Staat wird, geht die Freiheit verloren.«[42]

Die deutsche Linke, die das Wort Gottes (wenn überhaupt) zumeist nur aus protestantischer Verkündigung kennt, neigt nun schon aus ihrer bismarxistisch-kulturkämpferischen Tradition dazu, in der europäischen Evangelisierungsoffensive des Pontifex Poloniae ausschließlich einen freiheitsfeindlichen Kreuzzug wider die Moderne zu sehen, in dem das *Sacrum Imperium* wiedererweckt werden soll. Von der moralisch schwierigen Frage der Abtreibung einmal abgesehen – das päpstliche Europaprogramm sollte nicht unterschätzt werden.

Die Botschaft des Papstes richtet sich nämlich nicht primär an die Staaten und politischen Souveräne – eine »eusebianische« Auffassung, die dem Staat eine Übermacht gegenüber der Kirche einräumt, ist Wojtyla und seinem Chefberater Ratzinger mindestens ebenso fremd wie ein »Gelasianismus« des Vorrangs vom geistlichen vor dem weltlichen Schwert –, sondern *an die zivilen Gesellschaften Europas.*[43] Gerade weil der Papst (oder seine Vordenker) ein eher thomistisch geprägtes *Gesellschafts-* und Menschenbild mit einer »augustinianischen«, theologisch eher pessimistischen *Staats*auffassung verbindet, gilt seine Predigt nicht primär Regierungen (deren Handküsse er natürlich gerne hinnimmt) oder auch politischen Bewegungen (mit Ausnahme der Frühphase von Solidarność), sondern den einzelnen. Die Trennung dessen, was Cäsars, von dem, was Gottes ist – der irdischen von der *civitas Dei*–, verbietet jede nationale oder sozialpolitische Heilslehre: »Kein gesellschaftliches Projekt wird jemals das Reich Gottes, d. h. die endzeitliche Vollkommenheit errichten können. Die politischen Messianismen münden meist in die schlimmsten Tyranneien«, verkündete Wojtyla vor dem Europäischen Parlament.[44]

Zudem ist die – unter Wojtyla deutlich radikalisierte – *katholische Soziallehre* derzeit die einzig halbwegs glaubwürdige antikapitalistische Botschaft: Die Funktion, das politisch »nicht Repräsentierte zu vertreten« (Gianni Baget-Bozzo)[45], hat im katholischen Christentum schließlich eine jahrtausendealte (und indirekt auf den stoischen Universalismus zurückgehende) Tradition, die sich im neunzehnten Jahrhundert mit Leo XIII. um die Dimensionen der Kritik am (demokratischen) Nationalstaat und am (amoralischen) Kapitalismus erweiterte. Wenn Wojtyla sich heute zum Anwalt sozialer Gerechtigkeit macht und den liberalistischen Kapitalismus ebenso wie den marxistisch-leninistischen Kollektivismus als »Strukturen der Sünde« deutet (d. h. an immer zunächst persönliche Verantwortung zurückverweist), *ohne* ein neues Sozialsystem als Alternative zu propagieren, kann er sowohl den Hunger nach Gerechtigkeit als auch den desillusionierten Menschenrechts-Minimalismus der osteuropäischen Freiheitsbewegungen beerben.

Gerade eine *ab origine* (national-)staatskritische Dimension des Politischen wie die ultramontane der römischen Christenheit, die weit hinter die demokratische Idee der Volkssouveränität – und damit den »Irrweg des Nationalstaats« (Glotz) – zurückreicht, ist somit weitaus eher in der Lage als linke oder rechte Regierungen und Parteien, der gesamteuropäischen Einigung den Vorrang vor nationalen Interessen einzuräumen. In seinen Gesprächen mit Jas Gawronski (1989) sieht der polnische Papst gerade in der regionalen Vielfalt Europas als eines kleinen, aber kulturell reichen Kontinents den aktuellen Sinn der in den fünfziger Jahren schließlich von katholischen Politikern (Adenauer, Schumann, De Gasperi) initiierten Europabewegung.[46] Vor dem Europäischen Parlament forderte er 1988 eine gemeinsame politische Struktur »als Ausdruck des freien Willens der europäischen Bürger«, deren Ziel darin bestehen müsse, statt der Hegemonie eines Volkes oder einer Kultur »auf gerechte Weise die Rechte aller Regionen zu verteidigen«, und sprach sich als Anwalt der Osteuropäer deutlich für eine Erweiterung der EG aus.

Flaschenpost vom Föderalismus

Man kann auch noch weiter zurückgehen als bis zu Konrad Adenauer und Alcide De Gasperi, die gewiß die Bedeutung der europäischen Einigung weitaus früher erkannt haben als nationale Demokraten wie Kurt Schumacher oder Jakob Kaiser. Einer der großen katholischen Philosophen dieses Jahrhunderts, der antitotalitäre Denker und »integrale Humanist« Jacques Maritain, versuchte sich im amerikanischen Exil nicht nur an einer Begründung »christlicher Demokratie« aus dem Geiste des heiligen Thomas und Franklin D. Roosevelts; in einer in der New Yorker Zeitschrift *Commonweal* erschienenen Artikelserie aus den ersten vier Kriegsmonaten skizzierte er Grundlinien einer europäischen Nachkriegsordnung, die dann aufgrund des Kalten Krieges nicht zustande kommen konnte.[47]

Es komme für die alliierten Demokratien darauf an, schrieb Maritain, dem »falschen Ideal des Nazi-Imperialismus ein dynamisches Ideal entgegenzusetzen: und dieses ist nur auf Grundlage einer föderalen Zusammenarbeit möglich«. Der Föderalismus habe in

Europa jedoch nur eine Chance, wenn er gleichzeitig auf Deutschland seine Anwendung finde (also eine Rückkehr zum preußischen Machtstaat ausschließe), ebenso wie er umgekehrt für ganz Europa gelten müsse: »Für alle europäischen Staaten würde der Föderalismus gemeinsame Abstriche an ihren Souveränitätsrechten und einen gemeinsamen guten Willen voraussetzen.« Eine solche föderale Struktur Europas sei aber nur als Absage an jede (und nicht nur die deutsche) Form nationalen Hegemonialstrebens zu verwirklichen.

»In Wahrheit ist eine Neubegründung der modernen Staatsauffassung und der zwischenstaatlichen Beziehungen erforderlich. In demselben Maße, wie (die europäischen Staaten) über ihren Zusammenschluß zu einer Föderation in eine institutionell organisierte Gemeinschaft eintreten, müßten sie auch den ›kleinen Vaterländern‹ innerhalb ihrer Grenzen eine höhere Autonomie zugestehen; denn um von vornherein jede totalitäre Gefahr auszuschalten, wäre es in der Tat notwendig, daß anstelle der bis heute herrschenden Nationalstaatsverehrung ein gerechter ›Pluralismus‹ (*sc.* der Regionen und Kommunen) das Gegengewicht zur Konzentration bildet, wie sie die Techniken der internationalen Organisation erfordern. Schließlich müßten zwei Prinzipien beseitigt werden, die beide dem Zeitalter des ›revolutionären bürgerlichen Individualismus‹ angehören: das Nationalitätenprinzip im absoluten Sinne der Theoretiker des 19. Jahrhunderts einerseits und das Prinzip der Nicht-Einmischung (*non-intervention*) andererseits.«

Im Europa des neunzehnten Jahrhunderts – schrieb 1972, im ›normalisierten‹ Prag, der antitotalitäre Philosoph Jan Patǒcka in seinen *Ketzerischen Essais*[48] – vertieft sich »die politische Krise gerade dort, wo die Fragen scheinbar gelöst werden: die deutsche Frage, die italienische Frage. Ihre Lösung hat, anstatt Europa zu beruhigen, in Wirklichkeit seine Partikularismen verschärft und auf dem engen europäischen Raum zu einer tödlichen Gefahr werden lassen.«

1939, also zu Kriegsbeginn, formulierte Maritain die These, »ein föderales Europa (sei) ohne ein föderales Deutschland undenkbar und ein föderales Deutschland ohne ein föderales Europa unmöglich. Diese beiden Aspekte der föderalen Idee lassen sich nicht voneinander trennen.«

1991 – mit dem Ende der Teilung Europas und Deutschlands – könnte diese Geschichte einer europäischen Föderation wieder neu beginnen. Allerdings müßten auch Freidenker und Liberale, Sozialisten und Narren die Botschaft vernehmen. Die föderale Idee hat gewiß gute rechtgläubige Gründe, doch ohne den Ketzer, den Quertreiber, den Libertin wird der »allesumarmende Geist der Christenheit« (Novalis) seine subversive, Grenzen sprengende Kraft nimmer wiederfinden können – das sollten beide, Priester und Narr, doch noch aus den Katakomben wissen.

VII.
Ecclesia Militans
Kapitalismus, Katholizismus und Demokratie
oder
Ein Versuch, den »Osservatore romano« zu lesen

Es gibt einen anti-römischen Affekt... Ich glaube, der Affekt würde sich noch unendlich vertiefen, wenn man es in seiner ganzen Tiefe begriffe, wie sehr die katholische Kirche eine *complexio oppositorum* ist. Es scheint keinen Gegensatz zu geben, den sie nicht umfaßt. *Carl Schmitt* (1923)

Introitus

Die Freiheit der Meinungsäußerung, die Freiheit der Kunst hat ihre Grenzen – nämlich dort, »wo in ihrem Namen die tiefsten Dimensionen von Personen angegriffen und ihre Gefühle als Gläubige verletzt werden. Das Recht auf freie Meinungsäußerung darf nicht auf Kosten der Würde und des Gewissens von anderen Menschen gehen«. Und: »Es ist schwer, die wirklichen Absichten zu kennen, die Salman Rushdie inspiriert haben« (denn offenbar gehört die künstlerische Absicht, die pure Freude an der Erfindung von Geschichten nicht dazu) »und die Bedeutung, die in seinem Leben die islamische Religion hat; aber es ist sicher, daß sein Roman für Millionen von Gläubigen als eine Beleidigung wirkte. Ihr religiöses Bewußtsein und ihre beleidigten Gefühle fordern unseren Respekt. Gerade unsere eigene Verbundenheit mit unserem Glauben verlangt von uns, all das zu beklagen, was in diesem Buch an Unehrerbietigem, ja Blasphemischem enthalten ist.«

Man könnte vielleicht bei diesem Zitat vermuten, daß es vom Bradford Council for Mosques stammt: »Die literarische Qualität eines Textes kann kein Freibrief zur Verunglimpfung eines Fünftels der Weltbevölkerung sein«, klagt in einer Textmontage zum Rushdie-Tribunal in der nordenglischen Industriestadt Bradford Sher Azam, der Vertreter der Muslimischen Gemeinschaft, Salman

Rushdies Roman *Die satanischen Verse* an.[1] Doch dieselbe These hätte man auch im »römischen Beobachter« finden können: dem *Osservatore romano*, also dem Zentralorgan des Vatikans, und zwar, wie eingangs zitiert, in einem ungezeichneten (mithin offiziellen) Kommentar vom Sonntag, den 5. März 1989.

Denn die katholische Kirche ist nicht zuerst Feindin des Islam, sondern einer schrankenlosen – »nihilistischen« – liberalen Meinungsfreiheit; ja – wie Papst Johannes Paul II. in seiner persönlichen Grußbotschaft an alle Muslime der Welt zum Ende des Fastenmonats Ramadan am 20. April 1991 nach Abschluß des vom Stellvertreter Christi auf Erden fundamental und mit allen geistlichen Waffen bekämpften Golfkrieges ausführte – es gibt sogar Gemeinsamkeiten, die die katholische Kirche mit den Nachfolgern des Propheten Allahs verbindet: und zwar in gemeinsamer Frontstellung wider eine bloß materialistisch ausgerichtete Zivilisation des kapitalistischen Westens. Die Muslime bieten mit ihrem »harten Fastenmonat« der modernen westlichen Welt ein »notwendiges Beispiel« des Gottesgehorsams, der Bedeutung des Gebets, der Selbstbeherrschung und der asketischen Einfachheit im Gebrauche der Güter dieser Welt. Auch die Katholiken hatten gerade ihre Fastenzeit hinter sich – mit Buße und Reinigung, in Gebet und Enthaltsamkeit: »Diese Werte, die Christen und Muslime in ihren religiösen Glaubenssätzen und Traditionen teilen, können sie der Menschheit als eine religiöse Antwort auf die Anziehungskraft von Macht, Wohlstand und materiellem Vergnügen anbieten.«[2]

Der Religionsforscher und vatikanische Bischof Piero Rossano gründet gerade auf der gemeinsamen Ablehnung, die Islam und Christentum »der modernen westlichen Kultur in ihrer historistischen, immanentistischen und skeptischen Grundhaltung« entgegenbringen, den »Nutzen des islamisch-christlichen Dialogs«: Es komme beiden Seiten darauf an, »die Grundwerte des Lebens in der Absolutheit Gottes zu verankern statt im bloßen sozialen Konsens oder in hedonistischer und utilitaristischer Willkürfreiheit«.[3]

Und Sandro Magister, der Vatikan-Spezialist des italienischen Nachrichtenmagazins *L'Espresso* geht sogar soweit, zu behaupten, in der vatikanischen Weltanschauung habe mittlerweise das Dreieck Kirche – Islam – Kapitalismus die alte Trias Kirche – Sozialismus – Bourgeoisie abgelöst: Wie sich die katholische Kirche in den letzten hundert Jahren mal mit der einen, mal mit der anderen Seite gegen den jeweils dritten Gegner verbunden habe, so sei jetzt – nach dem Fall des realen Sozialismus – der Islam der dritte Partner/Gegner im Bunde. Weil es im Islam keine dem Westen vergleichbare Trennung von weltlicher und geistlicher Macht – von Klerus und Staat – gegeben hatte[4], deshalb sei der Widerstand des islamischen Fundamentalismus gegen die in die arabischen Länder »importierte westliche Moderne« (Bernard Badie) jetzt zum Bündnispartner für den antimodernen Kreuzzug des Vatikans geworden. Der Hintergrund für die päpstliche Kritik des freien Westens liege im slawischen Messianismus etwa eines Vladimir Solov'ev, der 1877 (also während eines russisch-türkischen Krieges) drei Welten im Konflikt sah: den islamischen Orient, die westliche Zivilisation und die slawische Nation. Während im Orient der Mensch einem »unmenschlichen« Gott unterworfen wäre, lebe im Westen ein »gottloser Mensch« in »allgemeinem Egoismus«. Die slawische Nation habe daher die Aufgabe, Osten und Westen miteinander zu versöhnen, also gleichzeitig Gott menschlicher zu machen und die Menschen näher an Gott heranzubringen.[5]

Diese polemisch überspitzte Skizze Magisters trifft »irgendwie« gewiß etwas Richtiges – und doch ist sie eine unzulässige journalistische Vereinfachung: also falsch. Denn zum einen läßt sich gerade die Tradition des polnischen Katholizismus nicht aus der slawischen Ostkirche und ihrer byzantinischen, caesaropapistischen Matrix[6] erklären. Derselbe Solov'ev hat nämlich gerade am Beispiel des damals vom zaristischen Rußland beherrschten Polen die »absolute Unabhängigkeit der katholischen Kirche gegenüber Staat und Gesellschaft«[7] hervorgehoben – im Gegensatz zur eigenen russischen, mystischen Tradition, die er mit seiner Philosophie als gleichermaßen universale wie nationale Kultur bewahren und entwickeln wollte.[8]

Zum anderen läßt sich weder vom »Islam« – der hier nicht mein Thema ist – noch von der »Kirche« als einheitlichen Blöcken sprechen. Auch das Verhältnis des römischen Katholizismus zur kulturellen, zur politischen, zur sozialen »Moderne« ist weitaus widersprüchlicher und komplexer. Und darum soll es im folgenden gehen. Die Methode, die ich dabei anwenden will, ist eine klassisch hermeneutische: Ich versuche, die Haltung der Kirche Christi – seines aktuellen Stellvertreters, seiner Vorläufer, diverser *think tanks*, Wasserträger und Propagandisten – in ihrem geistlichen und säkularen Kontext zu verstehen und zu erläutern. Ich lese einen Text des kirchlichen Lehramts im Kontext.

Als Text wähle ich dazu eine Ausgabe des *Osservatore romano*, es ist die vom 2.-3. Mai 1991, die auch die kirchenlateinische Version der *Litterae Enciclicae »Centesimus Annus«* Papst Johannes Pauls II. enthält, also seine letzte Sozialenzyklika, verkündet zum hundertsten Jahrestag der Enzyklika *Rerum novarum* Papst Leos XIII. (Zitate aus *Centesimus Annus* sind im Text mit *CA* und der entsprechenden Abschnittsnummer ausgewiesen; Zitate aus *Rerum novarum* mit *RN*).[9] Allerdings werde ich die aktuelle Lektüre des Textes im römischen Beobachter immer wieder durch Rekurs auf den Kontext – auf *scriptura et traditio* – unterbrechen müssen: Ich beginne mit dem Titel dieses Tageblatts (1.), um seine Stimme dann in der aktuellen politischen, kulturellen und religiösen (Presse-)Landschaft zu verorten (2.) – und bei dieser Gelegenheit füge ich auch einen kleinen religionssoziologischen Exkurs zu Formen und Motiven eines aktuellen papistischen Fundamentalismus ein. Danach erst komme ich (3.) auf die Innenseiten des römischen Beobachters zu sprechen, auf die päpstliche Botschaft zur sozialen Frage nach dem Ende des realen Sozialismus, was (4.) einen Rekurs auf die alteuropäischen Traditionen der katholischen Soziallehre notwendig machen wird. In diesem Kontext erst ist dann auch (5.) die päpstliche Kritik der ökonomischen Vernunft angemessen zu verstehen und zu würdigen. Ob freilich (6.) Karol Wojtylas Versuch einer charismatischen Erneuerung der Kirche als »Bewegung« von Erfolg gekrönt sein wird, das weiß Gott allein.

1.
Die Pforten der Hölle

Fangen wir mit der Lektüre des päpstlichen Zentralorgans, des *Osservatore romano. Giornale quotidiano politico religioso,* gleich auf der Titelseite an: Wer heute das lateinische Motto dieser »politisch-religiösen Tageszeitung«, wie sie sich nennt, liest – *Unicuique suum – non praevalebunt* (»Einem jeden das Seine – sie werden nicht obsiegen« – dazwischen finden sich die päpstlichen Insignien, die Tiara, die dreifache Krone und die beiden Petrusschlüssel), der würde vermutlich daran denken, daß mit denjenigen, die da nicht über die Christenheit obsiegen sollen, die Heiden des Mittelalters gemeint sind, vor allem die Sarazenen des Mittelmeers und überhaupt die Muselmanen im Heiligen Lande.

Gegen diese organisierten bekanntlich der Heilige Stuhl im Mittelalter seit Papst Urbans II. (1088-1099) berühmter Predigt in Clermont i. J. 1095 und dann vor allem der erste Propagandist des »totalen Krieges« gegen das Reich des Antichrist, der mönchische Militarist und Mystiker St. Bernhard von Clairvaux[10], den Heiligen Krieg und stellten die ersten multinationalen Eingreiftruppen des Westens auf. Diese eroberten dann, nach der islamischen »Reconquista« Jerusalems durch Saladin, am Ende – 1204 – allerdings nicht das Heilige Land, sondern das allerchristlichste Ostrom, wo sie ein kurzlebiges lateinisches Imperium errichteten und es im Interesse des venezianischen Handelskapitals zu einer *partitio Romaniae* zwischen diversen Kreuzritterlehen und der Vormacht der Venezianer in der Ägäis kam (aber das wäre wirklich ein anderes Thema).[11]

Aber weit gefehlt: Der *Osservatore romano* ist zwar gewiß auf seine Weise auch (und immer noch) ein Kreuzzugsblatt; doch seine erklärten Feinde sind nicht die Kinder des Propheten. Wen also hat der »römische Beobachter« im Auge? Schauen wir noch einmal auf die Titelzeile der Ausgabe vom 2. Mai 1991: Ich lese »Anno CXXXI«: im 131. Jahre. Rechnen wir zurück: 1991 – minus 131 Jahre – macht 1860. Wer waren i. J. 1860 die Feinde des Vatikans?

In diesem Jahr[12] scheiterten die Rothemden, nämlich die demokratischen, liberalen und zumeist auch antiklerikalen Freischärler des Helden der nationalen Einigungsbewegung, Giuseppe Garibaldi, fünfzehn Kilometer vor der Heiligen Stadt an der Via Nomentana beim Versuch, den Kirchenstaat einzunehmen – das Patrimonium Petri, dessen geistlicher Herr und *noch* weltlicher Souverän, Papst Pius IX., die Souveränität des Volkes nicht anerkannte.[13] (Bekanntlich sollte der Heilige Stuhl erst 1929 einen Staatsvertrag mit dem italienischen Volke schließen, das damals nicht von Demokraten und Liberalen vertreten wurde und auch keine rechtsstaatliche Republik war, sondern ein faschistisches Regime!)

Und jetzt verstehen wir auch das Motto *non praevalebunt* des »römischen Beobachters«: denn es ist natürlich ein Zitat aus der Heiligen Schrift (*Mt* 16. 18), genauer gesagt aus der Einsetzungsurkunde des ersten Papstes: tu es Petrus, et super hanc petram aedificabo ecclesiam miam, et portae inferii *non praevalebunt* adversus eam. »Du bist Petrus, der Fels, und auf diesem Felsen will ich meine Kirche bauen; und die Pforten der Hölle werden sie nicht überwältigen.« Die Pforten der Hölle, das waren also die Demokraten und Liberalen des italienischen Risorgimento, die die weltliche Macht der Kirche beseitigen wollten, um statt dessen die Trennung von Kirche und Staat durchzusetzen oder, wie Cavour sich ausdrückte (der übrigens dank göttlicher Fügung 1861 starb): »eine freie Kirche im freien Staat«.

Petri Nachfolger, der als Souverän noch einmal davongekommen war, replizierte 1864 im berühmten *Syllabus errorum*, einem Globalangriff auf die gesamte westliche kulturelle und politische Moderne: »Wir sind nicht liberal, wir sind unfehlbar!«; und ließ sich seine *summa potestas* daraufhin noch im ersten vatikanischen Konzil (Dezember 1869 – Juli 1870) bestätigen. Am Tag nach dieser Verkündigung der päpstlichen Unfehlbarkeit *ex cathedra* brach der deutsch-französische Krieg aus. Und das Ende des kleinen Imperator Napoleon bei Sedan, der den Papst und Bischof von Rom bis zuletzt vor den Italienern geschützt hatte, besiegelte auch das Ende des Kirchenstaates. Die Regierung der dritten französischen Republik zog die Garnison von Rom ab, und die nachrückenden Italiener drangen über die »Bresche an der Porta Pia« in die Heilige Stadt ein. Im Sommer 1871 wurde dann auch die italienische Hauptstadtfrage definitiv – und in Übereinstimmung mit über vierzigjährigen feierlichen Willenserklärungen – geklärt: König Vittorio Emanuele bezog den Quirinalspalast, die bisherige päpstliche Sommerresidenz.

Einer der ersten Akte der Stadtverwaltung der nun endlich italienischen Hauptstadt bestand darin, dem als Ketzer verbrannten »New Age«-Guru der Renaissance, Giordano Bruno, auf dem Campo dei Fiori (dem Blumen-, Fisch- und Gemüsemarkt) an der Stelle seines Scheiterhaufens ein Denkmal zu errichten. Noch heute trifft sich dort alljährlich zum Todestag Brunos ein versprengtes Häuflein schwarzgewandeter Anarchisten und Freidenker und hält flammende Reden gegen alte und neue Fundamentalisten. Und jeder Bürgermeister Roms muß einen Kranz stiften: SPQR – Senatus populusque Romanus – per Bruno.

Zur selben Zeit werden (nur wenige Schritte weiter: die Via Giubbonari entlang über die Via Arenula hinweg) die Mauern des jüdischen Ghettos eingerissen (1885) – im Kirchenstaat nämlich hatten die Juden keine gleichen Bürgerrechte besessen (nur unter der Besatzung der französischen Revolutions- bzw. dann Kaisertruppen i. J. 1798 und 1809, aber der Stellvertreter Christi auf Erden hatte diese Maßnahme danach stets wieder rückgängig gemacht). Und die jetzt gleichberechtigte *Comunità ebraica* wählt ihren eigenen Gemeinderat und kann ein Jahrzehnt später zum erstenmal in der Heiligen Stadt eine große, das Tiberufer gegenüber der alten *Insula Judaeorum* des kaiserlichen Rom beherrschende Synagoge errichten.[14]

Noch ein Wort zu den Pforten der Hölle. Deren Parteigänger waren in den Augen des Vatikan – wie wir gesehen haben – die Befürworter einer Trennung zwischen der kirchlichen Macht über die katholischen Seelen und der weltanschaulich neutralen weltlichen Organisation des Gemeinwesens im laizistischen Staat. Und in der Tat waren viele italienische Liberale Freimaurer und Freidenker; und viele davon jüdische Advokaten und Intellektuelle. Gegen diese Mächte der Finsternis wurden aber keineswegs bloß Bannflüche oder die Hellebarden der Schweizer Gardisten eingesetzt. Die

Garibaldini waren zehn Jahre zuvor beim ersten Versuch, die Heilige Stadt zu erobern, nicht zuletzt deshalb gescheitert, weil damals die französischen Hilfstruppen des Papstes zwar keine sonderliche Motivation, aber die modernen Waffen hatten – nämlich das Chassepotgewehr, ein Repetiergewehr, das zwölf Schuß pro Minute abgeben konnte – und damit die italienische Volksmiliz regelrecht niedermähten.

Nach dem Sieg des weltlichen Italien über den Heiligen Stuhl zog dieser sich dann allerdings auf indirekte Waffensysteme zurück – und bedrohte jahrzehntelang alle Italiener, die am politischen Leben des neuen Staates teilnahmen (also das aktive und passive Wahlrecht tatsächlich ausübten), mit der Exkommunikation: Das ist kein Pappenstiel, sondern für das Ewige Leben eines gläubigen Katholiken der GAU: der größte anzunehmende Unfall – wer nämlich als Exkommunizierter (und das heißt: im Stande der Todsünde) stirbt und nicht die Gnade einer – für gewöhnliche Sterbliche reichlich unwahrscheinlichen – Liebesreue *(contritio)* hat (also nicht die bloße Angst vor der göttlichen Strafe, die *Attritio*), der muß auf ewig in der Hölle schmoren.

Diese ablehnende Haltung gegenüber der demokratischen Staatsform[15] hat die katholische Kirche zunächst bekräftigt: etwa Leo XIII. i. J. 1881 in seiner Enzyklika *Diuturnum*, in der er Rousseaus These vom demokratischen Gesellschaftsvertrag als »Phantasie«-Produkt zurückweist: das politische Gemeinwesen (*civitas*) entsteht nicht aus Willen oder Vertrag, sondern aus der Natur des Menschen, und alle Staatsgewalt geht von Gott aus; dann Papst Pius X. in seinem Hirtenbrief an die französischen Bischöfe i. J. 1910, in dem er die demokratische katholische Bewegung *Le Sillon* (gegründet von Marc Sagnier) verdammt: »Gerechtigkeit sei mit jeder Regierungsform vereinbar« und »indem Demokratie die Brüderlichkeit von der christlichen Nächstenliebe trennt, ist sie alles andere als ein Fortschritt, sondern stellt eine verheerende Katastrophe für die Zivilisation dar«; danach sitzt der Vatikan die demokratische Frage während der faschistischen und nationalsozialistischen Herrschaft über Europa aus...

Ex cathedra hat das Oberhaupt der katholischen Kirche die Ablehnung der demokratischen Staats- und Regierungsform erst sehr viel später aufgegeben; bezeichnenderweise wieder nach einer militärischen Niederlage, diesmal am Ende des Zweiten Weltkriegs, als Pius XII. in seiner berühmten Weihnachtsbotschaft im Rundfunk (24. Dez. 1944) die Demokratie als Staatsform der Zukunft bezeichnete.[16] Allerdings fällt zu ihrer Vollendung eine »wesentliche Rolle« der Religion Christi und der Kirche zu. – Nunmehr werden nur diejenigen Wähler exkommuniziert, die die kommunistische Partei wählen.

Aber das ist lange her. Das werden wir sogleich merken, wenn wir uns jetzt dem aktuellen weltlich-politischen Kontext der neuen Sozialenzyklika des Papstes zuwenden. Stellen wir also, bevor wir im *Osservatore romano* weiterblättern, die Frage: Wie haben die anderen Tageszeitungen auf unsere Ausgabe des »römischen Beobachters« vom 2. Mai reagiert?

2.
Papismus und Pazifismus

Presseschau: »Die große Utopie ist vorgezeichnet. Aus der Asche des Kommunismus – der von der Geschichte besiegt wurde, da er ›die Entfremdung nicht beseitigt, sondern noch steigert, weil der Mangel am Notwendigsten und das wirtschaftliche Versagen hinzukommen‹ – kann eine neue Welt aufgebaut werden, die sich die ganzheitliche Entwicklung des Menschen zum Ziele setzt.« So heißt es in einem Leitartikel vom 3. Mai 1991 zur neuen Sozialenzyklika des polnischen Papstes. Freut sich da ein kalter Krieger über den Sieg des christlichen Abendlandes?

Audiatur et altera pars: Allerdings – so gibt am selben Tag der Leitartikel einer anderen Tageszeitung mit einem anderen Papst-Zitat zu bedenken – darf bei aller Freude über die Niederlage des Totalitarismus doch nicht vergessen werden, »daß die Krise des Marxismus keineswegs die Ungerechtigkeiten beseitigt, aus denen der Marxismus seine Stärke bezogen hat«. Das klingt doch schon recht links – oder zumindest sozialdemokratisch. Und der Autor fährt fort: »Viele dieser Ungerechtigkeiten bestehen in den Industrieländern noch weiter, und neue Ungerechtigkeiten haben sich in den Ländern der Dritten Welt ausgebreitet und vermehrt. Der Kampf gegen das Unrecht muß daher mit verstärkter Energie fortgesetzt werden.« Wojtyla, der Kampf geht weiter!

Nun, liebe Leserin, auf den Titelseiten welcher Journale standen wohl diese beiden Artikel? Der erste klingt doch ganz nach *Die Welt* (bei der *FAZ* wäre der Triumph des Westens gewiß distinguierter formuliert worden, man hätte zumindest auf den heutzutage unpassenden Ausdruck ›Utopie‹ verzichtet), und der zweite? Nein, die *taz* ist doch immer noch zu antiklerikal, ich tippe eher auf *Frankfurter Rundschau*, oder?

Ganz falsch geraten: Das erste Zitat stand unter der triumphalen Überschrift »Die Utopie des dritten Jahrtausends« in der (ex-) kommunistischen Tageszeitung *l'Unità*, »gegründet von Antonio Gramsci i. J. 1924«, wie auf dem Zeitungskopf vermerkt. Das zweite, sozialkritischere, Zitat hingegen stammt aus dem Leitartikel »Gerechtigkeit und Kapital«, den der Christdemokrat Romano Prodi, der frühere Chef der italienischen staatskapitalistischen Mega-Holding IRI, für das Turiner Tageblatt *La Stampa* verfaßte. Im Impressum der *Stampa* lesen wir: »Tageszeitung, gegründet i. J. 1867. Präsident: Giovanni Agnelli«, also der FIAT-Chef. Verkehrte Welt?

In derselben Ausgabe der *Stampa* fügt »ingeniere« Carlo De Benedetti, als Olivetti-Chef und Repräsentant des innovatorischen, europaorientierten Privatkapitals einer der Hauptkonkurrenten von »avvocato« Agnelli um die Rolle der Wortführerschaft aufgeklärt kapitalistischen Geistes in Italien, hinzu: »Die Niederlage des Kommunismus ist nicht der Sieg des Kapitalismus. Meiner Ansicht nach liegt die große Neuheit dieser päpstlichen Botschaft darin, daß die Kirche den freien Markt als eine unabdingbare – nicht ausreichende, aber unverzichtbare – Bedingung der politischen Demokratie ansieht.«

Die einzige Ausnahme in diesem allumfassenden (griech.: *katholischen*) Konsens für das »soziale Evangelium« des Papstes, der quer durch alle politischen Lager Italiens geht, war ein leicht säuerlicher Kommentar des Vorsitzenden der Confindustria (des Unternehmerverbandes) Pininfarina, der sich von des Papstes Kritiken an einem »ungezähmten Kapitalismus« (*capitalismus effrenus*)

»beleidigt« fühlte. Doch seine Vorgänger Vittorio Merloni, Chef der Ariston-Gruppe (elektronische Haushaltsgeräte), korrigierte diesen unchristlichen Mißklang sogleich: Der Papst habe recht, »der Kapitalismus reicht nicht aus, er ist nur eine Art Motor, der Reichtum produziert. Andere Subjekte müssen diesen Reichtum dann gerecht verteilen.« Und Olivetti-Chef De Benedetti geht noch weiter: »Wir Unternehmer müssen darangehen, einen intelligenten Kapitalismus zu schaffen, d. h. einen Kapitalismus, der den Profit, der gewiß eine Grundbedingung des Kapitalismus darstellt, mit dem Wachstum des Menschen, seinen beruflichen Fähigkeiten und der Achtung vor der Natur zu verbinden weiß.«

Gemeinschaft, Befreiung & Co.

Die wahrhaft ökumenische Übereinstimmung, mit der in Italien am Tage der Arbeit 1991 die lange angekündigte neue Enzyklika begrüßt wurde, hat in diesem immer noch katholischen Lande gewiß auch innenpolitische Gründe. Es fällt nämlich Wirtschaft und Politik in Italien schwer, mit dem Papst allzusehr und allzulange über Kreuz zu sein. Ebendies aber war der »Palazzo«, also die politische Klasse des Regierungslagers (wenngleich nicht nur sie), in den letzten Monaten gewesen: anläßlich des Golfkriegs der Allianz aus westlichen und arabischen Staaten gegen den völkerrechtswidrigen Überfall des Irak auf Kuweit und die Aggression Saddam H.s gegen Israel.

Papst Wojtyla, dessen Heiliger Stuhl bekanntlich bis heute den Staat Israel immer noch nicht diplomatisch anerkannt hat, hatte den Golfkrieg als »Abenteuer ohne Ende« bedingungslos verdammt. »Während des Kriegs hat es der Vatikan in Rom gemeinsam mit den auf die apostolische Zeit zurückgehenden Kirchen des Orients abgelehnt, die Rolle eines Feldgeistlichen des westlichen Heeres zu übernehmen«, schrieb die katholisch-integralistische Monatszeitschrift *30 GIORNI* stolz; und die papistische Massenbewegung *Comunione e Liberazione* (»Gemeinschaft und Befreiung«, abgekürzt CL) ließ es sich nicht nehmen, unter dem auch in Deutschland bekannten Slogan »Kein Blut für Öl!« eine raffinierte antiwestliche Friedenskampagne zu veranstalten, die nicht allein die regierenden Christdemokraten, sondern auch die ehemaligen Kommunisten in arge Gewissensnöte brachte.

Denn der Vatikan befand sich in seiner Ablehnung des Kriegs in Übereinstimmung mit beiden großen sogenannten »politischen Subkulturen« Italiens, also mit der Stimmung im katholischen und im kommunistischen Milieu – und im Gegensatz zur politischen Klasse, insbesondere zur (in einer Koalition mit den »bellizistischen« Sozialisten und Republikanern regierenden) Führung der Democrazia Cristiana. In deutliche Schwierigkeiten geriet aber auch der Reformflügel der ehemaligen Kommunisten – jetzt: demokratische Linkspartei (PDS).

Gleichzeitig nämlich machte die militant-katholische »Volksbewegung« (das *Movimento popolare*), die man gleichzeitig als den papistischen Flügel in der christdemokratischen Volkspartei und als den »weltlichen Arm« der vor allem in der akademischen Jugend äußerst schlagkräftig agierenden katholischen Jugendbewegung von CL ansehen muß, nicht allein die DC nervös.

CL, Comunione e Liberazione, eine vor über zwanzig Jahren in Mailand – also im ›modernen‹ Norditalien und nicht im traditionalistischen Milieu zurückgebliebener Regionen des Südens – von ihrem geistlichen Führer Don Giussani[17] aus einer im Zeichen der 68er Bewegung revitalisierten integristischen Strömung des italienischen Laienkatholizismus ins Leben gerufene charismatische Gemeinschaft, verdient eine eigene Betrachtung, und zwar auch im Vergleich zu fundamentalistischen Tendenzen in anderen Weltreligionen.[18] Ich will beides im folgenden wenigstens kurz andeuten.

Was ist Comunione e Liberazione? Dieser religiösen Bewegung ist es gelungen, mit der Sinnkrise der modernen Welt auf eigene, religiös-militante Art und Weise fertig zu werden. Aus dem ›Ereignis‹ – der Erfahrung der Begegnung mit dem Glauben – wird unter geistlicher Führung die in der säkularen Welt sichtbare ›christliche Gemeinschaft‹ als praktizierte Utopie in allen Lebensbereichen, gewissermaßen als *fait social total* (Marcel Mauss). »Die Begegnung mit jenem Stück Kirche, das die christliche Gemeinschaft in unserer Umgebung darstellt« – schreibt Don Giussani – sei »eine

Gnade, eine Gabe Gottes«; konkrete Gestalt erhält die »Verfügbarkeit und Verpflichtung gegenüber dem Ereignis des Christentums« in der »Aufforderung, die von den Menschen dieser Gemeinschaft und von denen, die diese Gemeinschaft leiten, ausgeht«[19]: die sichtbare Präsenz katholischer Lebensformen *in partibus infidelium* – in der säkular gewordenen Welt.

Diese von CL organisierte Form religiöser Praxis läßt sich zwar (in der Terminologie von Peter L. Berger) als eine »gegenmodernisierende« Strömung religiöser Bindung in der weltanschaulich pluralistisch gewordenen Gesellschaft begreifen, doch ist das um die »Bruderschaft Comunione e Liberazione« organisierte Netzwerk aus Verlagshäusern, mehreren Zeitungen, Kooperativen (Compagnia delle Opere), politischen und sozialen Parallelorganisationen (Movimento popolare, Cattolici popolari, Centri di Solidarità) durchaus zu einer effektiven und höchst ›modernen‹ Präsenz und Konkurrenz auf dem politischen, dem ökonomischen und dem kommunikativen Markt in der Lage. CL kann sich also der theologisch um ihre Fortschrittsmythen »entzauberten Moderne« (Abbruzzese) technologisch, ökonomisch und massenmedial sehr wohl bedienen: In ca. dreißig Städten Italiens sind ihre Kooperativen vertreten (zumeist Restaurants, Studentenwohnheime, Sozial- und Therapieeinrichtungen); an den Universitäten Rom und Mailand haben sie Mitte der achtziger Jahre die absolute Mehrheit der Studentenvertretungen erringen können, in den übrigen Unis sind sie jedenfalls mit ca. 40 % die jeweils stärkste Studentenorganisation; in der Christdemokratie organisiert der Europaparlamentarier Roberto Formigoni eine potente Lobby des »Movimento popolare«; zu den jährlichen multimedialen Meetings in Rimini kommen jeweils 300 000 bis zu einer halben Million Teilnehmer.

Man könnte bei dieser religiös-politischen Bewegung also von einem gleichzeitig ›postmodernen‹ wie ›antimodernen‹ katholischen Integralismus sprechen. (Übrigens: Seit neuestem gibt es auch einen deutschen Ableger von »Comunione e Liberazione«, und seit Anfang des Jahres erscheint in Aachen die deutsche Ausgabe der integristischen Monatszeitschrift *30 GIORNI: 30 TAGE in Kirche und Welt*, von der auch eine amerikanische, spanische, brasilianische und französische Ausgabe erscheint.)

Ein Exkurs zum Fundamentalismus

Versuchen wir eine kurze religionssoziologische Verortung von CL im Vergleich mit anderen fundamentalistischen Tendenzen. Das Problem soziologischer – und vor allem der meisten marxistischen – Religionsdeutungen liegt ja u. a. darin, daß dabei häufig versucht wird, den religiösen Fundamentalismus aus etwas anderem zu erklären. Der religiöse Eifer ist dann sozusagen die »falsche Adresse« für einen eigentlich sozio-ökonomisch motivierten Unmut.[20] Ein berechtigtes soziales Motiv (also etwa im Falle des Iran: die Modernisierungsverlierer der »grünen Revolution«) finde leider falsche Ausdrucksformen (nämlich die theokratischen Mullahs).

Das Verdienst von Martin Riesebrodts vieldiskutierter Untersuchung *Fundamentalismus als patriarchalische Protestbewegung* (1990) liegt nun gewiß darin, daß er sich solchem soziologischen Reduktionismus entzieht, daß er also versucht, ›Religiöses aus Religiösem zu erklären‹. Den Fundamentalismus untersucht Riesebrodt an zwei Bewegungen: den protestantischen »Fundamentals« in den Vereinigten Staaten zu Anfang des Jahrhunderts und den schiitischen Mullahs im Iran, denen es mit der islamischen Revolution gelang, die traditionelle Handwerkerschicht einer durch die von Schah Rehza Pahlevi vorangetriebenen ökonomische und kulturelle Modernisierung bedrohten Bazarökonomie für das »gesetzesethische« Programm einer Herrschaft des muslimischen Rechtsgelehrten zu mobilisieren – und findet erstaunliche Gemeinsamkeiten: In beiden Fällen handele es sich um einen »revolutionären Traditionalismus«, der im städtischen Milieu eine Gesetzesreligion – d. h. eine rationale Weltbeherrschung durch eine literarisch (das geoffenbarte Buch) fixierte Lebensform – wider den Prozeß der sozialen Modernisierung mobilisiert (bzw. »wieder« entdeckt).

Das auf diese religiöse Weise reagierende – und durch die (im Iran vergleichsweise autonome) »Geistlichkeit« organisierte – »sozial-moralische Milieu« (Lepsius) war zudem in beiden Fällen nicht nur ökonomisch, sondern kulturell bedroht: vor allem durch das Verschwinden der traditionellen Trennung der Sphären von männlicher und weiblicher Welt (die deshalb symbolisch um so stärker betont werden muß); in beiden Fällen handelt es sich zudem um den traditionellen städtischen Mittelstand der US-amerikanischen bzw. persischen Gesellschaft, der auf die moderne Gefährdung seiner moralischen und »Lebenswelt« gesetzesethisch, patriarchalisch und organizistisch reagiert.[21]

Läßt sich dieses theoretische Modell vom Fundamentalismus: revolutionärer Traditionalismus als gesetzesethische Radikalisierung eines traditionellen »sozial-moralischen Milieus« nun – wie Riesebrodt meint – verallgemeinern? Z. B. auf die neuprotestantischen »fundamentalistischen Sekten« (so werden sie jedenfalls von der hauptbetroffenen Konkurrentin, der katholischen Kirche, genannt[22]), die derzeit vornehmlich in Lateinamerika einen wahrhaften Siegeszug antreten?[23] Oder auf die neue Generation »islamischer Intellektueller« in vielen arabischen Ländern?[24] Oder eben auf Comunione e Liberazione, die in Italien unter liberalen Linken als »fundamentalistisch« gilt, und andere neue charismatische Strömungen im Katholizismus?[25]

Ich glaube dies nicht, und zwar weder in sozialer noch in religiöser Hinsicht: In all diesen Fundamentalismen sind es nämlich gerade nicht traditionelle sozial-moralische Milieus, die auf neue Weise traditionalistisch reagieren, sondern neue, von der sozialen Modernisierung (v. a. der allgemeinen Schulbildung) hervorgebrachte städtische Intellektuelle, die die »Kader« der Bewegung ausmachen. Auch im durch ein schier unendliches religiöses Wirrwarr gekennzeichneten Schwarzafrika sind charakteristischerweise (wie Christian Coulon vom Schwarzafrikanischen Forschungszentrum Bordeaux schreibt) der doktrinäre »Islamismus« – im Unterschied zum synkretistischen, von magischen Praktiken durchsetzten Volksislam – und der neuprotestantische »Fundamentalismus die am meisten intellektuelle Version der religiösen Erneuerung. Der Fundamentalismus betrifft, wie der Islamismus, vor allem die Studenten, die Lehrer, die Funktionäre. Seine Ideologie lehnt den Anspruch, auf rein säkularem Wege die ›gute Gesellschaft‹ zu fabrizieren, ab; sein Credo läßt sich im Slogan zusammenfassen: Die Hoffnung ist Jesus und nicht die Politik!«[26]

Nehmen wir als Beispiel die »neue Welle« einer islamistischen Intelligenz: Wie Gilles Kepel, Olivier Roy u. a. untersucht haben, rekrutiert sich diese gerade nicht aus den hinterwäldlerischen ländlichen Volksschichten, aber auch nicht aus dem traditionellen Handwerker- und Kleinhandelsmilieu der städtischen Basare. Sie stellt vielmehr eine Intellektuellengeneration dar, die das Produkt der letzten großen Alphabetisierungswelle – und dann der mittleren und höheren Schulbildung – ausmacht. Viele kommen aus technisch-naturwissenschaftlichen Berufen oder Ausbildungsgängen, und für ihre religiöse Identität oder Ideologie ist gerade (im Unterschied zu den traditionellen Schriftgelehrten) ein selektiver Gebrauch der Moderne eigentümlich: m. a. W. ein Akzeptieren, ja oft eine Bewunderung für die Naturwissenschaften und technischen Fächer, hingegen eine Ablehnung der historischen, sozialen oder Humanwissenschaften, die *en bloc* der *jayhilliyya,* also der gottlosen Zivilisation zugeschrieben werden.

Gleichzeitig üben sie jedoch auch Kritik an der offiziellen religiösen Hierarchie der traditionellen islamischen schriftgelehrten »Geistlichkeit« (die Anführungszeichen sollen hier daran erinnern, daß es ja im Islam keinen Klerus im christlichen Sinne gibt). Diesen neuen »proletarisierten« Massenintellektuellen der islamischen Welt sind heute, mit einer Verallgemeinerung der Alphabetisierung in den arabischen Ländern, nämlich die beiden alten Wege, sich (als schriftgelehrte Avantgarde) vom Volke abzuheben, versperrt: der Aufstieg in Universität und Staatsbürokratie einerseits – oder die Aufnahme in die religiöse Korporation der Schriftgelehrten andererseits.

Olivier Roy[27] hat diese (nach den Modernisten und den Traditionalisten) »dritte Welle islamischer Intellektueller« als autodidaktische *bricoleurs,* als politisch-theologische »Bastler« bezeichnet, die unter modernen, fragmentierten Wissensbedingungen – und z. T. gegen die offiziellen islamischen Gelehrtenschulen – mit einer einfühlenden Interpretation (*ijtihad*) als Weg zur göttlichen Einheit (*tawhid*) eines unübersichtlich gewordenen Wissens Motive der alten Sufi-Mystik des »totalen Menschen« wiederbeleben: unabhängig davon, ob sie dann einen politisch-revolutionären oder »pietistischen« Weg gehen.

Eine solche Einheit des Wissens – und des Lebens – ist aber unter den Bedingungen einer auch in die arabischen Länder längst hineingebrochenen Moderne (der funktionalen Ausdifferenzierung von Ökonomie und Politik, von Glauben und Wissen) nur noch prekär zu haben: und die »Wiederbestätigung der Tradition« (Peter L. Berger), die doch eine Neuinterpretation ist, wird gerade darum »fundamentalistisch« reklamiert. Die Autorität der heiligen Texte ist an die Interpretation verwiesen – und wird darum um so vehementer behauptet (und man versteht, warum Salman Rushdies Roman *Die satanischen Verse*, der in den heiligen, geoffenbarten Text eine pluralistische Vielfalt möglicher Interpretationen von Propheten *und* Poeten fiktiv hineinführt, eine derart radikale Herausforderung für diese islamistische Generation darstellt: stellt der Poet doch ihr Interpretationsmonopol in Frage[28]).

In gewisser Weise sind nun auch die Aktivisten von Comunione e Liberazione mit den Protagonisten dieser »dritten islamistischen Welle« zu vergleichen – auch sie sind soziologisch gesehen Produkte der Massenuniversität, auch sie versuchen eine Neuzusammensetzung der kognitiv und sozial fragmentierten modernen Lebenswelt unter Bedingungen der kulturellen Anomie. (Gerne zitiert Don Giussani Pier Paolo Pasolinis Verdikt der Konsumgesellschaft als »neuem Faschismus«.[29])

Und auch die »Ciellini« sind – im Gegenwartskatholizismus nach dem vatikanischen Konzil – eine »dritte« Welle religiöser Mobilisierung: Nach den altbackenen, antikonziliaren *Traditionalisten* (vom Typ Lefebvres) und nach den *Modernisten* einer euphorischen Deutung des II. Vaticanum greifen sie – unter veränderten Bedingungen – auf den Katholizismus als *Sozialbewegung* zurück (worin dieser unter Leo XIII. bestand, darauf komme ich noch zurück). Sie grenzen sich somit sowohl vom traditionellen Integrismus eines Teils der katholischen Hierarchie ab, indem sie den Großen Steuermann Wojtyla als charismatische Figur wider die verknöcherte Bischofsbürokratie anrufen (»Bombardiert das Hauptquartier!«), als auch von den Modernisten, ihrem innerkirchlichen Hauptfeind.

Gegenüber einem bloßen klerikalen Integralismus setzen sie auf die Gemeinschaftsbildung katholischer Laien; gegenüber einer von Jacques Maritain bis zum II. Vaticanum (*Gaudium et spes*) gehenden »modernistischen« Anerkennung der Autonomie der säkularen Lebensbereiche[30], in diesem Falle vor allem der politischen Demokratie, pochen sie auf ein nicht allein *individuell* (in guten Taten), sondern *sozial* »sichtbares Christentum«: auf die charismatische, durch geistliche Führer angeleitete Gemeinschaft »exemplarischen Lernens« und Handelns[31], die in allen Aktivitätsfeldern der modernen ausdifferenzierten sozialen Welt präsent – und vernetzt – ist.

Nicht umsonst sind also viele CL-Aktivisten aus der maoistischen Bewegung gekommen. Aldo Brandirali, Ende der sechziger Jahre autoritärer Führer der legendären »Unione« (*Unione dei marxisti-leninisti / Servire il popolo*) und heute Präsident des (zur CL-Compagnia delle Opere gehörenden) Mailänder sozialen Zentrums vom heiligen Martin, hat selbst den Vergleich zur 68er Ära gezogen: »Damals produzierten wir eine Unzahl von Dokumenten, Theorien, man kreiste beständig um etwas, ohne es fassen zu können, und also wurde geschrieben und geschrieben. Hier stellt nun die christliche Erfahrung eine gelassene Weitsicht her: die von Menschen, die eine bestimmtes Feld des Kampfes verlassen, weil sie einen anderen, wichtigeren, tiefgreifenderen Kampf führen. Es ist ein Minderheitskampf, aber er wird sich durchsetzen, weil er von Hoffnung getragen ist.«[32]

Wenn sie heute zu einer *ecclesia militans* zurückkehren, so nicht zu einer Kreuzzugskirche, die weltliche Fürsten und Ritter gegen die Heiden ins Feld schickt, sondern zur Urkirche, die – und auch darum ist CL eine postmoderne (auf katholisch: postkonziliare) integristische Gemeinschaft – als *communio*, als sichtbare und sich unterscheidende *community* in einer zerfallenden, anomischen Zivilisation lebt. »Unsere historische Situation«, sagte Don Giussani 1986, damals eher pessimistisch (die *hard liner* seiner Truppe hatten gerade Ärger mit dem Vatikan[33]), »entspricht jener im Niedergang des Römischen Reiches: Was damals wie heute zählt, ist der Aufbau lokaler gemeinschaftlicher Formen, innerhalb derer die Zivilisation, das moralische und intellektuelle Leben durch die düsteren Jahrhunderte bewahrt werden kann, die uns bevorstehen.« Doch der Golfkrieg und der Zusammenbruch des Sozialismus eröffneten für die militanten Verfechter der christlichen Gemeinschaft unverhofft neue Einflußräume und Anlagesphären.

Papst und Laienpapst

Comunione e Liberazione machte jetzt zum ersten Mal der Linken die Hegemonie in der pazifistischen Bewegung streitig. Mit dem Ende des Kalten Krieges werden die politischen Karten somit auch im bislang (qua christdemokratischer Partei) fraglos der westlichen Wertegemeinschaft anhängenden italienischen Katholizismus neu gemischt. Da trifft es sich gut, daß viele CL-Aktivisten früher bei LC (»Lotta Continua«) oder anderen maoistischen Organisationen (»Dem Volke dienen«) politisiert wurden und daher mit der Kritik und Selbstkritik desorientierter (ex)kommunistischer Genossen wohlvertraut sind.

So war es – jedenfalls für Italien – nur wenig übertrieben, wenn der libertäre Philosoph Paolo Flores d'Arcais in einem vieldiskutierten Pamphlet behauptete: »Karol Wojtyla, der Papst des Pazifismus, hat in den Tagen des Golfkriegs seinen größten Triumph feiern können, die Wiedereroberung des Westens.« Der einseitige Pazifismus des Papstes, der die Abtreibung als »tausendfachen Mord« mit Krieg und Folter auf eine Stufe stelle, sei nur das allerneueste Gewand des katholischen Integralismus.[34]

Nun, der katholische Integralismus hat die italienische Politik bisher wahrlich noch nicht erobern können – dagegen stehen immer noch Giulio Andreotti und Bettino Craxi, deren Koalition neuerdings allerdings erhebliche Risse aufweist (was ein anderes Thema wäre). Auf jeden Fall aber war die unter den Angriffen der »Divisionen des Papstes« schwankende, zerrissene Haltung der exkommunistischen Linken zum Golfkrieg gewiß mitverantwortlich für das relative Scheitern des Neuanfangs der PDS; vor allem jedoch dafür, daß ein großer Teil der nicht parteigebundenen sozialliberalen und libertären Linken und die meinungsführende Intelligenz in ihren Sympathien für Occhettos postkommunistische »Wende« deutliche Zweifel bekamen.

Symptomatisch hierfür ist die Haltung des 82jährigen liberalsozialistischen Rechtsphilosophen Norberto Bobbio, der als das »zivile Gewissen Italiens« gilt und heute der legitime Nachfolger des großen italienischen Philosophen und (wie Antonio Gramsci ihn nannte) »Laienpapstes« Benedetto Croce ist. Bobbio, der den Revisionsprozeß der italienischen Kommunisten seit Jahren mit kritischem Interesse verfolgt[35], trat jetzt ähnlich wie in Deutschland Jürgen Habermas oder Michael Walzer in den USA für eine kritische Solidarität mit dem Krieg gegen die irakische Aggression ein.[36]

Der Papst hatte also im Golfkrieg die italienische öffentliche Meinung geteilt und vor allem die Linke in die ethisch-politische Defensive gedrängt. Die Ex-Kommunisten multiplizieren ihre Dialoge mit den Vertretern des katholischen Integralismus[37], der – allerdings nicht immer zu Recht – als das authentische Sprachrohr der Auffassungen des polnischen Papstes gilt. Der wichtigste »neue Philosoph« der ex-marxistischen Linken schließlich, Massimo Cacciari, der zwar des Papstes Verdammung des Golfkrieges nicht teilte, bekannte sogar: »Wenn ganz Europa nicht von neuem evangelisiert wird, wenn Europa nicht ›wieder die Botschaft vernimmt‹, ist es verloren. Wir alle sind verloren... Die Predigt des Papstes ist in der Geschichte dieses Jahrhunderts verankert: das Jahrhundert des Kommunismus, des Faschismus, des Nazismus und der Entwurzelung aus jedem *Ethos*, noch vor jeder Religiosität. Da sagt er zu uns: ›Tut Buße und kehret um‹, aber seine Botschaft fällt auf taube Ohren. Und dennoch, um so glaubwürdiger erscheint sie mir.«[38]

»Wenn der Papst doch endlich einmal schweigen würde!« hatte im Januar die liberale *Stampa* geleitartikelt. Die aufgeklärte Öffentlichkeit Italiens erwartete jedenfalls von der neuen Sozialenzyklika des Heiligen Stuhls nur das Allerschlimmste: eine wüste Verdammung des Westens im Stile der Anti-»Amerikanismus«-Artikel, die die militant-integristische Presse im Umkreis der »Bewegung« CL seit einiger Zeit veröffentlicht.[39] Der Ausdruck ›Amerikanismus‹ hat übrigens auch eine Kirchengeschichte: Wurde er doch von Leo XIII. in seinen beiden Enzykliken *Longinquina oceani* (1895) und *Testem benevolentiae* (1899) als gefährliche »mögliche Häresie« verurteilt: Gemeint waren damals die nicht ausreichend vatikantreuen Haltungen US-amerikanischer katholischer Theologen.

In der Monatsschrift *30 GIORNI/30 TAGE* (Aprilausgabe 1991) lobt Massimo Borghini die Kirche dafür, daß sie im Golfkrieg »ihre vermeintliche Rolle als Hüterin der westlichen Werte nicht weiterspielte und nicht bereit war, mit ihrer moralischen Autorität die weltlichen Interessen des Westens zu legitimieren«; und John Rao beschreibt den Antichrist folgendermaßen: »Da sich der Amerikanismus bewußt ist, daß er den Katholizismus geschwächt, die Muslime eingeschüchtert und hinter dem Eisernen Vorhang mit dem Bau von Einkaufsstraßen begonnen hat, sieht er jetzt die Möglichkeit, alles zu ›integrieren‹ und ein für allemal jede ›Uneinigkeit‹ zu beseitigen«; gesiegt habe der Amerikanismus bereits heute bei denen, die glauben, »daß Einheit und Frieden in Wirklichkeit nicht in Christus gründen und daß die Botschaft der Liebe an die Armen und Schwachen nicht am Fuße des Kreuzes, sondern am Sockel einer heidnischen Göttin der Freiheit zu verkünden ist«.[40]

3.
Charismatisches Kapital und soziale Frage

Doch der große *communicator* Wojtyla enttäuschte die Kulturkämpfer, die schon in freudiger Erwartung ihre Federn gespitzt hatten. Hofften sie doch, jetzt den schon aus den Enzykliken *Laborem exercens* (1981) und *Sollicitudo rei socialis* (1987) bekannten notorischen päpstlichen Antikapitalismus definitiv in die fundamentalistische Ecke abschieben zu können. Johannes Paul II. wird häufig unterschätzt; er ist weitaus cleverer als die meisten Antiklerikalen. Statt des von den einen erhofften, von den anderen befürchteten päpstlichen Fanfarenstoßes zum Auftakt des Kreuzzugs wider die Moderne *in toto* – insbesondere gegen den weltanschaulich liberalen Staat, der sich durch die Freigabe der Abtreibung »als Tyrann, als totalitäres System« erweise und den »Krieg gegen das Leben« führe (Josef Kardinal Ratzinger)[41] – blieb der Papst in *Centesimus Annus* im wesentlichen bei der Sache: der sozialen Frage, vornehmlich in den Industrieländern, nach dem Zusammenbruch des Sozialismus. Den Kampf gegen die Abtreibung hob er sich für seinen Polenbesuch auf.

Der Heilige Stuhl hat diesmal im wesentlichen seinen sozialpolitischen Stab arbeiten lassen – gewiß auch hier mit dem Ziel, das charismatische Kapital der *Una Sancta* zu erhöhen. Doch in Fragen der katholischen Soziallehre, wo die Kirche wohlgemerkt keine *hardware*, also kein machbares sozial- und wirtschaftspolitisches Programm im Angebot hat, sondern eine ethische Serviceleistung, eine »unerläßliche geistige Orientierung« (*directio necessaria optima*) als Expertensystem für politische Multiplikatoren, kann der Vatikan auf die seit einem Jahrhundert akkumulierten Kompromißformeln (zwischen Naturrechtslehre, Eigentumsfrage und sozialer Verantwortung) und Kompetenzen im ethischen Design zurückgreifen. Es reicht völlig, wenn der Pontifex die Promotion übernimmt. Denn für Public Relations ist Wojtyla sein eigenes Expertensystem.

Auch dies erklärt die fast einmütige Zustimmung fast aller italienischen Parteien und Interessengruppen zum neuen Rundschreiben des Papstes »an alle Menschen guten Willens«. Natürlich pickte sich jeder Kommentator aus diesem hundertseitigen Opus seine eigene Moral: die intelligenten Kapitalisten die Rechtfertigung des Marktes, die Gewerkschaften die Rechtfertigung des gewerkschaftlichen Kampfes (*CA*, N. 7, N. 15) und die Betonung der Notwendigkeit einer am Ziel der Vollbeschäftigung orientierten Wirtschaftspolitik (*CA*, N. 48), die Grünen die Kritik der Konsumgesellschaft (*CA*, N. 36) und der ökologischen Ausplünderung der Natur (*CA*, N. 37), die Liberalen das (freilich auf die Basis des christlichen Menschenbildes eingeschränkte) päpstliche Lob auf Demokratie und Menschenrechte ... und das Satireblatt *Cuore* schrieb über den »kommunistischen Papst«: »Panik in den Reihen der PDS: Auf einer Seite der Papstenzyklika findet sich mehr an Kapitalismuskritik als in zehn Reden Occettos!«

Doch man sollte anerkennen: *Centesimus Annus* ist eine sozialethisch solide durchargumentierte Enzyklika, die (mit Johannes Pauls II. eigener theologisch-anthropologischer Note: dem »Evangelium der Arbeit«) ein kritisch ausgewogenes Urteil über Sieger und Besiegte des europäischen Bürgerkriegs der Systeme abgibt und mit der Bekräftigung des Solidaritätsprinzips, der »vorrangigen Option für die Armen« (*optio praeoptata pro pauperibus*, ein in *CA* beständig wiederkehrendes Motiv, N. 11, N. 28, N. 58) »den bleibenden Wert« (*CA*, N. 3) der katholischen Soziallehre aktualisiert.

Carolus Marx redivivus

Vor über hunderttausend Pilgern, Gewerkschaftern und Mitgliedern katholischer Arbeitnehmerorganisationen redete Johannes Paul II. dann am Pfingstfest 1991 auf dem Petersplatz mit Zungen und verkündete das »soziale Evangelium unserer Zeit«: die »Zentralität des Menschen«, seinen Vorrang gegenüber den »Strukturen der Sünde« moderner Industriegesellschaften, die die Menschenwürde nicht nur im Arbeitsleben bedrohen.

Strukturen der Sünde: Dieser Terminus, der die »Anschlußfähigkeit« von theologisch-moralischer Kritik und soziologisch-politischer Diagnose sichern soll, ist eine genuine Erfindung des polnischen Papstes.[42] Theoriestrategisch, als normativ-analytischer Mischbegriff, ist er vergleichbar mit dem Marxschen Begriff »Entfremdung« oder heute Ausdrücken wie »strukturelle Gewalt« oder »Kolonialisierung der Lebenswelt«. In der Enzyklika *Sollicitudo rei socialis* (1987) wurden der westliche (individualistisch-materialistische) Kapitalismus und der östliche (kollektivistisch-materialistische) Sozialismus von Johannes Paul II. als die beiden herrschenden »Strukturen der Sünde« in der modernen Welt dargestellt, von denen mittlerweise ja nun die eine historisch erledigt ist. In *Centesimus Annus* nun werden beide auf eine theologisch-anthropologische *Entfremdungs*diagnose zurückgeführt, die sich als Gegenentwurf zur marxistischen Entfremdungskritik begreift, da diese »einseitig aus dem Bereich der Produktions- und Eigentumsverhältnisse abgeleitet« war.

»Daher behauptet der Marxismus, nur in einer kollektiven Gesellschaftsordnung könnte die Entfremdung beseitigt werden. Die historische Erfahrung der sozialistischen Länder hat gezeigt, daß der Kollektivismus die Entfremdung nicht beseitigt, sondern noch steigert, weil der Mangel am Notwendigsten und das wirtschaftliche Versagen hinzukommen. Die geschichtliche Erfahrung des Westens ihrerseits zeigt, daß dennoch, obwohl die marxistische Analyse und Begründung der Entfremdung falsch sind, die Entfremdung mit dem Verlust des wahren Lebenssinns auch in den westlichen Gesellschaften eine reale Gegebenheit ist.« (*CA*, N. 41) Dies nur, um deutlich zu machen, daß der Papst durchaus eine argumentativ in sich kohärente sozialphilosophische Linie verfolgt (die dann natürlich wiederum – aber das versteht sich ja wohl von selbst – theologisch fundiert ist in der Auffassung der menschlichen *Personalität* als Ebenbild Gottes, als »das einzige von Gott um seiner selbst willen gewollte Geschöpf«).

Zu kritisieren wäre dabei allenfalls das reduzierte Bild, das Wojtyla von »Carolus Marx« zeichnet. Dieser nämlich hat – anders als die meisten Marxisten – die Entfremdung keineswegs auf einen materialistischen Kausalzusammenhang reduziert. In den »Pariser Manuskripten« (1844) wird die »Selbstentfremdung« des Privateigentums und des Lohnarbeiters vielmehr von Marx in fast denselben Termini beschrieben wie heute vom antimarxistischen Papst, der überall dort von der »Umkehrung von Mitteln und Zielen« spricht, wo sich »die Menschen gegenseitig als Werkzeuge benutzen« (*CA*, N. 41).

Eine »Vermenschlichung« des Wirtschaftsprozesses erwartet die Enzyklika offenbar – wie Sozialisten und Marxisten auch – vor allem von den Gewerkschaften: »Hier tut sich ein großes Feld des Einsatzes und des Kampfes im Namen der Gerechtigkeit für die Gewerkschaften und die anderen Organisationen der Arbeiter auf, die ihre Rechte verteidigen und ihre Subjektivität schützen. Sie haben aber gleichzeitig eine wesentliche Aufgabe kultureller Art« (*CA*, N. 35). Und auch das sozialpolitische Programm, das Wojtyla (nicht ganz zu Recht) auf die Anfänge der katholischen Soziallehre in *Rerum novarum*, die ein Jahrhundert alte Enzyklika Leos XIII., zurückprojiziert, spricht jedem Gewerkschafter von heute aus der Seele: »eine Wirtschaftspolitik mit dem Ziel eines ausgeglichenen Wachstums und der Sicherung von Vollbeschäftigung und ebenso mit einer Versicherung gegen Arbeitslosigkeit, verbunden mit einer Politik der Umschulung, die den Wechsel eines Arbeiters von einem Krisensektor in einen Entwicklungssektor erleichtert«; ferner »angemessenes Lohnniveau« und die »Sicherung einer ›menschlichen‹ Arbeitszeit« (*CA*, N. 15). Kurz gesagt: Keynes plus Beverdige plus Humanisierung der Arbeit.

Logischerweise waren die Apokalyptiker von des Papstes Evangelium enttäuscht. Massimo Cacciari hatte vom Stellvertreter Christi Auskunft über »das andere«, über die Rolle der Religionen in der Welt, erwartet. »Ich hoffte, der Papst hätte das große Problem bei den Hörnern gepackt, was heute die Evangelisierung bedeutet; worin jene *metanoia*, jene ›zum Heil führende Reue‹ besteht, die der Papst für Europa fordert; was dieses christliche Europa bedeutet und welches seine großen Probleme sind. Ich stellte mir eine Enzyklika auf höherem theologisch-philosophischen Niveau vor.«[43] Keine Angst, der Papst wird früh genug – spätestens bei der nächsten »Moralenzyklika« – auch auf theologische und eschatologische Fragen zurückkommen; doch diese hier ist eine Botschaft zur sozialen Frage.

Und hier ist Wojtyla auf den ersten Blick gar nicht so weit von den Auffassungen des »Laienpapstes« Norberto Bobbio entfernt, der unlängst davor warnte, Karl Marx nach dem Zusammenbruch der kommunistischen Diktaturen so zu behandeln wie Marxens Zeitgenossen den Hegel und Moses Mendelssohns intellektuelle Diskussionspartner den Spinoza: »wie einen toten Hund«. Denn bis heute sei – nach der ideologischen Emanzipation (der Trennung von Kirche und Staat) und nach der politischen Emanzipation der liberalen Demokratie (der Befreiung der zivilen Gesellschaft aus despotischer Bevormundung) – das Ideal der ökonomischen Emanzipation, also einer freien und gerechten Verteilung von Gütern und Lebenschancen, noch nirgendwo verwirklicht worden. Daß die marxistische Lösung gescheitert sei, mache Marxens Kritik der kapitalistischen Gesellschaft keineswegs obsolet.[44]

So ist denn die aktuelle Jahrhundertbilanz des polnischen Pontifex auch für Ungläubige schwerlich von der Hand zu weisen. Der reale Sozialismus als vermeintliches Heilmittel wider das soziale Elend in den vom Kapital (*pecuniae caput*) beherrschten Gesellschaften hat sich als weitaus schlimmer herausgestellt als das von ihm bekämpfte Übel: *Remedium mali peius idcirco exstabat quam malum* (*CA*, N. 12). Es ist natürlich immer leichter, die Heilsgeschichte *ex post* zu schreiben. Mit dem falschen *remedium* ist freilich das *malum* noch nicht aus der Welt. Als unhaltbar (*improbandam*) sieht der polnische Papst daher mit Recht die Behauptung an, »die Niederlage des sogenannten ›realen Sozialismus‹ lasse den Kapitalismus als einziges Modell der Wirtschaftsverfassung (*constitutio oeconomica*) übrig« (*CA*, N. 35).

Doch schon das wäre zuviel für den rheinischen Dominikanerpater Heinrich Basilius Streithofen OP, einen notorischen »Hund des Herrn« (*Domini canis*) in Bonn. »Blindheit gegenüber der Marktwirtschaft« warf er auf der für wirtschaftsliberale Kreuzzüge einschlägigen *FAZ*-Wirtschaftsseite der katholischen Soziallehre vor. Es sei daher an der Zeit zu prüfen, »ob es bei der Komplexität dieser Welt überhaupt noch sinnvoll ist, Sozialenzykliken zu verfassen«. Diese könnten nämlich die simple *message* des Wirtschaftsliberalismus, zu dessen Apostel sich hierzulande der Walberberger Dominikaner gemacht hat, in Mißkredit bringen.

Was der Papst sich hütet zu tun – den Markt, also ein bestimmtes Medium der Koordinierung von Wirtschaftshandeln, zur Essenz der guten Gesellschaftsordnung selbst zu hypostasieren –, davor scheut Pater Basilius' »Neue Ordnung« nicht zurück. Und diese durch keinerlei »künstlich gezüchtete Proletariermentalität« beeinträchtigte Marktgesellschaft[45] ist dann – oh Wunder! – noch mit den Eigenschaften einer prästabilisierten Harmonie ausgestattet. Streithofen weiß nämlich: »Die Marktwirtschaft ist eine Wettbewerbsordnung, in der Privateigentum, frei gebildete Preise und private Haftung die Produktion steuern und die Verteilung der Ressourcen übernehmen« und gewährleisten damit (Ludwig Erhard *dixit*) »eine optimale Verteilung des Volkseinkommens unter Berücksichtigung sozialer Gegebenheiten nach den Maßstäben einer fortschrittlichen Leistungsgesellschaft«.[46] Oh, *sancta simplicitas*...

4. *Päpstlicher Sozialismus?*

Nun ist allerdings die katholische Kapitalismuskritik als solche noch keine Neuigkeit. Johannes Paul II. kann sich in seiner Einschränkung des (»Natur«-)Rechts auf Privateigentum und private wirtschaftliche Initiative auf den Rahmen der »allgemeinen Bestimmung (*addictio universalis*) der Güter der Erde« (*CA*, N. 6) und die Respektierung des Gemeinwohls mit vollem Recht auf den »reichen Schatz der Überlieferung der Kirche« berufen: *Thesaurus magna est Ecclesiae Traditio* (*CA*, N. 3). Hinzugekommen ist zwar unter dem polnischen Pontifex – und zwar bereits seit seiner letzten Sozialenzyklika (1987) – insbesondere die ökologische Dimension der Kritik am schrankenlosen Wirtschaftswachstum und am individualistischen Besitzdenken ohne Respekt vor der in der »Ur-Schenkung (*donatio primigenia*) der Dinge von seiten Gottes« implizierten natürlichen Weltordnung (*CA*, N. 37); doch die päpstliche Kritik am »ungebremsten Kapitalismus« als solche ist nicht neu. Hierin folgt Karol Wojtylas Jubiläumsrundschreiben – erlassen zum hundertsten Jahrestag der Enzyklika *Rerum novarum*, des offiziellen Beginns der katholischen Soziallehre – vielmehr weitgehend seinem Vorläufer Papst Leo XIII., der Ende des letzten Jahrhunderts auf dem Stuhle Petri saß. Als der Papst damals die »Lage der Arbeiter« als ein »sklavenähnliches Joch« bezeichnete, sprach der liberale italienische Politiker Francesco Saverio Nitti gar von einem »katholischen Sozialismus«.[47]

Heute hingegen schreibt der 1978 aus einer kommunistischen Diktatur auf den Stuhl Petri gewählte Karol Wojtyla rückblickend dem Antisozialismus Leos XIII. geradezu prophetische Gaben zu: »Papst Leo sah in der Tat unter allen Aspekten, politisch, sozial und wirtschaftlich, die negativen Folgen einer Gesellschaftsordnung voraus, wie sie der Sozialismus verfolgte, der sich freilich damals noch im Stadium der Sozialphilosophie und einer mehr oder weniger strukturierten Bewegung befand« (*CA*, N. 12).

So what? Ist nun die kirchliche Sozialdoktrin antikapitalistisch oder antisozialistisch? In gewisser Weise haben beide Deutungen recht. *Rerum novarum* nimmt entschieden Stellung gegen die Bestrebungen von Sozialisten, die »mit der Behauptung, der private Besitz müsse aufhören, um einer Gemeinschaft der Güter Platz zu machen«, auf aufrührerische Weise »die Besitzlosen gegen die Reichen aufstacheln« (*RN*, N. 3) – und ist doch auch gleichzeitig in einem gewissen – katholischen – Sinne ›sozialistisch‹ zu nennen.

Natürlich war Leo, der 1878, also genau hundert Jahre vor Karol Wojtyla, das Stellvertreteramt Christi antrat, ein unbeugsamer Gegner aller sozialistischen Bestrebungen. Für ihn reihte sich die sozialistische Bewegung in jenen Verfallsprozeß des christlichen Europa ein, der mit der protestantischen Reformation begonnen hatte. »Von jener Häresie nahmen« – schrieb Papst Leo 1881 in seiner Enzyklika *Diuturnum* – »im letzten Jahrhundert die falsche Philosophie ihren Ausgang (gemeint ist die Aufklärung, O. K.) und jenes Recht, das sie das *neue* nennen und die Volkssouveränität und jene überhandnehmende Zügellosigkeit, die allzuviele mit der Freiheit verwechseln (gemeint ist die Französische Revolution, O. K.). Daher kamen dann auch die allerletzten Seuchen, nämlich der *Kommunismus*, der *Sozialismus*, der *Nihilismus*, jene furchtbaren Übel, ja fast der Tod der zivilisierten Gesellschaften (*civili società*).«[48] Und schon der erste (titelgebende) Satz von *Rerum novarum* zieht die Kontinuitätslinie von der politischen Revolution zur sozialen Unordnung: »Der Geist der Neuerung, welcher seit langem durch die Völker geht, mußte, nachdem er auf dem politischen Gebiet seine verderblichen Wirkungen entfaltet hatte, folgerichtig auch das volkswirtschaftliche Gebiet ergreifen.« (*RN*, N. 1)

Doch auch die liberale Kritik an einem ›Sozialismus‹ Leos XIII. und der katholischen Bewegung seiner Amtszeit trifft ins klerikal Schwarze. Man kann nämlich durchaus von einem ›päpstlichen Sozialismus‹ sprechen, und zwar in demselben Sinne, in dem Karl Polanyi vom britischen *tory socialism*, also einem »konservativen Sozialismus« sprach – und in dem heute der existentialistische Philosoph André Gorz Sozialismus »als Unterordnung des Ökonomischen unter die Gesellschaft« definiert.[49] Natürlich ist in einer solchen – formalen – Definition der Sozialismus als solcher weder *a priori* gut noch *a priori* verdammenswert. Es geht dann darum, *welche* »gesellschaftlichen Zwecke« die »ökonomischen Zwecke... umfassen und ihnen die untergeordnete Stellung von Mitteln zuweisen« sollen (Gorz).

Der *tory socialism* war eine Reaktion auf die Zersetzung der traditionellen Sozialordnung Englands durch die industrielle Revolution[50]; der ›päpstliche Sozialismus‹ Leos XIII. reagierte auf den ökonomischen Liberalismus und die politische Demokratie. Als Papst Leo am 15. Mai 1891 in seiner Enzyklika den Sozialismus als falsche Lösung der »Arbeiterfrage« (*conditio opeficium*), ja als Sünde wider die natürliche Weltordnung und als Ergebnis einer zivilisatorischen Katastrophe verwarf, hatte sich die katholische Kirche noch nicht einmal mit der Demokratie anfreunden können.

Der von Papst Leo[51] mit dem thomistischen Naturrecht begründete Antiliberalismus der kirchlichen Sozialdoktrin war gleichzeitig antikapitalistisch (wenngleich nicht gegen das Privateigentum als solches: *RN*, N. 7) und antidemokratisch eingestellt: d. h. gegen die aus der Französischen Revolution hervorgegangene Konzeption der Volkssouveränität und die nationalen Bewegungen des 19. Jahrhunderts, die die Kirche ihrer irdischen politischen Macht beraubt hatten. Wie Émile Poulat in seiner vielbeachteten Analyse über »Wissen und Macht« im römischen Katholizismus gezeigt hat, ging es Leo XIII. in seiner Öffnung der Kirche gegenüber der sozialen Frage gleichzeitig um die »Restauration der christlichen Gesellschaftsordnung«.[52]

Soziale Bewegung und societas christiana

Es gehört somit mit zur (allerdings nur auf den ersten Blick) paradoxen Dialektik der katholischen *complexio oppositorum*, daß ebenderselbe Leo XIII. (1878-1903), der heute allenthalben und nicht zuletzt von seinem derzeitigen Amtsnachfolger Wojtyla als großer Erneuerer gefeiert wird, der mit seiner Enzyklika zur Arbeiterfrage die Kirche der modernen Industriegesellschaft und ihren sozialen Widersprüchen geöffnet habe, ekklesiologisch und theologisch alles andere als ein Reformer war, sondern ein »gemäßigter Konservativer« (Hennesey). Leo sah die Aufgaben seines Pontifakts in der Restauration der Reinheit der Lehre in einer durch die ökonomische, politische und kulturelle Moderne bedrohten Kirche: einer Kirche (und insbesondere einer Kurie), die sich – nach dem Verlust des Kirchenstaats im italienischen Risorgimento, nach der staatlichen Einschränkung ihrer Macht sowohl durch den preußisch-deutschen Kulturkampf Bismarcks gegen den Ultramontanismus als auch durch die antiklerikale französische Republik – im Wortsinne als »belagerte Festung« empfand.[53]

Für die römische Kurie und für die großen Theoretiker der katholischen Konterrevolution (de Maistre, de Bonald, Donoso Cortés) war die Französische Revolution – wie Joseph de Maistre schrieb: »der erste Aufstand des Menschen gegen Gott« – selbst nur eine Konsequenz eines umfassenden Verfallsprozesses der europäischen *societas cristiana* gewesen. Leos Amtsvorläufer Pius IX. hatte nach den europäischen Revolutionen von 1848 im berühmten *Syllabus* die »theologisch-politischen Irrtümer der Zeit« verurteilt und dagegen den Mythos der mittelalterlichen Christenheit hochgehalten. Das sozialistische Projekt, die Klassenspaltungen der Gesellschaft zu verändern, widerspreche direkt den göttlichen Geboten – so Pius in seiner Enzyklika *Nostis et nobiscum* an die italienischen Bischöfe –; die Armen sollten in ihrem Stande Freude und Dankbarkeit ob der mildtätigen Unterstützung seitens der Kirche zeigen; und jeder Versuch einer gesellschaftlichen Neuorganisation werde die schlimmsten göttlichen Strafen nach sich ziehen.[54]

Der Bruch zwischen katholischer Kirche und politischer Moderne, den die Französische Revolution bedeutet hatte[55], war nun auch 1891, als Leo XIII. seine sozialpolitisch weitaus ›fortschrittlicher‹ ausgerichtete Enzyklika zur »Arbeiterfrage« veröffentlichte, keineswegs überwunden – und genau diese Dialektik zwischen der »Traditio Ecclesiae« und den »res novae« gilt es zu erfassen, wenn man den Stellenwert der katholischen Soziallehre angemessen begreifen will.

Denn – und so könnte man ein *erstes Paradox* der katholischen Modernisierung fixieren – anders als der Protestantismus, dessen politische Identität sich im Verhältnis von Gewissen und Staat, von »Freiheit des Christenmenschen« (Martin Luther) und nationaler Obrigkeit formiert hat, entdeckt der Katholizismus die soziale Frage vor der politischen Moderne – und er entdeckt sie im Gegensatz und als Gegenbewegung (*re-actio*) zum Volkswillen der »nation une et indivisible«, d. h. zur Souveränität der weltlichen Macht der Nationalstaaten.[56] Die ultramontane Bewegung im Katholizismus, aus der auch Leo XIII. kommt, wandte sich gegen jede Anerkennung der politischen »res novae«: der Souveränität der Nationalstaaten, der Trennung von Staat und Kirche, der Gedanken- und Gewissensfreiheit, und insbesondere einer (national)-staatlichen Verantwortung für Kultur und Erziehungswesen, die – wie der französische Erziehungsminister Jules Ferry – eine »Gesellschaft ohne Gott und König« formen wollte.

Als Reaktion auf die Entmachtung der Kirche in der Gesellschaft war mit dem ersten vatikanischen Konzil (1869-70) und der dogmatischen Festlegung der Unfehlbarkeit des päpstlichen Lehramtes das innere (ideologische und juristische) Regiment der Kirche absolutistisch geworden.[57] »Die Unfehlbarkeit im Bereich der geistlichen Ordnung und die Souveränität im Bereich der weltlichen Ordnung sind zwei völlig synonyme Begriffe«, hatte der große Reaktionär Joseph de Maistre in seinem Buche *Du pape* (1819) geschrieben[58]; und das erste *Vaticanum* sollte ihm ein halbes Jahrhundert später in dieser Konsequenz folgen: Als Kompensation für seinen weltlichen Machtverlust durch die Volkssouveränität baute das Papsttum seine kirchenrechtliche Souveränität geradezu monarchisch aus. Innerhalb der kirchlichen *societas perfecta* verfügte der Stellvertreter Christi auf Erden nunmehr über eine souveräne Macht (*summa potestas*), die die Päpste im Jahrhundert zuvor gegenüber den starken Staatskirchen katholischer Monarchien nie besessen hatten.

Doch im Unterschied zu Pius begriff Leo XIII. gleichzeitig, daß die doktrinäre Restauration der christlichen Lehre – insbesondere der (neo)thomistischen Philosophie, der er mit seiner Enzyklika *Aeternis Patris* (1879) einen neuen Legitimitätsschub verlieh – allein nicht in der Lage war, den Machtverfall der Kirche aufzuhalten. Das Patrimonium Petri, die weltliche Macht des Kirchenstaats, hatte der Heilige Stuhl verloren; die ideologische Macht des Papsttums innerhalb der Kirche war zwar mittlerweile (dank *Vaticanum* I) auf Linie gebracht; doch eine Idee wird erst dann zur materiellen Gewalt, wenn sie die Massen ergreift.

Die Modernität Leos XIII. liegt somit nicht primär im Inhalt von *Rerum novarum*.[59] Bischof von Kettelers offener Brief an Lassalle *Die Arbeiterfrage und das Christentum* (1864) und die vom Mainzer Bischof im Reichstag 1873 vorgeschlagene Sozialgesetzgebung gingen weit über die vorrangig moraltheologischen Ausführungen des Papstes hinaus. Das Novum liegt vielmehr darin, daß das Papsttum erstmals die Legitimität einer sozialen Bewegung (an)erkennt (wenngleich nicht des Klassenkampfs: *certamen classium*, siehe jetzt auch *CA*, N. 5). Die belagerte Zitadelle der alleinseligmachenden Kirche – die in der »römischen Frage« (d. h.: der Protest des Hl. Stuhls gegen die angeblich widerrechtliche Wegnahme des Patrimonium Petri durch das Königreich Italien) auch diplomatisch isoliert ist – sieht in der katholisch-sozialen Bewegung das politische Subjekt, das die *Una Sancta* aus ihrer Defensive herauszuführen vermöchte. »Angesichts einer ›modernen Gesellschaft‹, die sie als ›Gegen-Kirche‹ erlebte, verstand sich nunmehr die katholische Kirche selbst als eine ›Gegen-Gesellschaft‹: Es galt nur noch, sich die Mittel dafür zu geben.« (Émile Poulat)

Die *Pélerinages ouvriers*, die »Arbeiterwallfahrten«, die der Manager der französischen katholischen Sozialbewegung Léon Harmel nach Rom organisierte und die Zehntausenden den Papst als »Gefangenen im Vatikan« vorführten, waren die einzigen Solidaritätskundgebungen in einer Zeit, als selbst den katholischen Staaten Europas das permanente Beharren des Vatikans auf der »römischen Frage« langsam auf die Nerven ging. Der Einzug der Arbeiter in den Vatikan wurde 1889 von Melchior de Vogüé beschrieben als die Ankunft des *nouveau pouvoir social*: wie »die neuen Anwärter auf das Reich. Diese Arbeiter kamen in den Vatikan, wie Karl der Große, Otto und Barbarossa nach Rom gekommen waren, um hier das Heilige und die Investitur zu suchen«.[60]

Den »liberalen Katholizismus« eines Lamennais hatte der Vatikan noch radikal abgelehnt – aber einem »sozialen Katholizismus« (im Sinne des Bischofs von Ketteler in Deutschland, der katholisch-sozialen Schule Freiherr von Vogelsangs in Österreich oder der in Frankreich von Albert de Mun gegründeten katholischen Arbeiterzirkel und der *Réunions d'études ouvrières* des Fabrikanten Léon Harmel) wandte er jetzt seine Aufmerksamkeit zu. Statt eines integralistischen Rückzugs auf die reine Lehre praktizierten diese Bewegungen einen »integralen« Katholizismus, der alle Bereiche des sozialen Lebens einschloß. Wenn der laizistische Staat – und die Philosophie des liberalen Individualismus – die Religion als Privatsache behandelte, dann konnte die katholische Antwort darauf nur eine soziale sein. Und in der Tat sollte im Milieu des sozialen Katholizismus – also ›von unten‹ – eben die »Notwendigkeit einer integralen Philosophie« (Six)[61] formuliert werden, die Papst Leo zuvor ›von oben‹ mit der Restauration der thomistischen Neoscholastik in die Wege geleitet hatte.

Doctor angelicus

Und in der Tat lieferte umgekehrt die Philosophie des Hl. Thomas von Aquin auch die Folie der Kritik am Liberalkapitalismus in *Rerum novarum*[62]: Alle von Papst Leo angeführten Mittel zur Behebung des sozialen Elends des industriellen Proletariats – »die Anerkennung des Naturrechts der Arbeiter auf Berufsvereinigungen, die Notwendigkeit staatlicher Intervention zur Beseitigung von Ungerechtigkeit, ein erster Hinweis auf die soziale Funktion des Privateigentums«[63] – verstehen sich als Kritik sowohl an der liberalen Wirtschafts- und Gesellschaftsordnung (reine Marktwirtschaft und liberaler »Minimalstaat«) als auch am Prinzip der Volkssouveränität. Denn ökonomischer Liberalismus und politische Revolution gehören in der Sicht des Papstes zusammen: die Revolution beseitigte die Stände und Korporationen, sie zerstörte somit die geordnete und gegliederte Gesellschaft zugunsten der reinen politischen Vertretung – und eben *damit* beseitigte sie gleichzeitig auch jegliche institutionelle und sittliche Bremse für das Wirken der Marktgesetze, sprich: von »Wucher, Habgier und Gewinnsucht«.

»In den Umwälzungen des vorigen Jahrhunderts wurden die

alten Genossenschaften der arbeitenden Klassen zerstört« – schreibt Leo – »keine neuen Einrichtungen traten zum Ersatz ein, das öffentliche und staatliche Leben entkleidete sich zudem mehr und mehr der christlichen Sitte und Anschauung, und so geschah es, daß die Arbeiter allmählich der Herzlosigkeit reicher Besitzer und der ungezügelten Habgier der Konkurrenz isoliert und schutzlos überantwortet wurden.« (*RN*, N. 2) Die Wurzel der Hilflosigkeit der Proletarier wird also einerseits in der Beseitigung aller Berufs- und Handwerksverbände in der Französischen Revolution (durch das *Loi Le Chapelier*, 1791) gesehen – also in der Beseitigung aller »intermediären Gewalten« und *sozialen* Vertretungen zugunsten der reinen *politischen* Repräsentation –, andererseits in der »Unordnung« einer durch keine höheren sittlichen Prinzipien gebändigten Marktökonomie.[64]

Staatliche Ordnung, soziale Gliederung und wirtschaftliche Organisation sind im katholischen Denken eben nicht einfach »ein weltlich Ding« – ohne eigenen Wert und Anteil an der Heilsgeschichte (wie dies die Radikalisierung der augustinischen Gnadenlehre im Protestantismus und mehr noch im Calvinismus annahm[65]). »Denn« – so heißt es in *Rerum novarum* – »ohne Zuhilfenahme von Religion und Kirche ist kein Ausgang aus dem Wirrsal zu finden; aber da die Hut der Religion und die Verwaltung der kirchlichen Kräfte und Mittel vor allem in Unsere (*sc.* des Papstes) Hände gelegt sind, so könnte das Stillschweigen eine Verletzung Unserer Pflicht scheinen.« (*RN*, N. 13) Wenn nicht allein die Gnade und der Glaube, sondern auch menschliche Handlungen und Werke für das Seelenheil des einzelnen Christen am Tage des Jüngsten Gerichts »zählen«, dann muß sich das *magisterium* der Kirche »als Vertreterin und Wahrerin der Religion« (*RN*, N. 16) auch der Frage zuwenden, ob die Gesellschaftsordnung den moralischen Anforderungen des Naturgesetzes genügt. Auch die Menschengesetze unterliegen, soweit sie der Vernunft (und damit Gottes Ordnung) gemäß, also nicht korrumpiert sind, den moralischen Anforderungen des »natürlichen Gesetzes«, über dessen Einhaltung das kirchliche Lehramt zu wachen hat.[66]

Und damit läßt sich auch ein *zweites Paradoxon* der katholischen Dialektik der Moderne fixieren: nämlich der gewiß nicht ›fortschrittliche‹, sondern ambivalente und so auch für die Widersprüche der Moderne offene (und damit in den folgenden Jahrzehnten unter universalistischen Gesichtspunkten zumindest ›anschlußfähige‹[67]) Charakter der Aktualisierung der thomistischen Moral- und Sozialphilosophie. Deren »Theorie des natürlichen Gesetzes bringt in abstrakter Sprache konkrete Bedürfnisse und objektive soziale Interessen zum Ausdruck, die in der bürgerlichen Politik und in der liberalen Staatlichkeit nicht repräsentiert werden« (Baget-Bozzo).[68]

Die Wiederbelebung der aristotelisch-thomistischen (Neo-) Scholastik als »katholischer Philosophie« war nun gerade der theologische Pfeiler der – wie Émile Poulat sie nennt – »ideologischen Restauration« des leoninischen Pontifikats vermittels »einer Wiederherstellung der christlichen Intelligenz«: in erster Linie dadurch, daß die italienischen Jesuiten die thomistische Systematik in sämtlichen kirchlichen Schulen und Universitäten als verbindlichen Kanon etablierten (und deren Vordenker auch bei der Konzeption von *Rerum novarum* eine entscheidende Rolle spielten). Weil sich Leo XIII. mit der Schöpfungslehre des hl. Thomas von Aquin (der theologischen Form einer Begründung einer zwar »in letzter Instanz« der *lex aeterna* entspringenden, doch »relativ autonomen« *lex naturalis* für die Ordnung der menschlichen Gesellschaften) auf eine nicht willkürlich *per conventionem* entstandene oder durch bloßen *Contrat social* legitimierte, sondern naturrechtlich begründete normative Ordnung von Gesellschaft und Staat bezieht, kann er sowohl die Ergebnisse der »vicissitudes of the market« (Adam Smith) als auch die Machtbefugnisse des souveränen Staates in Frage stellen.

Daher sind für Papst Leo (bzw. seinen *ghostwriter* Matteo Liberatore) die Ergebnisse von Lohnverhandlungen nicht etwa bereits deshalb hinzunehmen, weil »die Vereinbarung zwischen Arbeiter und Arbeitnehmer ... beiderseitig frei geschieht«; sondern es »bleibt dennoch eine Forderung der natürlichen Gerechtigkeit ..., daß der Lohn nicht etwa so niedrig sei, daß er einem genügsamen, rechtschaffenen Arbeiter den Lebensunterhalt nicht abwirft. Diese schwerwiegende Forderung ist unabhängig von dem freien Willen der Vereinbarenden.« (*RN*, N. 34)

Wenn nun der Staat die sittliche Aufgabe hat, über seine Sozialpolitik »für den Nutzen aller Klassen der Bevölkerung und insbesondere für die Lage der Arbeiter« (*RN*, N. 26) Sorge zu tragen, so soll damit doch die Sozialpolitik, soziale Hilfe und Wohltätigkeit selbst kein Staatsmonopol werden – und da hat Leo XIII. aller Inspiration durch den Hl. Geist zum Trotz gewiß nicht prophetisch den realen Sozialismus, sondern ganz naheliegend Bismarcks Sozialpolitik oder die der französischen Republik im Auge. An die Stelle des »kirchlichen Patrimoniums«, das »stets mit heiliger Sorgfalt als ein Erbschatz der Armen und Notleidenden bewahrt« wurde (bis dann die Säkularisierung kam), darf auf keinen Fall ein rein »staatliches System des Wohltuns« entstehen. Denn »wo sind die staatlichen, die menschlichen Einrichtungen, die sich an Stelle der christlichen Liebe und des Opfergeistes, die ihren Schwung von der Kirche empfangen, zu setzen vermöchten? Nein, die Kirche allein besitzt das Geheimnis dieses himmlischen Schwungs. Quillt die Liebe und Kraft nicht aus dem heiligsten Herzen des Erlösers, so ist sie nichtig. Um aber des innern Lebens des Erlösers teilhaftig zu werden, muß man ein lebendiges Glied der Kirche sein« (*RN*, N. 24).

Die gegenrevolutionäre Kirche, die dem weltlichen Staat nur eine abgeleitete Legitimität – eine »indirekte Gewalt« – zuerkennt (*RN*, N. 38: »Staatliche Gesetze und Anordnungen besitzen inneren Anspruch auf Gehorsam nur, insofern sie der richtigen Vernunft und damit den ewigen Gesetzen Gottes entsprechen«), verteidigt jetzt die Bildung von vorstaatlichen »privaten Gesellschaften« (Thomas von Aquin), von Assoziationen, Genossenschaften und Arbeitervereinen mit dem Verweis auf das Naturrecht – und Papst Leo, dessen »persönliche Vorliebe für das korporative Denken«[69] bekannt ist, stellt ihnen nicht zufällig die »geistlichen Orden« und kirchlichen Einrichtungen an die Seite: »Insoweit (nichtstaatliche Assoziationen und Korporationen) aber die Religion berühren, hat ausschließlich die Kirche über sie zu verfügen. Die Regierungen besitzen keinerlei Recht über sie und sind auch nicht bevollmächtigt, ihre äußere Verwaltung an sich zu ziehen« (*RN*, N. 39).

Der Kampf für die Vereinigungsfreiheit des Arbeiterstandes und der Kampf gegen die Säkularisierung des Kirchengutes sind zwei Seiten derselben Medaille. Und schon darum zieht Leo die Gründung von katholisch-konfessionellen Arbeiterbünden vor (*RN*, N. 40), von Handwerker- und Arbeitervereinen, die von »reichen Katholiken« (wie dem Fabrikanten Léon Harmel) gesponsert und »im Namen der Bischöfe« von »Mitgliedern des Welt- und Ordensklerus« geleitet werden (*RN*, N. 41): »Der Staat sollte ihnen seine schützende Hand leihen, aber in ihre inneren Angelegenheiten nicht eingreifen; fremdartige Eingriffe gereichen sehr leicht einem Leben, das von innen, vom eigenen Prinzip ausgehen muß, zur Zerstörung.«[70]

Wenn vor hundert Jahren Papst Leo XIII. zur Bildung von katholischen Vereinen zur »Hebung und Förderung der leiblichen und geistigen Lage der Arbeiter« aufruft, in denen »das religiöse Element« die »Grundlage« bildet und »der christliche Glaube die ganze Organisation durchdringen« muß (*RN*, N. 42), so geht damit die Kirche zur Offensive über: »Sie nimmt die Herausforderung an, greift die Provokation der Moderne auf und setzt ihre eigene Herausforderung dagegen« (Poulat). Ist die liberale Moderne, ist der aus der Revolution hervorgegangene Nationalstaat in der Lage, mit der sozialen Frage fertig zu werden, den durch die Marktwirtschaft entfesselten Eigennutz zu bändigen, dem Streit der Klassen »eine friedliche und gesetzmäßige Lösung« zu geben?

Nicht nur die marxistische Arbeiterbewegung hatte damals eine Zusammenbruchstheorie, sondern auch der ›päpstliche Sozialismus‹. Die heilsgeschichtliche Parallele, die Papst Leo in seiner Enzyklika nahelegt, ist der Untergang der heidnischen Zivilisation im römischen Reich. Auch damals war es einer gut organisierten Bewegung unter ideologisch unbestechlicher geistlicher Führung gelungen, in einer verfallenden Welt einer neuen Ordnung zum Sieg zu verhelfen: »Die (*sc.* soziale) Frage wird aber durch die christlich gesinnten Arbeiter einer richtigen Lösung nähergeführt werden, wenn diese in gut organisierten Vereinigungen und unter weiser Führung denselben Weg einschlagen, welchen die Christen im Altertum der heidnischen Welt gegenüber zu ihrem eigenen Heil und dem der Gesellschaft eingehalten haben.« (*RN*, N. 44)

5.
Kritik der ökonomischen Vernunft

The day after: In der Tat hat nun Johannes Paul II. in seiner neuen Enzyklika *Centesimus Annus* den spektakulären Zusammenbruch des realen Sozialismus keineswegs zum Anlaß einer bedingungslosen ›Absolution‹ des Kapitalismus gemacht.[71] Wenn überhaupt, dann könnte man höchstens von einer funktionalen – also bedingten! – ›Absolution‹ des Marktes sprechen: »Sowohl auf nationaler Ebene wie auch auf jener der internationalen Beziehungen scheint der freie Markt (*liberum commercium*) das wirksamste Instrument für die Anlage der Ressourcen und für die beste Befriedigung der Bedürfnisse zu sein«, heißt es im dritten, dem Privateigentum gewidmeten Kapitel der Enzyklika (*CA*, N. 34).

Sofern die Marktmechanismen (*viae rationesque mercatus*) einen rationalen Ressourcengebrauch fördern, den Produktenaustausch (*commutatio mercium*) gewährleisten und soweit sie dabei den wechselseitigen Respekt der Präferenzen der Wirtschaftssubjekte als Menschen (*humanae personae*), »die sich im Vertrag (*in pactione*) mit anderen Menschen treffen«, garantieren können, soweit also hat der Markt als Kommunikations- und Allokationsmedium seine Berechtigung (N. 40). Dito für die betriebswirtschaftliche Rationalität (*oeconomia administrationis*) – gerechtfertigt ist sie, insofern sie ihre Grundlage in der Freiheit des Menschen im gesellschaftlichen Teilbereich des Wirtschaftslebens findet und damit an die Pflicht gebunden ist, von dieser Freiheit »verantwortlichen Gebrauch zu machen« (*ufficium utendi ex anima conscientiae*, N. 32).

Diesem funktionalen ›Ja‹ zum Markt, zur betriebswirtschaftlichen Rationalität, zum »Gewinn als Regulator des Unternehmens« (N. 35) und zum Geldmedium als abstrakt-allgemeinem Äquivalent der Bewertung und (daher) flexiblen, anpassungsfähigen ›Instrument‹ der Befriedigung von Angebot und Nachfrage (der lateinische Text spricht sogar präziser vom Markt als ›Methode‹, als *via efficentissima*) folgt sogleich ein substantielles ›Aber‹: »Dies gilt allerdings nur für jene Bedürfnisse, die ›bezahlbar‹ (*ad solvendum*) sind, die über eine Kaufkraft verfügen, und für jene Ressourcen, die ›verkäuflich‹ (*ad vendendum*) sind und damit einen angemessenen Preis erzielen können. Es gibt aber unzählige menschliche Bedürfnisse, die keinen Zugang zum Markt haben.« Daher sei es im Sinne von Wahrheit und Gerechtigkeit »strenge Pflicht« (*officium grave*) »zu verhindern, daß die fundamentalen menschlichen Bedürfnisse unbefriedigt bleiben und daß die davon betroffenen Menschen zugrunde gehen« (N. 34).

Die Vorteile der Marktmechanismen gelten also nur innerhalb bestimmter Grenzen (*terminus*); jenseits davon »schließen sie die Gefahr einer ›Vergötzung‹ (*idolatria*) des Marktes ein, der die Existenz von Gütern ignoriert, die ihrer Natur nach weder bloße Waren sind noch sein können« (*CA*, N. 40). Zwar habe die Kirche »keine eigenen Modelle vorzulegen« (*CA*, N. 43), aber *veritas* und *justitia* legen nahe: hier sei der Staat ordnungs- und sozialpolitisch gefordert (N. 48) und ebenso Organisationsformen gesellschaftlicher Solidarität (N. 49), angefangen bei den Gewerkschaften (N. 15).

Der Papst weist eigens darauf hin, daß die Orientierungsfunktion der kirchlichen Soziallehre der »Hilfe sämtlicher Beiträge der Wissenschaften und der Philosophie« bedarf (*CA*, N. 54). In der neuen Enzyklika findet sich demgemäß das Echo der wichtigsten soziologischen und sozialpolitischen Debatten der letzten Jahrzehnte: die Theorien des Marktversagens bei der Bewahrung öffentlicher Güter (*bona communia*) und der sozialen Grenzen marktvermittelten Wachstums (Fred Hirsch) einerseits (*CA*, N. 34, 40); die Kritiken des bürokratischen Wohlfahrtsstaates, der als autoritärer »Fürsorgestaat« (*civitas auxiliaris*) die Gesellschaft ihrer Verantwortung beraubt (*CA*, N. 48) und die folgerichtige Neubewertung der Selbsthilfebewegung (*ministeria voluntaria*) zur Verteidigung der »Subjektivität der Gesellschaft« andererseits: »Der einzelne wird heute oft zwischen den beiden Polen Staat und Markt erdrückt..., als existiere er nur als Produzent und Konsument von Waren oder als Objekt der staatlichen Verwaltung« (*CA*, N. 49).

Der Papst ist nicht unfehlbar, aber hier hat er recht. Der französischen existentialistische Sozialphilosoph André Gorz oder Herbert Marcuse, der »amerikanische Freund« der europäischen neuen Linken mit seiner Kritik an der Eindimensionalität des Konsumismus (*rerum consumendarum studium*), könnten gewiß große Teile der päpstlichen Kritik am ungebremsten Liberalkapitalismus, an einer *ratio oeconomica* ohne politische Regulation und sozialethische Korrektur unterschreiben; und wie wir gesehen haben, trifft sich auch die gegenüber Marx, übrigens dem einzigen von Wojtyla namentlich zitierten Autor, abstrakter angelegte Entfremdungskritik des Papstes (*CA*, N. 41) mit alten und neuen – kantianischen wie kommunitären – Strömungen in der aktuellen Moralphilosophie: Entfremdung (*alienatio*) ist die Verkehrung des Menschen vom Zweck an sich selbst zum bloßen Mittel für ökonomische oder politische Ziele.

»Es gibt Güter, die auf Grund ihrer Natur nicht verkauft und gekauft werden können und dürfen« (*CA*, N. 40). Wer dieser These des Papstes zustimmt, wird sie nicht allein auf unsere natürliche Lebens(um)welt beziehen müssen, sondern auch auf die kulturelle Welt, auf die »Sozialökologie« (*CA*, N. 38), die »Humanökologie« und das »Heiligtum des Lebens« (*CA*, N. 39), wie Johannes Paul II. die Familie nennt – leider nur die auf das Sakrament der Ehe gegründete Lebens- und Erziehungsgemeinschaft; ist denn ohne pfarramtlichen Segen das Leben weniger »Gabe Gottes«?

Man muß jedoch weder wie der Papst[72] ein philosophischer Schüler des Hl. Thomas sein noch ein Anhänger der (für die Hungerregionen der Dritten Welt verheerenden) papistischen Kritik an *jeder* Form von Geburtenkontrolle, um z. B. Bundestagsabgeordnete, Rechtsgüter wie den Schutz der Privatsphäre und Menschenwürde, menschliches Leben allgemein, aber auch menschliches Erbgut, weibliche Gebärfähigkeit und die fötale Leibesfrucht zu solchen (aus moralischen Gründen unverkäuflichen) Gütern zu zählen. Auch darin, daß Abtreibung zu einer Ware (oder: warenförmigen Dienstleistung) wird, liegt eine Gefahr für die Menschenwürde (und zwar nicht allein der Schwangeren). Freilich wird dieser Gefahr nicht dadurch vorgebeugt, daß man durch strafrechtliche Verfolgung auf dem Schwarzmarkt das Risiko und die

Preise in die Höhe treibt. Aber das werden die päpstlichen Hilfstruppen von Comunione e liberazione und den polnischen fundamentalistischen Ultras wohl ebensowenig einsehen wie das römische Hauptquartier. Auch der Heilige Geist weht, wo er will. Und nicht immer richtet er sich nach Kirchenglocken.

Die Schranken auch dieser Sozialenzyklika Johannes Pauls II. liegen nun – wohlgemerkt – *nicht* in seiner These, dem Menschen als dem personalen Ebenbild Gottes sei eine »Fähigkeit zur Transzendenz« wesenseigen (*facultas essentialis transcendentiae*). Denn wer außer gläubigen Materialisten sollte das Streben nach einer den Horizont unserer kontingenten Existenz transzendierenden Sinndimension ernsthaft in Frage stellen wollen? »L'homme trascend infinimment l'homme«, wußte schon Blaise Pascal, der erste Existentialist (übrigens ein unbeugsamer Kritiker vermeintlich päpstlicher Richtlinienkompetenz).

Gewiß also hat der Papst recht, in der materialistischen Staatsreligion des Marxismus-Leninismus oder anderen politischen »weltlichen Religionen« (*CA*, N. 25) zuallererst einen »anthropologischen Irrtum« zu sehen. Doch seine sozialtheoretische Konkretisierung der Schöpfungstheologie zu einem »Evangelium der Arbeit«[73] führt Wojtyla nach dem Untergang des Kommunismus zu einer paradoxen Wiederannäherung an dieselben Ziele, die schon »Carolus Marx« verfolgte: »die umfassende Entwicklung des Menschen in der Arbeit«, die Vollbeschäftigung als Königsweg der sozialen Gerechtigkeit (*CA*, N. 43).

Der anthropologische Irrtum der Arbeitsgesellschaft, das Reich der Freiheit – und der Offenheit für Transzendenz – ließe sich in komplexen Industriegesellschaften noch als »Mitarbeit an der göttlichen Schöpfung« in der Sphäre der funktional ausdifferenzierten Produktion verwirklichen[74], hat offenbar auch jenen Zusammenbruch des realen Sozialismus überlebt, dem der Papst das bewegende Kapitel »Annus MCMLXXXIX« seiner Enzyklika gewidmet hat (*CA*, N. 22-29).

6.
Motus et officium – die Bewegungskirche?

»Das Jahr 1989« – die osteuropäischen antitotalitären Bewegungen, die den sowjetischen Kommunismus zum Einsturz brachten – ist für den polnischen Papst aber weit mehr als das Ende des Kalten Krieges. Es ist ein heilsgeschichtliches Zeichen und auch ein Fingerzeig Gottes für die Art und Weise, wie die Kirche als Verkünderin des Reiches Gottes, »das *in* der Welt gegenwärtig ist, ohne *von* der Welt zu sein« (*CA*, N. 25), sich in Zukunft verhalten und bewegen soll. Denn die Kirche selbst soll sich jetzt als »Bewegung« begreifen.

Hatte sie mit *Rerum novarum* 1891 den *status civitatis* in der Industriegesellschaft erhalten (*CA*, N. 5: »gleichsam das Statut des Bürgerrechtes in der wechselvollen Wirklichkeit des öffentlichen Lebens der Menschen und Staaten«), so soll sie jetzt »zu einer Großbewegung für die menschliche Person und zum Schutz ihrer Würde« werden (*magnum motum pro humana persona tuenda eiusque dignitate*, N. 3), wobei der »Einsatz der Kirche für die Verteidigung und Förderung der Menschenrechte« (*Ecclesiae officium in tutandis adiuvandisque hominis iuribus*, N. 22) in den Ländern des ehemaligen Ostblocks und die dort entstandenen »neuen Formen der Demokratie« gewissermaßen das Erfolgsmodell abgeben: Der gewaltlose Kampf der Bürgerbewegungen biete »ein Beispiel für den Erfolg des Verhandlungswillens und des evangelischen Geistes gegenüber einem Gegner, der entschlossen war, sich nicht von sittlichen Normen eingrenzen zu lassen« – er sei eine regelrechte Widerlegung gewissenloser Realpolitik – ja, dieser Kampf »ist in gewissem Sinne aus dem Gebet entstanden« (*CA*, N. 25).

Das politische *officium* der Kirche als *motus magnus*, als Großbewegung, deren Macht im Gebete wurzelt und die damit die faulen Kompromisse der Realpolitik ablehnen und gleichzeitig die Verblendung der weltlichen »politischen Religionen« (Eric Voegelin) bekämpfen kann, ohne das *Regnum Dei* mit irgendeinem real existierenden politischen System zu verwechseln: So könnte man die – gewissermaßen – »meta-politische« Theologie des Papstes zusammenfassen; sie allein sei »eine authentische Theologie der umfassenden menschlichen Befreiung« (*CA*, N. 26; im Gegensatz natürlich zur lateinamerikanischen politischen Theologie der Befreiung, deren Kader und Bischöfe der Papst übrigens durch seine Personalpolitik in den letzten Jahren ziemlich isoliert und ausgehungert hat[75]).

Modell Solidarność als Alternative zur Befreiungstheologie – als kirchliche Perspektive für die Dritte Welt? Hier ist der »römische Beobachter« wohl reichlich kurzsichtig: Es mag zwar sein, daß in Europa des Papstes Appell an »das Band der gemeinsamen Kultur und tausendjährigen Geschichte« (*CA*, N. 27) dazu beitragen könnte, das Aufbrechen von Nationalismus, den Wiederauftrieb für »die alten Formen des Totalitarismus und Autoritarismus« (*CA*, N. 29) zu behindern oder wenigstens zu dämpfen. Doch auch die soziale Botschaft von *Centesimus Annus* selbst ist eine rein europäische Geschichte, genauer: Sie ist das letzte Kapitel eines europäischen Bürgerkriegs, der für den *Osservatore romano* nicht erst mit der russischen, sondern bereits mit der Französischen Revolution begann.

Am prägnantesten hat wohl 1851 der katholische Publizist Louis Veuillot, ein Freund und Schüler des Juan Donoso Cortés, dieses zweihundertjährige antagonistische Dreiecksverhältnis zwischen katholischer Kirche, liberaler Bourgeoisie und sozialistischer Bewegung zusammengefaßt: »Die Welt wird entweder sozialistisch sein oder sie wird christlich sein; sie wird nicht liberal sein. Wenn der Liberalismus nicht vor dem Katholizismus zusammenbrechen wird, der seine Negation ist, so wird er vor dem Sozialismus zusammenbrechen, der seine Konsequenz ist.« Nun ist der Sozialismus zusammengebrochen – wird jetzt etwa die Welt katholisch?

Für die Weltkirche – genauer: für die pluralistische Situation konkurrierender Welt- und Lokalreligionen, Offenbarungsbotschaften und synkretistischer Mischungen, die in allen Erdteilen immer mehr zur Regel wird und nicht länger eine US-amerikanische und afrikanische Ausnahme bleibt – ist also der päpstliche Traum vom *motus* einer »christlichen Seele Europas« bestenfalls nichtssagend. Das alteuropäische und jetzt von Wojtyla mit charismatischem *know-how* erneut in Umlauf gebrachte Modell der Identität des Gottesvolkes – die *soziale* Öffnung der Kirche (»Vorrang für die Armen«) bei gleichzeitiger *theologischer* Abschließung, die (Klein-)*Familien*moral ohne jegliche Geburtenkontrolle – vermag heute in Afrika gegenüber einer oft noch gruppen- und clangebundenen, synkretistischen und weltimmanenten Religiosität, die neben und z. T. in den mehr als 6000 afrikanischen unabhängigen Kirchen und »Sekten« fortbesteht, ebensowenig auszurichten wie in den arabischen Ländern.[76] In Lateinamerika oder Korea aber beginnen längst die Pfingstler und Adventisten, dem Katholizismus das Wasser abzugraben.

Zu den wahren Problemen im Glauben, vor denen (auch) die katholische Christenheit in einer religiös-weltanschaulich zunehmend pluralistischer strukturierten Zukunft dieser Welt – aber auch der Europas! – stehen wird, schweigt die Enzyklika wortreich. Zwar wird heftig vor der »geradezu besessenen Propaganda für die rein utilitaristischen Werte« (*CA*, N. 29) in den Industrieländern und Konsumgesellschaften gewarnt – aber die einzige »operative« Antwort, die der Papst bisher dazu formuliert hat (im April 1991 vor dem Rat der Europäischen Bischofskonferenzen), war nun gerade keine »Bewegungsantwort«. Sie roch eher penetrant nach dem deutschen Konkordat, das bekanntlich am 20. Juli 1933 von Vizekanzler von Papen und Staatsekretär Eugenio Pacelli (später als Pius XII. »Der Stellvertreter«) unterzeichnet worden war.

Papst Johannes Paul II. fordert nunmehr von allen osteuropäischen Staaten, was längst im katholischen Italien nicht mehr fraglos gilt, sondern nur noch im in dieser Hinsicht getreuen Rechtsnachfolger des Dritten Reiches: eine Garantie für einen staatlichen Religionsunterricht »gemäß der authentischen Interpretation der katholischen Kirche« (also unter ihrer Hoheit).[77] Da sprach nicht die *communio*, die Urkirche, sondern die konstantinische – oder polnische – Staatsreligion. Jedenfalls solange, wie nicht Gleiches auch für andere Konfessionen geltend gemacht wird. Daß Karol Wojtyla im christlichen Westeuropa dieselben Rechte auch für die orthodoxen Kirchen gefordert hätte, daß er gar im Geiste brüderlicher Nächstenliebe die Gleichberechtigung der vierten (nach Katholiken, Protestanten und Orthodoxen), also der muslimischen

Religionsgemeinschaft als öffentlich-rechtlicher Körperschaft eingeklagt hätte, davon ist trotz aller eingangs zitierten warmen Grußbotschaften an die fastenden Jünger des Propheten bisher nichts bekannt geworden.

Die katholische *Una Sancta* mag nun Bewegung sein oder werden wollen – auf dem religiösen Markt[78] will sie sich offenbar weiterhin als monopolistischer Anbieter bewegen. Ein anderes Beispiel: Robert Spaemann hat wider die aktuelle »kompromißgeneigte Zurückhaltung« bei kirchlichen Beratungen werdender Mütter die Pflicht der Kirchen zum »christlichen Zeugnis« über das Recht auf Leben Ungeborener eingeklagt. Er fordert die Kirchen zu eindeutiger, keinen Zweifel lassender Orientierung, m. a. W. zu moralischem »Druck« auf. Ich finde daran *per se* nichts Skandalöses – vor allem, wenn man seine Konsequenz ernst nimmt: solches »Zeugnis kann man nicht jemandem geben, der gezwungen ist, sich dieses Zeugnis anzuhören«, also in einer Pflichtberatung. Diese ist staatlich – die Kirche muß also ihre ureigenen Mittel und Wege finden, um zu *animus* und *anima* ihrer Gläubigen zu sprechen.[79]

Die Konsequenz einer solchen authentisch katholischen und (im auch für Liberale ernstzunehmenden Sinne) »fundamentalistischen« Position in der Abtreibungsfrage – die Kirche solle sich aus den staatlichen Beratungsstellen zurückziehen und statt ihrer dortigen »Legitimierungs- und Alibifunktion« (Spaemann) lieber auf dem offenen Markt für ihre Interpretation der objektiven Gebote des Gewissens in Sachen werdendes Leben kämpfen – läge aber nicht nur auf der Linie der vorkonstantinischen Urkirche; sie würde auch die liberale oder protestantisch-freikirchliche Trennung von Kirche und Staat nicht aufheben, sondern radikalisieren: Die Kompromißbildung über die für alle geltenden Gesetzesnormen ist Aufgabe des weltlichen Gemeinwesens; die Kirchen oder Glaubensgemeinschaften aber beruhen auf freiwilliger Zugehörigkeit.[80]

Das schwierige Kräftegleichgewicht des gesetzlichen Kompromisses über »letzte«, somit nichtverhandelbare sittliche Werte – oder besser: die Herausbildung eines »overlapping consensus« in den Grundwerten des von verschiedenen religiösen Bekenntnissen und Grundüberzeugungen geprägten Gemeinwesens (John Rawls), der allein eine stabile gesetzliche Konstruktion tragen kann – setzt umgekehrt voraus, daß sich die verschiedenen religiösen und moralischen Grundüberzeugungen zunächst einmal frei und gleichberechtigt äußern können. Die Situation freier Kirchen im freien Staat hätte aber die vorgängige »Deregulierung des religiösen Marktes« zu ihrer Voraussetzung (in den Worten des eher konservativen protestantischen Religionssoziologen David Martin), auf dem sich die Konfessionen dann von staatlichen Rücksichten und Pflichten unbehelligt und (im Rahmen der gesetzlich garantierten Rechte auf Meinungs- und Religionsfreiheit und Toleranz gegenüber gegnerischen Bekenntnissen) frei bewegen, um Mitglieder, Zustimmung und Beiträge zu werben.

Dies – der »religiöse Supermarkt« – ist mittlerweile die normale Situation der allermeisten christlichen Religionsgemeinschaften in der westlichen Welt; nur die protestantischen Staatskirchen Nordeuropas, die katholische Kirche der lateinischen Länder (minus Frankreich) und die orthodoxen Nationalkirchen Osteuropas haben aus ihrer Geschichte heraus staatliche Erziehungsvorrechte, Kirchensteuer und sonstige monopolistische Wettbewerbsvorteile ererbt. Solange sie diese nicht aufgeben, ja: wenn die katholische *Una Sancta* die ihren nun auch noch in anderen Staaten qua Naturrecht festschreiben will, solange bleibt auch die Rede von der »Kirche als Bewegung« ein *motus*: Kirchenlatein.

VIII.
Ausblick:
Die Kehrseite der Moderne
Die Religionen am Ende des Saeculum

»Pour les religions, il faut être sincère:
vrais paiens, vrais juifs, vrais chrétiens.«
Blaise Pascal

Retour du réligieux?

Die »Illusionen des Fortschritts« (Georges Sorel), die für die weltlichen Religionen dieses Jahrhunderts – Liberalismus, Faschismus, Kommunismus – bestimmend waren, haben sich im Revolutionsjahr 1989 verabschiedet: Ein anthropologisch pessimistischer Minimalismus der Menschenrechte meldete sich da in die Geschichte zurück, vereint mit verzweifelten Hoffnungen auf die Freiheit und Angst vor der Zukunft. Diese Angst ist aber auch Missionsterrain für Propheten und Imame.

Die zeitliche Überlagerung vom Ende des Kalten Krieges in Europa mit dem kriegerischen Ausbruch der Krise im Nahen Osten, in der ein Diktator das Erbe der (ursprünglich laizistisch-nationalistischen) panarabischen Bewegung mit der Rhetorik des islamischen »Heiligen Krieges« verband, signalisierte eine Rückkehr des Religiösen in die Welt(innen)politik. Kaum hatte der freie Westen sich von seinem Sieg über den Kommunismus erholt, da bot ihm der Golfkonflikt Futter für alt-neue Feindbilder: Wird jetzt der islamische Fundamentalismus zum neuen »Reich des Bösen« für die Demokratien der ersten Welt? Die öffentliche Meinung der europäischen Länder hat sich allerdings zu schnell daran gewöhnt, den integristischen Splitter im Auge des arabischen Bruders wahrzunehmen – den fundamentalistischen Balken in der christlichen Weltsicht blendet sie gerne aus.

Hinter dem durchgerosteten Eisernen Vorhang des ersten atheistischen Staatensystems der Weltgeschichte traten in den krisengeschüttelten Übergangsregimes zwischen Staatssozialismus und mehr (Ungarn) oder weniger (Rumänien) demokratischen Regierungsformen die christlichen Kirchen als einzig halbwegs stabile Institutionen vor die erstaunten Augen des westlichen Fernsehpublikums. Gerade hatten wir Norbert Blüms frohe Botschaft vernommen – »Karl Marx ist tot, Jesus lebt« –, da wurde das religiöse *revival* des christlichen Ostens auch schon wieder abgelöst (oder besser: überlagert) durch die Konflikte nationaler Minderheiten und den oft religiös gefärbten Terror nationaler Mehrheiten.

Denn die zivile Gesellschaft war zwar der Sammelbegriff für das antitotalitäre Programm der meisten Oppositionsbewegungen in den Ostblockländern – aber es gibt sie dort noch lange nicht. Sie erfordert nämlich nicht nur unabhängige soziale Interessen- und Verteidigungsorganisationen, sondern auch eine Institutionalisierung der politischen Konkurrenz, ein einigermaßen stabiles demokratisches Parteiensystem. Für eine Herausbildung parteipolitischer *cleavages* hingegen fehl(t)en in den osteuropäischen Ländern bisher die elementarsten Voraussetzungen, und an ihre Stelle tritt bedrohlich der Traum von der nationalen Gemeinschaft.

Die mehr (Katholiken) oder weniger (Orthodoxe) verfolgten kirchlichen Institutionen hatten in den kommunistisch beherrschten Ländern Osteuropas zumeist eine Doppelrolle erfüllt: sowohl Lückenbüßer und Auffangbecken für zivile politische Assoziationen zu sein als auch den Anspruch einer totalen ideologischen Alternative zum totalitären System zu verkörpern. In Gesellschaften, deren »politischer Markt« nicht funktioniert, bildet sich ein politischer Schwarzmarkt; das war in Polen nicht anders als in den lateinamerikanischen Diktaturen, die ja die Wiege der politischen »Theologie der Befreiung« waren. Problematisch für die Freiheit des Christenmenschen wird die Sache nur, wenn darob auch die Politik schwarz wird, wenn – bei den Polen wie bei den Latinos – aus dieser politisch-sozialen Not eine theologische Tugend gemacht wird.

Die lateinamerikanische Theologie der Befreiung ist ja inzwischen selbst in die Klemme geraten – sie wird zwischen den Mühlsteinen der konservativen vatikanischen Hierarchie einerseits und dem massenhaften Vormarsch protestantischer »Sekten« und Freikirchen (Adventisten, Methodisten, Pfingstler) immer mehr zerrieben. Im ehemaligen Ostblock hingegen nimmt jetzt die Volksreligion oft völkische Züge an.

Angst vor der Freiheit

»Das Verschwinden jeglicher Trennung zwischen den Sphären des Heiligen und des Profanen« – so schrieb Adam Michnik schon 1986 im Gefängnis – war ein Charakteristikum der osteuropäischen Systeme. Strukturell waren diese atheistischen Staatsreligionen durchaus, wie sich der britische Anthropologe Ernest Gellner ausdrückt, ein dem byzantinischen Caesaropapismus analoges Phänomen: Das monokratische Regime des Parteistaats hat mit der Unterdrückung der religiösen Freiheiten selbst zur Vermengung von religiöser und politischer Sphäre beigetragen.

Jetzt aber ist der sakrale Ort der kommunistischen Macht verwaist. Um so größer muß da die Versuchung werden, ihn in postkommunistischen Regimes durch alte Symbole wieder zu besetzen: die Krone auf dem Haupt des polnischen Adlers und die Madonna von Tschenstochau am Revers des polnischen Populisten Walesa, der Segen des Moskauer Metropoliten für den russischen Präsidenten Jelzin und der orthodoxen rumänischen Staatskirche für die neue Nomenklatura von Iliescus nationaler Front.

Nach dem Ende der ständischen Hierarchie der Organisationsgesellschaft wird zudem auch in den osteuropäischen Ländern die »soziale Entropie« (Ernest Gellner) um sich greifen: der symbolische und soziale Strukturmangel von Marktgesellschaften – in denen die unvermeidliche ökonomische »Deregulierung« des bürokratischen Systems der Wirtschaftslenkung einhergehen wird mit einer sozialen Anonymisierung und schockartig erlebten Individualisierung der in die Freiheit entlassenen Subjekte.

Schockartig erlebte Strukturbrüche waren in der europäischen Geschichte häufig Anlaß für totalitäre Gefahren – von den chiliastischen Bewegungen des europäischen Mittelalters bis zum nationalistischen Zeitalter des 19. und 20. Jahrhunderts. Ralf Dahrendorf spricht für die Länder des ehemaligen Ostblocks schon von einer neuen *faschistischen* Gefahr, der »Verbindung einer nostalgischen Ideologie der Gemeinschaft, die scharfe Grenzen zieht zwischen denen, die dazugehören, und denen, die draußen bleiben«, mit cäsaristisch-populistischen Rettern des Vaterlandes.

Die Kirchen – als die einzigen Institutionen im Ostblock, die in der zweiten Hälfte des Saeculum das Terrain sozialer Kommunikation »besetzt« hatten – werden jetzt zum Ort des Kampfs der nationalen Kräfte, des Kampfs um die Besetzung des »symbolischen Mehrwerts« Nation: Während sich die orthodoxen Staatskirchen, die sich in der Vergangenheit mit dem Alten Regime (etwa in Rumänien) arrangiert hatten, heute beeilen, auf den nationalistischen Zug aufzuspringen, sind im Baltikum oder in der Ukraine die unter Stalin verfolgten Katholiken bzw. katholisch Unierten zu Bannerträgern der nationalen Selbstbestimmung geworden: Die nationale Bewegung wird selbst zur Partei im Kirchenkampf.

Civitas mundi

Gottlob ist jedoch im Universalismus der christlichen Heilsbotschaft auch ein Gegengift zu nationalen oder ideologischen »politischen Theologien« angelegt, welches der theologischen Moderne des zweiten Vaticanum ebenso entspricht wie den auch in den europäischen Christenheiten zunehmend wahrnehmbaren Tendenzen von »postmoderner« Gemeindebildung (Harvey Cox), hin zu einer Subjektivierung, Verinnerlichung religiöser Erfahrung.

Der jede konkrete politische Gemeinschaft, jede Nation übersteigende Verweis auf »den Gedanken des Unbedingten« (Robert Spaemann) als *fundamentum* des christlichen Verständnisses von Menschenwürde (d. h. als metaphysische Begründung der ansonsten nur von kontingenten Konventionen abhängigen Menschenrechte) stand auch am Anfang der ›Charta 77‹: In der existentialistischen Wiederentdeckung der platonisch-christlichen »Seele«, in der der Philosoph Jan Patočka die einzige Alternative zum nationalistischen Zerfall Europas und zum nihilistischen Untergang der europäischen Zivilisation erblickte: »die Seele als Teil dessen in uns, was in Beziehung steht zur unvergänglichen, nie vergehen könnenden Komponente des Universums, die die Wahrheit und das In-der-Wahrheit-Sein ermöglicht«.

Denn die Trennung dessen, was Cäsars, von dem, was Gottes ist (*Mt* 22, 21) – der irdischen Staaten von der *civitas Dei* (Augustinus) – verbietet jede nationale oder sozial-politische Heilslehre: »Kein gesellschaftliches Projekt wird jemals das Reich Gottes, d. h. die endzeitliche Vollkommenheit errichten können. Die politischen Messianismen münden meist in die schlimmsten Tyranneien.« (Johannes Paul II.)

God's one world

Der Schock des Eintritts in die westlich bestimmte Weltgesellschaft läßt jedoch nicht allein in den ehemals sowjetisch beherrschten Staaten die Suche nach einem göttlich bestimmten Heil wieder entstehen. Denn: Je offener der Horizont der Weltwahrnehmung wird – »Das ewige Schweigen dieser unendlichen Räume erschreckt mich« sagte zu Beginn der Neuzeit der unglückliche Rationalist Blaise Pascal –, um so unerfüllbarer wird der Wunsch, personale Identität und kollektive Geborgenheit (»religio«) im wissenschaftlich-technischen Weltbild wiederzufinden.

Der religiöse »Blick zurück nach vorn«, den wir liberalen Agnostiker gerne als vormodern-hinterwäldlerisch abtun möchten, erweist sich im neuen multimedialen Jahrtausend, das die »one world« zum ersten Mal zur Welterfahrung der Mehrheit der auf dem Globus lebenden Menschen werden läßt, als die andere Seite der Moderne: Er ist zum einen die Re-Aktion (im Wortsinne) von zwangsmodernisierten Massen auf die Zerstörung ihres Kosmos, auf die moderne Erosion von sozialem Sinn.

Dies ist natürlich nichts völlig Neues: Eine Form der Reaktion eines traditionalistischen mittelständischen »sozial-moralischen Milieus« (Lepsius) auf kulturelle Modernisierung und Verunsicherung – die der US-amerikanischen »Fundamentals« zu Anfang des Jahrhunderts – gab dem Fundamentalismus als religionssoziologischem Terminus den Namen; und vermutlich läßt sich – in einem anderen religiösen und zivilisatorischen Kontext – der Erfolg der iranischen Mullahs bei der Mobilisierung des durch die Modernisierungspolitik des Schah existentiell, mehr aber noch kulturell bedrohten Basar-Milieus für die »islamische Revolution« ähnlich interpretieren (Martin Riesebrodt).

Religiöse Erweckung kann jedoch – in Gestalt von unitarischen Gesetzesreligionen – auch ein Mittel der Weltbeherrschung neuer städtischer Schichten werden: eine durch religiöse Lebensführung gestaltete und eigenständige Anpassung an die neuen Regeln der Marktgesellschaft. Der Religionssoziologe David Martin deutet z. B. das sprunghafte Wachstum protestantischer Freikirchen (Methodisten und Pfingstler) in den Ländern Lateinamerikas (aber auch in Südkorea und Südafrika) auf diese Weise: als gewissermaßen welthistorischen Sieg der »protestantischen Ethik« über den »lateinischen Geist«. Freilich blendet er die rabiaten Methoden US-protestantischer Missionare, deren Sieg häufig auf der »Vernichtung anderer Kulturen« (Norman Lewis) beruht, dabei aus. Aber der Vormarsch des »anglo-amerikanischen Modells kultureller Reproduktion« – ein eher apolitisches, aber soziales, *community*-orientiertes, Netzwerke für sozialen Aufstieg organisierendes und marktwirtschaftliches Handeln förderndes Christentum der Pfingstler und Baptisten – wird interessanterweise (wenngleich mit umgekehrten Wertvorzeichen) vom konservativen Protestanten Martin genauso beschrieben, wie er von den linken lateinamerikanischen Befreiungstheologen erlebt wird: als Sieg des US-amerikanischen, nun auch theologischen Kulturimperialismus.

Ein wieder anderes Phänomen stellt die »neue Welle« einer islamistischen Intelligenz in den meisten arabischen Ländern dar: Wie französische Politologen und Islamwissenschaftler nachgewiesen haben, rekrutiert sich diese gerade nicht aus den hinterwäldlerischen ländlichen Volksschichten, aber auch nicht aus dem traditionellen Handwerker- und Kleinhandelsmilieu der städtischen Basare. Sie stellt vielmehr eine Intellektuellengeneration dar, die das Produkt der letzten großen Alphabetisierungswelle – und dann der mittleren und höheren Schulbildung – ausmacht. Viele kommen aus technisch-naturwissenschaftlichen Berufen und für ihre religiöse Identität oder Ideologie ist gerade (im Unterschied zu den traditionellen Schriftgelehrten) ein *selektiver Gebrauch der Moderne* eigentümlich: Bewunderung für die Naturwissenschaften und technischen Fächer, hingegen eine Ablehnung der historischen, sozialen oder Humanwissenschaften, die *en bloc* der *jayhilliyya*, also der gottlosen Zivilisation zugeschrieben werden.

Gleichzeitig üben neue Islamisten jedoch auch Kritik an der offiziellen religiösen Hierarchie der traditionellen islamischen Schriftgelehrten. Den neuen »proletarisierten« Massenintellektuellen der islamischen Welt sind nämlich der Aufstieg in Universität und Staatsbürokratie oder die Aufnahme in die religiöse Korporation der Schriftgelehrten zumeist versperrt. So kultivieren sie als hermeneutische »Bastler« ihre prekäre Avantgarderolle durch einen *self-made*-Islam, der sowohl revolutionär-politische als auch mystisch-pietistische Wege einschlagen kann.

»Fundamentalismus« im allgemeinsten Verstande – d. h. als Rückkehr zu vergessenen oder vermeintlich säkularisierten Grundlagen des religiösen Credos der jeweiligen Gemeinschaft – ist also in den meisten dieser Fälle kein vormodernes Relikt, sondern geradezu ein Produkt der modernen Welt(markt)gesellschaft: einer Welt aus Flüchtlingen und Trutzfesten, von Wanderern und Wagenburgen.

Es ist dies ein altes Paradox der Reformation und der Dialektik der Aufklärung: Eine feste Burg in GOTT zu finden (wie auch immer ER heiße) wird zunehmend unmöglicher, und eben darum drängen sich die Verfolgten verzweifelt am Burgtor – während im Inneren der Feste die aus der protestantischen Reform erwachsene Freiheitsreligion der Moderne bereits dem postmodernen Nihilismus, dem utilitaristischen Kalkül und dem zynischen Eigennutz Platz machen mußte.

Zukunftsschock

Je mobiler die Menschen und Waren werden, je weiter die eigene Lebensgeschichte ihren festen Boden verliert, um so drängender wird der Ruf der solcherart Freigesetzten nach einem transzendenten festen Halt. Unruhig ist unser Herz, bis es denn ruhet in DIR.

In der Welt von morgen aber werden immer weniger Menschen auf der Suche nach »Brot, Land und Frieden« (Lenin) Ruhe finden, da sie ihre Identitäten immer weniger auf festen territorialen Grund bauen können.

Je beschleunigter Nachrichten, finanzielle Transaktionen und technologische Transformationen sich bewegen, um so unmöglicher wird es, auf der Höhe der Zeit sich nicht zu verlieren. Die famose »Zwei-Drittel-Gesellschaft«, die im Weltmaßstab wohl eher ein Verhältnis von einem zu neun Zehnteln bedeutet, ist auch eine »Zwei-Geschwindigkeits-Gesellschaft«: Die informationell herrschende Klasse der Broker, Ingenieure, Journalisten und Intellektuellen bewegen sich auf der Ebene der rein prozessualen »Weltzeit«, während die »proles« (George Orwell) – aber auch die Massen der weltweit im agro-alimentaren, häufig noch Subsistenz-Sektor verbliebenen Verdammten dieser Erde – noch aus dem Erfahrungsraum lebens- und generationsgeschichtlich überschaubarer Zeithorizonte kommen.

Die synkretistischen Mischformen – erinnert sei vor allem an die mehreren Tausend unabhängigen schwarzafrikanischen Kirchen, die lokale Riten, traditionelle Lebensformen, Geisterbeschwörungen, Heilungspraktiken und die charismatische Rolle von Mittlern und Medien mit einer christlichen Verkündigung verbinden; aber auch an die Marabouts, Seher und heiligen Mittelsmänner in vielen Varianten des »schwarzen« Islam – stellen ebenso Formen der Arbeit an der sozialen Konstruktion von Sinn in einer gesellschaftlichen Situation der Erosion von Ordnung dar, wie umgekehrt die fundamentalistischen Freikirchen (und die radikalen Islamisten) auch Versuche sind, Fragmente gemeinschaftlicher Lebenswelt unter den Bedingungen einer Zerstörung ihrer traditionellen Voraussetzungen in einen neuen gesetzesethischen Kontext der Buchreligionen einzubringen.

»Wenn die Gegenwart grausam ist und die Zukunft bedrohlich« – heißt es in Rachid Mimounis (einem der wichtigsten zeitgenössischen maghrebinischen Romanciers) *Tombéza* –, »klammert man sich voller Hoffnung an die messianischen Verkündungen neuer Zeiten.« Der Kontakt mit weltzeitlich induzierten Kriegen und Krisen, der Hunger nach geistiger und leiblicher Nahrung läßt den

Menschen, die aus traditionalen (eher rückwärts gewandten) Religionsgemeinschaften kommen – wie z. B. der »Gegenwart der lebenden Toten« (John S. Mbiti): der ans heimische Territorium gebundenen Stammesgeister in den klassischen Religionen Schwarzafrikas –, die Zukunft zum Schock werden. Denn die Fortschrittsreligion des Sozialismus – die in der Dritten Welt während der vergangenen Jahrzehnte zudem zur bloßen Staatsideologie von nationalistischen Militärdiktaturen verkommen war – ist längst nicht mehr im Angebot.

Der sinnlosen Zukunft begegnen die in die am Tropf der Weltzeit (und des Weltwährungsfonds) hängenden Boomtowns gespülten Entwurzelten mit Angst vor der Gegenwart – auf der Suche nach einem Wegweiser. Und in Afrika treffen sie ihn in Gestalt protestantischer Erweckungsprediger oder muslimischer Radikaler: d. h. Verkündern von Hochreligionen, die eine – irdische oder seelische – Rationalisierung gegenwärtigen Elends zur Heilsgeschichte erlauben, ohne die Gläubigen beim Marsch durch die Wüste völlig allein zu lassen. Hier liegt auch der Weinberg für die erfolgreiche Mission der Baptisten, Adventisten und Methodisten: in Afrika und Ostasien ebenso wie in Mittel- und Lateinamerika sowie neuerlich in Südosteuropa.

Die Innenwelt der Außenwelt

Schließlich sind die »christliche Wiedergeburt« der osteuropäischen Nationen einerseits und der »islamische Fundamentalismus« andererseits kein bloßes Außenproblem für die Länder Westeuropas mehr. Die Wanderungsbewegungen aus den ökologischen und ökonomischen Krisengebieten, die Immigranten und Flüchtlinge kommen nicht als »kontextfreie« Mitmenschen: Sie wollen Brot und Bürgerrechte – aber sie bedürfen, da ja der Mensch vom Brot allein nicht lebt, auch der Religionsfreiheit. Sie brauchen in ihrer neuen Welt Moscheen und Kultstätten, Lehrhäuser und Tempel.

Das zivile Zusammenleben mit fremden religiösen Lebensformen wird – und zwar nicht erst in der Frage schleiertragender

Töchter des Propheten, sondern bereits beim fundamentalistisch-katholischen Kampf gegen die Straffreiheit für Abtreibung – zum Gegenstand europäischer Innenpolitik, zum Prüfstein für unsere aufgeklärte Toleranz oder christliche Nächstenliebe: In Gestalt der Völkerwanderungen aus dem Osten und dem submediterranen Süden treten Weltreligionen in »unseren« öffentlichen Raum, von deren Existenz wir bisher allenfalls aus Abenteuerromanen wußten. Dies gilt nicht nur für den Islamismus arabischer und türkischer Immigranten, sondern auch für die Christen arabischer Nation, die *auch* vor dem islamischen Wiedererwachen fliehen. 1990 wurde die erste koptische Kirche in Deutschland geweiht. Oder es gilt für die Juden, die in Osteuropa den wiedererwachenden christlich-nationalen Antisemitismus fliehen müssen...

Heute erleben die europäischen Nationen zum ersten Mal »die amerikanische Situation« am eigenen Leibe – und zwar auch als religiöse Frage: Europa ist heute – wie lange Jahrhunderte nur Amerika – ein Einwanderungskontinent für viele Splitter religiöser Glaubengemeinschaften; der *melting pot* wird in Europa (wie in den USA) nicht zu einem Verschwinden und Verschmelzen der existierenden und einströmenden sozialen, nationalen, kulturellen, religiösen Identitäten führen, sondern zu ihrer Vervielfältigung, Diffusion, zu ihrer permanenten Konfrontation.

Der Unterschied zu den USA: es gibt keine Vereinigten Staaten von Europa, keinen gemeinsamen Verfassungspatriotismus der von allen Bewohnern zu respektierenden Rechte und Freiheiten; aber es gibt auch keinen »Denominationalismus«, die prinzipielle Gleichberechtigung aller Glaubensgemeinschaften im »religiösen Supermarkt« (Malise Ruthven) – und: es gibt nicht die barbarische Möglichkeit, mit den eingeborenen Völkern, Riten und Kulturen *tabula rasa* zu veranstalten; denn die Eingeborenen, nicht die Einwanderer sind in Europa die Starken. Die christlichen nationalen, oft sogar Staatsreligionen haben durch Kirchensteuer, Schul- und Erziehungsprivilegien die Monopolistenrolle auf dem religiösen Markt und wehren sich gegen dessen »Deregulierung«.

Ob es eine zivile Republik Europa geben wird, ist somit auch eine Frage der »religiösen Demokratie«. Eine der Wurzeln der zweihundert Jahre alten »Bill of Rights« (1791) der Vereinigten Staaten von Amerika liegt in der Gewissens- und Religionsfreiheit – entstanden aus der Flucht vieler Einwanderer vor religiöser Verfolgung in Europa. Für den linken amerikanischen Sozialtheoretiker Michael Walzer ist die Gewissensfreiheit, die Religionsfreiheit von *communities*, weit mehr als das Eigentumsrecht, die Wurzel der amerikanischen Demokratie: »Das Eigentum gehört jemand einzelnem, das Gewissen aber jedermann; das Eigentum ist oligarchischen Typs, das Gewissen demokratisch oder anarchisch« – oder aber auch, wie man hinzufügen könnte, fundamentalistisch: Die religiöse Demokratie und der große Supermarkt produzieren gleichzeitig Fremdheit durch Konfrontation.

Die religiöse Toleranz unter dem gemeinsamen Dach der zivilen Republik Europa wird somit nicht nur die Probe aufs Exempel sein, wie weit wir Europäer die Lehren der Aufklärung wahrhaft ernst nehmen. Sie ist auch der wohl einzige Weg, mit vor- und antimodernen »Fundamentalismen« demokratisch fertig zu werden, d. h. sie auf den Weg ihrer *eigenen* Reformation zu bringen. Ein anti-islamischer Fundamentalismus des christlich-liberalen Abendlandes würde hingegen im Inneren Europas neue Religionskriege schüren – nach außen würde er die alte byzantinische Mauer im Süden wiederaufbauen.

Ambrosius und ein Nachfolger

Die einzig richtige Methode des religiösen Zusammenlebens hat am 9. Dezember 1990, am Fest des Mailänder Stadtpatrons und Heiligen Ambrosius, Kardinal Carlo Maria Martini in seiner Predigt vorgeschlagen, die sich auch an die »extracomunitari«, die arabischen und afrikanischen Einwanderer aus Nicht-EG-Ländern, richtete: Gegenüber den fundamentalistischen Tendenzen im Islam müsse die Kirche (die es schließlich auch erst mit dem II. Vatikanischen Konzil geschafft habe, »dem Weg des Glaubens innerhalb der Moderne einen positiven Sinn zu geben«) im Dialog mit den islamischen Gläubigen diese dabei unterstützen, »den notwendigen Übergang zu einer nicht allein materiellen Aufnahme der technischen Annehmlichkeiten des Westens zu begleiten durch eine ernstliche historisch-kritische Reflexion über die eigenen religiösen Quellen«. Schließlich habe die klassische arabische Aufklärung (die Zeitgenossen des Hl. Thomas von Aquin) »eine Harmonie zwischen philosophischer Weltsicht und dem geoffenbarten Gesetze« bereits angestrebt.

Kardinal Martini fuhr fort, und zwar ganz im Gegensatz zum Geiste des Mailänder Bischofs (374-397) Ambrosius – der im 4. Jahrhundert in der berühmten Kontroverse um den Viktoriaaltar das Verbot öffentlichen heidnischen Kultes durchsetzte: »Wir (also: die Christen) müssen uns anstrengen, damit auch die Muslime die Bedeutung und den Wert der Unterscheidung zwischen Religion und Gesellschaft, Glaube und Zivilisation, politischem Islam und islamischem Glauben für sich klären und erfassen, indem wir selbst zeigen (und das heißt wohl auch: vorleben), daß es möglich ist, die Erfordernisse einer persönlichen wie gemeinschaftlichen Religiosität innerhalb einer demokratischen und laizistischen Gesellschaft zu leben, in der sich ein Klima des wechselseitigen Respekts, der wechselseitigen Annahme und des Dialogs herstellt.«

Dem ist fast nichts hinzuzufügen. Höchstens die Selbstverständlichkeit noch, daß die Voraussetzung für wechselseitigen Respekt die zivile Gleichberechtigung darstellt – und zwar nicht nur der ausländischen Mitbürger (wenn sie europäische Bürger werden wollen), sondern auch die ihrer Religionsgemeinschaften: In Deutschland sind z. B. die Muslime, obwohl mittlerweile dritte große Religionsgemeinschaft nach den beiden christlichen Konfessionen, immer noch nicht als öffentliche Körperschaft anerkannt. Kein Wunder, wenn gegenüber einem von christlichen Monopolisten mit unfairen Wettbewerbsvorteilen dominierten offiziellen religiösen Markt dann auf dem Schwarzmarkt für Fremde die islamistischen Fundamentalisten dominieren.

Anhang: Ökumenische Science-fiction
Pfingsten 2035 – ein Konzilsbericht

Uniantur sub uno vexillo Christi Jesu.
Pius X.

Babylon

Samstag vor Pfingsten 2035 / Sender Freies Großberlin, 3. Programm: Den samstäglichen Kommentar »Von Woche zu Woche« spricht aus Nairobi unser Sonderkorrespondent Dr. Winfried Sch. jr.

Guten Abend, meine Damen und Herren.

Nach der letzten Fußballweltmeisterschaft in Canberra wurde wohl kein internationales Ereignis mit solcher Spannung erwartet wie die morgen im Herzen des Freien Afrika nach mehrjähriger intensiver diplomatischer Vorbereitung beginnende konziliare Weltversammlung aller Christen. Sie soll den nicht nur für Katholiken traurigen Zustand des Interregnums nach dem Tode von Papst Johannes XXIV durch ein gemeinsames Kirchenhaupt aller *in Jesum* Glaubenden beenden.

Doch die Erwartungen an die Einheit aller, die das Bekenntnis »Jesus is the Christ« (Thomas Hobbes) teilen, sind nicht nur religiöser, sondern politischer – ja: weltpolitischer Natur. Dies gilt vornehmlich im Zeichen der Doppelherrschaft in den internationalen Institutionen, die der drohenden Destabilisierung durch kontinentale Hungerrevolten zunehmend hilflos gegenüberstehen. So hat sich neben dem auf die »Unverletzlichkeit bestehender Grenzen« verpflichteten UNO-Sicherheitsrat nun schon seit einem Dezennium die permanent in Wien tagende anti-imperialistische TRRW-Sezession etabliert: die sog. »Trikontinentale Religiös-Revolutionäre Weltkonferenz«, in der sich die maoistischen Kriegerstaaten (China, Kambodscha, Peru), die Schiiten der Iranisch-Aserbaidschanischen Islamischen Allianz, die Volksguerillabewegung des autonomen Pamjat und die sudanesisch-libysche Volksfront wider die »christlich-zionistische Staatenordnung« mit den ehemaligen OPEC-Staaten zusammengeschlossen haben.

UNO-Generalsekretär Benadaj Singh appellierte darum noch letzte Woche inständig an alle christlichen Kardinäle, Volksdelegierten und Predigerpropheten, den Geist der ökumenischen Diplomatie nicht durch überzogene nationale oder orthodoxe Partikularismen zu strapazieren: ohne eine politisch-theologische Legitimation seitens *aller* Weltreligionen werde nämlich die UNO den dringlichen Ausbau des *peace*-corps der »Weißhelme« nicht vornehmen können – der angesichts des nun schon zwanzigjährigen schiitisch-israelischen Krieges und des drohenden Atomwaffeneinsatzes im Kambodscha-Konflikt unaufschiebbar ist. Auch das nach den Hunger-Stürmen der Monsune von 2031/32 beschlossene Notprogramm einer allgemeinen und proportionalen Senkung des Weltenergieverbrauchs werde ohne eine entsprechende Evangelisierungsinitiative nicht verwirklicht werden können.

Nun aber ist es soweit: Natürlich gab es auch diesmal im Vorfelde brüderlichen Zwist unter den christlichen Kirchen. Ich erinnere nur an den Protest der Volkskonzile aus Lateinamerika und der schwarzafrikanischen ökumenischen Palaver, die lieber einen »sozialidarischen« (Guido Morselli) afrikanischen Staat wie Tansania oder Guinea-Bissau als Austragungsort gesehen hätten. Doch der vatikanischen Diplomatie – vor allem die unermüdliche Reisetätigkeit Father McKinneys aus Arkansas, des »schwarzen Genscher«, ist hier zu nennen – gelang es schließlich, auch die sozialistische Internationale für den Austragungsort Nairobi zu gewinnen. Und diese einflußreichste ökumenische Tarnorganisation vermochte dann gottlob, den Heiligen Geist Julius Nyereres und Olof Palmes auch unter feurigen Franziskanern und Compañeros walten zu lassen: Es sei gerade für die Volkskirche ein Zeichen *revolutionärer* Demut – so predigten alsbald die Jesuiten in Dar-Es-Salam ebenso wie die Minderen Brüder Mozambiques oder die Clarissinnen in der Frauenbewegung Paraguays, Argentiniens und Brasiliens –, jetzt die weltchristliche Versöhnung zwischen Hütten und Palästen ausgerechnet in »Kenyatta-boomtown«, also in der Höhle des Löwen, zu unternehmen. In der Tat, meine Damen und Herren: Nairobi als Konzilsort – dies bereits ist das erste Pfingstwunder!

Nairobi, die Hauptstadt des afrikanischen kapitalistischen Weges, zu dem sich Nyereres Kampfgefährte aus Mau-Mau-Tagen, Staatsgründer Jomo Kenyatta, in den sechziger Jahren des vorigen Jahrhunderts entschlossen hatte – ein Weg, der dann seit den Achtzigern als *Nyayo* (»in den Fußstapfen« Kenyattas) unter Daniel arap Mois »pluralistischer Einparteiendemokratie« zur Unterdrükkung jeder sozialen Opposition geführt hatte. Die Slogans der Volkskirchenbewegung – Gustavo Guitierrez' revolutionäre »Versöhnung für den Fortschritt« und Willy Brandts »Neue Weltwirtschaftsordnung« – zu Gast im Staatstempel des kapitalistischen Statthalters Präsident Daniel II.? Eine für die Befreiungstheologen gewiß schwere und doch eine weise Entscheidung.

Wie »die gläubig gewordenen Juden, die mit Petrus gekommen waren, entsetzten sie sich, weil auf die Heiden die Gabe des Heiligen Geistes ausgegossen wurde«, so jedenfalls nach der Apostelgeschichte (10.45-46); »denn sie hörten, daß sie in Zungen redeten und Gott hochpriesen«. Ja, meine Damen und Herren, Nairobi – dieses »New York Afrikas« – ist in den letzten fünfzig Jahren gerade unter der Einparteienherrschaft des Moi-Clans in einer selbst für uns post-säkularisierte Mitteleuropäer anarchisch anmutenden religiösen Vielfalt von christlichen, islamischen und hinduistischen Religionsgemeinden gleichsam zum Sinnbild der babylonischen Weltkirche von heute geworden: sechzig Prozent der Bevölkerung sind christlichen Glaubens – fast die Hälfte davon Katholiken. Rückläufig ist der Zuwachs der Protestanten und Afro-Anglikaner, auch der seit bereits einem Jahrhundert existierenden *Watu wa Mngu*-Kirche (»Volk Gottes«) der regierenden Kikuyu, d. h. der schon 1938 von Kenyatta in seiner Doktorarbeit beschriebenen und heute längst zum Establishment gehörenden *United Kikuyu-Church.* Ein stürmisches Wachstum dagegen erlebten spätestens seit Beginn des dritten Jahrtausends zahlreiche adventistische Freikirchen: Baptisten, Pfingstler und methodistische Erweckungsgemeinden, die in Kenya, Tansania, Sambia und Simbabwe in den letzten zwanzig Jahren aufgrund ihrer offenen Missionsarbeit und der multimedialen Meetings US-amerikanischer Evangelisten (und der assoziierten *peoples'-fast-food*-Ketten) zu den Wellblechtempeln der Armen geworden sind – eine Entwicklung, die uns ja seit den neunziger Jahren des letzten Jahrhunderts schon aus Mittelamerika geläufig ist.

Die ca. zwanzig Prozent der Kenyoten umfassende starke muslimische Minderheit steht (wie der Islam als Weltreligion überhaupt) dem Konzil in Nairobi gespalten gegenüber – und ist damit ebenfalls Sinnbild des islamischen »Modernismus«-Schismas, das die Heilsgeschichte dieses dritten Jahrtausends aus den islamischen Revolutionen der letzten sechs Jahrzehnte ererbt hat: Die indische Mittelklasse Kenyas ist mehrheitlich liberal-sunnitischen Bekenntnisses, und die freihändlerischen Sunniten des arabischen Westens und die *Shirazi* des afrikanischen Ostens unterstützen bekanntlich das christliche Friedenskonzil – ebenso wie die Ismaeliten (mit ihrem Weltzentrum in der Nähe der Küstenstadt Mombasa) und die winzigen Minderheiten der Hindu und *Baha'i*. Allerdings bleiben die Rechtslehrer der liberalen *Sharía* gegenüber der sozialprotestantischen »Öko-Ökumene« ebenso mißtrauisch wie gegenüber den lateinamerikanischen Befreiungstheologen oder den afro-katholischen *ujamá*-Palavern aus dem »sozialidarischen« Tansania im Süden.

Nicht nur die arabischen, palästinensischen und indonesischen Gastarbeiter der Küste, sondern auch im Landesinnern die transkontinentalen Wanderarbeiter aus Sambia, Zaire und Simbabwe, die hemdlosen Schwarzen in den *suburbs*, die illegalen »Übersiedler« aus dem zur Hälfte islamischen Tansania – sie alle haben zu dem gewaltigen Anwachsen des Islam in den letzten vier Jahrzehnten in Kenya beigetragen. Doch die Dunkelziffer ist hoch – einige UNO-Spezialisten schätzen die schwarzen »vagabundierenden Muslime« Zentralafrikas bereits auf das Doppelte der offiziell verfügbaren Daten. Die traurigen Reste der *Abaluyia*, der *Akamba*, der *Boran*, *Chagga* und *Gogo* usw., bis zu den *Turu*, *Vugusu* und *Watumbatu*, all jene früher Viehzucht und peripher Ackerbau treibenden, noch vor wenigen Jahrzehnten teilweise nomadischen und heute durch Bodenerosion, Silizium-Industrie und Trans-African-Highways zerrütteten Stämme und Völker sind heute islamisches Missionsterrain. Diese *underdogs* der Staatenbildung, die in der Entkolonialisierungsphase nicht (wie in Kenya ein Teil der *Kikuyu*) den evolutionären Schub zur staatstragenden Volksklasse aus Facharbeitern und Polizisten, Spekulanten und Funktionären geschafft haben, sind im melting pot der Kenyaboomtowns binnen weniger Jahre häufig zu Anhängern des Heiligen Krieges wider das *dár al-Harb* (»Haus des Krieges«) aller Ungläubigen geworden. Hier, im entwurzelten schwarzen und inderfeindlichen Proletariat des Südostens, in den *favelas* Nairobis, Mombasas, in den Schlafcamps der tansanischen und ugandischen Wanderarbeiter, in den Siliziumöfen der neuen, von kalifornisch-japanischen Konsortien vor zwanzig Jahren in die Steppe gesetzten Millionenstadt *Maasai-City* liegen die Missionsherde der Emissäre des sudanischen *Mahdi* oder des schiitischen Imam.

Die Nacht vor dem Pfingstwunder ist klar und laut. In allen Kirchen und Moscheen Nairobis haben – nach dem Prinzip des *ecumenical mix* – Gastgottesdienste ausländischer konkurrierender Christengemeinden stattgefunden: in der griechisch-orthodoxen Kirche predigte Mother Jones, die Baptistenprophetin aus Kentucky; die *Pentecostal Church* Nairobis erlebte eine Messe Marianischer Mystik polnischer Karmeliten; vom International Casino herüber – jenseits des Uhuru-Parks und der Anglikanischen *All Saints*-Kathedrale, wo heute die Abendandacht der ukrainischen und bulgarischen Bischöfe stattfindet – hört man die Klänge des von Altstar Sting eröffneten (und von einer internationalen nikotinfreien Zigarettenmarke gesponserten) Freiluftkonzerts mit der karibisch-indischen Supergroup »Come together«.

In der City blüht das Kleingewerbe. In der Kimathi-Street kann man unter den gelassenen Blicken der Polizisten für eine Handvoll Shilling die verbreiteten Koran- Evangelisations- und Reggae-CDs erstehen, die passenden Hi-Fi-Walkmen gibt es schon ab anderthalb Dollar, die illegalen Geldwechsler stehen bereit mit Landeswährung zum Schwarzkurs. Zahlreiche Marien und Magdalenen bieten auf dem Uhuru Highway und im Marktviertel im Karree um die Monrovia und Biashara Street den ökumenischen »brothers and sweet daddies« christliche Nächstenliebe feil: »We accept credit cards.« Kurz, es ist fast so wie früher in Rom vor jeder Papstwahl auch. Nur *noch* ein wenig lauter...

Böcklein und Lämmlein

Die Weltreligionen nach der letzten Schätzung des vatikanischen »Rats für die Einheit der Christen« (A. D. 2020):

Confessio	*Vergleichsjahr* (Zahlenangaben in Mill.) 1970	1986	2019
Christliche Kirchen			
Katholisch	672	887	1765[1]
Orthodox	143	171	480
Protestantisch	353	449	992[2]
Andere			
Islam	551	837	2340
Hindu	466	661	1 200
Buddhisten	231	300	560
Animistisch	88	91	121
Neue Religionen	76	108	235
Jüdisch	15	18	–[3]
»Chinesische Religion«	214	187	–[4]
Sikh	11	16	65
Andere Religionen	32	35	ca. 100
Agnostisch	543	825	ca. 1 800
Atheistisch	165	214	–[4]

Quelle: L'état des Religions dans le Monde (1987); Acta Sanctae Sedis A. D. 2021, Suppl. XVI »Missionis opera« (cura Congregationis Propagandae fidei).

1 Inkl. ca. 45 Mill. orientalisch Unierte wie Kopten, Maroniten und die Staatskirchen der Ukrainer (nach der Wende von Brest-Litowsk 1995 wieder offizielle Staatskirche), Rumänen und Armenier. Die bulgarische, georgische und griechisch-zypriotische Staatskirche sind – *quousque tandem?* – noch orthodox und verweigern bis heute (A. d. Red.: 2019) die »Enosis« von Rom und Konstantinopel. Hauptwachstum der weströmischen Katholiken: in Osteuropa, Lateinamerika, Ostasien, West- und Südostafrika.

2 Inkl. der Anglikaner, Afro-Anglikaner und vor allem der methodistisch-baptistischen Internationale angeschlossenen regionalen Prediger- und Prophetengemeinden. Hauptwachstum hier: die afrikanische, mittelamerikanische und ostasiatische Mission.

3 Aufgrund der nach der israelischen Eroberung Großjudäas (Libanon, Syrien, mit einem selbstverwalteten jordanisch-palästinensischen *homeland* und der semiautonomen maronitischen Enklave, beide unter Jerusalemer Militärhoheit) abgebrochenen Beziehungen zwischen orthodoxer *und* liberaler Diaspora einerseits und der israelischen Religions- und Staatsführung andererseits, die die demographi-

Woodstock

»Und als der Pfingsttag gekommen war, waren sie alle an *einem* Orte beieinander. Und es geschah plötzlich ein Brausen vom Himmel wie von einem gewaltigen Wind und erfüllte das ganze Haus, in dem sie saßen. Und es erschienen ihnen Zungen zerteilt, wie von Feuer; und er setzte sich auf einen jeden von ihnen, und sie wurden alle erfüllt von dem Heiligen Geist und fingen an, zu predigen in anderen Sprachen, wie der Geist ihnen gab auszusprechen.« *Apg* 2.1-4

Liebe Freunde und Feinde aller Konfessionen daheim an den Empfängern. Der große Tag ist da – *Deo gratias.* Aus dem Sonderstudio Nairobi im Pressepavillon am Kenyatta-Center begrüßen Sie Johnny Friedrich und unsere Konzilsbegleitungs-*crew* von ARD, ORF, RTL und SAT1. Wir haben an allen Knotenpunkten der ostafrikanischen Metropole unsere Kamerateams im Einsatz und sind durch Direktschaltungen mit den wichtigsten Brennpunkten der geistlichen Welt verbunden. Ich darf Ihnen gleich unseren ersten Studiogast vorstellen und an ihn einige Fragen richten. (Danach bitte sofort Gruber und die Bilder vom Aufbruch der Weißrussen!)

Neben mir steht Pastor Wolfgang Ullrich aus dem Herrnhuter geistlichen Zentrum Klein-Machnow, selbst ein Berater der sozialökumenischen Bewegung »Dritter Weg« – äh..., pardon »Vierte Welt«: Worin besteht eigentlich die Schwierigkeit dieses konziliaren Prozesses, Herr Pastor? Man sollte meinen, angesichts der globalen Monsunkatastrophen der letzten Jahre, ganz zu schweigen von der schiitischen Atomkriegsgefahr im nahen und mittleren Osten, müßte es den Kirchen doch leichter fallen, endlich ihre dogmatischen Differenzen hintanzustellen.

---

sche Entwicklung und die Verteilung der religiösen Bekenntnisse in Israel als militärisches Geheimnis betrachtet, liegen seit 2005 keine offiziellen Daten mehr vor. Die Diaspora wird auf 15 Millionen geschätzt, davon je ca. 1/3 liberal-religiös, orthodox und agnostisch.

4 Seit der Einführung der Schallmauer i. J. 2003 liegen aus dem offiziell zu 100 Prozent atheistischen China keine Angaben über Religionszugehörigkeiten mehr vor. Auch die demographische Entwicklung Chinas, die auf ca. 1750 Mill. geschätzt wird, gilt als militärisches Staatsgeheimnis.

– Herr Friedrich, rein klima- und weltpolitisch gesehen haben Sie natürlich völlig recht. Doch damit wirklich zusammenwachsen kann, was zusammengehört, damit die heute über drei Milliarden Seelen umfassenden großen Konfessionen der Christenheit in ein dynamisches Gleichgewicht wechselseitiger Befruchtung kommen können...

– Sie haben es gehört, liebe Zuschauer: 3000 Millionen – eine phantastische Zahl!

– ... damit also dieses knappe Drittel der Weltbevölkerung im Geiste Jesu Christi unser aller planetarischer Verantwortung gerecht werden kann, Herr Friedrich, gilt es nicht nur, die sicherheitspolitischen und ökologischen Programme der vatikanischen Akademie mit den Berechnungen des protestantischen »network 3000« abzugleichen. Das geschieht übrigens sowieso routinemäßig. Es geht jetzt vor allem auch um die institutionellen Strukturen der *ecclesia militans* beim Marsch durch die ökologische Wüste.

– Das heißt konkret?

– Das ökumenische Pfingstkonzil heute in Nairobi steht und fällt mit der Frage: Wird es den drei großen im UNO-Sicherheitsrat vertretenen christlichen Weltbewegungen – der katholisch-unitarischen, der ökologisch-protestantischen und dem adventistisch-methodistisch-baptistischen Archipel der sog. prophetischen »Erweckungskirchen« – gelingen, ihre sozial-ekklesiologischen Differenzen zu überwinden? Das heißt vor allem, sich auch auf ein gemeinsames Oberhaupt zu einigen.

– Sie meinen: einen neuen Papst?

– Ja, die Katholiken ziehen diesen Ausdruck vor. Der neue »Papst« hätte jedoch, selbst wenn es sich um eine Katholikin handelte, denn Sie wissen ja, daß die ökologisch-protestantische Ökumene die Kandidatur der Clarissin Juanita aus den Reihen des argentinischen Volkskonzils unterstützt...

– Eine Päpstin? Da wird sich aber Wojtyla im Grabe herumdrehen!

– ... der ökumenische Nachfolger Johannes' XXIV. hätte nicht mehr den vorkonziliaren absolutistischen Jurisdiktionsprimat, also keine *summa potestas* gegenüber Episkopaten, Konfessionen und Freikirchen der pluralistischen Weltkirche mehr, sondern ausschließlich einen Repräsentationsprimat. Aufgabe eines »postmodernen Papsttums« (Küng) wäre moralische Kommunikation und pastoraler Dienst gegenüber den Bischofsversammlungen und den »runden Tischen« der Regional- und Kontinentalkonzile. Diese Forderung der Überwindung der aus der Gegenreformation stammenden »monarchisch-hierarchischen Konzeption« des kirchlichen Amtes durch ein »kommunikatives Paradigma« des Dienstes haben seit Vaticanum II nicht nur protestantische, sondern auch katholische Theologen erhoben. Ich erinnere an Karl Rahner und den Schweizer Hans Küng...

– der dafür von der Kurie einen Maulkorb verpaßt bekam. Soviel fürs erste, vielen Dank, Herr Ullrich. Ja, meine Damen und Brüder, wir werden sicher auch auf diese *papabili* noch zurückkommen. (Ist bei Eddy alles okay? Gut.) Doch meine Schwestern und Herren, ich sehe gerade auf dem Monitor, daß Kollege Gruber mit seinem Team uns bereits die ersten Bilder der katholisch-unierten Delegation übermitteln kann... (Übernehmen, Eddy!)

Hallo Johnny, also hier ist die Stimmung großartig! Bestes Wimbledon-Wetter! Es begann vor wenigen Minuten mit dem Defilee der hohen Würdenträger der katholisch-unierten ost- und weströmischen Kardinäle in leuchtendem Purpur, die hier aus der gastgebenden anglikanischen *All Saints Cathedral* von Nairobi durch die Grünanlagen des Uhuru-Parkes in die Kenyatta Avenue einbiegen, um dann zum Jomo Kenyatta-Congress-Center zu strömen. Die Hirten Lateineuropas vorweg, dann die deutschen Kardinäle, dann der christliche Osten. Sie sehen, wie von links aus der Kathedrale... aus dem kleinen Portal dieser fast zweihundertjährigen neugotischen Kirche, die mich irgendwie eigentümlich an das letzte Golf-open in Sussex erinnert (aber auch in Nairobi gehören die Golfplätze zu den besten, die der schwarze Kontinent zu bieten hat) ... ja, dort: das ist der Erzbischof von Köln, der ins gleißende Sonnenlicht tritt, und linksaußen neben ihm ... ich kann den Würdenträger noch nicht identifizieren, aber er gehört vom Trikot her zur katholischen Mannschaft, jetzt kommt er ins Mittelfeld unserer Kameras und ... ja, es ist der polnische Primas Stanislas

Maria, und hinter ihm, ja direkt hinter ihm – mit der Sonnenbrille – Primas Jaroslaw aus Lemberg. Das ist großartig, das ist Spitze: *Whow!* Er ist es selbst, ein Mann Gottes, der den Krummstab zu führen weiß wie kein zweiter und mit seinen gut achtzig Jahren immer noch so feurig wirkt wie im November 1989, als er, damals noch einfacher orthodoxer Priester, in seiner historischen Predigt in der Lemberger Verklärungskirche seinen Übertritt zur *Una Sancta* verkündigte und damit das ukrainische katholische Beben auslöste: Jaroslaw Tschuchnij, der Held der *riconquista* Weißrußlands! 1995 war er der Erneuerer des apostolischen Vertrags von Brest-Litowsk (also der ersten Wiedervereinigung von orthodox-ukrainischer und römischer Kirche i. J. 1596) und der Schrekken aller orthodoxen Kollaborateure mit dem Stalin-Breschnew-Gorbatschow-Regime. Und damit gebe ich zurück ... *stop*, noch nicht: Denn was sehe ich? Jaroslaw geht Hand in Hand mit dem Abt des Danilow-Klosters aus Moskau, einem der letzten »orthodoxen« Orthodoxen, der sich der ost-west-römischen Union bislang immer verweigert hat. Russisch-unierte und ultra-orthodoxe Kirchenfürsten Hand in Hand auf dem Wege zu einer gemeinsamen Konzilsversammlung! Wer hätte sich das noch vor wenigen Monaten vorstellen können! Eine neue Weltsensation, ein hervorragendes *opening* für das Konzil, das ist einmalig, meine Brüder und Schwestern! Und jetzt hören wir auch die Gesänge, die aus dem Innern des Gotteshauses mit Hilfe einer gewaltigen Lautsprecheranlage in den Uhuru-Volkspark Nairobis übertragen werden, wo sonst nur amerikanische Halleluja-Baptisten und Soul-Gruppen die Massen fesseln können. Sie hören es selbst – dank einer großzügigen Spende von HITACHI-electronic industries ist die Hi-Fi-Beschallung hier im Herzen des schwarzen Kontinents von erster Güte: Gregorianische Choräle sind's, in russischer und syrischer Sprache, nestorianische Hymnen und das polnische Lobeslied auf die *schwarze* Gottesmutter von Tschenstochau. Ja, meine Damen und Herren, die europäische Christenheit, die katholischen und die orthodoxen Kirchen Ost- und West-Roms, haben hier mitten unter Kindern der alttestamentarischen Propheten der Befreiung Kenyatta und Nyerere ins Schwarze getroffen... (Zentrale an Eddy: du mußt jetzt abgeben. – Okay, Johnny, take it!)

Wir geben gleich weiter an Kemal Meier, der mit seinem Kamerateam an der Muindi Mbingo Street steht. Wie ist denn die Lage im Stadtzentrum, Kollege Meier?

– Ja, wir stehen hier mitten im geschäftigen Herzen von Nairobi, vor der Markthalle, direkt gegenüber der *Isma'ilia*-Moschee, und ich bin überwältigt – groß ist der Name des Herrn. Es ist großartig, meine Damen und Herren, echter Wahnsinn! Die Straßen des alten Kolonialviertels und die Geschäfte des indischen Mittelstands sind gesäumt vom schwarzen, braunen, gelben Kirchenvolke: die Kinder der Armen haben ihre brandneuen bunten St. Markus-T-Shirts übergezogen, die der hiesige ökumenische Marktführer Löwenbräu-*Peace*-Beer gestern kostenlos an alle Hemdlosen verteilen ließ; und viele von ihnen – wie mein kleiner Freund Joshua neben mir (come on, say hello to your brothers and sisters in Germany) – verkaufen an asiatische Touristen die beliebten *Pope*-Leporellos (von Pius IX. bis Johannes XXIV.: »The road to unity«). Dazwischen britische Kenya-Cowboys, Schlachtenbummler aus Europa und natürlich die koreanischen Pilger und philippinischen Nonnen. Und – Sie sehen selbst: die Farben der Saris der Schönen, Blumen aus dem Garten der indischen Muslime, der Hindus, der Ismaeliten aus der Biashara Street. Alle Kinder Gottes drängen sich hinter den Reihen der Sicherheitskräfte: der Weißhelme der multikulturellen Brigade des United-Nations-Religionsrats. Die weißgewandeten Gäste der islamischen Friedensrunde aus Kairo hatten schon in aller Frühe – von der Moschee aus über die Kenyatta, dann durch die Daniel arap Moi-Avenue in einem Autokorso, der über die Haile Selassie Avenue zum Panafrikanischen Kongreßzentrum führte – Einzug in die konziliare Halle gehalten. (Jetzt bitte die Konserve einspeisen!) Doch, brothers and sisters, so imposant die weißen kugelsicheren Cadillacs der ökumenischen Friedensmullahs auch sind – sie erinnern uns an den traurigen Zwist unter den Anhängern des Propheten Gottes, der über diese christliche Versammlung seine Schatten wirft. Leider, Sie wissen es, liebe Brüder, haben der amtierende Imam von Quom und die im Kriegszustand mit Israel befindliche iranisch-aserbaidschanische Allianz das christliche Friedenskonzil wegen der Anwesenheit des Moskauer Metropoliten und der Vertreter des Jüdischen Weltbundes in Nairobi boykottiert. Bisher jedoch ist es nicht zu nennenswerten Zwischenfällen und Anschlägen gekommen. Davor möge Gott – Sein Name ist groß – uns behüten! Er gebe den Mannschaften der Sicherheitskräfte in den kleinen grünen *Salám*-Helikoptern, die seit Tagen über Nairobi ihren Friedensdienst tun, gute Nerven und scharfe Augen. (Zurück an die Zentrale.)

Ja, und ich gebe sofort weiter an Tania Duve, die mit ihrem RTL-Kamerateam an der Haile Selassie Avenue plaziert ist, von wo aus wir einen guten Überblick über das Kongreßzentrum und die Holy-Family-Cathedral haben. Na, tut sich bei Ihnen schon was, Tania?

– Hallo Johnny, hier ist die Hölle los – ich meine die totale *action*: ich weiß gar nicht, wie ich das alles beschreiben soll. Vom Fußballstadion her, wo die greisen Apostel Daniel Ortega und Leonardo Boff gestern abend das »El pueblo unido«-Meeting der Delegierten des lateinamerikanischen Volkskonzils eröffnet hatten, strömten heute die Compañeros in den olivgrünen Missionsuniformen der Befreiungskirchen in Richtung Kenyatta-Center. Auf der Höhe der Parliament Road treffen sie mit den Delegierten der Sozialistischen Internationale zusammen – und wie herzlich klingen da die Begrüßungssalven! Jetzt sehen wir die braunen Kutten der – übrigens wie immer hocheffizient organisierten – Franziskusbruderschaft und der argentinischen Frauenbefreiungsfront Santa Clara. (Kameraschwenk:) Und hier kommen die europäischen Bräute Jesu und die kalifornischen Beginen. *Sisters of the world unite!* Da sind auch schon die Bleichgesichter von den mitteldeutschen FrauenVolksUniversitäten (so heißen bei uns die quotierten Predigthäuser). Die Öko-Protestantinnen, erkennbar an ihrem violetten Schador mit dem »Schwerter zu Pflugscharen«-Emblem, stimmen gerade »Das weiche Wasser bricht den Stein« und »Neue Priester braucht das Land« an... (Kameraschwenk. Zentrale: Versucht verdammt noch mal, einen etwas fetzigeren musikalischen O-Ton zu kriegen... Okay, Johnny, deinen Soul kannst du jetzt haben.) Vom Eingang ins panafrikanische Kongreßzentrum, vor der großen Kenyatta-Statue, hören wir einen rhythmischen Dialog von Herde und Hirt: *Father Jesse and Band*. Es sind die buntgewandeten Vertreter der Afro-Anglikanischen

Church of Human Rights, die nach dem von Archbishop Brother Jesse Jackson zelebrierten Tutu-Memorial-Gottesdienst aus der gegenüber der Konzilshalle gelegenen Katholischen Holy-Family-Kathedrale kamen. Ihre *dignify! dignify!*-Rufe mischen sich in einen Musikteppich der Rasta-Rainbow-fusion, die ihr ökumenisches *black unity open air* die ganze letzte Nacht bis in den Pfingstsonntag hinein durchgezogen hat. Übrigens, Reggae-Music hört man dieses Pfingsten wohl nirgendwo auf der Welt so gut wie hier: Ganz Nairobi scheint vor jamaikanischen Pilgern zu wimmeln, alle karibischen Superstars sind hier, und naturgemäß zieht es sie zur Haile Selassie Avenue. Die Ras'Tafarians, die Afro-christianischen Rivivalists und karibischen Pfingstler sehen jetzt zum zweiten Male (nach der Thronbesteigung des Löwen von Juda in Äthiopien) die Erfüllung der Prophezeiung nahen, die vor 120 Jahren Markus Mosiah Garvey seinen Jüngern beim Abschied hinterlassen hatte: »Look to Africa for the crowning of the black King, he shall be the Redeemer.« Die Rastas sind fest davon überzeugt, daß der neue Papst ein Schwarzer sein wird...

Concordia discors

RADIO VATIKAN, Pfingstmontag 2035: Wir übertragen *live* aus dem panafrikanischen Kongreßzentrum in Nairobi. Angeschlossen sind die *networks* von ABC, CBS, TV-Moskwa, Radio Wyborcza/Tschenstochau, Missio americana/Medellin und der Schweizerische Telephonrundspruch. In unserer aktuell-ökumenischen Sondersendung zum transkonfessionellen Konzil der christlichen Weltkirchen sehen Sie nun ein Streitgespräch zwischen Msgr. Bartolomeo S. SJ von der Gregoriana Rom, derzeit Gastprofessor für Säkulartheologie am ökumenischen Studienzentrum »Quarto Mondo« in Dar-Es-Salaam, und dem Spiritus rector der marianischen Orthodoxie und ukrainischen Primas Jaroslaw T. Redakteur im Studio: Ngumuh S. OP.

Ngumuh S. OP.: Ich begrüße zu diesem unser aller Seelen bewegenden Thema ganz herzlich Ihre Eminenz Jaroslaw, den Primas der Ukraine. Wie unsere Hörer sich erinnern werden, war es im Vorfeld des Konzils Ihre Entscheidung, Primas Jaroslaw, der schismatischen »Priesterbruderschaft vom Heiligen Pius X.« die spirituelle Leitung der theologischen Seminare der weißrussischen Bistümer anzuvertrauen, die nicht allein für die protestantische Ökumene zum Stein des Anstoßes im interkonziliaren Prozeß nach Florenz II wurde...

Primas Jaroslaw: ... ich muß mich gleich eingangs dagegen verwahren, daß hier die Terminologie der Jesuiten verwendet wird. Bei aller Hochachtung vor dem ökumenischen Geist meines Mitbruders Bartolomeo – ausgerechnet Ihre Ultra-Ökumene, die sich mit Protestanten und Sozialisten an einen Abendmahlstisch setzen will, ohne die Frage der Sakramente von der *confessio* bis zur *transsubstantiatio* auch nur im Ansatz geklärt zu haben, ausgerechnet Sie also, verehrter Bruder, bezeichnen die innerkirchliche Missionsbewegung unseres verstorbenen lateinischen Geistesverwandten Lefebvre als schismatisch! Daß ich nicht lache – Martin Luther und Willy Brandt waren in Ihren Augen wohl römisch-katholisch?! Von Ihren franziskanischen Bundesgenossen hört man mittlerweile ja, daß sogar animistische Kulte und Makumba-Riten in der »Kirche des Volkes« gestattet werden sollen. Den lateinischen bzw. kyrillischen Ritus hingegen wollen Sie unseren Gläubigen verbieten. Eine schöne Ökumene wird das werden...

Ngumuh S. OP.: Gestatten Sie, Eminenz, daß ich unseren Schwestern und Brüdern an den Bildschirmen Ihren Diskussionspartner zunächst vorstelle. Nicht nur die protestantisch-sozialistische »Internationale Bewegung für das Weltkonzil«, sondern auch Ihre Kirchenbrüder von der transkatholischen Moderne, als deren Hauptvertreter neben der franziskanischen Mission auch die *Societas Jesu* gilt, haben ja den polnischen Marianern, den litauischen und lettischen Katholiken und den russisch Unierten antiökumenisches Tun und Opus-Dei-Methoden vorgeworfen. Sie, Monsignore S., gelten als einer der schärfsten Kritiker der Wiedervereinigung der in Europas Osten neu erstarkten katholischen und unierten Kirche mit den Traditionalisten Lefebvres. Die »traditionalistische Achse Compostela-Ecône-Tschenstochau«, so Ihre Worte bei der letzten Generalversammlung der Jesuitenprovinzen Ostafrikas, schneide die Christenheit vom 3. Jahrtausend von den Massen der Unterdrückten und Beleidigten in Afrika, Lateinamerika und Asien ab – ja, sie befördere eine »eurozentrische Apartheid in der Heilsgeschichte«. Dies sind bei Gott starke Worte. Doch nun droht das ökumenische Konzil – das in der gemeinsamen Wahl eines transkonfessionellen Papstes durch alle christlichen Kirchen gipfeln sollte – am Einspruch der Lateinamerikaner und der Sozialistischen Internationale zu scheitern. Sind auch für Sie, Monsignore, die Traditionalisten verantwortlich für das ökumenische Schisma?

Bartolomeo S. SJ: Wir wollen uns doch im Geiste Jesu vor Schuldzuweisungen hüten. Solche vatikanologischen Nullsummenspiele zwischen Modernisten und Traditionalisten müssen die *complexio oppositorum* der katholischen Braut Christi – um mich der Terminologie der *Syllabus*-Schule zu bedienen, deren östliches Oberhaupt mein Mitbruder Jaroslaw darstellt – ebenso verfehlen, wie sie die Dialektik der Aufhebung von Sozialprotestantismus und Ordokatholizismus unzulässig entdifferenzieren. Die lateineuropäischen Lefebvres, die *Comunione e Liberazione* Don Giussanis, die polnischen Marianer, die katholische Baltikum-Bruderschaft und andere Ewiggestrige behindern zwar das ökumenisch-ökologische *aggiornamento* der *Una Sancta*, aber sie sind nicht dafür verantwortlich. Natürlich ist der Kommunismus an allem schuld, und zwar erstens durch seinen Sieg – und zweitens durch seine totale Kapitulation. Denn die kommunistischen Staaten waren es doch, die eine totalitäre Vermischung von politischer und religiöser Sphäre, von staatlicher Heilsbotschaft und ziviler Gesellschaft erst installiert hatten, die dann nach ihrem Zusammenbruch von den katholischen Ultras nur – *mutatis mutandis* – weitergeführt worden ist.

Ngumuh S. OP.: Ist das nicht ein bißchen übertrieben, Monsignore? Es reicht ja schon, daß der atheistische Totalitarismus als »erklärter Feind der Kirche und Gottes selbst« (Pius XII., *Quadrogesimo Anno*, 1931) mehr als ein halbes Jahrhundert das christliche Europa erstickte, zerspaltete, zersplitterte und – wie Bruder Mindszenty, den ungarischen Primas – in amerikanische Botschaften verbannte! Daß er lange genug alles Geistige und Geistliche mit seiner staatlich verordneten Frohbotschaft erstickt hat.

Primas Jaroslaw: Stalins Sieg war eine Geißel Gottes – das gewiß, und nicht zuletzt für die 2600 Märtyrer des ukrainisch-unierten Klerus –, doch Gorbatschows Untergang weinen wir Europäer, im Unterschied zum dialektischen Spiritualismus der Jesuiten von Tansania bis Uruguay, keine Tränen nach. Der Zusammenbruch des atheistischen Imperiums konnte doch gar nicht anders begriffen werden denn als *eschatologischer kairós,* wie denn auch – noch heute erinnere ich mich daran! – Johannes Paul II. zur Jahreswende 1989/90 die heilspolitische Situation nach dem Fall der Berliner Mauer treffend charakterisierte. War es doch derselbe *Pontifex slavorum,* mit dessen Missionsoffensive 1983 in *Polonia sancta* auch die Niederlage der Heiden begonnen hatte. Und wiederum war es ein Sieg Mariens – der Wojtyla sein Pontifikat geweiht hatte: *totus tuus* –, so wie drei Jahrhunderte zuvor im Zeichen der *Mater Dei genitrix* das dräuende Imperium der Muselmanen zu Wasser bei Lepanto besiegt und zu Lande gestoppt worden war, 1683 vor Wien durch den polnischen Entsatz der Reiterei des Jan Sobieski.

Reconquista

> »Als nun dieses Brausen geschah, kam die Menge zusammen und wurde bestürzt; denn jeder hörte sie in seiner eigenen Sprache reden. Sie entsetzten sich aber, verwunderten sich und sprachen: Siehe, sind nicht diese alle, die da reden, aus Galiläa? Wie hören wir denn jeder seine eigene Sprache? Parther und Meder und Elamiter und die wir wohnen in Mesopotamien und Judäa, Kappadozien, Pontus und der Provinz Asien, Phrygien und Pamphylien, Ägypten und der Gegend von Kyrene in Libyen und Einwanderer aus Rom, Juden und Judengenossen, Kreter und Araber: wir hören sie in unserer Sprache von den großen Taten Gottes reden.«
>
> *Apg* 2.6-11

Dienstag nach Pfingsten: Anläßlich der seit Tagen unter höchsten Sicherheitsvorkehrungen in Kenyatta-Congress-Center stattfindenden ökumenischen Weltversammlung aller Kirchen bringt

France Culture die Übertragung der Festrede, die der UNO-Berater und Kirchenhistoriker Pater Lucas Rosenzweig von der ökumenischen Fakultät der Sorbonne als katholischer Gast vor der Jahresversammlung der *Christian Science Association* gehalten hat, die diesmal im Kenya National Theatre neben der Universität an der Harry Thuku Road tagt.

Liebe Schwestern und Brüder im Herrn. Unser aller Hoffen richtet sich heute auf die Konzilsmütter und -väter, die am anderen Ende dieser großartigen Metropole des Freien Afrika über die institutionelle Ordnung der Kirchen von morgen beraten und sich auf den ökomenischen Nachfolger Petri einigen sollen. Erwarten Sie aber von mir bitte keine Weissagungen über seinen Namen. Auch ich weiß nicht mehr, als in der neuen Ausgabe des *Christian Science Monitor* nachzulesen ist: Die konziliaren Spielregeln, daß der neue Pontifex katholischen Bekenntnisses sein wird, wurden von allen Teilnehmerkirchen – und sogar von den Gästen der Islamischen Friedensrunde – akzeptiert. Für den Rest der Streitfragen ist alles offen, Verhandlungsmaterial für die ökumenischen Ausschüsse der sakramentalen Kommission, des Anti-Sexismus- und des Weltwirtschaftsrats und des *Justitia et Pax*-Ausschusses, an dem auch die UNO-Kurienkardinäle und Superintendenten des Sicherheitsrates mit gleichberechtigter Stimme teilnehmen. Wir alle hoffen also auf das Walten des Heiligen Geistes.

Ich will Sie darum nur kurz an die wichtigsten Etappen der neuesten konziliaren Dynamik erinnern: John Feltrinelli, also der italoamerikanische letzte Papst Johannes XXIX., hatte vor fünf Jahren zwei Monate vor seinem Tode mit seiner *ex cathedra* (aus dem Hospital Spirito Santo in Rom) verkündeten einsamen Entscheidung zur Aussetzung des römischen Jurisdiktionsprimats zwar die europäischen Kurien in Ost- und Westrom in nicht geringe Verwirrung versetzt. Doch damit hatte er die ekklesiogenen Barrieren des stagnierenden ökumenischen Prozesses wie mit einem Handstreich beseitigt.

Sein Nachfolger im Amte Petri – dies nämlich hatte der schon vom Tode gezeichnete Pontifex in seinem Rundschreiben *Apostolorum ecclesia* verkündet – dürfe nicht mehr alleine von den ost-west-römischen Kardinälen und Metropoliten gewählt werden, sondern müsse im Zeichen des Heiligen Geistes aus dem konziliaren Willensbildungsprozeß aller Weltkirchen hervorgehen. Damit war der seit der Jahrtausendwende, also nach dem Fiorentinum II (dem Nachfolgekonzil der 1439 in Florenz gescheiterten Wiedervereinigung der katholischen und orthodoxen Kirchen), ins Stokken geratene ökumenische Prozeß endlich auf ein neues Gleis gesetzt worden.

Werfen wir also, liebe Freunde, einen Blick zurück: Warum hatte die katholisch-protestantische Ökumene im letzten halben Jahrhundert so wenig Fortschritte gemacht? Denn die 1990 in Seoul tagende Weltversammlung für Frieden, Gerechtigkeit und Bewahrung der Schöpfung war in der Tat der Tiefpunkt innerchristlicher Verständigung gewesen, obwohl die – damals in römischen Kreisen gerne als »Ozon-Ökumene« ironisierte – Erklärung des ökumenischen Rates »Zwischen Sintflut und Regenbogen« durchaus thematische Gemeinsamkeiten mit *Sollicitudo rerum socialum*, also der nur wenige Jahre älteren Sozialenzyklika des damaligen Stellvertreters Johannes Paul II., aufwies.

Doch, die Älteren unter Ihnen werden sich vielleicht noch daran erinnern, weit vor der öko-sozialen Ökumene lag dem polnischen Papst die *resurrectio in Christo* des Alten Kontinents am Herzen. Als »Bischof von Rom und Diener der Weltkirche« hatte er 1982 von der Wallfahrtskirche Santiago de Compostela dem »alten Europa« in voller Liebe zugerufen: *»Finde Dich selbst wieder, sei Du selbst, Europa!* Entdecke Deine Ursprünge. Belebe Deine Wurzeln! Erlebe die ursprünglichen Werte, die Deine Geschichte so glorreich und Deine Präsenz in den anderen Kontinenten so wohltätig gemacht haben!« Und, wie wir heute wissen: schon bald sollte seinem prophetischen Aufruf zur »neuen Evangelisierung Europas« (Johannes Paul 1988 in Salzburg vor der österreichischen Bischofskonferenz) heilsgeschichtlicher Erfolg beschieden sein.

Seine Begegnung mit Gorbatschow und der Fall der großen Mauer 1989 leiteten die Rekatholisierung Zentral- und Osteuropas ein. Denn die dank des unermüdlichen Einsatzes von Kardinalstaatssekretär Agostino Casaroli friedlich verlaufenden Sezessionen der Baltikum-Staaten vom großrussischen Reiche waren ja nur der Anfang der katholischen Offensive gen Osten gewesen, deren Erfolg dann leider weder Friedensnobelpreisträger Casaroli noch der polnische Papst selbst miterleben durften.

Der nächste Dominostein in dieser *reconquista* des christlichen Ostens war das westrussische Staatskirchentum nach dem Zusammenbruch des von *Radio Catholic Europe* als »breschnewistisch« gegeißelten russisch-orthodoxen Exarchats: Die 1995 in Brest-Litowsk vollzogene Rücknahme der im stalinistischen Lemberger »Konzil« von 1946 sanktionierten »Zwangsvereinigung« der katholisch-unierten mit der großrussisch-orthodoxen Kirche bildete die geistliche Krönung der staatlichen Unabhängigkeit der Ukraine und die Annullierung der Ergebnisse des Hitler-Stalin-Paktes. In der Verklärungskirche Lembergs legten im selben Jahr der Vorsitzende der ukrainischen Ex-Perestroika-Bewegung »Ruch« und der neue nationalistische Staatschef gemeinsam mit dem neuen katholisch-unierten Primas Jaroslaw den feierlichen Eid auf die neue ukrainische Verfassung ab, die die »moralisch-ideologische Führungsrolle« der unierten Kirche (und damit des weströmischen Papstes) zum Kern der patriotischen Staatsräson erklärte.

Das zweite Florentiner Konzil – also die Annahme der 1439 noch erfolglos gebliebenen Charta von Florenz (die allen oströmisch-unierten Kirchen kanonische und liturgische Autonomie zugestand, so diese sich nur dem Jurisdiktionsprimat des weströmischen Papstes unterstellten) durch die Mehrheit der orthodoxen Kirchen Rußlands und Griechenlands – wurde dann zur Jahrtausendwende mit der feierlichen Erklärung »Sicherheit, Wohlstand und Zusammenarbeit in einem europäischen Gotteshaus« zum entscheidenden Baustein des neuen Gesamteuropa. Unter dem Patronat Mariens wurde – gegen den Protest türkischer Extremisten – im Wiener Stephansdom das Dokument von den Kardinälen und Metropoliten der europäischen römisch-unierten Christenheit und der KSZE-Konferenz unterzeichnet.

Ich will Sie jetzt nicht langweilen mit einer Schilderung der polnisch-russischen Handelskriege und der empfindlichen Klimaverschlechterung im Herzen Europas durch die in Polen regierende *Maria Victrix*-Bewegung, die zunächst erfolglos beim Europarat eine Ächtung der gesamtdeutschen *closed shop*-Wirtschafts- und

Arbeitsmarktpolitik verlangte. Der Erfolg der von den EG-Konsuln Genscher und Havel durchgesetzten Politik der Öffnung des zollfreien zentraleuropäischen Wirtschaftsraums für alle Christen fiel dann jedoch nicht nur zeitlich mit der Erfüllung des Compostela-Traumes von Papst Wojtyla zusammen. Im christlichen Europa verlor nämlich das wirtschaftlich erstarkte Neudeutschland zunehmend an theologisch-politischem Einfluß, nachdem die regierende CDU als agnostische Tarnorganisation entlarvt worden war und die protestantische Bewegung sich der Sozialistischen Internationale hatte anschließen müssen.

Es begann in diesen Jahren auch das babylonische Exil des deutschen Protestantismus, der in den vierzig Jahren zuvor in einer »ordnungspolitischen Arbeitsteilung« (Rolf Henrich) mit der kommunistischen Staatsführung das *Ancien régime* gestützt hatte. Nicht nur die Sozialdemokraten, auch die ehemaligen Kommunisten der preußischen Staatspartei SED, die sich schon früh an die Seite der »Bemühungen der (sc. evangelischen) Kirchen und Religionsgemeinschaften« gestellt hatten, »das Bewußtsein der Menschen für die globalen Probleme, vor allem aber auch für die Völker der Dritten Welt zu schärfen und daher auch Wertvorstellungen für eigene Ansprüche an die Lebensgestaltung zu beziehen« (Positionen der PDS, *Neues Deutschland*, 14. 3. 1990), fanden sich nun in den Strudel ökumenischer Versammlungen des Weltkirchenrats geworfen.

Es war somit – und damit verrate ich niemandem ein Geheimnis – nicht zuletzt der unermüdliche Einsatz der selbstlosen deutschen Emissäre der Sozialistischen Internationale, der über zwanzig Jahre lang den Kontakt zwischen den christlichen Konfessionen nicht hat abreißen lassen. Als dann 2028 das lateinamerikanische Kontinentalkonzil der katholisch-popularen Befreiungskirche durch Vermittlung der Weltbank und der US-amerikanischen Bischofskonferenz das erste ökumenische Gespräch mit der Sozialistischen Internationale in Medellin veranstaltete, war die Zeit gekommen. Bald darauf verkündete der sterbende Papst Johannes seinen Verzicht auf die *summa potestas* und leitete damit jenen begeisternden konziliaren Prozeß neu ein, dessen Früchte wir heute erwarten.

Wird es Schwester Juanita, die Clarissin der argentinischen Frauenbefreiungsfront, sein – oder der polnische Primas, dem die Delegierten in der (von KODAK) audiovisuell nachgebauten *Sixtina* im Kenyatta-Center das Hohe Amt der Nachfolge des Menschenfischers antragen? Vielleicht, liebe Freunde und Gefolgsleute der Mary Baker Eddy, ist diese Frage auch zweitrangig. »Denn« – und so lassen Sie mich mit den Worten des Apostelkonzils (*Apg* 15.28-29) schließen – »es gefällt dem Heiligen Geist und uns, euch weiter keine Last aufzuerlegen als nur diese notwendigen Dinge: daß ihr euch enthaltet vom Götzenopfer und vom Blut und vom Erstickten und von Unzucht. Wenn ihr euch davor bewahrt, tut ihr recht. Lebt wohl!«

Ticker

»Sie entsetzten sich aber und wurden ratlos und sprachen einer zu dem andern: Was will das werden? Andere aber hatten ihren Spott und sprachen: Sie sind voll von süßem Wein.«

Apg 2.12-13

Pfingsten 2037/*AP:* Seit zwei Jahren tagt ergebnislos das erste ökumenische Konzil in Nairobi. Bis heute haben sich die Konzilsväter nicht auf einen gemeinsamen katholischen Kandidaten einigen können. Die zweite Bombendrohung der Hisbollah binnen einer Woche, die zur erneuten Evakuierung der Konzilsversammlung aus dem panafrikanischen Kongreßgebäude führte, erwies sich als ergebnislos. / *KNA:* Die Kandidatin der Sozialprotestanten und Südamerikaner, die argentinische Clarissin Juanita, wird von der ost-west-römischen *Syllabus*-Bewegung weiterhin wegen ihrer Haltung zur Geburtenkontrolle abgelehnt, der polnische Primas ist für die lateinamerikanische »Befreiungskirche« und die afrikanischen ökumenischen Palaver nicht akzeptabel. / *UPI:* Anläßlich des zweiten Jahrestages der Konzilseröffnung hat sich die baptistisch-methodistische Internationale aus allen UNO-Gremien zurückgezogen und verkündet den Abschied von der Politik: Primat der Evangelisation, des Zeugnisses und der Nächstenliebe. /

ADN: Die Weltfrauenorganisation hat die Papstkandidatin Juanita als Vorsitzende der Unesco nominiert. UNO-Generalsekretär Singh spricht erstmals die Angst aller Weltkirchen vor einem transkonfessionellen Schisma zwischen ost-west-römischen Syllabisten und der afro-amerikanischen Volkskirche offen aus. Sollte das Konzil nicht innerhalb der nächsten Monate zu einem einvernehmlichen Abschluß kommen, schlägt die UNO (nach dem Vorbild der ukrainischen Staatskirche) die Regelung *cuius regio – eius religio* als Zusatzartikel zur Charta über die Unverletzlichkeit der Grenzen vor. / *Reuter:* Die Welternährungsorganisation FAO sieht das christliche Schisma ebenso wie die islamische Spaltung in Fundamentalisten und Liberale als zwangsläufige Konsequenz der Bevölkerungsentwicklung: Gerade die demographischen Wachstumsherde – Osteuropa, Lateinamerika, Zentralasien, Ostafrika (sowie für den maoistischen Fundamentalismus China und Indochina) – seien nicht bereit, sich dem Toleranzdiktat der reichen Nationen und Schwellenländer des Freihandels zu unterwerfen.

Anmerkungen

I. Phantom Marxismus

Unter dem Titel »Das ›System des Marxismus‹ ist ein Phantom. Argumente für den theoretischen Pluralismus der Linken« erschien dieser hier bis auf Überschriften und einige aktualisierte Anmerkungen unveränderte Essay im *Kursbuch* 48/1977 (»Zehn Jahre danach«). – Auf die *raison d'être* intellektuellen Engagements nach der Entzauberung marxistischer und anderer innerweltlicher Heilslehren bin ich dann sehr viel später in derselben Zeitschrift noch einmal zurückgekommen. Siehe Vf., »Zwischen Gottes Wort und Volkes Stimme«, in: *Kursbuch* 104/1991 (»Weiter denken«).

1. Vgl. Wolf-Dieter Narr, »Die Bundesrepublik Deutschland – Modell einer nachliberalen Gesellschaft«, in: Georgia Tornow u. a., *Die Linke im Rechtsstaat*, Bd. 2, Berlin 1979, S. 8-33.
2. Vgl. Thomas Schmid, »Facing Reality – Organisation kaputt«, in: *Autonomie*, Nr. 1 (Okt. 1975). – Dreizehn Jahre danach siehe: Thomas Schmid u. a., *Die Früchte der Revolte. Über die Veränderung der politischen Kultur durch die Studentenbewegung*, Berlin 1988; und meine Kritik »Klammheimliche Revisionen« im Frankfurter *PflasterStrand*, Januar 1989.
3. Vgl. Rudi Dutschkes »Ausgewählte und kommentierte Bibliographie des revolutionären Sozialismus von Karl Marx bis in die Gegenwart« (*SDS-Korrespondenz*, Sondernummer Oktober 1966), jetzt in: Rudi Dutschke, *Geschichte ist machbar*, Berlin 1980, S. 45 ff.
4. Siehe dazu die trefflichen Bemerkungen des *grand old man* der italienischen freiheitlichen Linken Norberto Bobbio, *Quale socialismo? Discussione di un' alternativa*, Torino 1976, S. 68 ff.
5. Interview der italienischen kommunistischen Kulturzeitschrift *Rinascita* (Nr. 12/1977) mit Eric Hobsbawm.
6. Siehe meine Bemerkungen zum westeuropäischen Kommunismus und der demokratischen Opposition im sowjetischen Block in: *Sozialistisches Osteuropakomitee / INFO*, Nr. 15-16 (April 1976), S. 3 ff.
7. So Karol Modzelewski in seinem offenen Brief an E. Gierek, in: *Politique Hebdo*, Nr. 248 (Dez. 1976).
8. Marc Rakovski (= Pseudonym von G. Bence und J. Kis), »Der Marxismus angesichts der sowjetischen Gesellschaften«, in: *Die Neue Linke in Ungarn*, Bd. II, Berlin 1976, S. 146. – Einer der beiden Autoren, der Philosoph János Kis, ist heute im post-kommunistischen Ungarn Vorsitzender der oppositionellen Liberalen Demokraten im ungarischen Parlament. Vgl. auch sein Buch zur Begründung der Menschenrechte: *L'égale dignité. Essai sur les fondements*

des droits de l'homme, Paris 1989.

9. Rakovski, a.a.O., S. 148.

10. Bobbio, *Quale socialismo?*, a.a.O., S. 96.

11. Bobbio, a.a.O., S. 43. – Siehe dazu jetzt ausführlich: Norberto Bobbio, *Die Zukunft der Demokratie*, Berlin 1988.

12. Peter Brandt, »Einheitsfront und Volksfront in Deutschland«, in: *Prokla*, Nr. 26 (März 1977), S. 43.

13. Nachtrag: Über die sowjetische Diktatur des Plans als Fortsetzung der kapitalistischen Entfremdung mit anderen Mitteln siehe jetzt die gesellschaftstheoretische Analyse, die der existentialistische Sozialphilosoph André Gorz in seiner Streitschrift zur Zukunft der Linken *Und jetzt wohin?* (Berlin 1991) vorgeschlagen hat, vor allem im 1. und 2. Kapitel.

14. Nachtrag für heutige Leser: »Kommunistischer Bund Westdeutschland« (KBW) und »Kommunistische Partei Deutschlands / Marxisten-Leninisten« (KPD/ML) nannten sich zwei von Dutzenden und zumeist maoistisch inspirierten Avantgardesekten der neokommunistischen westdeutschen Linken der siebziger Jahre.

15. M. Vajda, »Marxismus, Existentialismus, Phänomenologie. Ein Dialog«, in: *Individuum und Praxis. Positionen der ›Budapester Schule‹*, Frankfurt/M. 1975, S. 32-77.

16. Bobbio, *Quale socialismo?*, a.a.O., S. 22

17. Bernhard Blanke, »Kritik und Selbstkritik. Zu Stil und Inhalt der innerlinken Auseinandersetzung«, in: *Prokla*, Nr. 23 (1976), S. 7.

18. In *Rinascita*, Nr. 32/1975.

19. Blanke, a.a.O., S. 13.

20. Z.B. Helmut Reinicke, »Lernzyklus und soziale Bewegung«, in: Jürgen Ritsert (Hrsg.), *Zur Wissenschaftslogik einer kritischen Soziologie*, Frankfurt/M. 1976, S. 214-247.

21. Götz Eisenberg, »Der ›neue Student‹ und die alternde Linke«, in: *Politikon*, Nr. 53 (Nov. 1976), S. 16.

22. Karl Korsch, *Politische Texte* (hrsg. von Erich Gerlach und Jürgen Seifert), Frankfurt/M. 1974, S. 385 und S. 394.

23. Giuseppe Vacca, *Scienza, stato e critica di classe*, Bari 1970, S. 106f.

24. So hat Hans Friedrich Fulda in seinem Artikel »Dialektik als Darstellungsmethode im ›Kapital‹ von Marx« den Begriff des Widerspruchs bei Marx zu referieren versucht (in: *Ajatus*, Bd. 38/1977).

25. Es ist sicher kein Zufall, daß die wenigen Ausnahmen wie Galvano Della Volpe, Lucio Colletti, Louis Althusser samt und sonders Anti-Hegelianer sind. – Ausführlich dazu siehe Vf., *Marxismus und Erkenntnistheorie in Westeuropa*, Frankfurt/M. – New York 1986, hier vor allem das »Plädoyer für einen Schluß mit dem Hegelmarxismus« im 10. Kapitel, S. 264ff. In diesem Buch findet derjenige, der sich heute noch (oder wieder) für die Marxsche Wissenschaftslogik interessiert, auch einen Überblick über die (schier unendliche) einschlägige Literatur.

26. Louis Althusser/Etienne Balibar/Roger Establet/Pierre Macherey/Jacques Rancière, *Lire le ›Capital‹*, Paris 1965 (dt. Teilübersetzung Reinbek 1972); Jacques Rancière, *Wider den akademischen Marxismus*, Berlin 1975, S. 56-76.

27. Jacques Rancière, »La bergère au Goulag«, in: *Révoltes logiques*, Nr. 1 (Winter 1975), S. 101.

28. Das war die von den italienischen ›Operaisten‹ (Renato Panzieri, Mario Tronti, Antonio Negri, Massimo Cacciari, Alberto Asor Rosa u.a.) in den

sechziger und siebziger Jahren entwikkelte Lektüre des Marxschen *Kapital* als *Geschichte* von Klassenkämpfen.

29. Salvatore Veca, »Ancora su scienza e filosofia in Marx«, in: *Rinascita*, Nr. 11/1977.

30. G. W. F. Hegel, *Wissenschaft der Logik*, Bd. II (= *Werke*, Bd. 6), Frankfurt/M. 1969, S. 551.

31. Helmut Reichelt, *Zur logischen Struktur des Kapitalbegriffs bei Karl Marx*, Frankfurt/M. 1970, S. 155.

32. Hans-Jürgen Krahl, *Konstitution und Klassenkampf*, Frankfurt/M. 1971, S. 36.

33. Biagio De Giovanni, *Hegel e il tempo storico della società borghese*, Bari 1970, S. 8f.

34. Salvatore Veca, »Nodi. Smith Ricardo Hegel«, in: ders. (Hrsg.), *Hegel e l'economia politica*, Milano 1975, S. 25.

35. Antonio Negri, »Rileggendo Hegel, filosofo del diritto«, in: Fulvio Tessitore (Hrsg.), *Incidenza di Hegel*, Napoli 1970, S. 266f.

36. Vgl. Rudolf Rocker, *Absolutistische Gedankengänge im Sozialismus*, Darmstadt, o. J.

37. Rancière, *Wider den akademischen Marxismus*, a.a.O., S. 79.

38. Jürgen Habermas, *Zur Rekonstruktion des Historischen Materialismus*, Frankfurt/M. 1976, S. 9. – Zu diesen Fragen siehe jetzt Vf., »Gerechtigkeit und Freiheit bei Marx«, in: *Prokla*, Nr. 65 (Dez. 1986), S. 121-144; Axel Honneth, »Logik der Emanzipation. Zum philosophischen Erbe des Marxismus«, in: Hans Leo Krämer/Claus Leggewie (Hrsg.), *Wege ins Reich der Freiheit*, Berlin 1989, S. 86-106; und vor allem André Gorz, *Kritik der ökonomischen Vernunft*, Berlin 1989; ders., *Und jetzt wohin?*, a.a.O.

II. Grüne Glaubenslehren

Überarbeitete Fassung von Überlegungen, die 1983 im *Kursbuch* 74 (»Zumutungen an die Grünen«) und in der Nr. 13 des *Freibeuter* (»Das grüne Ei«) veröffentlicht wurden. – Zu eher weltlichen Fragen an die grüne Politik siehe den vom Vf. hrsg. Band *Die Grünen – letzte Wahl?*, Berlin 1986.

1. Zu *allen* Betroffenen heutiger Entscheidungen gehören natürlich auch die zukünftigen Generationen. Vgl. Ulrich K. Preuß, »Die Zukunft: Müllhalde der Gegenwart?«, in: *Freibeuter*, Nr. 9 (1981).

2. Zur »Tradition des Fortschritts« siehe Wolfgang Krohn, »Der Zwang zum Fortschritt«, in: *Kursbuch* 73/1983.

3. Siehe dazu auch das folgende Kapitel über den Fortschrittsglauben. Zur ersten Orientierung über das *mixtum compositum* ›Fortschritt‹ vgl. die begriffsgeschichtlichen Überblicksartikel von Joachim Ritter, in: *Historisches Wörterbuch der Philosophie*, Bd. II, Darmstadt 1972, Sp. 1032ff.; und von Reinhart Koselleck, in: *Geschichtliche Grundbegriffe*, Bd. II, Stuttgart 1975, S. 351ff.

4. Ich beziehe mich hier natürlich auf

die klassische »Säkularisierungsdebatte« in der (Meta-)Kritik der neuzeitlichen Geschichtsphilosophie, also vor allem auf: Karl Löwith, *Weltgeschichte und Heilsgeschehen* (1953), jetzt in: ders., *Sämtliche Schriften 2*, Stuttgart 1983; sowie Hans Blumenberg, *Säkularisierung und Selbstbehauptung*, Frankfurt/M. 1974 (v. a. S. 57ff.).

5. Für zwei entgegengesetzte Bewertungen dieses Prozesses siehe Manfred Riedel, »Die Universalität der europäischen Wissenschaften als begriffs- und wissenschaftsgeschichtliches Problem«, in: *Zeitschr. f. allg. Wissenschaftsth.*, Jg. X (1979), H. 2; Robert Spaemann, »Naturteleologie und Handlung«, in: ders., *Philosophische Essays*, Stuttgart 1983, S. 41ff.

6. Dazu R. Koselleck, Art.: »Fortschritt«, a.a.O.; ders., *Vergangene Zukunft*, Frankfurt/M. 1979.

7. Für diese beiden entgegengesetzten Bewertungen siehe Carl Schmitt, *Der Begriff des Politischen*, Berlin 1963 (hier: S. 122); Karl Marx, »Zur Kritik der Hegelschen Rechtsphilosophie«, in: *Deutsch-Französische Jahrbücher*, 1844 (Reprint: 1967).

8. Ernst-Wolfgang Böckenförde, »Die Entstehung des Staates als Vorgang der Säkularisation«, in: Heinz-Horst Schrey (Hrsg.), *Säkularisierung*, Darmstadt 1981, S. 67-89.

9. Norberto Bobbio/Michelangelo Bovero, *Società e stato nella filosofia politica moderna*, Milano 1979, S. 59.

10. Siehe Karl Polanyi, *The great transformation*, Frankfurt/M. 1978, 4.-6. Kapitel; vor allem aber André Gorz, *Kritik der ökonomischen Vernunft*, Berlin 1989, Teil II.

11. Ein schönes Beispiel ist der Streit zwischen »Fortschritt« (F. J. Raddatz) und »Fortschritten« (C. Lévi-Strauss), in: *DIE ZEIT*, Nr. 36/1983.

12. *Der Begriff des Politischen*, a.a.O., S. 85.

13. Man denke etwa an die nette »Überdeterminierung« der Vorstellungen von kommunistischer Zukunft und sexueller Promiskuität bei der *Rheinischen Zeitung* (und später bei der »Kommune 1«).

14. Ausführlich dazu Claus Offe, »Unregierbarkeit«, in: Jürgen Habermas (Hrsg.), *Stichworte zur »Geistigen Situation der Zeit«*, Bd. 1, Frankfurt/M. 1979, S. 294ff.

15. Siehe dazu jetzt auch Niklas Luhmann, »Die Zukunft kann nicht beginnen«, in: *Vor der Jahrtausendwende. Berichte zur Lage der Zukunft* (hrsg. von P. Sloterdijk), Frankfurt/M. 1990, Bd. 1, S. 119ff.

16. Für ein elaboriertes einer solchen »internalistischen« Methodologie folgendes theoretisches Modell eines »Erwartungs/Enttäuschungs«-Zyklus kollektiver Verhaltensmuster und *beliefs* siehe das exzellente Buch von Albert O. Hirschman, *Shifting Involvements. Private Interest and Public Action*, Princeton N. J. 1982 (dt. Frankfurt/M. 1984).

17. Eine Bemerkung am Rande: Es wäre eine eigene Betrachtung wert, die *Nationalität* solcher Kollektivsymbole für gute oder schlimme Zukünfte zu untersuchen. Eigenheim, Auto, Fernseher als positive Symbole sind eindeutig *deutsche*Wertarbeit; der »Jobkiller« Mikroship kommt aus *Japan*, der saure Regen bedroht den *deutschen* Wald; während die (im folgende thematische) friedliche Nutzung der Atomspaltung auf *deutsche* Physiker zurückgeht (wie ja auch das Abenteuer des Weltraums auf Wernher von Braun), kommt die gefährliche Atombombe eindeutig aus *Amerika* (wie die Killersatelliten)...

18. Präambel des Godesberger Programms der SPD (1959).

19. Für ein soziologisch präziseres Modell vgl. Herbert Kitschelt, »Kernenergie und politischer Konflikt«, in: *Leviathan*, Nr. 4/1979.

20. Die Ausbreitung der Friedensbewegung stellte dann auch den entscheidenden *Push*-Faktor für die entstehende politische Partei *Die Grünen* dar, ohne den sie vermutlich die 5%-Hürde nicht hätten überspringen können. Aber auch das ist komplizierter als in unserem Modell. Vgl. dazu die detaillierte Rekonstruktion bei Angelo Bolaffi/ Otto Kallscheuer, »Die Grünen: Farbenlehre eines politischen Paradoxes«, in: *Prokla*, Nr. 51 (1983).

21. Vgl. zur Thematik des ›Daseins zum Tode‹ den brillanten Kommentar Karl Löwiths »Martin Heidegger und Karl Rosenzweig. Ein Nachtrag zu ›Sein und Zeit‹«, in: ders., *Sämtliche Schriften 8*, Stuttgart 1984, S. 72-101.

22. Insofern ist die Zukunft »zerspalten«, wie Elias Canetti sich 1965 ausdrückte (»Realismus und neue Wirklichkeit«, in: E. Canetti, *Das Gewissen der Worte*, München 1976, S. 70).

23. Carl Schmitt, *Politische Theologie II*, Berlin 1970, S. 125.

24. Nach Hans Ebeling verliert angesichts des »Megatods« sogar die individuelle Freiheitsbestimmung des Selbstmords ihren *Eigen*-Sinn: *Freiheit, Gleichheit, Sterblichkeit*, Stuttgart 1982, S. 152f.

25. Norberto Bobbio, *Il problema della guerra e le vie della pace*, Bologna 1979, S. 11.

26. Bobbio, a.a.O., S. 43-49.

27. Rudolf Bahro, »Notizen für eine Vorlesung über ›Dimensionen des Exterminismus und die Idee der allgemeinen Emanzipation«, in: *Befreiung*, Nr. 27 (1983), S. 27. In diesem Abschnitt beziehen sich alle Seitenzahlen im Text auf diesen sowie den nachfolgend in derselben Ausgabe von *Befreiung* abgedruckten Aufsatz Bahros »Kommune wagen. 10 Thesen über die Richtung der sozialen Alternative«.

28. Siehe dazu Norman Cohn, *Das neue irdische Paradies. Revolutionärer Millenarismus und mystischer Anarchismus im mittelalterlichen Europa*, Reinbek 1988 (Kapitel III bis V). – Auf einem ganz anderen Blatt steht allerdings die »objektiv revolutionäre« Funktion dieser Massenbewegungen und Kreuzzüge im *design* der »päpstlichen Revolution« des 11. Jahrhunderts unter Gregor VII. und Urban II., die die Grundlagen der »Freiheit der Kirche« im Mittelalter, der Führungsrolle des Klerus in der europäischen Kultur legte (und dabei übrigens genau die Grundlagen der westlichen Rechtstradition legte, die Rudolf Bahro heute abschaffen will). Vgl. dazu jetzt die hervorragende Gesamtdarstellung Harold J. Bermans, *Recht und Revolution. Die Bildung der westlichen Rechtstradition*, Frankfurt/M. 1991, hier das 2. Kapitel (v. a. S. 169 ff.).

29. Bevor er sich Ende der achtziger Jahre erneut als *angelus novus* der vergehenden DDR versuchen sollte, ging Bahro 1983 in die Bhagwan-Kommune Rajneesh-Puram nach Oregon (siehe seine Interviews in der *taz* vom 29. und 30. August 1983) und versuchte, die dort perfektionierte Menschenführung des »surrender« in sein eigenes Programm der »geistigen Militanz« zu integrieren. Natürlich wurde das zum Reinfall – und Bahro zog sich in sein Eigenheim bei Worms zurück. Denn es mag zwar sein, daß die Sannyasin Bhagwan ebenfalls als »Mission« verstanden

haben, doch diese befähigte sie in hohem Maße zu einem *weltlichen* Verhalten, das von nahtloser Anpassungsfähigkeit und Flexibilität gegenüber allen möglichen ›externen‹ Sach- oder Systemzwängen und Verhaltenserwartungen geprägt war, also die authentischen Glückswünsche des Ashram-Bewohners gerade *nicht* missionarisch auf die grundlegende Errettung und Wende der Gesamtgesellschaft projizierte. Ein durch Bhagwans Schule Gegangener hatte gerade jene Trennung von ›Privatheit‹ (innerhalb der Sannyasin-*family*) und ›Öffentlichkeit‹ *wieder*hergestellt, aus deren Vermengung in der »öffentlichen Tyrannei der Intimität« (Richard Sennett) sich vermutlich häufig die Unzufriedenheit ergab, die ihn *zuvor* in die Gruppe geführt hatte. Der messianische Impuls der *Welt*-Veränderung wurde – da er zur *Selbst*-Findung offenbar nur wenig beitragen konnte – im Ashram gerade stillgestellt, ent-spannt ... wenn der *vibration*-Haushalt innerhalb der Familie optimal geregelt war. Vom rosa Inhalt ihrer Lebensführung einmal abgesehen, bildete der Gesellungsmodus der Sannyasin eher eine (praktikable) Alternative zum dunkelgrünen Fundamentalismus als einen Weg dorthin.

30. Massimo Cacciari, »Sinisteritas«, in: Autori vari, *Il concetto di sinistra*, Milano 1982, S. 18.

31. Mit den an die Apokalyptiker *in domo propria* gerichteten Worten – »Wir aber sind völlig anderer Meinung als diese Unglückspropheten, die immer das Unheil voraussagen, als ob die Welt vor dem Untergang stünde« – hatte 1962 Papst Johannes XXIII. das Zweite Vatikanische Konzil eröffnet.

32. Ausführlich siehe dazu Bolaffi/Kallscheuer, »Die Grünen«, a.a.O.

33. Vgl. dazu allgemein Hans Blumenberg, *Lebenszeit und Weltzeit*, Frankfurt/M. 1976 (hier S. 79).

34. Vgl. Fred Hirsch, *Die sozialen Grenzen des Wachstums*, Reinbek 1980.

35. Siehe Bernd Guggenberger, *Das Menschenrecht auf Irrtum. Anleitung zur Unvollkommenheit*, München 1987.

36. Vgl. Dieter Groh, *Negative Integration und revolutionärer Attentismus. Die deutsche Sozialdemokratie am Vorabend des 1. Weltkrieges*, Frankfurt/M. - Berlin - Wien 1974.

37. Antonio Gramsci, *Quaderni del Carcere*, Turin 1975, S. 1388.

38. Nach Wilhelm Gemoll, *Griechisch-deutsches Schul- und Handwörterbuch*, München – Wien 1954 (u. ö.).

39. Manon Maren-Grisebach, *Philosophie der Grünen*, München 1982. Darauf beziehen sich alle im Text angegebenen Seitenzahlen in diesem Abschnitt.

40. Giacomo Leopardi, *Gesänge. Dialoge und andere Lehrstücke* (übersetzt von Hanno Helbling und Alice Vollenweider. Mit einem Nachwort von Horst Rüdiger), München 1978.

41. Leopardi, *Dialoge*, a.a.O., S. 301.

42. *Dialoge*, S. 346.

43. Leopardi, *Gesänge*, a.a.O., S. 138-149, hier S. 144f.

44. »Der Mensch, als Diener und Ausleger der Natur, wirkt und weiß so viel, als er von der Ordnung der Natur durch Versuche oder durch Beobachtung bemerkt hat; weiter weiß und vermag er nichts. (...) Denn der Natur bemächtigt man sich nur, indem man ihr nachgibt; und was in der Betrachtung als *Ursache* erscheint, das dient in der Ausführung als *Regel.*« Francis Bacon, *Neues Organon*, Darmstadt 1974, S. 26.

45. Dies fordert übrigens heutzutage auch der Stellvertreter Christi auf Erden, Papst Johannes Paul II., in seiner Enzyklika *Centesimus Annus* vom

1. Mai 1991. Ich komme darauf noch zurück.

46. Gregory Bateson, »Ökologie und Flexibilität in urbaner Zivilisation«, in: ders., *Ökologie des Geistes*, Frankfurt/M. 1983, S. 634ff.

III. Fluchtlinien

Das hier völlig überarbeitete und erheblich erweiterte Kapitel geht teilweise auf Überlegungen zurück, die ich zuerst (unter dem Titel »Programmieren mit Pascal«) für einen technologiekritischen Kongreß des AStA der Berliner Technischen Universität verfaßt und dann im Oktober 1985 auch auf einer Tagung der Politisch-Philosophischen Akademie und der Friedrich-Ebert-Stiftung in Bonn vorgetragen habe. Vgl. den von Thomas Meyer und Susanne Miller herausgegebenen Tagungsband *Zukunftsethik und Industriegesellschaft*, München 1986, der u. a. auch Beiträge der Philosophen Hans Jonas, Karl-Otto Apel, Otfried Höffe sowie der sozialdemokratischen Politiker Johannes Rau, Hans-Jochen Vogel und Erhard Eppler enthält. – Als ich im darauffolgenden Jahr Hans Blumenbergs große Studie über *Lebenszeit und Weltzeit* (Frankfurt/M. 1986) las, mußte ich feststellen, daß sich der Münsteraner Philosoph im zentralen Kapitel »Universalmensch und Weltvernunft im Zeitverhältnis« (S. 173ff.) auf dieselben Passagen des großen tragischen Rationalisten Blaise Pascal beruft. Ganz so originell, wie ich mir dies einbildete, ist meine rationale Fortschrittsskepsis also auch wieder nicht. *Tant mieux.*

1. Vgl. zur Geschichte der französischen Ökologiebewegung Alain Touraine, *Die antinukleare Prophetie*, Frankfurt/M. – New York 1982.

2. Siehe dazu jetzt die große vergleichende Studie von Roland Inglehard, *Kultureller Umbruch. Wertwandel in der westlichen Welt*, Frankfurt/M. - New York 1989.

3. Ich habe mich damit an anderer Stelle auseinandergesetzt. Siehe Vf., Nachwort zu André Gorz, *Und jetzt wohin?*, Berlin 1991.

4. Siehe dazu Fred Hirsch, *Die sozialen Grenzen des Wachstums*, Reinbek 1980. Ein schon fast vergessenes Buch, das heute jedoch – angesichts der nunmehr im ehemaligen Ostblock grassierenden Wachstumserwartugen – mindestens ebenso aktuell ist wie zu Beginn der achtziger Jahre!

5. Ausführlicher dazu Vf., »Philosophie und Politik in der deutschen Sozialdemokratie heute«, in: *Leviathan*, Nr. 1/1983, S. 1ff.

6. Siehe ihre Beiträge im Sammelband

Zukunftsethik und Industriegesellschaft, a.a.O.

7. Blaise Pascal, »Préface sur le Traité du Vide«, in: ders., *Œuvres Complètes* (Édition »L'Integrale«), hrsg. von Louis Lafuma, Paris 1963, S. 230-232. Daraus im folgenden alle nicht weiter ausgewiesenen (und von mir übersetzten) Pascal-Zitate. Pascal schrieb dieses fragmentarisch erhaltene Vorwort als methodische Rechtfertigung für seine parallel zu Torricelli unternommenen Versuche, die physikalische Möglichkeit des Vakuums experimentell nachzuweisen und damit – d. h. mit dem *horro vacui* – zugleich eine der metaphysischen Grundlagen der mittelalterlichen Vorstellung von der Bauform des materiellen Kosmos in Frage zu stellen. (Vgl. dazu Pierre Guenancia, *Du vide à Dieu. Essai sur la physique de Pascal*, Paris 1976.) – Neben Blumenberg, *Lebenszeit und Weltzeit*, a.a.O., siehe zu diesem Pascalschen Text auch bereits die treffenden Bemerkungen von Hannah Arendt, *Macht und Gewalt*, München 1970, S. 27f.

8. Vgl. Josef Pieper, *Überlieferung. Begriff und Anspruch*, München 1970, S. 14ff.

9. Gegen die er dann 1656 im Jansenismusstreit seine berühmten »Briefe in die Provinz« *Les Provinciales* verfaßte.

10. Blaise Pascal, *Über die Religion und über einige andere Gegenstände* (= *Pensées*, Fragmente in der Brunschvicgschen Zählung), herausgegeben und übersetzt von Ewald Wasmuth, Heidelberg 1972, S. 43 (= Fr. 72).

11. Heinrich von Kleist, »Über das Marionettentheater«, in: ders., *Sämtliche Werke und Briefe*, hrsg. von Helmut Sembdner, Bd. II, München 1965, S. 345.

12. Es liegt nahe, hier auf René Descartes' *Discours de la méthode pour bien conduire sa raison et chercher la vérité dans les sciences* (1637) zu verweisen: »Aber wie ein Mensch, der allein und im Dunkeln fortschreitet, entschloß ich mich, so langsam zu gehen und in allen Dingen so viele Vorsicht zu gebrauchen, daß, wenn ich auch nur sehr wenig vorwärts käme, ich doch wenigstens nicht Gefahr laufen würde zu fallen.« (*Discours*, II. Kapitel)

13. Giacomo Marramao, *Macht und Säkularisierung. Die Kategorie der Zeit*, Frankfurt/M. 1989; siehe jetzt auch ders., *Minima temporalia. Tempo spazio esperienza*, Milano 1990.

14. R. Koselleck, Artikel: »Fortschritt«, in: *Geschichtliche Grundbegriffe*, Bd. II, Stuttgart 1975.

15. Vgl. Armin von Gleich, »Harte und sanfte Naturwissenschaften«, in: *Kommune*, Nr. 4/1985, S. 46ff.

16. Vico wußte allerdings auch um die Dialektik der Aufklärung, wenn er am Schluß seiner *Scienza nuvoa seconda* (n. 1106) für das Ende der Kulturentwicklung auch eine neue, durch Vernunftgebrauch perfektionierte Barbarei, die »Barbarei der Reflexion«, vorhersah: Giovanni Battista Vico, *Prinzipien einer neuen Wissenschaft über die gemeinsame Natur der Völker*, Bd. 2, Hamburg 1990, S. 604.

17. (Jean-Antoine-Nicolas Caritat Marquis de) Condorcet, *Entwurf einer historischen Darstellung der Fortschritte des menschlichen Geistes*, hrsg. von W. Alff, Frankfurt/M. 1976.

18. Das hierfür entscheidende – und gewissermaßen die westliche Geschichtsphilosophie »stiftende« – Dokument ist natürlich Sankt Augustins »Gottesstaat«: Aurelius Augustinus, *De civitate Dei*, Bücher XV-XVIII (Taschenbuchausgabe: München 1985). Allerdings hat diese augustinische Geschichtsdeu-

tung und Zeitauffassung eine wichtige Voraus-Setzung (oder einen Hinter-Sinn), die später ihren neuzeitlichen, fortschrittlichen, säkularen Nachfolgern fehlen wird. Der »lineare« *procursus* des geschichtlichen Fortgangs in der Welt ist nämlich für den Bischof von Hippo nur dechiffrierbar von einem (»vertikalen«) Blickwinkel aus, der bereits jenseits der weltlichen Geschichte liegt und im Geist, Willen und Gedächtnis der Menschen (als leib-seelischen ›Bürgern zweier Welten‹) erst jene »Unruhe« des Glaubens im Wortsinne *produziert* (heraus-führt oder hervor-ruft), die dann auch in der Lage ist, die Frage nach dem wahrhaften individuellen Glück und der Richtung des geschichtlichen Verlaufs als Sinnfrage zu stellen. Die übliche Gegenüberstellung von »zyklischer« antiker und »linearer« christlicher Zeitauffassung ist also verkürzt, solange nicht gleichzeitig der produktive Charakter der christlichen Botschaft begriffen wird, die einsetzt mit der (einen neuen Anfang setzenden) Menschwerdung des Logos. Der wahrhafte Konflikt – so schreibt Remo Bodei in der vielleicht besten neueren Gesamtinterpretation der augustinischen Philosophie – »stellt sich also dar als Konflikt zwischen dem *novum* oder der mit jedem *initium* erneuerten Zeit einerseits und der zyklischen Wiederholung des Identischen, für die im Sinne des Lukrez alle Dinge stets dieselben sind: *eadem sunt omnia semper*«. (R. Bodei, *Ordo amoris. Conflitti terreni e felicità celeste*, Bologna 1991, S. 69.) Die Christen und ihre Kirche – die *civitas Dei peregrinans* – begreifen sich nach Augustin als innerweltliche Fremde, als Pilger in der geschichtlichen Zeit, als Wanderer zu einem außerweltlichen Ziel; und auch die »inner(lich)e« Zeiterfahrung, der Augustin im elften Buch seiner *Confessiones* (und im »Gottesstaat«, Buch XI, 5) seine klassische (In)Fragestellung gewidmet hat, erweist sich als Zeitbewußtsein in der *distensio animi* als radikal geschieden von der äußeren Weltzeit. Ohne die *Spaltung* der Weltgeschichte in Heilsgeschehen und Weltzeit – und der Zeit selbst in Zeitbewußtsein und äußeren Zeitlauf – ist also die Zukunfts*spannung* gar nicht zu begreifen, die erst die Heilsgeschichte in die *res gestae* der Welt (und in die *tranquillitas animi* spätantiker Weisheitslehren der stoischen oder epikuräischen Philosophie) hineingebracht hat. – Man hüte sich freilich, diesen hier nur recht summarisch skizzierten christlichen Ursprung auch des modernen Fortschrittsglaubens als rein akademische, antiquarische oder philologische Detailfrage zu unterschätzen. Denn – so ließe sich im Geiste Augustins die Moderne (und die Postmoderne) befragen: Hat nicht die neu-zeitliche Zukunft des Fortschrittes ohne ihren christlichen Sinn in der *Fülle* der Zeiten (den, wohlgemerkt, auch noch der jansenistische »Augustinianer« Pascal sehr wohl kannte!) bereits mit dem Verlust göttlicher Gnade und Liebe ihre Richtung verloren? Ist sie vielleicht längst zur *leeren* Zukunft, zur bloßen Implementierung eines Prozeß-Progresses geworden, der mit seinem göttlichen Sinn auch jeglichen menschlichen Maßes verlustig ging?

19. Siehe die im zweiten Band von Karl Löwiths *Sämtlichen Schriften* (Stuttgart 1983) versammelten Arbeiten. Skeptisch zur allzu vereinfachten Gegenüberstellung von griechisch-»zyklischer« und jüdisch-christlich-»linearer« Zeitauffassung äußert sich der große Althistoriker Arnaldo Momigliano, »Zeit in der antiken Geschichts-

schreibung«, in: ders., *Wege in die Alte Welt*, Berlin 1991, S. 38-58.

20. Dazu siehe die in Anm. 13 und 14 angezeigten Studien von Reinhart Koselleck und Giacomo Marramao, a.a.O.

21. Vgl. den Dialog von Achilles und Dr. Ameisenbär bei Douglas R. Hofstadter, *Gödel Escher Bach ein endloses geflochtenes Band*, Stuttgart 1985, S. 137ff.; sowie zum Folgenden ebda., S. 440 (zu rekursiven Schleifen), S. 333-360 (»emsige Fuge«), und passim.

22. Wolfgang Krohn, »Der Zwang zum Fortschritt«, in: *Kursbuch* 73/1983, S. 117f.

23. Siehe Gregory Bateson, *Geist und Natur. Eine notwendige Einheit*, Frankfurt/M. 1982, S. 22, S. 266-272.

24. Henri Bergson, *Essai sur les données immédiates de la conscience*, Paris 1927, 3. Kapitel.

25. Vgl. Henri Gouhier, »Civilisation et progrès. Jean Jacques Rousseau et Auguste Comte«, in: *Le temps de la reflexion* IV, Paris 1983, S. 127-140.

26. Siehe dazu heute Peter Singer, *Praktische Ethik*, Stuttgart 1980, 3. Kapitel.

27. Der Kompositionsfehlschluß Pascals bestand hier darin, das »automatische Subjekt« des wachsenden Programmspeichers so zu behandeln, *als ob* es ein wirkliches, m. a. W. lebendiges Subjekt wäre. – Einer, der diesen (charakteristischerweise mit dem Akkumulationsmodell des Erkenntnisfortschritts eng verknüpften) Kompositionsfehlschluß in der Idee »einer fortgehenden, jetzt fortschreitenden Vervollkommnung des Menschengeschlechts« vielleicht als erster bemerkt und jedenfalls am deutlichsten ausgesprochen hat, war Johann Gottfried Herder. In seinen Ende 1792, also unter dem unmittelbaren Eindruck der Ereignisse im revolutionären Frankreich (Pariser Septembermorde, Kanonade von Valmy, Ausrufung der Republik am 22. September 1792) verfaßten *Briefen, die Fortschritte der Humanität betreffend* läßt er einen Briefpartner fragen, ob diese »ganze Idee ... der Vervollkommnung des Menschengeschlechts nicht ein bloßer Traum« sei: »eine schmeichelnd-täuschende Idee, mit der wir spielen? Welche andre Gattung der Geschöpfe läßt sich *vervollkommnen?*« (wobei der Briefschreiber die deutsche Übersetzung der Rousseauschen *perfectibilité* fast entschuldigend als »selbst schon ungestalte(s) und sich selbst widersprechende(s) Wort« bezeichnet). Ein weiterer fiktiver Korrespondent der *Briefe* greift die Frage auf: »wäre dem Menschen der Trieb zur Perfektibilität nicht bloß als Verwahrungsmittel gegen die Untätigkeit, gegen die Verschlimmerung gegeben, die zum äußersten Nichts hinabführet?«, und fährt fort: »Das menschliche Geschlecht besteht in einzelnen Menschen... Nun stirbt der einzelne Mensch; andere einzelne Menschen gehen desselben Weges. Im physischen vervollkommnet sich die Natur nicht, und sie sollte im moralischen sich vervollkommnen? und diese Fortrükkung wäre sogar das Ziel, die letzte Bestimmung unseres Geschlechtes?« Ist dann nicht »die Vollkommenheit des Ganzen ein Ideal, das keinem zugute kommt«, fragt der Briefschreiber, so daß die »Region der Vollkommenheit« nur »in einem andern Dasein« gefunden werden könne? (Hier zitiert nach der Frankfurter Ausgabe: J. G. Herder, *Werke*, Bd. 7, hrsg. von H. D. Irmscher, Frankfurt/M. 1991, S. 779, S. 801-3.) Herders eigener Begriff des geschichtlichen Fortgangs in der *Selbstbestim-*

mung des Menschen (S. 804) bezieht sich gerade *nicht* in erster Linie auf die Wissensakkumulation, sondern auf »Humanität«, verstanden als Selbstbildung, Selbstproduktion oder »Kunst« (S. 126). Herders »Beförderung der Humanität« unterscheidet sich daher vom Fortschrittsmodell der rationalistischen Aufklärer; sie verlangt eine Rückbindung von Vernunft in Güte. Auch die Perfektibilität wird von Herder skeptisch uminterpretiert: zum »Mittel und Endzweck zu Ausbildung« der Humanität; sie indiziert somit weniger eine objektive Höher- und Weiterentwicklung der Menschheit als vielmehr den offenen Prozeß der kulturellen Selbstfindung von Menschen. Statt des Fortschritts der Gattung, den Herders großes Vorbild und Widerpart Kant (s. nächste Anm.) angenommen hatte, verwendet Herder daher das Bild von einem nie vollendeten »Bau«, der gleichzeitig Wohnung der vielen einzelnen und Ergebnis ihrer oft widerstreitenden Anstrengungen ist. (Siehe in der von Herder veröffentlichten Fassung der *Briefe zur Beförderung der Humanität* den 25. Brief, a.a.O., S. 123-131; und die Bemerkungen des Hrsg. H.D. Irmscher, S. 817-837.) Aus dem *chronologischen* »Fortgang« des menschlichen Geschlechts kann jedenfalls kein einfach *linearer* Fortschritt gewonnen werden, weshalb Herder eine Reihe von geometrischen Metaphern für den »Kreisgang des Menschengeschlechts« anführt (und wieder verwirft): »Nur stelle man sich die *Linie dieses Fortganges* nicht gerade, noch einförmig, sondern nach allen Richtungen, in allen möglichen Wendungen und Winkeln vor. Weder die Asymptote, noch die Ellipse und Zykloide mögen den Lauf der Natur uns vormalen.« (S. 126)

28. Immanuel Kant, *Ideen zu einer allgemeinen Geschichte in weltbürgerlicher Absicht* (1784), in: ders., *Werke* (Akademieausgabe), Bd. VIII, Berlin 1968, S. 15-32.

29. A. Sinowjew, *Lichte Zukunft*, Zürich 1989.

30. Siehe dazu Hans Blumenberg, *Schiffbruch mit Zuschauer*, Frankfurt/M. 1979, S. 21 ff.

31. R. Koselleck, *Vergangene Zukunft*, Frankfurt/M. 1979, S. 364.

32. Siehe R. Koselleck, »Revolution«, in: *Merkur*, Nr. 433 (März 1985), S. 208 f. – Herders Fragment »Revolutionen« (*Werke*, Bd. 7, a.a.O., S. 757-760) rehabilitiert charakteristischerweise im Gegenzug zum Beschleunigungsbegriff Revolution neben den vorwärtsdrängenden Umwälzungen seiner Gegenwart auch den weitaus älteren kopernikanischen Gedanken der »Revolutionen der Sonne, Sterne, Zeiten«: ein Kreisen in der Zeit, das keine Flucht nach vorn bedeutet, sondern ein »moment continué« einschließt.

33. Vgl. Ulrich Beck, *Die Risikogesellschaft*, Frankfurt/M. 1986.

34. H. Arendt, *Macht und Gewalt*, a.a.O., S. 28.

35. Vgl. etwa Vittorio Hösle, *Philosophie der ökologischen Krise*, München 1991. (Die in diesem Buch enthaltenen und durchweg sinnvollen ökologischen Vorschläge sind denn auch allesamt ohne diese philosophische Letztbegründung zu haben: Sie stammen zumeist von Joschka Fischer.)

36. Herder, Entwurf der »Humanitätsbriefe«, *Werke*, Bd. 7, a.a.O., S. 801.

37. Herder, a.a.O., S. 803.

38. Herder, 25. »Humanitätsbrief«, a.a.O., S. 129. Im Entwurf heißt es: »in allen Gliedern des Geschlechts soll *Menschlichkeit (Humanität)* anerkannt werden, wirken und leben. Dies Ziel

liegt so wenig außer seiner Sphäre, daß es vielleicht *seine Art, das Gesetz seiner Natur* ist, auf welches Vernunft, Wille, Bedürfnis ihn hinweisen, selbst Neigungen und Leidenschaften ihn ziehen müssen, oder die äußerste Not wird ihn dahin beugen.« (S. 803) Herders Geschichts- und Fortschrittskonzeption bleibt somit ambivalent – und gerade darin liegt heute ihr Interesse: Ein ›relativistisches‹, historistisches Insistieren darauf, daß jede Epoche und ›Nation‹ ihren »Mittelpunkt der Glückseligkeit in sich, wie die Kugel ihren Schwerpunkt« habe (so Herder schon 1774 in *Auch eine Philosophie der Geschichte zur Bildung der Menschheit*), steht einem Festhalten am geschichtsteleologischen Gedanken einer historischen »Verbesserung der Humanität« gegenüber. Dem ersten Akzent entspricht die Figur des »ewigen Proteus«, der in tausend verschiedenen gleichberechtigten kulturellen Gestalten verteilten Menschheit/Menschlichkeit – dem zweiten die Gestalt des Lichtbringers Prometheus (siehe dazu den Kommentar von Irmscher, S. 892f.)

39. Siehe dazu Peter L. Berger, *Pyramids of Sacrifice. Political Ethics and Social Change*, Harmondsworth 1977.

40. Vgl. Ulrich Beck, *Politik in der Risikogesellschaft. Essays und Analysen*, Frankfurt/M. 1991; ders., »Die Grünen in der Weltrisikogesellschaft«, in: Ralf Fücks (Hrsg.), *Sind die Grünen noch zu retten?*, Reinbek 1991; siehe dazu auch Vf., »Nachfragen«, in: A. Gorz, *Und jetzt wohin?*, a.a.O.

41. Alle Zitate aus Immanuel Kant, »Erneuerte Frage: Ob das menschliche Geschlecht im beständigen Fortschreiten zum Besseren sei«, zweiter Abschnitt im *Streit der Fakultäten* (1798), in: ders., *Werke* (Akademieausgabe), Bd. VII, Berlin 1968, S. 77-94.

42. Diese »eudämonistische Vorstellungsart der Menschengeschichte« hatte Kant übrigens schon 1785 an Herders *Ideen zur Philosophie der Geschichte der Menschheit* kritisiert: Nicht im »Schattenbild der Glückseligkeit«, sondern in »einer nach dem Begriff des Menschenrechts geordneten Staatsverfassung« müsse »der eigentliche Zweck der Vorsehung« – also der historische Fortschritt – gesucht werden (Kant, *Werke*, Akademieausgabe, Bd. VIII, S. 64). Siehe dazu den hervorragenden Kommentar von Manfred Riedel, »Historismus und Kritizismus«, in: *Kant-Studien*, Bd. 72 (1981).

43. Zum Folgenden siehe ausführlich Norbert Bobbio, *Il terzo assente. Saggi e discorsi sulla pace e la guerra*, Torino 1989; ders., *L'età dei diritti*, Torino 1990.

44. Bobbio, »Sul fondamento dei diritti dell' uomo«, in: *L'età dei diritti*, a.a.O., S. 5-16.

45. Dazu siehe Isaiah Berlin, *Wider das Geläufige. Aufsätze zur Ideengeschichte*, Frankfurt/M. 1981 (Kapitel: »Die Gegenaufklärung«); ders., *The Crooked Timber of Humanity. Chapters in the History of Ideas*, London 1990 (Kapitel über »Joseph De Maistre und die Ursprünge des Faschismus« und zum »Niedergang der Utopien«).

46. Bobbio, »Diritti dell'uomo e società«, in: *L'età dei diritti*, a.a.O., S. 67-86.

47. Dazu siehe Ralf Dahrendorf, *The modern social conflict*, London 1988.

48. Norberto Bobbio, Vorlesung an der Accademia Nazionale dei Lincei über »Die Menschenrechte heute« (auszugsweise veröffentlicht in *La Stampa*, 15. Juni 1991; siehe auch die darauf folgende Diskussion Bobbios mit den Neurobiologen Rita Levi Montalcini, Nobelpreisträgerin, und Pietro Calissano, in derselben Zeitung am 3. und 5. Juli 1991).

IV. Ökumene welcher Moderne?

Erstveröffentlichung des hier nur leicht aktualisierten Kapitels in: Thomas Meyer (Hrsg.), *Fundamentalismus in der modernen Welt. Die Internationale der Unvernunft*, Frankfurt/M. 1989.

1. Siehe *Kursbuch* 93/1988 (»Glauben«). Vgl. auch das Schwerpunktthema »Fundamentalismus« der Zeitschrift *Die Neue Gesellschaft/Frankfurter Hefte*, Heft 3/1989.
2. Siehe von Thomas Meyer neben dem von ihm herausgegebenen Sammelband *Fundamentalismus in der modernen Welt*, a.a.O., auch seinen Essay *Fundamentalismus. Aufstand gegen die Moderne*, Reinbek 1989.
3. Hans Blumenberg, »Sinnlosigkeitsverdacht«, in: ders., *Die Sorge geht über den Fluß*, Frankfurt/M. 1987, S. 57.
4. Siehe Richard Löwenthal, »Die Gefahr einer Flucht in den Fundamentalismus«, in: Th. Meyer/Susanne Miller (Hrsg.), *Zukunftsethik und Industriegesellschaft*, München 1986, S. 151 ff.; ders., »Aufklärung und Fundamentalismus als Faktoren der Weltpolitik« im zit. Sammelband *Fundamentalismus in der modernen Welt*, a.a.O., S. 23 ff.
5. Blumenberg, *Die Sorge geht über den Fluß*, a.a.O., S. 61, S. 57.
6. Vgl. Peter L. Berger/Brigitte Berger/Hansfried Kellner, *Das Unbehagen in der Modernität*, Frankfurt/M. – New York 1975 (v. a. Teil III). Für die im folgenden angesprochenen religionssoziologischen Hintergrundannahmen siehe die beiden (zuerst 1967 in den USA veröffentlichten) Klassiker Peter L. Berger, *Zur Dialektik von Religion und Gesellschaft*, Frankfurt/M. 1988; Thomas Luckmann, *Die unsichtbare Religion*, Frankfurt/M. 1991.
7. Siehe die oben angeführten Schriften Thomas Meyers.
8. Vgl. Peter L. Berger, *Der Zwang zur Häresie. Religion in der pluralistischen Gesellschaft*, Frankfurt/M. 1980 (hier: Kapitel 3).
9. Siehe jetzt zu dieser Form eines radikalisierten, gesetzesethischen Traditionalismus die interessante vergleichende Untersuchung von Martin Riesebrodt, *Fundamentalismus als patriarchalische Protestbewegung. Amerikanische Protestanten (1910-28) und iranische Schiiten (1961-79) im Vergleich*, Tübingen 1990.
10. Daher stößt im neueren Protestantismus »die Tendenz, kirchliche und politische Welt in ein Verhältnis wechselseitiger Beziehung und Verbindung zu bringen, auf die Schwierigkeit, daß nach den Voraussetzungen der evangelischen Theologie in der politisch-staatlichen Welt keine ›natürlichen Werte‹ enthalten sind, die schon als solche dem sittlichen Handeln des Christen einen Anknüpfungspunkt bieten könnten«. So jedenfalls Hans Maier – immerhin Ex-Präsident des Zentralkomitees der deutschen Katholiken und jetzt Inhaber des Romano-Guardini-Lehrstuhls für christliche Weltanschauung in München –, der bei der »evangelischen Politik« eine mangelnde politische Rationalisierbarkeit religiöser Entscheidungen im Vergleich zur katholischen Naturrechtslehre moniert (H. Maier, *Revolution und Kirche*, München 1975, S. 255). Nun – Maier ist zwar von der

Konkurrenz, aber hier muß man ihm wohl recht geben: Ein Werk wie etwa das Grundlagenwerk einer katholischen Rechtfertigung der demokratischen Moderne, Jacques Maritains *Humanisme intégral* (1936), hätte von protestantischen Theologen (d.h. ohne den Hintergrund des aristotelisch-thomistischen Naturrechts) wohl kaum geschrieben werden können. Allgemein zum Unterschied von Katholizismus und Protestantismus in der Philosophie siehe Etienne Gilson, *Christianisme et philosophie*, Paris 1949.

11. Siehe Berger, *Der Zwang zur Häresie*, S. 93ff. für den protestantischen und Carl Schmitt, *Politische Romantik* (Berlin 1968) für den katholischen Dezisionismus.

12. Zur gleichzeitig pluralistischen und (darum) fundamentalistischen politisch-theologischen Landschaft in den USA heute siehe jetzt die lebendige Reportage von Malise Ruthven, *Der göttliche Supermarkt. Auf der Suche nach der Seele Amerikas*, Frankfurt/M. 1991.

13. »Nur dort, wo in irgendeiner Form der Dualismus von Kirche und Staat, von sakraler und politischer Instanz erhalten wird, besteht die Grundbedingung der Freiheit. Wo die Kirche selbst zum Staat wird, geht die Freiheit verloren«, schreibt das Haupt der päpstlichen Kongregation für Glaubensfragen, Joseph Kardinal Ratzinger (*Chiesa, Ecomenismo e Politica*, Roma 1987, S. 156). – Zum Ursprung dieser Trennung der beiden Gewalten in der »päpstlichen Revolution« des 11. Jahrhunderts (sprich: cluniazensische Reform, *dictatus Papae* Gregors VII., Investiturstreit, Kreuzzüge, Ausbau theologischen, politischen und juristischen Herrschaftswissens in den europäischen Universitäten) – durch die der Klerus »zur ersten überlokalen, stammesübergreifenden, feudalübergreifenden und übernationalen Klasse in Europa (wurde), die zur politischen und juristischen Einheit gelangte« – siehe die grundlegende Studie von Harold J. Berman, *Recht und Revolution. Die Bildung der westlichen Rechtstradition*, Frankfurt/M. 1991 (v.a. Kapitel 2, hier S. 182).

14. Harvey Cox, *Religion in the Secular City. Towards a Postmodern Theology*, New York 1984.

15. Vgl. Michael Walzer, *The Revolution of the Saints. A Study in the Origins of Radical Politics*, Cambridge/Mass. 1965.

16. Michael Walzer, *Exodus und Revolution*, Berlin 1988, S. 127.

17. Siehe zu den »CDU-68ern« aus der alten Bundesrepublik die brillante Studie von Claus Leggewie, *Der Geist steht rechts*, Berlin 1987 (v.a. S. 108-142).

18. Siehe die phänotypischen Beschreibungen von Peter Sloterdijk, *Kritik der zynischen Vernunft*, Frankfurt/M. 1983.

19. Siehe die Instruktion der römischen Glaubenskongregation *Il rispetto della vita nascente e la dignità della procreazione*, Rom 1987.

20. Vgl. das päpstliche Rundschreiben Johannes Pauls II. *Sollicitudo rei socialis* (zum zwanzigsten Jahrestag der Sozialenzyklika *Populorum progressio*), Rom 1988. Ausführlich dazu siehe den von Karl Gabriel, Wolfgang Klein und Werner Krämer hrsg. Band *Die gesellschaftliche Verantwortung der Kirche. Zur Enzyklika Sollicitudo rei socialis*, Düsseldorf 1988. Auf die katholische Soziallehre komme ich in diesem Buch noch im Zusammenhang mit der politischen Theologie des polnischen Pontifex zurück.

21. Inzwischen müßte man natürlich

noch hinzufügen: Ob »man/frau« nun *für oder wider* die Wiedervereinigung war ...

22. Denn über die Zeitdiagnose *the day after* Wiedervereinigung gehen die Meinungen schon wieder auseinander ...

23. Zur Freiheitslehre der amerikanischen republikanischen Tradition siehe Quentin Skinner, »The Paradoxes of Political Liberty«, in: *The Tanner Lectures on Human Values*, Vol. VII (1986), S. 227-250.

24. Vgl. dazu Robert Spaemann, *Das Natürliche und das Vernünftige*, München 1987; Charles Taylor, »Humanismus und moderne Identität«, in: Castelgandolfo-Gespräche, *Der Mensch in den modernen Wissenschaften*, Stuttgart 1983, S. 117-170; und den von E.-W. Böckenförde und R. Spaemann hrsg. Band *Menschenrechte und Menschenwürde*, Stuttgart 1987.

25. Bernard Williams, *Ethics and the Limits of Philosophy*, London 1985, 1. Kapitel: »Socrates' Question«.

26. Die symmetrischen, ebenfalls kritikwürdigen Gegenbegriffe wären (politische) Prinzipienlosigkeit oder (kultureller) Relativismus. »Angesagt« im modernen *moderato* sind mithin Diskurse, die sich gleich weit entfernt von den Extremen Fundamentalismus und Relativismus halten.

27. Vgl. Ralf Dahrendorf, *Lebenschancen*, Frankfurt/M. 1979, S. 50ff.

28. Charles Taylor, *Negative Freiheit? Zur Kritik des neuzeitlichen Individualismus*, Frankfurt/M. 1988, S. 118ff.

29. Vgl. dazu Marcus G. Singer, »Ethics and Common Sense«, in: *Revue internationale de Philosophie*, Nr. 158 (Jg. 40, H.3/1986), S. 221ff.; Vf., »Freiheit und Gemeinsinn«, in: H. L. Krämer/C. Leggewie (Hrsg.), *Wege ins Reich der Freiheit*, Berlin 1989, S. 116ff.; Michael Walzer, *Kritik und Gemeinsinn*, Berlin 1990 (mit weiteren Literaturhinweisen im Nachwort).

30. Jacques Juillard, *La faute à Rousseau*, Paris 1985. Man kann den Citoyen de Genève natürlich auch viel differenzierter lesen denn als Wegbereiter der *Terreur* und Robespierres: Vgl. Tzvetan Todorov, *Frêle bonheur. Essai sur Rousseau*, Paris 1985.

31. Jürgen Habermas, »Moralität und Sittlichkeit«, in: Wolfgang Kuhlmann (Hrsg.), *Moralität und Sittlichkeit. Das Problem Hegels und die Diskursethik*, Frankfurt/M. 1986, S. 31f.

32. Vgl. Karl Polanyi, *The Great Transformation*, Frankfurt/M. 1978 (4. Kapitel); André Gorz, *Kritik der ökonomischen Vernunft*, Berlin 1989 (Teil II).

33. Vgl. Claus Offe, »Die Utopie der Null-Option«, in: P. Koslowski/R. Spaemann/R. Löw (Hrsg.), *Moderne oder Postmoderne?*, Weinheim 1986, S. 142ff.

34. Offe, ebda., S. 161.

35. Ulrich Beck, *Risikogesellschaft*, Frankfurt/M. 1986, S. 344f.

36. Ich diskutiere im folgenden auch einige Einwände einer Frankfurter Diskussionsrunde zu einer ersten Version dieses Kapitels – u. a. von Micha Brumlik, Helmut Dubiel, Joschka Fischer und Axel Honneth, denen ich für ihre Kritiken danke, auch wenn sie mich wohl nicht ganz von meiner Modernitätsskepsis haben heilen können: *mea culpa!*

37. Vgl. Karl-Heinz Ilting, »Vom Geltungsgrund moralischer Normen«, in: *Kommunikation und Reflexion*, Festschrift für Karl-Otto Apel (Frankfurt/M. 1982), S. 612ff.; Charles Taylor, »The diversity of goods«, in: Amartya Sen/Bernard Williams (Hrsg.), *Utilitarism and beyond*, Cambridge – Paris 1982, S. 129ff.

38. Dazu jetzt Herfried Münkler, »Wieviel Tugend braucht die Demokratie?«, in: *Die Neue Gesellschaft/Frankfurter Hefte*, H. 7/1991, S. 612 ff.
39. Siehe Michael Walzer, »Liberalism and the Art of Separation«, in: *Political Theory* XII (1984), S. 315-330.
40. Henri de Saint-Simon, *Le nouveau christianisme* (hrsg. von H. Desroche), Paris 1969.
41. Benedetto Croce, *Geschichte Europas im neunzehnten Jahrhundert* (1932), Frankfurt/M. 1979 (1. Kapitel).

V. Die Wiederkehr der politischen Theologie

Erstveröffentlichung des hier um Anmerkungen erweiterten Beitrags unter dem Titel »Prophete rechts, Prophete links« im *Kursbuch* 93/1988.

1. Marcel Lefebvre starb am 25. März 1991 im Alter von 85 Jahren – unversöhnt mit der katholischen Kirche. Bis zur letzten Minute hatte der Papst auf eine Geste der Wiederannäherung gewartet: Johannes Paul II. »war bereit, die kanonische Strafe aufzuheben« (d. h. die Exkommunikation zurückzunehmen), wenn der abtrünnige Bischof, der innerhalb der katholischen Kirche gleichwohl über zahlreiche integralistische und traditionalistische Sympathisanten verfügte, doch nur ein »Zeichen in diese Richtung« gegeben hätte. Als Wojtyla dann »vom Tode Monsignore Lefebvres erfuhr, sprach er ein Fürbittgebet, in dem er die Seele des Verstorbenen der Barmherzigkeit Gottes anempfohl«, ließ der Pressesprecher des Hl. Stuhls verlauten: »Der Heilige Stuhl hat die Jahre treuen Missionsdienstes, die Lefebvre in Afrika verrichtete, nicht vergessen, mußte jedoch seine bekannte Position einnehmen, um ihn die Schwere der Wunde begreifen zu machen, die sein späteres Verhalten der Gemeinschaft der Kirche zugefügt hatte.« (Nach *La Stampa*, 26. März 1991) Über die letzten – vergeblichen – Vermittlungsversuche berichten jetzt auch Monsignore Silvio Oddi (in: *Il Sabato*, 30. März 1991) und Lefebvres Nachfolger auf dem Bischofsstuhl in Dakar, Kardinal Hyacinthe Thiandoum (in: *30 TAGE*, April 1991). – Für eine Darstellung des Lefebvreschen Schismas im Kontext des spezifisch französischen, konterrevolutionären Katholizismus siehe jetzt die Darstellung von Franck Lafage, *Du refus au schisme. Le traditionalisme catholique*, Paris 1989 (hier: S. 73-112).
2. Origenes (185-254), der Nachfolger des Klemens als Haupt der christlichen (Katecheten-)Schule von Alexandria und der wohl einflußreichste frühchristliche Theologe und Exeget, dessen meisten Werke heute (weil er in der katholischen Kirche als Häretiker gilt?) verloren sind, hatte u. a. die *Hexapla*, die erste textkritische Ausgabe des Alten Testaments in sechs Varianten (nach der guten alten Methode Philons von Alexandria), besorgt und die erste systematische Darstellung der christlichen Dogmatik *Peri Archon* (Von den Ersten Prinzipien) verfaßt.
3. Vgl. die von Giuliana Lanata heraus-

gegebene sorgfältige Rekonstruktion der (nur in Gestalt der von Origenes exzerptierten/kritisierten Stellen erhaltenen) Schrift des Celsus *Alethes Logos* (Die wahre Lehre): Celso, *Il discorso vero*, Milano 1987.

4. Siehe dazu jetzt das Buch von Benny Lévy *Le logos et la lettre. Philon d'Alexandrie en regard des pharisiens*, Lagrasse 1988.

5. Vgl. dazu die hervorragende lateinisch-griechische Quellensammlung *Il Christo*, Bd. I, *Testi teologici e spirituali dal I al IV secolo*, hrsg. (und mit einer christologischen Einleitung) von Antonio Orbe, Mailand 1985.

6. Vgl. Rudolf Krämer-Badoni, *Revolution in der Kirche. Lefebvre und Rom*, München 1980.

7. Zu Joseph de Maistre, dessen *Considérations sur la France* (1794) bereits alle zentralen Argumente der katholischen Gegenrevolution des 19. Jhdts. enthalten, siehe die knappen Überblicke von Hans Maier, *Revolution und Kirche*, München 1975, S. 129ff. und Rainer Eisfeld im Kapitel über »Die Verarbeitung der Revolution und ihrer Folgen« in *Pipers Handbuch der politischen Ideen* (hrsg. von I. Fetscher und H. Münkler), Bd. 4, München 1986, S. 103ff. Zu seiner pessimistischen Anthropologie vgl. jetzt auch Isaiah Berlins dreiteiligen Artikel »Joseph de Maistre and the Origins of Fascism«, *New York Review of Books*, N. 14-16 (Sept.-Oct. 1990). – Für de Maistre war die Revolution gleichzeitig *satanique dans son essence* – als Ausdruck menschlicher Leidenschaften in ihrem hybriden Aufstand wider Gott – und eine *révolution décrétee* durch Gottesurteil: nämlich eine göttliche »große Säuberung«, das Strafgericht der Vorsehung für den *esprit du schisme* der gallikanischen Kirche und die Verderbtheit der französischen Monarchie. In der Tat sollte de Maistres Geschichts- und Menschenbild dann vor allem nach den europäischen 48er Revolutionen für das restaurative theologische und politische Klima im römischen Vatikan eine wichtige Rolle spielen. Im Unterschied dazu ist heute Lefebvres französisch-traditionalistische Anhängerschaft wohl nicht mehr von der Erinnerung an das *empire catholique* und weitaus stärker von einem »National-Katholizismus« aus der Tradition Charles Maurras' und der »Action Française« geprägt. (Vgl. dazu den zweiten Teil des Buches von F. Lafage, *Du refus au schisme*, a.a.O.)

8. Unter dem Pseudonym Romain Marie ist Bernard Antony seit den siebziger Jahren in Frankreich bekannt als »Attila des Antikommunismus und Heros des katholischen Integrismus« (Alain Rollat) und Organisator diverser *networks* (die Tageszeitung *Présent*, das *Comité Chrétienté-Solidarité* usw.) zwischen dem national-katholischen Traditionalistenmilieu und der Neuen Rechten der *Front National* Jean Marie Le Pens. Vgl. Lafage, a.a.O., S. 112ff., der dieses Milieu auf einige hunderttausend direkte Anhänger schätzt.

9. Juan Donoso Cortés, *Essay über den Katholizismus, den Liberalismus und den Sozialismus*, hrsg. (und mit einer nützlichen Einleitung) von Günter Maschke, Weinheim 1989.

10. Entscheidend für die Neudefinition der Kirche als *societas perfecta* im Gegensatz zu den weltlich gewordenen Staaten war im 19. Jahrhundert übrigens de Maistres Definition der kirchlichen Souveränität in *Du pape* (1819). Vgl. dazu Hermann J. Pottmeyer, »Lo sviluppo della teologia dell' ufficio papale nel contesto ecclesiologico, so-

ciale ed ecumenico nel XX secolo«, in: Giuseppe Alberigo/Andrea Riccardi (Hrsg.), *Chiesa e papato nel mondo contemporaneo*, Roma – Bari 1990, hier S. 16 ff.

11. Interview mit dem *Deutschland-Magazin*, Januar 1977.

12. Wie alle Vergleiche hinkt natürlich auch dieser: ›Donatisten‹ – *pars Donati*: genannt nach Donatus, (Gegen-)Bischof von Karthago – hieß jener intransingente Teil der nordafrikanischen Christenheit, der sich nach den letzten großen Christenverfolgungen unter Diokletian i. J. 303-305 strikt weigerte, ehemalige Kollaborateure mit den kaiserlichen Autoritäten (*traditores*: wörtlich solche, die im Gehorsam gegenüber dem kaiserlichen Edikt die Heiligen Schriften an die staatliche Hoheit ›ausgeliefert‹ hatten) als Bischöfe anzuerkennen, da sie »die Heiligen Gesetze« der Kirche als des »Neuen Israel« verunreinigt hatten. Nun war angeblich Caecilian von einem solchen *traditor* zum Bischof von Karthago ordiniert worden – und i. J. 311 lehnte die Mehrheit der numidischen Bischöfe diese Bischofswahl ab und erwählte einen Gegenbischof, dessen Nachfolger dann Donatus war. Über mehr als hundert Jahre »zerfiel also die Gesellschaft des römischen Afrika in zwei Lager ohne Ansehen der Rasse, der Klasse oder der Bildung« (so Paul Veyne im »Vorwort« zu Peter Brown, *Die letzten Heiden*, Berlin 1986, S. 8), die sich wechselseitig blutig befehdeten, wobei nun nach Kaiser Konstantins Bekehrung zum Christentum die katholische *pars Caeciliani* die imperiale Macht auf ihrer Seite hatte – mit Ausnahme der kurzen Kaiserschaft des toleranten Heiden Julian Apostata (361-363), in der es die *pars Donati* den Katholiken mit gleicher Münze heimzahlte. (Eher als an die Farce der Lefebvreschen Traditionalisten wird man also an den tragischen und gleichfalls über hundertjährigen Konflikt zwischen Protestanten und Katholiken z. B. in Nordirland denken, wenn man ein aktuelles Pendant zum Donatismusstreit sucht.) Im Unterschied zu den üblichen Deutungen des afrikanischen Schismas als (verdeckte) Form sozialer Konflikte oder gar einer afrikanischen Autonomiebewegung sieht Peter Brown in seiner Biographie *Augustine of Hippo*, London 1969 (ch. 19 »Ubi ecclesia?«, S. 212-232) das afrikanische Schisma in der religiösen Identität selbst, d. h. in einem gegensätzlichen – statischen vs. dynamischen – Verständnis von Kirche begründet. Die Donatisten sahen ihre Beziehung zu Gott in der rituellen Reinheit der Gruppe und natürlich ihrer Amtsträger, während Augustinus in expansiveren heilsgeschichtlichen Dimensionen dachte: »For Augustine, it was not enough for the Christian Church to preserve a holy ›Law‹. This attitude would have condemned Christianity, as in Augustine's eyes it had condemned the Donatist church, to remaining isolated, like old Israel, content to guard a static alliance of ›obedience‹ between itself and God. Instead, he presented the Catholic church as the heir of a will, about to take over a vast property. The Church's expansion was foreordained« (S. 221); und Augustin trug als brillanter heilsgeschichtlicher Propagandakämpfer zum Niedergang dieser »afrikanischen Splittergruppe« entscheidend bei.

13. Vgl. die Mehrzahl der Beiträge in: *Katholische Kirche wohin? Wider den Verrat am Konzil*, hrsg. von Norbert Greinacher und Hans Küng, München 1986.

14. Siehe dazu Otfried Höffe, »Papst Johannes Paul II. und die Menschenrechte: Philosophische Überlegungen«, in: *Freiburger Zeitschrift für Philosophie und Theologie*, Bd. 27 (1980), H. 1-2, S. 36 ff.

15. Siehe Massimo Cacciari, »Tra volontà di potenza e vecchi tomismi, il lavoro secondo Wojtyla«, in: *Politica ed economia*, N. 10/1981; implizit leicht kritisch auch (mit Hinweis auf des Papstes ausschließliche Beschränkung auf die rein theologische und anthropologische Ebene) das Editorial der *Civiltà Cattolica*, N. 3151 (a. 132, vol. IV, Oktober 1981), S. 1 ff. (in ders. Ausg. ist auch die Enzyklika *Laborem exercens* abgedruckt); vgl. Oswald von Nell-Breuning SJ, »Ist ›Laborem exercens‹ laboristisch?«, in: *Stimmen der Zeit*, H. 9/1982, S. 619 ff.

16. Vgl. Claus Leggewie, *Der Geist steht rechts*, Berlin 1987, S. 87 ff. (»Kapitalismus, Seele & Co.«)

17. Auch Augusto Del Noce ist unterdessen, in der Nacht zum 30. Dezember 1989, im Alter von achtzig Jahren gestorben. Seine Hauptwerke sind *Il problema del ateismo* (1964), Neuauflage (mit einem Vorwort von Nicola Matteucci) Bologna 1990; und das monumentale Werk *Riforma cattolica e filosofia moderna*, Bd. I: *Cartesio*, Bologna 1965 (ein zweiter Band ist nie erschienen). Siehe auch die in der N. 163/164 (Jan./Febr. 1990) von *Prospettive del Mondo* dokumentierten Artikel und Nachrufe zu Leben und Werk Del Noces.

18. Augusto Del Noce, *Religione, secolarismo, vita sociale*, Vorlesung in der Aula Magna der römischen Universität »La sapienza«, 13. April 1988 (hier zitiert nach dem Vortragsmanuskript); vgl. ders., *I cattolici e la politica* (Arbeitshefte der Scuola di Dottrina Sociale, N. 7), Milano 1988. Im letzten Jahrzehnt seines Lebens galt Del Noce als »metapolitischer« Vordenker von Comunione e Liberazione (als deren Chefideologen man wohl seinen Schüler Rocco Buttiglione ansehen darf).

19. Vgl. Del Noces in *Il problema del ateismo*, a.a.O., wiederabgedruckte Artikel zur Marxschen »Überwindung der Philosophie«; und später seine Auseinandersetzung mit der »sinistra cristiana« der »cattolici-communisti«, insbesondere Franco Rodano (der als »graue Eminenz« Enrico Berlinguers und Inspirator des »historischen Kompromisses« galt) in: *Il cattolico comunista*, Milano 1981.

20. Alfred Lorenzer, *Das Konzil der Buchhalter. Die Zerstörung der Sinnlichkeit*, Frankfurt/M. 1984.

21. Vgl. Höffners Vorwort zu: Karol Kardinal Wojtyla u. a., *Der Streit um den Menschen. Personaler Anspruch des Sittlichen*, Kevelaer 1979. – Eine interessante Interpretation des »Projekts Wojtyla« hat Gianni Baget Bozzo vorgelegt: *Ortodossia e liberazione*, Milano 1981. Siehe auch Ronald Modras, »Ein Mann der Widersprüche? Die frühen Schriften von Karol Wojtyla«, in: *Katholische Kirche – wohin?*, a.a.O., S. 225 ff. Wenig brauchbar ist das SPIEGEL-Buch von Horst Herrmann, *Papst Wojtyla. Der Heilige Narr*, Reinbek 1983.

22. »Ich gehe deshalb davon aus, daß wir die Texte von 1965 bis 1970 erst im Zusammenhang der späteren Entwicklung eindeutig beurteilen können«, schreibt H. Häring, »Eine katholische Theologie? J. Ratzinger, das Trauma von Hans im Glück«, in: *Katholische Kirche – wohin?*, a.a.O., S. 241 ff. (hier S. 243).

23. Ob man überhaupt von einer expliziten »Theologie« Angelo Giuseppe Roncallis sprechen kann, ist allerdings fraglich. Siehe dazu Giuseppe Ruggieri, »Appunti per una teologia in Papa Roncalli«, in: Giuseppe Alberigo (Hrsg.), *Papa Giovanni*, Roma – Bari 1987, S. 245ff. Gerade seine theologische – wie weltlich-philosophische – »Armut im Geiste« ließ ihn wohl den Hunger im Gottesvolk nach Erneuerung und ökumenischer Versöhnung der verfeindeten christlichen Konfessionen ›ungefiltert‹ wahrnehmen. Vgl. auch Hannah Arendts Bemerkungen zu Roncallis *Giornale dell'anima* in ihrem Buch *Menschen in finsteren Zeiten*, München 1989, S. 75-89.

24. Siehe Joseph Ratzinger, *Einführung in das Christentum. Vorlesungen über das Apostolische Glaubensbekenntnis*, München 1968 (hier: S. 36-43).

25. Vgl. Franco Bertone, *L'anomalia polacca. I rapporti tra Stato e Chiesa cattolica*, Roma 1981.

26. Knut Walf, *Einführung in das neue Kirchenrecht*, Köln 1987; ders., »Das neue Kirchenrecht – das alte System«, in: *Katholische Kirche – wohin?*, a.a.O., S. 78ff.

27. Vgl. als Überblicke Johann Baptist Metz/Peter Rottländer (Hrsg.), *Lateinamerika und Europa. Dialog der Theologen*, München – Mainz 1988; Norbert Greinacher (Hrsg.), *Leidenschaft für die Armen. Die Theologie der Befreiung*, München 1990.

28. Harvey Cox, *Religion in the Secular City. Toward a Postmodern Theology*, New York 1984.

29. Leonardo Boff, *Und die Kirche ist Volk geworden. Ekklesiogenesis*, Düsseldorf 1987, S. 64. Der franziskanische Theologe operiert dabei mit dem Gegensatz von ›Gemeinschaft‹ und ›Gesellschaft‹ (a.a.O., S. 47f.), den er auf das Verhältnis von Gemeinden und Kirchenhierarchie überträgt: »Analytisch betrachtet, stellen Volk und Volk Gottes kein Faktum dar, sondern ein Geschehen, hinter dem gemeinschaftlich wirkende Produktivkräfte stecken. Am Anfang steht eine unterdrückte und versprengte Masse: das Nichtvolk, das erst noch Volk werden will... Innerhalb der Masse werden dann bestimmte Elemente (charismatische Führer, Widerstandsgruppen, die ums Überleben kämpfen) aktiv und gründen Gemeinschaften und Gemeinden. Diese wiederum wirken auf die Masse ein, tragen zu einem neuen Bewußtsein bei, und helfen ihm, das gefaßte Vorhaben in die Tat umzusetzen. Dadurch, daß sich die Gemeinden (Verbände, Gruppen, Bewegungen usf.) untereinander austauschen und mit der Masse aktiv sind, lassen sie ein Volk entstehen.« (S. 64f.) – Wenn sich die Befreiungstheologen dabei auf die dogmatische Konstitution des II. Vatikanischen Konzils *Lumen gentium* berufen, in deren II. Kapitel die Kirche als »neues Gottesvolk« auf dem Wege beschrieben wird, so ist dies freilich nur bedingt gerechtfertigt. In der Tat bedeutete die 1963 von Kardinal Suenens angeregte Aufnahme der Formel aus dem Petrusbrief (»die ihr einst ›nicht ein Volk‹ wart, nun aber ›Gottes Volk‹ seid«; 1. *Petr* 2, 9-10) zwar eine Einführung der (heils)geschichtlichen Dimension in ein zuvor vorrangig institutionell (als *societas perfecta*) oder als *corpus mysticum* gefaßtes, hierarchisches Kirchen(selbst)verständnis, doch war damit nicht daran gedacht, die bisherigen Dimensionen von Kirche über Bord zu werfen (das I. Kapitel von *Lumen gentium* behandelt die Kirche weiterhin als *corpus mysticum*). Die ge-

schichtliche Dimension eines Weges (die Kirche als pilgerndes Volk) und der Volks- (statt: Eliten-) Charakter der Kirche gründen sich nicht etwa auf eine Volkssouveränität: Die Autorität der Kirche kommt ja nicht »von unten«; die katholische Kirche hat auch mit dem Konzil nicht etwa (im protestantischen Sinne) die Priesterschaft verallgemeinert – oder gar ihre Institution in *communio* & kommunikatives Handeln aufgelöst –, sondern »nur« durch die Wiederentdeckung der Charisma-Theologie ihr anti-revolutionäres (und anti-modernistisches) »Belagerte-Festung-Syndrom« aufgegeben. Vgl. den Kommentar der *Civilta Cattolica* N. 3231 (a. 136, Vol. I, Febr. 1985) »Dalla teologia del ›corpo mistico‹ all' ecclesiologia del ›popolo di dio‹«, S. 209ff. Von den Befreiungstheologen hingegen werden Charisma und Macht (L. Boff, *Charisma und Macht*, Düsseldorf 1986), Gemeinschaft und Gesellschaft, Volk und Hierarchie (säkular: Bewegung und Institution) als dynamisch zu überwindende Gegensätze behandelt. Man könnte daher Boffs dynamisierte Ekklesiogenesis eher mit Rosa Luxemburgs Kritik des sozialdemokratischen Reformismus in der berühmten »Massenstreikdebatte« zu Anfang des Jahrhunderts vergleichen: Sie teilt deren Schwächen (vgl. dazu Vf., »Marxismus und Sozialismus bis zum Ersten Weltkrieg«, in: *Pipers Handbuch der politischen Ideen*, Bd. 4, a.a.O., S. 515ff., hier S. 571ff.).

30. Boff, *Und die Kirche ist Volk geworden*, a.a.O., S. 67.

31. Ebda., S. 70f.

32. Michel de Certeau, *La faiblesse de croire*, Paris 1987, S. 256.

33. Ebda., S. 215. Michel de Certeau fährt fort: »Le langage chrétien n'a (et ne peut avoir) qu' *une structure communitaire*: seule la connexion de témoins, de signes ou de rôles différents énonce une ›vérité‹ qui ne peut etre réduite à l'unicité par un membre, un discours ou une fonction. Parce que cette ›vérité‹ n'appartient à personne, elle est dite par plusieurs. Parche qu'elle est la condition insaisissable de ce qu'elle rend possible, elle n'a pour traces qu'une multiplicité de signes: une *surface de lieux articulés* la désigne, plutôt qu'une ›hierarchie‹ pyramidale engendrée a partir de son sommet.« Vgl. jetzt auch ders., *L'Étranger ou l'union dans la différence* (1969), Neuausgabe hrsg. von Luce Giard, Paris 1991. – Die Wahrheit, um die es bei der gemeinschaftlichen Verständigung (*structure communitaire*) über den Glauben geht, ist offenbar nicht die empirische Tatsachenwahrheit (assertorischer Behauptungssätze). Eine »strukturalistische« Interpretation der religiösen Sprache, wie sie Michel de Certeau versucht, scheint mir deshalb weitaus angemessener als der kommunikationstheoretische »methodische Atheismus«, den Jürgen Habermas (unter Berufung auf die »politische Dogmatik« des Kopenhagener Theologen Glöbe-Möller, einer »kommunikationstheoretisch ansetzenden Befreiungstheologie«) unlängst in der Theologie eingeklagt hat. Damit würde sich der Siegeszug der ggf. noch um ihre metaphysischen Restbestände zu reinigenden Rationalität über die christliche Religion gewissermaßen in die Theologie hinein fortsetzen, und der Religion selbst bliebe allenfalls die residuale Dimension des Trostes – der Rest wird aufgehoben durch universalistische Moral, deren moderne Einlösung ja wahrlich auch noch aussteht. (Vgl. Jürgen Habermas, »Exkurs: Transzendenz von innen, Transzendenz ins Diesseits«, in: ders.,

Texte und Kontexte, Frankfurt/M. 1991, S. 127ff.) Dabei bleibt dann allerdings das genuin »christliche Sprachspiel« (Habermas) in der Tat kaum noch intakt – der kommunikationstheoretisch verflüssigte »Gott« einer »Transzendenz ins Diesseits« ist eine bloße Übersetzung der kommunikativen Idee der Versöhnung per rationalem Konsens (S. 138f.). Die beiden außerdem von Habermas noch diskutierten theologischen Alternativen sind (a) der »protestantische« Weg einer radikalen, kerygmatischen Trennung von Glauben und Vernunft im Sinne Karl Barths und (b) der des »aufgeklärten Katholizismus«, der sich *in rebus saeculi* »der wissenschaftlichen Diskussion auf ganzer Breite aussetzt, ohne freilich darauf zu verzichten, die in der Sprache der jüdisch-christlichen Überlieferung artikulierten Erfahrungen als *eigene* Erfahrungsbasis anzuerkennen«. Den Weg (a) sieht Habermas offenbar als nicht rational diskutierbar an, (b) weist er als »partikularistische Einschränkung« theologischer Wahrheitsansprüche auf die Erfahrungs- und Sprachbasis der katholischen Tradition ab (S. 140). Wenn ich diese implizite Kritik recht verstanden habe, dann wird dabei offenbar zum einen vorausgesetzt, daß (wie in der Diskursethik die moralischen Sätze) auch die theologischen Sätze in ihrem Sinn *kognitiver,* also erkenntnisanaloger Natur sind oder doch sein sollen, und zum zweiten, daß aus einer partikularen religiösen Tradition heraus keine universalistische Stellungnahme möglich ist, ohne diese Tradition selbst aufzugeben. Beide Voraussetzungen sind indes keineswegs selbstverständlich. Vgl. etwa Blaise Pascal (*Pensées,* Heidelberg 1978, S. 130f., S. 139 u.ö. = Fr. 242, 243, 267) für eine andere Sicht der ersten und Michael Walzer (»Zwei Arten von Universalismus«, in: *Babylon,* H. 7/1990) für eine andere Auffassung zur zweiten Voraussetzung.

VI. Die Christenheit oder Europa

Eine frühere Version des hier völlig überarbeiteten und erheblich erweiterten Kapitels erschien in: *Die Neue Gesellschaft/Frankfurter Hefte,* H. 12/Dezember 1990.

1. Brief I (Lucius an Claudius), in: Witold Kula, »Stregonerie« (= Hexereien), in: ders., *Riflessioni sulla storia,* hrsg. von Marta Herling mit einer Einleitung von Bronislaw Baczko, Venezia 1990, S. 173f. (Erstveröffentlichung auf polnisch: W. Kula, *Rozwazania o historii,* Warsawa 1958)
2. Brief II (Claudius an Lucius), a.a.O., S. 183f.
3. Vgl. Luciano Canfora, *Die verschwundene Bibliothek,* 2. Auflage, Berlin 1990.
4. Siehe den einleitenden Beitrag Bronislaw Baczkos »Riflettendo sulle ›riflessioni‹«, in: Kula, *Riflessioni sulla storia,* a.a.O., S. IX-XXIX.
5. Ebda., S. XVI.
6. Siehe Anm. 2 und 3 zum letzten Kapitel.
7. »Nur den Hunden ist es von Natur aus gegeben, sich freiwillig dazu treiben

zu lassen, wozu sie abgerichtet werden. Durch eine angeborene Form des Gehorsams lassen sie sich allein in gut geschulter Furchtsamkeit zügeln, bis sie durch ein Nicken oder ein Zeichen die Freiheit erhalten herumzujagen. Sie haben nämlich eigene Triebe, durch die sie die unvernünftigen Lebewesen überragen und sich den vernunftbegabten nähern. Daher vermögen sie zu unterscheiden, zu lieben – zu dienen. Sie unterscheiden zwischen Herren und Fremden. Aus diesem Grunde hassen sie nicht die, welche sie verfolgen, aber sie lieben die, welche sie lieben, heftig. (....) Da ich Dir (*sc.* Augustinus) außer durch die allgemein gegenüber Dir empfundene Liebe auch durch persönliche Liebe verbunden bin, gehorche ich freiwillig Deinem Willen. Meine Unterwürfigkeit verdankt Deiner väterlichen Anordnung das Geleistete. Deshalb habe ich mein Werk, was von Dir kommt und zu Dir zurückkehrt, allein dadurch, daß ich es gern getan habe, vermehrt zurückgegeben.« Orosius, *Die antike Weltgeschichte in christlicher Sicht*, Bd. I. Buch I-IV (= *Orosii historiarum adversus paganos libri septem*), übers. von A. Lippold, München – Zürich 1985, S. 59f.

8. Siehe Leonid Luks, »Dissens in Osteuropa«, in Kapitel XIII (»Moderne Gesellschaftstheorien«) des 5. Bandes von *Pipers Handbuch der politischen Ideen* (hrsg. von I. Fetscher und H. Münkler), München 1987, S. 577ff.

9. Vgl. zum folgenden u.a.: Friedrich Kardinal Wetter (Hrsg.), *Kirche in Europa* (Schriften der Katholischen Akademie in Bayern), Düsseldorf 1989; sowie den von René Luneau hrsg. wichtigen Sammelband *Le rêve de Compostelle. Vers la restauration d'une Europe chrétienne?*, Paris 1989. Siehe auch die Zeitschriften *L'autre Europe*, N. 21-22/1989 (Thema: »Religion et politique«); *Hérodote. revue de géographie et de géopolitique*, N. 56/1990 (Thema: »églises et géopolitique«).

10. Oskar Czeczot, »Tombeau de la libre pensée polonaise«, in: *L'autre Europe*, a.a.O., S. 114ff. (hier: S. 126).

11. Ebda., S. 116; vgl. Patrick Michel, »Messianisme polonais et histoire contemporaine«, in: *Le rêve de Compostelle*, a.a.O., S. 52ff.

12. Vgl. Adam Michnik, *L'église et la gauche. Le dialogue polonais*, Paris 1979; ders., »Ne faites pas de la religion un synonym d'opposition« (Offener Brief an die polnische Führung), *Le Monde*, 15. Oktober 1986; vgl. auch ders., »Quando chiesa significa libertà«, in: *MicroMega. Le ragioni della sinistra*, N. 3/1989, S. 167ff. und den Dialog von Michnik und Zbigniew Herbert, in: *MicroMega*, N. 1/1990, S. 97ff.

13. Siehe dazu Patrick Michel, »L'église entre Gdansk, Rome et Varsovie«, in: *Le genre humain*, N. 23/1991 (»Le religieux dans le politique«), S. 49ff.

14. Adam Michnik, »Le prêtre et le bouffon: la polonité entre Wyszynski et Gombrowicz«, in: ders., *La deuxième révolution*, Paris 1990, S. 82ff. (hier: S. 113).

15. Siehe Patrick Michel, »Religion et politique dans l'Europe sovietisé«, in: *L'autre Europe*, a.a.O., S. 21ff.

16. Vgl. dazu Richard Wagner, *Sonderweg Rumänien. Bericht aus einem Entwicklungsland*, Berlin 1991.

17. Adam Michnik, »Zeichen und Abzeichen«, in: *CONstruktiv*, Nov. 1990, S. 23ff.

18. Ralf Dahrendorf, *Betrachtungen über die Revolution in Europa in einem Brief, der an einen Herrn in Warschau gerichtet ist*, Stuttgart 1990, S. 99.

19. Vgl. dazu die instruktiven Analysen in *Transit. Europäische Revue*, N. 1/1990 (»Osteuropa – Übergänge zur Demokratie«).

20. Ernest Gellner, *Pflug, Schwert und Buch. Grundlinien der Menschheitsgeschichte*, Stuttgart 1990, S. 251. – Daß sich das durch Eusebius von Caesarea formulierte Legitimitätsprinzip des Caesaropapismus (der Kaiser als Oberhaupt der geistlichen *und* der weltlichen Macht) nicht in (West)Rom, sondern in Byzanz – und dann in den von Byzanz aus christianisierten slawischen Nationen – durchgesetzt hat, wirft nicht nur auf den Kommunismus Moskaus (des »dritten Rom«) und des von der Sowjetunion kolonisierten Osteuropa ein charakteristisches Licht, sondern stellt heute das postkommunistische Osteuropa, wie wir noch sehen werden, vor gewaltige Probleme. Schon darum sollte Alain Ducelliers monumentale Geschichte der oströmischen Reichs- (und Legitimitäts-)Idee und Wirklichkeit *Byzanz. Das Reich und die Stadt*, Frankfurt/M. 1990, eine Pflichtlektüre für alle sein, die sich mit der prekären demokratischen Zukunft der osteuropäischen Staaten befassen.

21. Claude Lefort, »Permanence du théologico-politique?«, in: *Le temps de la reflexion*, II/1981 (»Le religieux dans le politique«), S. 13ff. (hier: S. 27).

22. Ernst H. Kantorowicz, *Die zwei Körper des Königs. Eine Studie zur politischen Theologie des Mittelalters*, München 1990.

23. Vgl. Ernest Gellner, *Nationalismus und Moderne*, Berlin 1991, 6. Kapitel.

24. Vgl. die angstvollen Warnungen, die der tschechoslowakische Außenminister (und ehemalige Sprecher von ›Charta 77‹) Jirí Dienstbier im Nachwort seines Buches *Träumen von Europa*, Berlin 1991, formuliert.

25. Dahrendorf, *Betrachtungen über die Revolution in Europa*, a.a.O., S. 105f., S. 109. Hauptmerkmal dieses ›Faschismus‹ (oder, wie er an anderer Stelle schreibt: ›Fundamentalismus‹) ist für Dahrendorf »der plötzliche Aufprall der Kräfte der modernen industriellen Welt auf eine Gesellschaft, die unvorbereitet ist, weil sie viele Züge einer früheren, statusbesessenen, autoritären Zeit bewahrt hat« (S. 107).

26. Vgl. Wagner, *Sonderweg Rumänien*, a.a.O., S. 74ff. (»Die Kleriker als Trittbrettfahrer der Revolution«).

27. Jacek Kuron, »Ho bisogno d'Assoluto«, Interview in der Beilage (»Verso il Duemila«) zur Wochenzeitschrift *L'Espresso*, N. 11/1990. Vgl. auch Kurons Autobiographie *Wiara i Wina* (»Glaube und Schuld«), italienisch erschienen unter dem Titel *La mia Polonia*, Firenze 1990; dazu s. Francesco M. Cataluccio, »La colpa e la fede«, in: *MicroMega*, N. 5/1990, S. 191ff.

28. Zu Beginn des 16. Jahrhunderts faßte der Mönch Philotheos an Großfürst Vasilij III. die *translatio imperii* folgendermaßen zusammen: »Höre und erinnere Dich, frommster Zar, daß alle christlichen Königreiche in Deinem Königreich vereint sind, daß zwei Rom gefallen sind, daß aber das dritte Rom Bestand hat«. Zitiert nach Alain Ducellier, *Byzanz – Das Reich und die Stadt*, a.a.O., S. 569.

29. Siehe dazu die Darstellung der Entstehung der slawischen Nationen bei Ducellier, a.a.O.

30. Zur Interpretation der Differenzen von West-, Ost-, und Mitteleuropa vor diesem Hintergrund siehe den hervorragenden Essay von Jenö Szücs, *Die drei historischen Regionen Europas*, Frank-

furt/M. 1990. Zur Reform der Rechtsauffassung durch die »päpstliche Revolution« des 11. Jhdts. vgl. jetzt im Westen auch Harold J. Berman, *Recht und Revolution. Die Bildung der westlichen Rechtstradition*, Frankfurt/M. 1991.

31. Zum unvorstellbaren Terror des von Hitler und Mussolini gestützten – und von Pius XII. niemals verurteilten! – katholischen Poglavnik (»Führers«) Ante Pavelic und seines kroatisch-nationalistischen Ustascha-Regimes (samt seiner blutrünstigen Schergen aus dem Ordens- und Weltklerus) gegen Serben und Orthodoxe siehe das gut dokumentierte Kapitel »Katholische Schlachtfeste in Kroatien« in: Karlheinz Deschner, *Ein Jahrhundert Heilsgeschichte. Die Politik der Päpste im Zeitalter der Weltkriege. Von Pius XII. 1939 bis Johannes Paul I. 1978*, Köln 1983, S. 210-254. – Zur aktuellen Situation der orthodoxen Nationalkirchen in Ostmitteleuropa und auf dem Balkan vgl. Constantin Delyannis, »Le nouvel equilibre religieux en Europe orientale et centrale«, Mskr. (*taz-Worldmedia*, Okt. 1990); Catherine Durandin, »Eglises et roumanité«, in: *Hérodote*, a.a.O., S. 102ff.; Wagner, *Sonderweg Rumänien*, a.a.O., S. 77ff. (»Autokephale Wendehälse).

32. Vgl. Bohdan Cywinski, »La sortie des catacombes – Les Uniates en Ukraine occidentale«, in: *L'autre Europe*, a.a.O., S. 149ff. Zum polnischen Papstbesuch siehe die Berichterstattung in der *FAZ* und der *Süddeutschen Zeitung* vom 4. und 4. Juni 1991 (Stefan Dietrich, Friedrich Kassebeer).

33. Siehe dazu auch meine *Ökumenische Science-fiction* im Anhang dieses Buches.

34. »Überhaupt treten immer mehr Priester ins Bild der Öffentlichkeit« – beobachtete Jutta Scherrer in Rußland – »Sie stehen an der Spitze einer Prozession zum Angedenken an die Gründung der Stadt Moskau, von Deputierten, Parteimitgliedern, Persönlichkeiten des öffentlichen Lebens gefolgt. Sie sind bei der Eröffnung der ersten Moskauer Börse anwesend und erteilen ihr, in der Person des Patriarchen, den kirchlichen Segen... Immer mehr findet sich die Vergangenheit durch die russische Kirche, die russische Orthodoxie repräsentiert, während das mönchische Rußland, die mönchische Spiritualität noch ihrer Stunde harren. Weiß man, wie stark die Kirche der Macht, der Herrschaft verbunden war, ihr Spiel spielte und sich bis in die jüngste Zeit kompromittierte? Im historischen Gedächtnis blieb die seit Oktober 1917 unterdrückte, leidende Kirche. Lenin wird öffentlich zur Last gelegt, persönlich die Verhaftung und Erschießung der ersten Priester angeordnet zu haben. Von der Rolle der ›Lebenden Kirche‹ in den zwanziger Jahren spricht niemand. Auch was Peter der Große der Kirche antat, indem er sie auf eine dem säkularen Staat untergeordnete ideologische Institution reduzierte, wird ignoriert.« (*Kursbuch* 103/1991, »Rußland verstehen«, S. 182-185).

35. Vgl. jetzt für Polen die Ergebnisse einer Meinungsumfrage von *Cirm-Market Research* im April 1991, in der sich zwar 59 % der befragten Polen als praktizierende Katholiken bezeichneten, aber höchstens ein Viertel der Befragten die intransigenten Auffassungen von Hierarchie und Papst in der Frage der Abtreibung und der Geburtenverhütung befürworteten (in: *33 GIORNI*, N. 5/Mai 1991, S. 8ff., *Il Sabato*, N. 20/1991, S. 43f.).

36. Dazu siehe ausführlich die Beiträge

in: *Le rêve de Compostelle*, a.a.O. – Übrigens: Auch die katholisch-integristische (*Comunione e Liberazione* nahestehende) Wochenzeitung *Il Sabato* warnt vor einem »Europa im Chaos« als Folge nationalistischer Konflikte und christlicher (auch katholischer) Bruderkriege (N. 11/1991).

37. Carl Schmitt hat bekanntlich dieses ägäische Küstenreich Byzanz in seiner berühmten Schrift *Land und Meer* (Köln 1981, S. 19) als »Katechon« bezeichnet: als »Aufhalter«, der das europäische Abendland vor dem Islam bewahrt habe. Doch Byzanzens Defensive ging nach allen Seiten: gegen die entstehenden kirchlich »autokephalen« slawischen Nationen. Und gegen das handelspolitische Vordringen der »Lateiner«, der Venezianer und Genuesen, die sich fränkische Haudegen und den päpstlichen Segen zur Aufteilung ihrer Einflußzonen im Mittelmeerraum holten. Nicht die Muslime, sondern die Franken eroberten 1204 im vierten Kreuzzug zum ersten Mal das zweite Rom!

38. Dies ist der Vorschlag Alexander Solschenizyns in seinem von der *Komsomolskaja prawda* in über zwanzig Millionen Exemplaren in der Sowjetunion verbreiteten Manifest *Rußlands Weg aus der Krise*, München 1990, das im ersten Teil (v. a. S. 7-20) einen Rückzug der »Russischen Union« auf die slawischen Republiken des historischen *Rus* vorsieht, also die Abspaltung der drei Baltenrepubliken, der drei transkaukasischen und vier mittelasiatischen Republiken sowie von Moldawien (das sich dann mit Rumänien »wiedervereinen« würde) und Kasachstan vorsieht. – Solschenizyn will also als Voraussetzung der Wiedergeburt des orthodoxen Rußland vor allem die nicht-orthodoxen christlichen (baltischen) und die muslimischen Nationen loswerden – Weißrußland und die Ukraine hingegen (die stets »allen Versuchungen widerstanden, zu Polen und zum Katholizismus abzufallen«) sollen im russischen Unionsverbund bleiben. »Das unbestreitbare Recht jener zwölf Republiken auf Souveränität muß unverzüglich und uneingeschränkt *proklamiert* werden. Und wenn einige dieser Republiken schwanken, ob sie sich von uns (*sc.* Russen) trennen wollen? Dann müssen wir ebenso uneingeschränkt *unsere Trennung* von ihnen proklamieren, wir, die bleibenden.« (S. 18) Dahinter steht natürlich die – verhängnisvolle! – Vorstellung der ethnisch-kulturell-religiösen Homogenität des heiligen Rußland als Voraussetzung einer den russischen »Volkstraditionen« (ebda., S. 43) gemäßen Staatsform. In der bisher besten Untersuchung der Nationalitätenkonflikte der ehemaligen Sowjetunion weist Victor Zaslavski auf die voraussehbar verheerenden Konsequenzen eines solchen »Wegs aus der Krise« hin: »Man braucht nur daran zu erinnern, daß eine Sezession Rußlands, die auf dem Ausschluß der nicht sezessionswilligen Republiken beruht (wozu Zaslavski vor allem die südlichen, vor allem muslimischen Republiken zählt, deren »heterophober« Nationalismus sich weniger gegen die Moskauer Zentrale als vielmehr gegen die eigenen Nachbarn und ethnisch-religiösen Minderheiten richtet, O.K.), Millionen russischer Flüchtlinge aus den nichtrussischen Republiken zur Folge haben würde.« Ob sich allerdings – wie Zaslavski hofft – das russisch-nationale Programm Jelzins, »die Einführung marktwirtschaftlicher Reformen in der Russischen Republik synchron zu schalten mit dem

Zerfall der Sowjetunion«, *realiter* so sehr vom Solschenizyn-Programm unterscheidet und ob es in der Lage sein wird, diese Nationalitätenpogrome und Völkerwanderungen zu verhindern, scheint mir denn doch recht fraglich. Zaslavski schließt – mit Recht – skeptisch: »Das kommende Jahrzehnt wird lehren, ob der Zerfall der Sowjetunion zur Bildung einer kleineren, aber immer noch enormen sowjetischen Konföderation nebst einigen kleinen Nationalstaaten führen wird oder ob sich aus ihm eine neue, vierte große Welle moderner Staatenbildung ergibt.« Siehe V. Zaslavski, *Das russische Imperium unter Gorbatschow. Seine ethnische Struktur und ihre Zukunft*, Berlin 1991 (hier: S. 35, S. 77-79, S. 86).

39. Zaslavski, a.a.O., S. 57f.

40. Zum christlichen »Neuen Europa« siehe die Editorials der *Civiltà cattolica*, N. 3358 und 3359 (a. 141, Vol. II, Mai, Juni 1990). Auf die traditionalistisch-integristische Matrix der *Respublica christiana* im Europaprogramm Wojtylas weist zu Recht hin Émile Poulat, »Jean-Paul II et l'Europe chrétienne«, in: *Le genre humain*, a.a.O., S. 59ff.

41. Paolo Flores d'Arcais, »Pacifismo, Papismo, fondamentalismo: La Santa Alleanza contro la modernità«, in: *MicroMega*, N. 2/1991, S. 7ff. (hier: S. 14f.).

42. Joseph Kardinal Ratzinger, *Chiesa, Ecomenismo e Politica*, Torino 1987, S. 156.

43. Diesem Thema war übrigens eines der letzten »Castel-Gandolfo-Gespräche« gewidmet, in denen sich Johannes Paul II. von einer Crème aus Philosophen, Historikern und Soziologen (wie Ernst-Wolfgang Böckenförde, Ralf Dahrendorf, Ernest Gellner, Charles Taylor, Albert O. Hirschman, Bernard Lewis, Reinhart Koselleck, C. F. von Weizsäcker usw.) »couchen« läßt. Siehe den ausgezeichneten Tagungsband *Europa und die Civil Society*, Stuttgart 1991. Vgl. auch den Tagungsband einer früheren Konferenz dieser »Papst-Akademie« zum Thema *Europa und die Folgen*, hrsg. vom Wiener Institut für die Wissenschaften vom Menschen, Stuttgart 1988.

44. Zit. nach *FAZ*, 12. Oktober 1988.

45. Gianni Baget-Bozzo, »Società e stato nella cultura cattolica«, in: *il Centauro. Rivista di filosofia e teoria politica*, N. 2/1981, S. 96ff.

46. Zit. nach *La Stampa*, 4. April 1989.

47. Sie wurde später unter dem Titel *De la Justice politique. Notes sur la présente querre* (1940) in Frankreich publiziert. Heute ist sie mit anderen, in den USA entstandenen – und im besetzten Frankreich illegal verbreiteten – Schriften Maritains aus der Weltkriegszeit, u.a. *À travers le désastre* (1941) und *Christianisme et démocratie* (1943), in Bd. VII seiner *Œuvres complètes* (1988) abgedruckt. Vgl. zu diesen Fragen auch Vf., in: André Gorz, *Und jetzt wohin? Zur Zukunft der Linken*. Mit Fragen von Otto Kallscheuer, Berlin 1991.

48. Jan Patočka, *Ketzerische Essais zur Philosophie der Geschichte* (hrsg. von K. Nellen und J. Nemec), Stuttgart 1988, S. 118. Patočka, einer der Initiatoren der ›Charta 77‹, starb 1977 an den Folgen einer Serie von Polizeiverhören.

VII. Ecclesia Militans

Für Salman Rushdie. – Der folgende Text ist die überarbeitete und erweiterte Version einer Vorlesung, die im Sommersemester 1991 auf der vom Präsidenten der Justus-Liebig-Universität Gießen veranstalteten und vom Gießener Politikwissenschaftler Claus Leggewie koordinierten Ringvorlesung zum Thema »Der Islam und der Westen« gehalten wurde. Die anderen Beiträger waren Stefan Wild (Bonn), Sadeq Galal El Azm (Damaskus), Chérifa Magdi (Frankfurt/M.), Dan Diner (Essen/Tel Aviv) und Claus Leggewie (Gießen). Wenige Wochen danach wurden der italienische Übersetzer von Salman Rushdies *Satanischen Versen* durch einen Anschlag verletzt und der japanische Übersetzer ermordet; die iranischen oppositionellen (und bisher wenig liberalen) Volksmujahedin warnten am 18. Juli 1991 vor nach Großbritannien ausgesandten Mordkommandos, die den Poeten ausfindig machen und die im Februar 1989 von Ayatollah Khomeini verkündete *Fatwa*, das Todesurteil gegen Salman Rushdie, vollstrecken sollten. – *Ceterum censeo*: Daß sich die Veranstalter im Klima der deutschen Golfkriegsdebatte angesichts der herrschenden westlichen (ob abendländisch-christlichen, ob westlich-liberalen) Einäugigkeit, den »Fundamentalismus« vornehmlich als Problem der islamischen Welt zu sehen, dazu entschlossen haben, auch den anhaltenden heimischen – in diesem Falle: katholischen – Fundamentalismus zum Thema öffentlicher Diskussion zu machen, ist keineswegs selbstverständlich. Weiter so!

1. Sigrid Baringhorst, »Das Rushdie-Tribunal – ein kurzer Prozeß«, in: Claus Leggewie, *MULTI KULTI. Spielregeln für die Vielvölkerrepublik*, Berlin 1990, S. 91. Zur Situation in Bradford vgl. auch die brillante Reportage von Hanif Kureishi »Bradford oder Was es heißt, Brite zu sein«, in: Heinrich von Berenberg, *Der eiserne Besen. Eine Innenansicht des heutigen England*, Berlin 1989, S. 43ff.

2. Zit. nach einer Meldung der *Katholischen Nachrichtenagentur* (KNA).

3. Piero Rossano, *Cristianesimo e Islam* (1989), hier zit. nach Sandro Magister, »Il sogno islamico di papa Wojtyla«, in: *il Mulino*, N. 2/1991, S. 244ff. (hier: S. 247).

4. Grundlegend dazu bleibt Bernard Lewis, *Die politische Sprache des Islam*, Berlin 1991. Vgl. auch Bernard Badie, *I due Stati. Società e potere in Islam e*

Occidente, Torino 1991, auf den sich Magister im zit. Artikel beruft.

5. Magister, a.a.O., S. 244.

6. Vgl. dazu ausführlich die monumentale Darstellung Alain Ducelliers *Byzanz. Die Stadt und das Reich*, Frankfurt/M.–New York 1990: Die orthodoxen Ostkirchen sind zum einen sehr viel unmittelbarer auf ihre jeweilige Nation bezogen (und haben sich dem jeweiligen Zar und Herrscherhaus, ob in Bulgarien, Serbien oder Rußland, sehr viel direkter untergeordnet) als die katholische *Una Sancta*, zum anderen hat die Spiritualität der Ostkirchen – seit der Berg Athos und nicht mehr das zweite Rom Byzanz die Einheit der orthodoxen *Oikumene* verkörperte – eine weitaus weltabgewandtere Religiösität entwikkelt als der Katholizismus, dessen Klerus seit der »päpstlichen Revolution« im Investiturstreit eine weltzugewandte, soziale und politische Aufgabenstellung entwickelte. Dazu Harold J. Berman, *Recht und Revolution*, Frankfurt/M. 1991, hier: S. 183 ff.

7. Hier zit. nach Patrick Michel, »Messianisme polonais et histoire contemporaine«, im von René Luneau hrsg. Sammelband *Le rève de Compostelle. Vers la restauration d'une Europe chrétienne?*, Paris 1989, S. 53. Solov'ev spricht sogar vom Katholizismus, der »idée spirituelle« der damals von Rußland beherrschten polnischen Nation, die sich nicht im »russischen Meer« verlieren wolle, als einer deformierten »theokratischen« Berufung.

8. Vgl. dazu ausführlich Nikolaj Berdjaev, »Die Wahrheit der Philosophie und die Wahrheit der Intelligencija«, in: *Wegzeichen. Zur Krise der russischen Intelligenz.* Eingeleitet und aus dem Russischen übersetzt von Karl Schlögel, Frankfurt/M. 1990, S. 51 ff. (hier: S. 73 ff.).

9. Der deutsche Text von *Centesimus Annus* folgt der von der Libreria Editrice Vaticana im Mai 1991 hrsg. dt. Übersetzung; die deutsche Version von *Rerum novarum* (15. Mai 1891) findet sich in: *Texte zur katholischen Soziallehre. Die sozialen Rundschreiben der Päpste und andere kirchliche Dokumente*, hrsg. vom Bundesverband der Katholischen Arbeitnehmerbewegung (KAB) Deutschlands (mit einer Einführung von Oswald v. Nell-Breuning SJ), 5. Aufl., Köln 1982, S. 31–70. Ich folge der traditionellen Abschnittsnumerierung, da es von diesen päpstlichen Dokumenten mehrere dt. Ausgaben gibt.

10. Vgl. allgemein dazu W. Montogomery Watt, *Der Einfluß des Islam auf das europäische Mittelalter*, Berlin 1988, S. 53 ff.; zum Bezug auf den heiligen Bernhard und dessen Kriegspropaganda wider die »Horden Satans« siehe das klassische Werk Norman Cohns zum revolutionären Millenarismus des Mittelalters *The pursuit of the Millennium* (1957), überarbeitete Neuauflage jetzt: N. Cohn, *Das neue irdische Paradies. Revolutionärer Millenarismus und mystischer Anarchismus im mittelalterlichen Europa*, Reinbek 1988, S. 76 ff.; und die treffende Charakterisierung Bernhards durch Jacques Le Goff, in: Le Goff, *Die Intellektuellen im Mittelalter*, Stuttgart 1987, S. 49 f.

11. Siehe dazu Ducellier, *Byzanz*, a.a.O., Kapitel 6.

12. Siehe zum Folgenden Friederike Hausmann, *Garibaldi. Die Geschichte eines Abenteurers, der Italien zur Einheit verhalf*, Berlin 1985, S. 127 ff.; vgl. auch Rudolf Lill, *Geschichte Italiens vom 16. Jahrhundert bis zu den Anfängen des Faschismus*, Darmstadt 1980, S. 152 f., S. 182–195.

13. Bekanntlich beruht diese päpstliche

Hoheit über (West)Rom auf einer Fälschung, der im 8. Jhdt. entstandenen berühmten *Konstantinischen Schenkung,* in der Kaiser Konstantin, von Papst Silvester vom Aussatz geheilt, aus Dankbarkeit der römischen Kirche die Westhälfte des Imperium romanum überläßt und nach Konstantinopel abreist. Die Aufdeckung dieser Fälschung durch den Renaissance-Humanisten Lorenzo Valla war somit auch ein erster Sieg der Moderne über das Papsttum. Vgl. Anthony Grafton, *Fälscher und Kritiker. Der Betrug in der Wissenschaft,* Berlin 1991, S. 23-26.

14. Vgl. Umberto Fortis, *Ebrei e sinagoghe. Venezia. Firenze. Roma. Livorno,* Venezia 1973; siehe auch Sabine Stamer, »Das jüdische Getto in Rom«, *taz,* 27. Juni 1985.

15. Vgl. für die folgenden Zitate Hans Maier, *Kirche und Demokratie,* Herder-Bücherei, Freiburg – Basel – Wien 1979, v.a. S. 82-107; und das Editorial »Cristianesimo e democrazia« der *Civiltà Cattolica,* N. 3301 (a. 139, Vol. I, Januar 1988), S. 3-16. – Das theologisch-philosophisch wichtigste Dokument eines Umdenkens (das dann erst im II. Vaticanum seine Früchte tragen sollte) stammt aus dem antifaschistischen Kampf: Es ist die 1942 »En hommage au peuple de France« verfaßte Broschüre des großen katholischen Philosophen Jacques Maritain, *Christianisme et démocratie,* die während des Zweiten Weltkrieges in Fallschirmen über dem besetzten Frankreich abgeworfen wurde: jetzt in Bd. VII der *Œuvres complètes* (Fribourg – Paris 1988, S. 657-762).

16. Auf dt. ist sie in *Texte zur katholischen Soziallehre,* a.a.O., S. 167ff. abgedruckt.

17. Vgl. Luigi Giussani, *Il movimento di Communione e Liberazione,* Milano 1987.

18. Für einen Vergleich mit anderen zeitgenössischen Formen eines fundamentalistischen religiös-politischen Revivals siehe die grundlegende Studie von Gilles Kepel, *La Revanche de Dieu. Chrétiens, juifs et musulmans à la reconquète du monde,* Paris 1991. Die beste religionssoziologische Studie zum »Phänomen CL« stammt von Salvatore Abruzzese, *Communione e Liberazione. Identità religiosa e disincanto laico,* Roma – Bari 1991, auf die ich mich im folgenden vornehmlich stütze. Zum Vergleich mit anderen Strömungen im italienischen Laienkatholizismus siehe jetzt auch Franco Garelli, »La religione in Italia: Verso una nuova egemonia culturale?«, in: *il Mulino,* N. 1/1991, S. 148ff.

19. Luigi Giussani, *Tracce d'esperienza cristiana,* Milano 1977, hier zit. nach dem Auszug »Die Begegnung – Eine Gnade«, in: *30 TAGE in Kirche und Welt,* April 1991, S. 48f.

20. Vergleichbar mit der »Theorie der falschen Adresse«, mit der der Marxismus versucht hat, den Nationalismus zu erklären. Ernest Gellner hat sie in *Nationalismus und Moderne* (Berlin 1991, S. 190) folgendermaßen treffend kariert: »So wie extreme Schiiten die Ansicht vertreten, der Erzengel Gabriel habe einen Fehler gemacht und die Botschaft Mohammed überliefert, obwohl sie für Ali bestimmt war, so glauben Marxisten gerne, der Geist der Geschichte oder das menschliche Bewußtsein habe einen schrecklichen Fehler begangen. Die Erweckungsbotschaft war für *Klassen* bestimmt, aber durch einen schrecklichen Fehler des Boten wurde sie *Nationen* ausgehändigt. Daher müssen revolutionäre Aktivisten heute den falschen Empfänger überzeugen, die Botschaft – und den von ihr hervorgeru-

fenen Eifer – an den rechtmäßigen und beabsichtigten Empfänger herauszugeben. Daß weder der rechtmäßige noch der unrechtmäßige Empfänger sich dieser Notwendigkeit beugen, bereitet den Aktivisten große Sorgen.«

21. Martin Riesebrodt, *Fundamentalismus als patriarchalische Protestbewegung. Amerikanische Protestanten (1910-28) und iranische Schiiten (1961-79) im Vergleich,* Tübingen 1990.

22. Vgl. die Beratungen der Vollversammlung des Kardinalskollegiums vom 4. bis 6. April in Rom (s. die Berichterstattung zum Punkt »Herausforderung durch die Sekten« in der *Civiltà Cattolica,* N. 3384, a. 142, Vol. II, Juni 1991, S. 584ff.).

23. Vgl. dazu die hochinteressante, wenngleich etwas einseitige Darstellung von David Martin, *Tongues of Fire. The Explosion of Protestantism in Latin America,* Oxford/UK – Cambridge/Mass. 1990: Der derzeit an der Southern Methodist University, Dallas, lehrende emeritierte britische protestantische Religionssoziologe bietet ein triumphalistisches Panorama vom unbezweifelbaren sprunghaften Wachstum methodistischer und Pfingstler-Freikirchen in den Ländern Lateinamerikas (aber auch in Südkorea und Südafrika) als gewissermaßen welthistorischen Sieg der »protestantischen Ethik« (die nicht in England, sondern erst in Amerika ihren voluntaristischen, demokratischen und markt- statt staatskirchlich regulierten Charakter habe entwikkeln können) über den »lateinischen Geist«. Der Sieg des »anglo-amerikanischen Modells kultureller Reproduktion« – ein eher apolitisches, aber soziales, *community*-orientiertes, Netzwerke für sozialen Aufstieg organisierendes und marktwirtschaftliches Handeln förderndes Christentum der Pfingstler und Baptisten – wird in diesem Buch (mit umgekehrten Wertvorzeichen) von Martin genauso beschrieben, wie er von den lateinamerikanischen marxistischen Befreiungstheologen erlebt wird: als Sieg des US-amerikanischen, nun auch theologischen Kulturimperialismus. Trotz aller Überzeichnungen bietet Martin eine interessante Hypothese vom unterschiedlichen Weg der »Säkularisierung« im lateinischen Katholizismus und im »anglo-amerikanischen« Methodismus.

24. Siehe zum Folgenden das ausgezeichnete, von Gilles Kepel und Yann Richard hrsg. Buch *Intellectuels et militants de l'Islam contemporain,* Paris 1990, das die Ergebnisse einer mehrere islamische Länder vergleichenden Forschergruppe zusammenfaßt. Vgl. allgemein auch Kepels Darstellung des islamischen Revivals in: *La revanche de Dieu,* a.a.O. (ch. 1: »Le glaive et le Coran«).

25. Vgl. den Überblick über den charismatischen Katholizismus in Frankreich bei Gilles Kepel, *La revanche de Dieu,* a.a.O., S. 112ff.

26. Christian Coulon, »Religions et politique« in: Christian Coulon/Denis-Constant Martin (Hrsg.), *Les afriques politiques,* Paris 1991, S. 94.

27. Olivier Roy, »Les nouveaux intellectuels islamistes: essai d'approche philosophique«, in: *Intellectuels et militants de l'Islam contemporain,* a.a.O., S. 259ff.

28. Vgl. dazu in der Gießener Veranstaltungsreihe die Vorlesung von Claus Leggewie »Der Dichter als Prophet? Anmerkung zum Fall Rushdie«.

29. Vgl. etwa seine Rede vor lombardischen Christdemokraten im Febr. 1987 (im 7. Arbeitsheft der Mailänder *Scuola*

di dottrina sociale »Cattoloci e politica«, mit Beiträgen von A. Del Noce und R. Buttiglione).

30. Vgl. Stefano Moschetti SJ, »La legitima autonomia delle realtà terrene. Riflessione sulla ›Gaudium et spes‹«, in: *La Civiltà cattolica*, N. 3227 (a. 135, Vol. IV, Dez. 1984), S. 428ff.

31. Vgl. Luigi Giussani, »Comunione e liberazione: un metodo esemplificativo di educazione ad una antropologia cristiana«, in: ders., *Laico, cioè cristiano*, Beilage zu *il Sabato*, N. 40/1987: Der »Gehorsam« als »methodologisches Prinzip« liegt darin begründet, »daß der letzte Wert einer christlichen Gemeinschaft nur darin liegen kann, sich zusammenzutun, um gemeinsam das Andenken Christi zu leben«. – Die prägnanteste ›modernistische‹ Haltung, die das Soziale als Ort der Verantwortung von Christen »*in* einer pluralistischen und säkularisierten Gesellschaft«, aber nicht als triumphales Konstruieren christlicher Gemeinschaften *gegen* sie begreift, hat in den letzten Jahren vor allem Padre Bartolomeo Sorge SJ wiederholt vertreten (etwa im Artikel »Laici al bivio« zum Streit in der italienischen Laienorganisation Azione Cattolica, in: *Corriere della Sera*, 1. Mai 1986).

32. Stellungnahme A. Brandiralis am 18. Dezember 1990 bei der Ankündigung des »Meeting per l'amicizia fra i popoli«. Das 91er CL-Meeting von Rimini hatte das Motto »Die Rückkehr Antigones und der alte Einwanderer«. Antigone verkörpert die katholische Ablehnung der Legitimität der weltlichen Ordnung Kreons, wer aber ist der alte Einwanderer? Brandirali erläuterte: »Der Christ, dem wir begegnen, ist sicher kein Irrender mehr wie der 68er..., aber er ist gewiß jemand, der mit dem Koffer in der Hand leben muß, weil er sich beständig in Mission befindet.« (*Meeting. Notiziario*, N. 1-2/ Jan.-Febr. 1991)

33. Vgl. Abruzzese, *Comunione e Liberazione*, a.a.O., S. 239ff.

34. Paolo Flores d'Arcais, »Pacifismo, papismo, fondamentalismo: La santa alleanza contro la modernità«, in: *MicroMega. Le ragioni della sinistra*, N. 2/ 1991. Siehe auch die Debatte in der folgenden N. 3/1991 von *MicroMega*.

35. Siehe dazu das Gespräch von Peter Glotz und Otto Kallscheuer mit Norberto Bobbio »Die gefährdete Utopie der Demokratie«, in: *Die Neue Gesellschaft / Frankfurter Hefte*, Nr. 10/1991.

36. Siehe Norberto Bobbio, *Una guerra giusta?*, Venedig 1991; vgl. dazu auch Michael Walzer, »La sinistra conservatrice«, in: *MicroMega*, N. 2/1991; Dan Diner, »Den Westen verstehen«, in: *Kursbuch*, Nr. 104/1991.

37. Siehe etwa die Debatte zwischen Giulia Rodano und dem CL-Philosophen Massimo Borghini in der militantkatholischen Wochenzeitschrift *Il Sabato*, 30. März 1991.

38. »Ha ragione il Papa e solo il Papa«, Interview mit Massimo Cacciari, *L'Unità*, 27. Febr. 1991.

39. Siehe etwa im *Sabato*, 30. März 1991, den Artikel von M. Veneziani »La CosmoPolizia«, in dem Immanuel Kant, US-Präsident W. Wilson und internationale Freimaurergeheimbünde als Vorläufer der kapitalistischen »One World«-Herrschaft angegeben werden, die hinter George Bushs »neuer Weltordnung« lauere.

40. Übrigens: Ignatius Press, der amerikanische Verleger von *30 DAYS*, des USA-Ablegers von *30 GIORNI*, hat unlängst wegen der zunehmenden antiamerikanischen Ausfälle die Zusammenarbeit mit der römischen Zentrale

aufgekündigt. Und der Vatikan-Korrespondent der *FAZ*, Heinz-Joachim Fischer, der sich schon so über die »lebendige Aufmachung, interessante Themen, gut recherchierte Länderberichte« der deutschen *30 TAGE* gefreut hatte, erfrischend im Gegensatz zum ansonsten in der deutschen katholischen Presse vorherrschenden »grauen Nörgelton«, entdeckt nun – anläßlich der Anti-Golfkriegspropaganda von CL – bei den katholischen Fundis auch »unsauberen Journalismus« (*FAZ*, 18. Juli 1991).

41. So Kardinal Ratzinger als Präfekt der römischen Glaubenskongregation in seinem Referat vor der Vollversammlung des Kardinalskollegiums in Rom am 5. April 1991. Siehe die Berichterstattung in der *Civiltà Cattolica*, N. 3383 (a. 142, Vol. II, Juni 1991), S. 479 ff.

42. Vgl. dazu Sergio Bastianel SJ, »Strutture di peccato. Riflessione teologico-morale«, in: *La Civiltà Cattolica*, N. 3328 (a. 140, Vol. I, Febr. 1989), S. 325 ff. (= Vorlesung zur feierlichen Eröffnung des akademischen Jahres an der päpstlichen Universität Gregoriana).

43. Interview in *l'Unità*, 4. Mai 1991. Siehe auch Cacciaris Interview »Io, papista pentito«, in: *Il Sabato*, 11. Mai 1991.

44. So Norberto Bobbio in seinem Referat auf der internationalen Tagung »Liberalsocialismo – ossimoro o sintesi?« in Alghero, 25. April 1991.

45. Gegen diese neoliberale Metaphysik, wonach das marktvermittelte Steuerungsmedium Geld Gesellschaft konstituieren könne, argumentiert in brillanter Weise der französische Sozialphilosoph André Gorz in seiner *Kritik der ökonomischen Vernunft*, Berlin 1989 (hier im Kapitel »Markt und Gesellschaft, Kapitalismus und Sozialismus«, S. 182 ff.). Es ist dies nicht die einzige Gemeinsamkeit, die dieser existentialistische Theoretiker eines libertären Sozialismus mit dem antisozialistischen und moraltheologisch konservativen Papst teilt.

46. Heinrich Basilius Streithofen, »Zeit für Mercatus magister«, *FAZ* vom 11. Mai 1991. – Von ganz anderem Kaliber sind da die Kommentare zur päpstlichen Enzyklika aus den Vereinigten Staaten. (Vgl. dazu die Berichte in *l'Unità* vom 3. Mai und *La Stampa* vom 18. Mai 1991.) Daß die für ihre sozialkritischen Hirtenbriefe bekannte katholische Bischofskonferenz der USA »Centesimus Annus« begeistert begrüßt hat, versteht sich beinahe von selbst. Aber auch die Liberalen unter den katholischen *opinion leaders* in »God's own country« wußten ihre Wertschätzung des demokratischen Kapitalismus weitaus differenzierter zu motivieren als ein Streithofen, ohne dabei mit dem kirchlichen Lehramt in die Quere zu kommen. Michael Novak, der durch sein Buch *The Spirit of Democratic Capitalism* populäre katholische Theologe, liberale Ökonom und regelmäßige Kolumnist der *Washington Post*, sieht in der Botschaft Johannes Pauls II. die lange erwartete »moralische Rechtfertigung des Kapitalismus«. Schließlich hat der Papst »das Recht auf persönliche Wirtschaftsinitiative, die Rolle der menschlichen Kreativität nach dem Bilde der Schöpfernatur Gottes anerkannt«, allerdings im Rahmen der Demokratie: »Thy liberty in law«. Die Marktwirtschaft muß die Regeln des demokratischen Konsensus respektieren, und der demokratische Staat darf umgekehrt den Markt nicht durch ein Übermaß bürokratischer Regelun-

gen ersticken. Ähnlich argumentiert John Neuhaus (Herausgeber der Zeitschrift *The First Things. A Monthly Journal of Religion and Public Life*) in einem langen Artikel des *Wall Street Journal*: Was der Papst nach dem Zusammenbruch des realen Sozialismus allen Menschen, die guten Willens sind, als Aufgabe vorgezeichnet habe, seien die Umrisse eines ethischen, eines »neuen Kapitalismus«. Gewiß stelle das private Unternehmertum das »ökonomische Pendant zur christlichen Auffassung von Natur und Schicksal des Menschen« dar; doch könne der Kapitalismus seine Gesetze nicht einfach als »moralisch neutral« ansehen, sondern müsse sich dem Problem der von ihm selbst geschaffenen Armut stellen. Diese neue Herausforderung des Kapitalismus aber habe »gerade erst begonnen« – und eben darauf weise der Papst mit seiner Sozialenzyklika hin. Mit Recht hat daher Warnfried Dettling die CDU davor gewarnt, »die Kapitalismuskritik dem Papst zu überlassen« (*DIE ZEIT*, Nr. 21/1991).

47. F. S. Nitti, *Il socialismo cattolico*, Torino 1891 (Reprint: Bari 1971).

48. Leo XIII., Enzyklika »Diuturnum«, hier zit. nach *La Civiltà Cattolica*, N. 3344 (a. 140, Vol. IV, Okt. 1989), S. 114.

49. A. Gorz, *Kritik der ökonomischen Vernunft*, a.a.O., S. 186.

50. Vgl. Karl Polanyi, *The great Transformation*, Frankfurt/M. 1978, S. 227ff.; sieht auch Ernst Nolte, *Marxismus und industrielle Revolution*, Stuttgart 1983, v. a. S. 112-155.

51. Bzw. seinen »think-tanks«: insbesondere der Dominikanerkardinal Zigliara OP und die Jesuiten der *Civiltà Cattolica* (die 1880 zum ersten Mal das Streikrecht grundsätzlich anerkannt hatte), in primis Pater Matteo Liberatore SJ, der 1889 ein Buch über die *Principî di Economia politica* veröffentlicht hatte und das erste »Schema« der Sozialenzyklika verfaßte. Vgl. dazu Federico Lombardi, »La ›Civilità Cattolica‹ e la stesura della ›Rerum novarum‹«, in: *La Civiltà Cattolica*, N. 3161 (a. 133, Vol. I, März 1982), S. 471 ff.; und Aloysius Fonseca SJ, »Dalla rivoluzione francese alla ›Rerum novarum‹. L'analisi del primo schema dell' enciclica del p. Liberatore«, in: *La Civiltà Cattolica* N. 3341 (a. 140, Vol. III, Sept. 1989), S. 373-384.

52. Émile Poulat, »L'Église romaine, le savoir et le pouvoir. Une philosophie à la mesure d'une politique«, in: ders., *L'Église c'est une monde*, Paris 1986 (hier zit. nach der italienischen Übersetzung in der Anthologie *Sapere e potere religioso. La rivista ›Archives de Sciences Sociales des Religions‹*, hrsg. von G. Guizzardi und E. Pace, Bari 1981, S. 53-74). Vgl. auch É. Poulat, *Église contre bourgeoisie*, Paris 1977; sowie zuletzt ders., »Jean Paul II et L'Europe chrétienne«, in: *Le genre humain*, N. 23/1991, S. 59ff.

53. Vgl. dazu James Hennesey SJ, »La lotta per la purezza dottrinale di una chiesa arroccata. Da Leone XIII a Pio XII«, in dem hervorragenden Sammelband: G. Alberigo / A. Riccardi (Hrsg.), *Chiesa e papato nel mondo contemporaneo*, Roma – Bari 1990, S. 125-167.

54. Siehe Daniele Menozzi, »Tra riforma e restaurazione. Dalla crisi della società cristiana al mito della cristianità medievale«, in: *Storia d'Italia*, Annali 9, *La Chiesa e il potere politico dal Medioevo all' età contemporanea*, hrsg. von Giorgio Chittolini e Giovanni Miccoli, Torino 1986, S. 805 f.

55. Vgl. dazu Hans Maier, *Revolution und Kirche. Zur Frühgeschichte der*

christlichen Demokratie, München 1975; zuletzt siehe die ausgewogene Bilanz der *Civiltà Cattolica,* N. 3344, Editorial: »Cristianesimo e rivoluzione francese« (a. 140, Vol. IV, Okt. 1989), S. 105-117.

56. Vgl. dazu Hans Maier, »Kirche und Demokratie«, in: ders., *Kirche und Demokratie. Weg und Ziel einer spannungsreichen Partnerschaft,* a.a.O., S. 82 ff.; Josef Isensee, »Die katholische Kritik an den Menschenrechten. Der liberale Freiheitsentwurf in der Sicht der Päpste des 19. Jahrhunderts«, in: Ernst-Wolfgang Böckenförde / Robert Spaemann (Hrsg.), *Menschenrecht und Menschenwürde. Historische Voraussetzungen – säkulare Gestalt – christliches Verständnis,* Stuttgart 1987, S. 138 ff.; sowie das Editorial von *La Civiltà Cattolica,* N. 3301 (a. 139, Vol. I, Januar 1988), S. 3 ff.

57. Vgl. dazu ausführlich H. J. Pottmeyer, »Lo sviluppo della teologia dell' ufficio papale nel contesto ecclesiologico, sociale ed ecumenico del XX secolo«, in: Alberigo / Riccardi (Hrsg.), *Chiesa e papato,* a.a.O., S. 3-63 (hier: S. 15 ff.).

58. Vgl. Pierre Gothot, »De l'infaillible au satanique. Sur deux textes de Joseph de Maistre«, in: *Le genre humain,* N. 23, S. 99 ff.

59. Vgl. allgemein zu den Grenzen von »Rerum novarum« den Aufsatz von P. Bartolomeo Sorge SJ, »E superato il concetto tradizionale di dottrina sociale della chiesa?«, in: *La Civiltà Cattolica,* N. 2825 (a. 119, Vol. I, 1968), S. 422-436.

60. Für den Zusammenhang von katholischer Sozialbewegung in Frankreich, den Anfängen der »christlichen Demokratie« und den Versuchen Leos XIII., »selbst in der Führung der katholischen Sozialbewegung initiativ zu werden..., (um) durch eine Annäherung an berechtigte moderne Bedürfnisse und Interessen die verlorengegangene Präsenz der Kirche im Zeitgeschehen wiederherzustellen«, siehe H. Maier, *Revolution und Kirche,* a.a.O., S. 219-247 (das Zitat de Vogués auf S. 228). Eine parallele Geschichte des wechselnden Verhältnisses zwischen »sozialem« und »politischem« Katholizismus in Deutschland, Frankreich und Italien liefert das Buch von Karl-Egon Lönne, *Politischer Katholizismus im 19. und 20. Jahrhundert,* Frankfurt/M. 1986 (hier: Kap. VI, S. 151 ff.).

61. P. Six, *Pages de sociologie chrétienne* (1909, zit. nach E. Poulat, »L'Église romaine, le savoir et le pouvoir«, a.a.O.)

62. Vorbereitet durch die Bücher Taparelli d'Azeglios *Saggio teoretico di diritto naturale appoggiato sul fatto* (1843) und Matteo Liberatores *Principî di Economia politica* (1889), in dem ein »gerechter Lohn« als ein Familieneinkommen definiert worden war: denn die Arbeit sei keine Ware und daher der Lohn auch kein Preis einer Sache, der allein dem Verhältnis von Angebot und Nachfrage überlassen werden dürfe. Zum Folgenden siehe auch das Editorial der Nr. 2902 von *La Civiltà Cattolica* »La ›Rerum novarum‹ ottant' anni dopo« (a. 122, Vol. II, 1971), S. 313-319; sowie A. Fonseca, »Dalla Revoluzione francese alla ›Rerum novarum‹«, a.a.O.

63. B. Sorge, »É superato il concetto tradizionale di dottrina sociale della chiesa?«, a.a.O., S. 428.

64. »Objekt der Kritik... ist der liberale Freiheitsentwurf in seiner ideologischen Dimension und in jenen Rechten der geistigen Freiheit, die für die hergebrachten Ordnungen der Religion, der

Sittlichkeit und des Staates bedrohlich erschienen«, schreibt Isensee (»Die katholische Kritik an den Menschenrechten...«, a.a.O., S. 143). Ausführlich zum impliziten Antiliberalismus in »Rerum novarum«, der in den ersten Entwürfen (des Jesuitenpaters M. Liberatore) der Enzyklika noch ausgeprägter war, um dann in der Endredaktion (durch den Dominikanerkardinal Zigliaria) zugunsten eines vordringlichen Antisozialismus abgeschwächt zu werden, siehe Ildefonso Camacho SJ, »La Chiesa di fronte al liberalismo e al socialismo. Per una interpretazione più complete della ›Rerum novarum‹«, in: *La Civiltà Cattolica,* N. 3255 (a. 137, Vol. I, Febr. 1986), S. 219-133.

65. Vgl. dazu Etienne Gilson, *Christianisme et Philosophie,* Paris 1949, Chap. II und III.

66. So heißt es beim Hl. Thomas: »omnis lex humanitus posita intantum habet de ratione legis, inquantum a lege naturae derivatur. Si vero in aliquo, a lege naturali discordet, iam non erit lex sed legis corruptio« (*S.th.*, pars Ia, 2ae, q. 95, a. 2).

67. Natürlich denke ich hierbei vor allem an die Arbeiten Jacques Maritains, der einige Jahrzehnte später – unter den Bedingungen des katholischen »Modernismusstreits« – geradezu zum Begründer einer – *sit venia verbo* – »thomistischen Moderne« in der katholischen Philosophie geworden ist, die erst sehr viel später (d. h. eigentlich erst mit dem zweiten *Vaticanum*) auch ekklesiogische Früchte tragen sollte.

68. Gianni Baget-Bozzo, »Società e stato nella cultura cattolica«, in: *Il Centauro. Rivista di filosofia e teoria politica,* Nr. 2 (1981), S. 102.

69. So der Soziologieprofessor an der päpstlichen Universität Gregoriana in Rom, Johannes Schasching SJ, »Für eine menschengerechte Arbeitsordnung. Von Rerum novarum zu Laborem Exercens«, in: *Sinn und Zukunft der Arbeit. Konsequenzen aus Laborem exercens,* hrsg. von Wolfgang Klein und Werner Krämer (= Bd. 4 der Reihe »Arbeiterbewegung und Kirche«), Mainz 1982, S. 28.

70. Freilich sollte in der Folgezeit auch die permanente Einmischung des deutschen Episkopats und der römischen Integralisten in die inneren Angelegenheiten der katholischen Arbeiterorganisationen mehr als zehn Jahre lang (im sog. »Gewerkschaftsstreit« 1900-1912) die katholische Arbeiterbewegung des Kaiserreichs lahmlegen. Wie bei allen sozialen Bewegungen (man denke an den großen Konkurrenten, den Marxismus) ist es somit auch in der katholischen Sozialbewegung gerade der Wille zur ideologischen Vereinigung, der eine Vervielfachung ihrer militanten Auslegungen hervorruft, schreibt Émile Poulat, »L'église romaine...«, a.a.O. Zur französischen Entwicklung siehe die angeführten Arbeiten von Maier, Lönne u. a.

71. Vgl. dazu auch den Kommentar der *Civiltà Cattolica,* N. 3383 (a. 142, Vol. II, Juni 1991), »Il capitalismo nell'enciclica ›Centesimus Annus‹«, S. 417ff.

72. Vgl. Johannes Pauls II. Rede *San Tommaso »Doctor humanitatis« quida perenne degli studi* zum Abschluß des IX. internationalen thomistischen Kongresses am 29. September 1990, auch als Sonderdruck der Pontificia Academia di S. Tommaso erhältlich.

73. Sie geht vor allem zurück auf seine Enzyklika *Laborem exercens* (1981), wo Wojtyla im fünften Teil (N. 24-27) eine »Spiritualität der Arbeit« entwirft.

74. Siehe dazu jetzt das 8. Kapitel

»Zum Wandel des Arbeitsbegriffs«, in: André Gorz, *Und jetzt wohin?*, Berlin 1991.
75. Vgl. die Berichte von Maurizio Matteuzzi, *il manifesto*, 18. April 1991, und von Giancarlo Summa, *Unità*, 25. Mai 1991.
76. Siehe diesbezüglich die Beiträge von Filippo Gentiloni und Giuseppina Ciuffreda, Beilage zu *il manifesto*, 18. April 1991.
77. Siehe Filippo Gentiloni, *il manifesto*, 20. April 1991; Heinz-Joachim Fischer, *FAZ*, 25. Mai 1991.
78. Im Sinne Peter L. Bergers, *Zur Dialektik von Religion und Gesellschaft*, Frankfurt/M. 1973.
79. Robert Spaemann in der *FAZ* vom 27. Mai 1991.
80. Vgl. John Locke, *Ein Brief über Toleranz*, Hamburg 1957.

VIII. Ausblick

Eine frühere Version des hier erweiterten Kapitels erschien in der Neujahrsausgabe 1990/91 der *taz-worldmedia*: »Die neue Weltunordnung«.

Anhang

Erstveröffentlichung im *Kursbuch* 100/1990 (»Die Welt von morgen«).

Über den Autor

Photo: Christian Schulz / Paparazzi

Otto Kallscheuer, Politologe und Philosoph, geboren 1950 im Rheinland, lebt in Berlin und zuweilen in Rom. Er war Lektor im Rotbuch Verlag und ist derzeit Gastdozent am Istituto Universitario Orientale in Neapel.

Er veröffentlichte u. a.: *Giustizia e libertà in Marx* (Bologna 1984) und *Marxismus und Erkenntnistheorie in Westeuropa* (Frankfurt – New York 1986); als Herausgeber: *Die Grünen – letzte Wahl?* (Berlin 1986) und *Einschüsse* (mit M. Sontheimer, Berlin 1987); Beiträge in Sammelwerken und Zeitschriften.